袁可嘉研究

廖四平●著

中国社会科学出版社

图书在版编目（CIP）数据

袁可嘉研究/廖四平著. —北京：中国社会科学出版社，2015.7
ISBN 978 - 7 - 5161 - 6639 - 0

Ⅰ.①袁… Ⅱ.①廖… Ⅲ.①袁可嘉（1921~2008）—人物研究
Ⅳ.①K825.6

中国版本图书馆 CIP 数据核字（2015）第 166994 号

出 版 人	赵剑英	
选题策划	陈肖静	
责任编辑	陈肖静	
责任校对	闫　翠	
责任印制	戴　宽	

出　　版	中国社会科学出版社	
社　　址	北京鼓楼西大街甲 158 号	
邮　　编	100720	
网　　址	http://www.csspw.cn	
发 行 部	010 - 84083685	
门 市 部	010 - 84029450	
经　　销	新华书店及其他书店	
印　　装	北京君升印刷有限公司	
版　　次	2015 年 7 月第 1 版	
印　　次	2015 年 7 月第 1 次印刷	
开　　本	710×1000　1/16	
印　　张	19	
插　　页	2	
字　　数	313 千字	
定　　价	69.00 元	

凡购买中国社会科学出版社图书，如有质量问题请与本社营销中心联系调换
电话：010 - 84083683
版权所有　侵权必究

目 录

序一 "未完成式"大师的客观叙述与深入探究 ………… 余三定（1）
序二 一部值得一读的学术著作 ………………………… 钱振纲（5）
引论 "未完成式"大师：中国现代优秀知识分子的缩影 ………（1）
第一章 袁可嘉传略 …………………………………………（13）
第二章 袁可嘉的诗论 ………………………………………（63）
第三章 袁可嘉的诗歌 ………………………………………（141）
第四章 袁可嘉的外国诗歌翻译 ……………………………（175）
第五章 袁可嘉的外国文学研究 ……………………………（214）
第六章 袁可嘉研究之研究 …………………………………（245）
后记 …………………………………………………………（290）

序一

"未完成式"大师的客观叙述与深入探究

余三定[①]

今年国庆长假期间,我有机会阅读了廖四平的《袁可嘉研究》书稿清样,这不仅不断地给我带来了阅读的快乐,而且引起了我多方面的思索,其中该书以下四点给我留下了尤为深刻的印象。

首先,著者对袁可嘉的研究达到了非常系统、全面、深刻的层次。《袁可嘉研究》在对袁可嘉的生平传略进行具体、系统述评的基础上,依次对袁可嘉的诗论、袁可嘉的诗歌创作、袁可嘉的外国诗歌翻译、袁可嘉的外国文学研究等方面所取得的主要成果、所产生的重大影响、所做出的重要贡献,等等,作出了系统分析、全面总结和深度把握。其中的不少分析和论述堪称精辟。比如,著者指出袁可嘉的诗歌是"现代化"的新诗(著者指出袁可嘉的诗歌"既是一种'现代化'的新诗,又是中国现代诗歌发展史上最为成功地按照一种诗论创作出来的诗歌"),肯定袁可嘉的诗论是"新诗现代化"的诗歌理论(著者指出,在袁可嘉看来,所谓"新诗'现代化'并不与新诗'西洋化'同义:新诗一开始就接受西洋诗的影响,使它现代化的要求更与我们研习现代西洋诗及现代西洋文学批评有密切关系,我们却绝无理由把'现代化'与'西洋化'混而为一。从最表面的意义说,'现代化'指时间上的成长,'西洋化'指空间上的变易;新诗之不必或不可能'西洋化'正如这个空间不是也不可能变为那个空

[①] 湖南省文艺评论家协会主席,《云梦学刊》主编。

间,而新诗之可以或必须现代化正如一件有机生长的事物已接近某一蜕变的自然程序,是向前发展而非连根拔起"),认为袁可嘉的"都市"题材诗歌的主要特点是政治性与诗性的完美结合,等等,都是很有见地、很具深度的。著者对袁可嘉的研究能达到如此深的层次,其中一个重要原因是著者在撰写这部著作之前已经对袁可嘉进行了十多年的执着研究,著者从2001年就开始在一些重要学术刊物上发表有关袁可嘉研究的专题论文——先后在《诗探索》、《中国翻译》、《海南师范大学学报》、《齐鲁学刊》、《新地文学》(台湾)、《中国中外文艺理论研究》等刊物上发表了十多篇有关袁可嘉研究的专题论文,这就是说著者在撰写这部著作之前已经有了长期专题研究的学术积累。

其次,著者自觉地将袁可嘉放置在20世纪的中国这个宏观的社会大背景(包括文学大背景和学术大背景)下来观照、分析和解读,这样一方面能有助于我们更好地、更深入地理解袁可嘉的人生命运和事业成就,另一方面又可以让我们透过袁可嘉这个具有典型知识分子意义的个案更好地理解20世纪中国知识分子的整体命运。《袁可嘉研究》的"引论"题为"'未完成式'大师:中国现代优秀知识分子的缩影",说明著者既想努力深入解读袁可嘉,同时也想借助对袁可嘉的解读进而窥见"中国现代优秀知识分子"群体面貌。著者提出了"'未完成式'大师"的概念。何谓"'未完成式'大师"?所谓"'未完成式'大师"在这里是指未能"善始善终"、充分舒展其才华、取得与其才华相匹配的成就的"大师"。著者据此认为,从这一特定的内涵来看,中国现代优秀知识分子中的那些"大师"实际上多为"'未完成式'大师"。著者进而分析中国现代优秀知识分子中的那些"大师"多为"'未完成式'大师"的深层原因,指出,郭沫若、胡适之所以最终成为"'未完成式'大师",外在的原因固然很重要,但内在的原因也很重要——他们没有"恒心"、不能"善始善终":都因为各自的"社会责任感"过于膨胀或曰经不起功名利禄的诱惑而自愿"嫁作商人妇";鲁迅、刘半农之所以最终成为"'未完成式'大师",最主要的是外在的原因——"天不假年"!袁可嘉之所以最终成为"'未完成式'大师",也主要是外在的原因。著者接着对袁可嘉最终成为"'未完成式'大师"的外在原因从七个方面进行了深入的分析和梳理，具有很强的说服力。

再次，展开关于袁可嘉研究的研究，可谓别开生面。《袁可嘉研究》的最后一章即第六章题为"袁可嘉研究之研究"，"研究之研究"属于学术史研究的范围。"学术史"就是关于学术研究的学术研究，即研究过往学术发展的历程。简言之，学术史就是学术对自身的发展历程进行反思、分析和研究，从而寻找出学术发展的规律性的东西来。个案研究是学术史研究的一个重要组成部分（见拙文《当代学术史研究：新兴的学科》，载《中山大学学报》2011年第2期）。廖四平在书中说，迄今为止，有关袁可嘉的研究论著可谓为数不少了——仅中国知网所收录的关于袁可嘉的论文就在一百篇以上；论及过袁可嘉的论文更多——差不多凡是论述或论及20世纪40年代诗潮的论文都论及过袁可嘉；论及过袁可嘉的著作也很多——各类中国现代文学史、新诗史以及论述或论及过20世纪40年代诗潮的专著都论述或论及过袁可嘉……总的来看，这些论著涵盖了关于袁可嘉的诗论、诗歌、外国文学翻译、外国文学研究、生平材料、袁可嘉研究等方面的内容，有些论著则综合性地论述或论及了几个方面。基于上面的整体把握，著者接着从七个方面对学术界关于袁可嘉研究的成果进行了系统总结，并分析了其特点。可以说，廖四平在这部著作中不但深入地研究了袁可嘉，而且比较全面地研究了学术界对袁可嘉的研究。因此，从一定意义上可以说，廖四平的这部著作同时完成了两个任务（按照现在流行的"课题至上"的观念也可以说他同时完成了"两个课题"）。

第四，著者对"大师"进行了颇具学理性和说服力的探讨（当然同时也进行了具有实证性的分析）。什么是"大师"？笔者曾在《"学术大师"辨析》（载《云梦学刊》2011年第4期）一文中，采用逆向思维的方式，即采用"排除法"，逐一排除某些被误认为或自认为是"学术大师"的人物。笔者在该文中认为，在当今学术界有几类所谓的"学术大师"并不是真正意义上的学术大师，该文具体分析说：其一，学术名流不是"学术大师"；其二，学界高管（高官）不是"学术大师"；其三，学术掮客（学术掮客，也称"学术批发商"、"学术包工头"，严重的或可称为"学霸"、"学阀"）不是"学术大师"。那么，到底什么是"学术大师"呢？笔者未能作出正面回答，不能不说是一种遗憾。现在读廖四平的这部著作，看到了他对"大师"（廖四平所说的"大师"包含了我说的"学术大师"）的正面论述，自然感到十分高兴和佩服。著者在该书"引论"中分析并明确指出：所谓"大师"，至少包含以下三个"要件"：其一，在某一方面开一代风气，如鲁迅在小说创作及"中国小说史"研究等方面；其二，有一些标志性的成果，如鲁迅有《呐喊》、《彷徨》、《中国小说史略》等；其三，具有多方面的才华，如鲁迅既能从事小说研究，又能创作小说，还能写"时事评论"之类的杂文。我认为，廖四平归纳的这三条应该说概括了"大师"的基本和主要特征，具有较强的学理性和说服力，值得我们重视。

廖四平是我交往甚多的文友，由于他读研究生时的导师王先霈老师也是我在华中师范大学进修期间和读学位班期间的导师，而且多年来我们一直和王先霈老师联系甚多，所以廖四平总是客气地尊称我为"余师兄"，我读过他的大部分著作和文章，对他甚为了解。他不但有才华、有学问，而且很有真正知识分子的社会责任感和担当精神。近些年来，他从多方面关注当代知识分子群体，不但撰写了许多与知识分子相关的论文和著作（《袁可嘉研究》就是其中的一部）；而且还创作了不少与知识分子相关的散文和长篇小说，《招生办主任》、《教授变形记》、《大学校长》等三部描写当代知识分子的、富有批判精神的长篇小说就产生了相当广泛的社会影响。

在结束这篇文字的时候，我要提出一点与廖四平进行商榷的看法，廖四平将鲁迅划入"'未完成式'大师"的行列，这是我不能同意的，我认为鲁迅完全可以称为"大师"。

2014 年 10 月 12 日稿毕于
岳阳市南湖畔

序二

一部值得一读的学术著作

钱振纲[①]

我与廖兄是同门，曾一起在北京师范大学中文系师从王富仁先生攻读文学博士学位，并同时答辩毕业。近日廖兄学术研究大作《袁可嘉研究》杀青，嘱我作序。对于这一嘱托，我曾推辞再三。推辞的原因有二：一是我近些年把主要精力放在清末民国小说研究方面，对新诗创作和新诗诗论都缺乏研究，尤其对袁可嘉以及关于他的研究更是知之甚少，因而我很难对廖兄的大作做出中肯的评价。二是我虽然比廖兄年长几岁，但马齿徒增，并没有成为学术界的"大腕儿"，自知不够给廖兄大作写序的身份。但廖兄一再坚持，我不好坚辞，只能勉为其难地说上几句。

我与廖兄在成为同门师兄弟之前，并不相识。后来才知道他是湖北人，曾入华中师范大学中文系师从王先霈先生攻读文艺学专业，毕业后又工作过一些年。我们虽是同门，但由于当时我是作为北京师范大学中文系的教师在职攻读博士学位的，因而不住博士生宿舍，所以与廖兄交往不多。在少量的接触中只是觉得他为人谦和、诚恳，很易相处。有时看着他那朴实诚恳的样子，还觉得非常可爱，但再深入的了解也没有了。

毕业之后，各自忙碌，但时断时续的联系还是有的。随着时间的延长，我慢慢发现廖兄是一位非常努力而且很能干的人。据我所知，在博士毕业后的十几年中，他已发表了数十篇学术论文，出版了多部独著和参著

[①] 茅盾研究会会长，北京师范大学文学院博士生导师。

的学术著作。在他独立完成的学术著作中,《中国现代诗论十四家》、《茅盾文学奖获奖作品解析》、《当代长篇小说星座——第一至七届茅盾文学奖获奖作品丛论》,都是有影响的力作。从这些年的学术成果来看,廖兄的学术兴趣和主攻方向也有所转移,原来侧重于对"30年"时期新诗诗论的探讨,近些年侧重于共和国"新中国"时期长篇小说的评述。十几年中,廖兄出了这么多的学术成果,实属不易。

更令我佩服的是廖兄在文学创作方面也取得了不小的成就。从2009年至2012年,中国戏剧出版社出版了他以"老悟"为笔名撰写的总称为"反思教育三部曲"的三部长篇小说:《招生办主任》、《教授变形记》、《大学校长》,共约90万字。这三部小说对中国目前高校教学和科研中的一些不端行为和不合理体制进行了大胆的揭露和深入的反思。廖兄本人就是在高校中摸爬滚打的人,有切身的体会,他又勤于思考,所以其小说有很强的真实性和启迪性。除长篇小说之外,他还有一些散文创作发表。看来,廖兄是不甘心只做一名学者,他要朝着综合性文化人目标迈进。我衷心祝愿廖兄取得更大的成绩!

廖兄的这部《袁可嘉研究》,给我的突出印象是对于袁可嘉的研究非常全面和深入。全书除引论外共分六章,分别是"袁可嘉传略"、"袁可嘉的诗论"、"袁可嘉的诗歌"、"袁可嘉的外国诗歌翻译"、"袁可嘉的外国文学研究"和"袁可嘉研究之研究"。这六章基本上涵盖了有关袁可嘉研究的所有方面。而在前五章有关袁可嘉的本体研究中,每一章又都对研究对象进行了深入的探讨。例如第二章讨论的是袁可嘉的诗论。著者首先梳理了袁可嘉诗论体系的诸多方面,如"诗的本体论"、"有机综合论"、"诗的艺术转化论"等。接下来就探讨这些诗论所受中外文论的影响,然后再探讨这些诗论的价值和缺憾。这样,这一章不仅全面呈现了袁可嘉诗论的本来面貌,而且能够说明袁可嘉诗论的思想资源和功过得失。而从整部著作来看,资料是翔实的,分析是深入的,评价也是中肯和稳健的。

除上述突出印象之外,我想对该书的引论也说一点看法。在刚读该书引论时我曾产生过疑惑,因为该书没有像多数学术专著那样在引论中评述论题的研究历史与现状,而是全力讨论了袁可嘉的"'未完成式'大师"的定位以及袁可嘉未能成为"'完成式'的大师"的历史原因。其实只要看一下目录或者读到第六章这个疑惑就会自然打消。著者专辟了第六章来评述有关袁可嘉的研究成果。为避免重复，引论中也就省略了这一部分内容。而有关大师的讨论，关乎对于袁可嘉的整体评价，在引论中重点进行论述是顺理成章的。

当然有关大师的定义、标准以及哪些人堪称大师，哪些人是"'未完成式'大师"，哪些人算不上大师，是一个非常复杂的问题。廖兄将完成的"大师"定义为"在某一方面开一代风气"，"有一些标志性的成果"，"具有多方面的才华"，同时又"能够充分舒展其才华、取得与其才华相匹配的成就"的文化人。他从这一定义出发得出结论，认为"中国现代优秀知识分子中的那些'大师'实际上多为'未完成式'大师"。例如鲁迅，按廖兄提出的三个要件是可以称为大师的，但如果因他英年早逝而没有取得与其才华相匹配的成就，他又是一位"'未完成式'大师"。廖兄的论证能够自圆其说，从逻辑上说是没有问题的。但这样的论证是否也会带来一个问题，这就是会模糊像鲁迅这样的"'未完成式'大师"与其他一些成就远不能与鲁迅相提并论的"'未完成式'大师"的区别。望廖兄三思。另外，我认为廖兄提出的三个要件应当是综合性文化大师的标准。除了这种综合性文化大师之外，我们是否还可以也提出某一专业或者某一文体的大师标准。例如曹禺，他因创作了《雷雨》、《日出》、《原野》、《北京人》、《家》等风格各异而又都颇有影响的话剧剧本，我们是否可以称他为中国现代话剧剧本创作方面的大师？

在引论部分，我特别欣赏的是廖兄关于目前不利于形成大师的客观学术环境的论述。其中对于目前学术环境中"项目标准"、"计件标准"、"刊物级别标准"的批评鞭辟入里，字字见血，我深有同感。我认为如果中国学术界继续这样管理下去，不但真正的"学术大师"难以出现，而且还会催生大量学术垃圾并造成学术风气败坏。

总之，我认为廖兄此书值得一读。

2014 年 10 月 20 日于北京

引论

"未完成式"大师:中国现代优秀知识分子的缩影

一

袁可嘉虽然既没有"钦定"的"大师"称号,又没有"民封"的"大师"称号,更没有自封为"大师",但是,在我看来,他是一位大师。

何谓"大师"?这是一个言人人殊的问题。但是大致地说,所谓"大师",它至少应该包含以下三个"要件":

其一,在某一方面开一代风气,如鲁迅在小说创作及"中国小说史"研究等方面,郭沫若在"中国古代社会研究"、"甲骨文研究"、"金文研究"及诗歌创作等方面,胡适在"中国章回小说考证"、中国哲学史研究及诗歌创作等方面,刘半农在诗歌创作、语言研究等方面,都开了一代风气。

其二,有一些标志性的成果,如鲁迅有《呐喊》、《彷徨》、《中国小说史略》等,郭沫若有《甲骨文字研究》、《两周金文辞图录考释》、《金文丛考》、《女神》等,胡适有《中国章回小说考证》、《中国哲学史大纲》(上卷)、《尝试集》等,刘半农有《中国文法通论》、《四声实验录》、《教我如何不想她》等。

其三,具有多方面的才华,如鲁迅既能从事小说研究,又能创作小说,还能写"时事评论"之类的杂文;郭沫若既能从事历史、文字学研究,又能创作诗歌、小说,还能撰写"时势"需要的文章;胡适既能从事小说、哲学研究,又能创作诗歌;刘半农既能从事语言学研究,又能创作诗歌。

从这三个"要件"来看,袁可嘉完全称得上是一位大师——

(一)袁可嘉同时在诗论、诗歌、外国诗歌翻译、外国文学研究等方面开了风气

袁可嘉的诗论主要包括"诗的本体论"、"有机综合论"、"诗的艺术转化论"、"诗的戏剧化论"、"戏剧主义论"等,几乎涵盖了诗论的全部问题,且彼此紧密相连,构成了一个颇为完整而又逻辑严密的体系——"诗的本体论"界定了"诗"、区分了"诗"与"非诗","有机综合论"阐述了诗的"素质"及其组合形式的问题,"诗的艺术转化论"阐述了诗的"生成"过程的问题、区分了"诗"与"诗的素材","诗的戏剧化论"阐述了诗"生成"的具体方法或途径的问题,"'戏剧主义'论"阐述了如何评价诗的问题;创建了新诗现代化、人民的文学、人的文学、政治感伤、情绪感伤、民主的诗、包含的诗、客观对应物、新诗戏剧化、想象逻辑、思想知觉化、戏剧主义、诗境的扩展、诗境的结晶、最大量意识状态、文本的有机性、机智、似是而非与似非而是、讽刺感、辩证性等一套具有独特内涵的概念;既涵盖了现代主义诗论的核心内容,如论述了"纯诗"、"晦涩"、"象征"、"经验"、"戏剧化"、"想象逻辑"等问题,又涵盖了现实主义诗论的核心问题,如论述了"现实"、"政治"、"民主"、"人民的文学"等问题。它不仅是针对新诗的发展"现状"而产生的,而且对新诗的发展产生了深远的影响,如袁可嘉本人按照其诗论创作了《沉钟》、《母亲》、《南京》之类的诗歌,20世纪80年代的"新诗现代化"、"新诗戏剧化"诗潮也明显地受到了袁可嘉的相关诗论的影响……从而成为整个现代诗论发展史上最具体系性、包容性、实践性的诗论。

袁可嘉的诗歌既有反映现实的恶劣、民生的艰辛的,如《冬夜》、《进城》、《旅店》、《号外三章·三》、《号外二章·一》、《号外二章·二》、《难民》、《孕妇》等,又有描写大都市"异化"的,如《南京》、《北平》、《上海》、《香港》等,还有描写统治者生灵涂炭、鱼肉百姓的,如《号外三章·三》、《难民》,以及描写文化、教育界的丑陋面的,如

《时感》；既有描写母子之爱的，如《母亲》，又有描写男女之爱的，如《走近你》，还有描写亲情的，如《岁暮》，以及抒写自勉、表达哲思的，如《时感》、《沉钟》、《归来》、《穿空唉空穿！》、《空》、《墓碑》、《出航》、《断章》、《街头小演奏家》、《茫茫》等。它基本上是袁可嘉遵循其诗论创作出来的，即满足了"诗歌作为艺术"的"特定的要求"[①]、"追求一个现实、象征、玄学的综合传统"[②]、注重"把意志或情感化作诗经验的过程"[③]、注重"戏剧化"[④]，从而既是一种"现代化"的新诗，又是中国现代诗歌发展史上最为成功地按照一种诗论创作出来的诗歌——与胡适作为其"诗体的大解放"理论的实践的"自由诗"、闻一多作为其"新格律诗"理论的实践的"格律诗"相比，袁可嘉作为其"新诗现代化"理论的实践的"现代化"新诗要更为成功一些：前者虽不乏成功之作，如胡适的《秘魔崖月夜》、《瓶花》、《希望》等，闻一多的《死水》、《静夜》、《发现》、《祈祷》、《一句话》等，但只是"局部成功"，即只是部分作品实现或较好地实现了其理论；后者则差不多均实现或较好地实现了其理论——"袁可嘉虽然诗歌作品不多，但是这些作品都堪称上乘之作"[⑤]。

袁可嘉所翻译的布莱克、彭斯、叶芝、米列、威·威廉斯、罗·洛威尔、塔特·休斯等人的诗及英国宪章派诗，都是各自的汉译版中的"筚路蓝缕"之作，而且也是汉译作品尤其是汉译文学作品中的佳作，它们之中的那些"形神兼备"、富有"创造性"的作品，既为汉译文学作品提供了范例，又为汉译文学作品树立了一个"标高"。

袁可嘉是中国最早全面、系统、深入地研究彭斯、布莱克、美英民间歌谣及欧美现代派文学的学者或学者之一——与杨周翰等主编的《欧洲文学史》中有关彭斯、布莱克的内容相比，袁可嘉的彭斯研究、布莱克研究

[①] 袁可嘉：《新诗现代化——新传统的寻求》，载袁可嘉《论新诗现代化》，生活·读书·新知三联书店1988年版，第5页。

[②] 同上书，第7页。

[③] 袁可嘉：《新诗戏剧化》，载袁可嘉《论新诗现代化》，生活·读书·新知三联书店1988年版，第24页。

[④] 袁可嘉：《诗与民主》，载袁可嘉《论新诗现代化》，生活·读书·新知三联书店1988年版，第47页。

[⑤] 刘士杰：《现实土壤上的现代诗花——论袁可嘉的诗》，载《信阳师范学院学报》（哲学社会科学版）2010年第5期。

要全面、深入、系统得多；与前代及同时代的有关叶芝的研究相比，袁可嘉的叶芝研究更基于叶芝的原作，并与对叶芝诗歌的翻译"交织"在一起，因而更"具体可感"和更具有"可信性"；与前代及同时代的美英民间歌谣研究相比，袁可嘉的美英民间歌谣研究最具深度；在袁可嘉之前和与之同时代的外国文学研究中，有关欧美现代派文学的研究多为介绍性或评介性的，而袁可嘉则不仅撰写了如《略论西方现代派文学》、《关于"后现代主义"思潮》等具有开创性、学术含量大的论文，而且还撰写了具有系统性、达到了时代学术"制高点"的专著《欧美现代派文学概论》……"与30、40年代零散作战的情况不同，西方现代派文学研究这门学科今天已在中国正式建立起来了"[①]，然而，对西方现代派文学研究这门学科的建立贡献最大的当数袁可嘉。

（二）袁可嘉在诗论、诗歌、外国诗歌翻译、外国文学研究等方面均有一些标志性的成果

袁可嘉的诗论著作《论新诗现代化》"迄今已成为研究九叶派和中国新诗史的经典性文献"[②]；《沉钟》、《母亲》、《走近你》、《南京》、《出航》之类的诗歌均相当充分地实现了袁可嘉的诗论，足可传世；《当你老了》、《驶向拜占庭》、《茵纳斯弗利岛》等译作神形兼备地"传达"了原诗，堪称英诗汉译的典范之作；《现代派论·英美诗论》、《欧美现代派文学概论》等都是一个时代相关研究的标志性作品。

（三）袁可嘉具有多方面的才华

袁可嘉既能从事文学评论及研究，又能创作诗歌，还能从事翻译——他除用汉语翻译英语诗歌外，还能用汉语翻译英语文论，如他翻译了扬格的《试论独创性作品》、赫兹列特的《泛论诗歌》、德莱顿的《论悲剧批评的基础》等为数不少的英语文论，用英语翻译汉语文学作品，如他翻译了杨朔的长篇小说《三千里江山》、陈其通的剧本《万水千山》等在当时影响巨大的文学作品……堪称具有多方面的才华。

---

① 袁可嘉：《欧美现代派文学概论》，广西师范大学出版社2003年版，第90页。
② 蓝棣之：《九叶派诗歌批评理论探源》，载蓝棣之《现代诗歌理论：渊源与走势》，清华大学出版社2002年版，第45页。

二

然而，袁可嘉又是一位"'未完成式'大师"！何谓"'未完成式'大师"？所谓"'未完成式'大师"，在这里是指未能"善始善终"、充分地舒展其才华、取得与其才华相匹配的成就的"大师"——从这一特定的内涵来看，中国现代优秀知识分子中的那些"大师"实际上多为"'未完成式'大师"：

郭沫若的"中国古代社会研究"、"甲骨文研究"、"金文研究"及诗歌创作，胡适的"小说研究"、中国哲学史研究及诗歌创作等均未"善始善终"，且郭沫若等均没有与其自身才华相匹配的成果；鲁迅虽然在现代小说创作及"中国小说史"研究等方面均占据了"制高点"，但是，在还没有充分地舒展自己的才华时就"英年早逝"，因而最终没有更多的与其才华相匹配的成果；刘半农与鲁迅相似——也是"英年早逝"……因此，郭沫若等均为"'未完成式'大师"。

袁可嘉也是"'未完成式'大师"——

他在二十几岁的时候就发表了收在《论新诗现代化》中的一系列诗论，并且直到1999年8月还在写诗论[①]；也是在二十几岁的时候就发表了《沉钟》、《母亲》、《走近你》、《南京》、《出航》之类的诗歌，并且直到1988年还在创作诗歌——那年，他创作了《茫茫》。按常理来说，袁可嘉在其有生之年即使不能写出与《诗品》、《文心雕龙》等媲美的诗学著作，也应该能写出超过其《论新诗现代化》或与之媲美的诗学著作；即使不能创作出能与穆旦的《诗八首》之类的诗媲美的诗，也应该能创作出超过《沉钟》、《母亲》、《走近你》、《南京》、《出航》等或与之媲美的诗。但是，《论新诗现代化》中的那些诗论却既是其诗论的"起点"，又是其诗论的"顶点"！《沉钟》、《母亲》、《走近你》、《南京》、《出航》等则既是其诗歌的"起点"，又是其诗歌的"顶点"！

同时，袁可嘉虽然在外国文学研究和英诗汉译等方面均有建树——外国文学研究方面的论文集《现代派论·英美诗论》、专著《欧美现代派文

[①] 袁可嘉：《诗贵升华》，载《文艺报》1999年11月23日。

学概论》，英诗汉译方面的叶芝的《当你老了》、《驶向拜占庭》、《茵纳斯弗利岛》等均具有"标志性"或足可垂范后世。但是，从袁可嘉在西南联合大学英语系读书时为罗伯特·白英所编的《当代中国诗选》用英语翻译徐志摩的诗歌和开始研究叶芝并在毕业之际以叶芝的诗作为大学毕业论文研究的对象等经历来看，从他的《罗伯特·彭斯——苏格兰的伟大农民诗人》、《十年来的外国文学翻译和研究工作》、《托·史·艾略特——美英帝国主义的御用文阀》等所体现出来的学术水平以及《当你老了》、《驶向拜占庭》、《茵纳斯弗利岛》等所体现出来的翻译能力来看，袁可嘉是应该有更多超过《现代派论·英美诗论》、《欧美现代派文学概论》、《当你老了》、《驶向拜占庭》、《茵纳斯弗利岛》等或与之媲美的作品的；可是，《欧美现代派文学概论》等却成了袁可嘉外国文学研究最终的顶点，《当你老了》等也成了袁可嘉英诗汉译最终的顶点！

三

郭沫若、胡适之所以最终成为"'未完成式'大师"，外在的原因固然很重要，但内在的原因也很重要——他们没有"恒心"、不能"善始善终"：都因为各自的"社会责任感"过于膨胀或曰经不起功名利禄的诱惑而自愿"嫁作商人妇"；鲁迅、刘半农之所以最终成为"'未完成式'大师"，最主要的是外在的原因——"天不假年"！袁可嘉之所以最终成为"'未完成式'大师"，也主要是外在的原因：

其一，袁可嘉在诗歌创作、诗论建构、文学研究等方面"丰收"之际，新旧政权更替，原属于旧政权体制的天津的《大公报·星期文艺》、《益世报·文学周刊》、《民国日报·文艺》和北平的《经世日报·文艺周刊》、《华北日报·文学副刊》以及上海的《文学杂志》、《诗创造》、《中国新诗》等报刊不复存在了，原先让袁可嘉的作品"层出不穷"地发表的园地也便不复存在了——这势必会对他的写作欲望和写作本身产生巨大的影响。

其二，1950年夏至1953年年底，袁可嘉被调离北京大学，改在中共中央宣传部《毛泽东选集》英译室任译校员，参加《毛泽东选集》中部分文章的翻译、修改和校订工作。从这一工作的性质以及当时的政治气氛、社会环境来看，袁可嘉是绝对不能写《沉钟》、《母亲》、《走近你》、《南京》之类的诗的，也是绝对不能写《诗与民主》、《论现代诗中的政治感伤性》、《诗与主题》、《诗与晦涩》、《"人的文学"与"人民的文学"》之类的诗论的。

其三，反右运动开展后，袁可嘉因有"右派言论"而受到组织的审查；1958年10月，袁可嘉被组织派往河北建屏小米峪村接受劳动锻炼①——既丧失了言论的自由，又丧失了创作、翻译、研究的条件，因此，袁可嘉无论是想进行创作，还是想从事翻译、研究，都无从说起了；加上时值大跃进时代，民歌风劲吹，袁可嘉如果不想"自绝"于文字工作，除了做些顺应民歌风的工作外，别无选择，便编译与民歌风一致的《彭斯诗钞》和撰写《罗伯特·彭斯——苏格兰的伟大农民诗人》、《彭斯的诗歌》、《彭斯与民间歌谣》等文章。

其四，20世纪60年代初期，意识形态领域的斗争甚烈，文人稍有不慎便因文罹祸，袁可嘉除了做些与主流意识形态完全一致的事情外，别无选择，便翻译与主流意识形态完全一致的《英国宪章派诗选》。

其五，"反资批修"运动时期，"革命大批判"的旗帜遮天蔽日，因此，袁可嘉尽管对艾略特、新批评、英美现代派诗歌、英美意识流小说均颇为偏好，但也只得写《托·史·艾略特——美英帝国主义的御用文阀》、《新批评派述评》、《美英现代派诗歌述评》、《英美意识流小说述论》、《腐朽的文明，糜烂的诗歌》之类符合"革命大批判"要求的文章。

其六，"文化大革命"期间，袁可嘉先是忙于写交代、做检讨、不是整人就是挨整②，后是因奉命接待美籍作家、学者许芥昱而被定为犯有"为美国间谍提供情报的反革命罪行"，并受到批判、在外国文学研究所被监督着劳动：在所里打扫厕所、在宿舍院里翻沙子、烧锅炉，同时不时地写交代、被批挨整，并受到审查，逢年过节则更甚③……如此，苟延残喘

---

① 参见《袁可嘉自传》，载袁可嘉《半个世纪的脚印》，人民文学出版社1994年版，第576页。
② 同上书，第579页。
③ 参见王素蓉《暮霭里盏盏灯火唤归家》，载《袁可嘉诗歌创作与诗歌理论研讨会论文集》，首都师范大学中国诗歌研究中心2009年版，第48页。

尚且维艰，何谈其他！

其七，1979 年，袁可嘉的"政历问题（共 7 个）已全部改正。从此，是个清清白白、堂堂正正的人，可以安心工作了！"① 但此时的袁可嘉已 58 岁——接近退休年龄了！他尽管有"老骥伏枥"之心，但毕竟是"老骥"——"千里"只能是一个"志向"而已！

……

袁可嘉本人是不愿荒芜学业的——他本人对自己受制于外在的原因而"搁笔"深感遗憾，并曾明言："我有 15 年之久（1965—1979）搁下了笔杆，构成写作生涯中的一片巨大的空白，而那正是我 44—58 岁的成熟年代，想起来是太可惜了"②；他也是愿意根据自己的兴趣、爱好而"笔耕"的——他曾明言："1942 年是很重要的一年，我的兴趣从浪漫派文学转向了现代派文学……我先后读到卞之琳的《十年诗草》和冯至的《十四行集》，很受震动，惊喜地发现诗是可以有另外不同的写法的"③，便走向现代主义文学……假如没有以上这些外在的原因，假如袁可嘉在自己的盛年能继续根据自己的兴趣、爱好而"笔耕"——继续撰写《诗与民主》、《论现代诗中的政治感伤性》、《诗与主题》、《诗与晦涩》、《"人的文学"与"人民的文学"》之类的诗论，创作《沉钟》、《母亲》、《走近你》、《南京》之类的诗歌，翻译雪莱、惠特曼等人的诗歌④，像 20 世纪 40 年代那样能自由地从"喜欢"浪漫主义文学到"喜欢"现代主义文学……那么，袁可嘉最终就绝不会只有《论新诗现代化》、《沉钟》、《母亲》、《走近你》、《南京》、《出航》、《当你老了》、《驶向拜占庭》、《茵纳斯弗利岛》、《现代派论·英美诗论》、《欧美现代派文学概论》等"名作"了——也就是说，袁可嘉最终就不会只是一个"'未完成式'大师"而是

---

① 转引自王素蓉《暮霭里盏盏灯火唤归家》，载《袁可嘉诗歌创作与诗歌理论研讨会论文集》，首都师范大学中国诗歌研究中心 2009 年版，第 48 页。

② 童银舫：《袁可嘉：从九叶诗人到英美文学专家》，载《慈溪日报》2013 年 10 月 25 日。

③ 《袁可嘉自传》，载袁可嘉《半个世纪的脚印》，人民文学出版社 1994 年版，第 573—574 页。

④ 袁可嘉在"文化大革命"结束后拟翻译雪莱的诗，后因得知译友江枫也拟翻译雪莱的诗，便放弃了翻译雪莱的诗歌（参见江枫本人在袁可嘉追思会上的自述）；在晚年很想翻译惠特曼的《草叶集》，而且觉得自己可以译好（参见陈安《沉寂的洪钟》，载《袁可嘉诗歌创作与诗歌理论研讨会论文集》，首都师范大学中国诗歌研究中心 2009 年版，第 53 页）。

一个"'完成式'大师"了!

四

与郭沫若、袁可嘉等人所生活的时代相比,当下的时代要好多了,总体的社会环境也要好得多——文人至少不必被迫"投笔从戎"、"投笔从政",因而,成为"大师"的可能性应该说要大多了;但是,从实际情况来看,时下以及将来不要说"大师",就是像郭沫若、袁可嘉等那样的"'未完成式'大师"也很难产生,这主要有内外两个方面的原因:

(一)外在的原因

1. "项目化"的学术体制与创作体制

时下,无论是学界还是创作界,都有名目繁多的项目,如科研界有"国家社会科学基金项目"、"国家自然科学基金项目",省部级的"社会科学基金项目"、"自然科学基金项目",各个单位的"科研项目"或"教改项目"……创作界有中国作家协会的重点作品扶持项目、各省作家协会的重点作品扶持项目,各省文联的重点文艺创作扶持项目……且投入很大——"中央财政对科研的投入近年来力度加大,截至 2013 年达到 2460 亿元,近年来一年就有 14 亿元。过去一个重要项目能申请到 20 万元已经很多,现在一个普通项目都能申请到 18 万元"[①];中国作家协会及各省作家协会、文联对创作的扶助力度也不小——每个项目至少有几万元。

同时,无论是学界还是创作界,都"高度重视""项目",许多单位甚至是"项目至上"、"项目唯一",以至于出现了"项目化生存"的怪异现象——领导的工作便是组织员工申报项目,员工的工作便是申报项目。

但是,科研界的"大投入"、"高度重视""看起来是皆大欢喜的事情,实际上也存在隐患,投入多并不意味着都是好事,反而一定程度上造成了学者对做项目乐此不疲而学术荒废、以项目论英雄的现象,项目和成果并不成正比"[②];与此相应的"项目化"的学术体制最终将"导致了学者不需要再独立思考而致力于跑项目,也带来了学术腐败……有的学者在

---

① 何瑞涓:《当代学者越来越像卓别林——陈平原等学人谈科研项目机制与当代学术研究》,载《中国艺术报》2014 年 6 月 11 日。

② 同上。

价值观上出现了待遇至上的偏差，有项目则有待遇，做项目不是为了学术，而是为了得到高待遇，这也严重亵渎了学术研究的神圣性。再者，项目至上也打击了知识分子的自尊自信。在一些学术评价机制中，对于学者而言，这一机制不管学者本身学术水准如何，如果缺乏科研项目就难以获得客观评价"[1]，并最终只能是"培养出了一批填表专家，学术研究多是急就章。曾经欣欣向荣的民间学术土崩瓦解，溃不成军，只剩下政府部门管理下的学术唱独角戏"[2]；创作界的"高投入"、"高度重视"及其"后果"也大抵如此。

2. 荒谬的评价标准

其一，"项目"标准。

在很多时候，国家会或明或暗地把"项目"作为考核一个单位的重要标准，单位则往往明确地把"项目"作为考核一个员工的重要标准，如许多大学都把"项目"作为一个员工申报职称或岗位级别的条件——"项目"的级别、多寡都会对一个单位或一个人有直接的影响，于是，单位或个人便把主要精力放在如何弄到尽可能多、级别尽可能高的"项目"上。

其二，"计件"标准。

许多单位都以"作品"的多寡来考核一个职工，于是，职工为了完成工作量，或多挣"工分"，便将一篇文章弄成几篇发，或者将一篇文章"拉长"成一本"著作"出版。

其三，刊物或出版社的"级别"标准。

许多单位都以一部作品"问世"的刊物或出版社的"级别"来衡量其质量——作品所"问世"的刊物或出版社的"级别"如果是"CSSCI"刊物或"国家级"的出版社，那么就被认定为质量高，由此"得分"也高或获重奖[3]；于是，作者为了让自己的作品能被认定为"质量高"、得"高分"，便不惜"花血本"——或者使尽浑身解数找关系，或者不惜花

---

[1] 余三定语，见何瑞涓《当代学者越来越像卓别林——陈平原等学人谈科研项目机制与当代学术研究》，载《中国艺术报》2014年6月11日。

[2] 同上。

[3] 有的学校甚至规定"在《求是》发一篇奖6万……《哲学研究》发一篇奖2万"，参见《一朝忽觉京梦醒，半世浮沉雨打萍》，http://bbs.xmfish.com/read-htm-tid-7934342.html；笔者曾经工作过的大学也有类似的规定。

高额的版面费或评审费，或者不要人格甚至"以身相许"！

3. 局部恶劣的人文环境

虽然从总体上来说，当下的人文环境不错，但从局部来看，当下的人文环境则大有问题——现实生活中的一个实例就很能说明这个问题：C大学是一所可以称得上是"著名"的大学，该校某学院有四人抱成一团自称为"四大才子"，其中，老大因为自己总不能在学术刊物发表论文，而那些被自己领导着的"平头百姓"却"居然""能"发表论文，便气急败坏，在员工例会上咆哮般地说："写论文有什么了不起的——老子虽然不会写论文但会写专著"；老二几乎没有发表过一篇正儿八经的学术论文，也不符合学校申报教授的标准，可是，最后却让学校为自己专门制定了一个"教学教研岗位"的教授申报标准，并"顺理成章"地被"评"上了教授；老三较老二更差——居然是用发表在《网友报》上的"百字文"申报教授，且在成功地被"评"上"教学教研岗位"的教授后，又领导着整个学院的科研工作、主宰着对整个学院员工科研的考核①……如此环境，焉能产生"大师"？！

（二）内在的原因

1. 文人没有纯正的"从文"精神

许多文人"从文"实际上"皆为稻粱谋"——获得高官厚禄或更好的物质生活条件：美酒佳肴、高楼大厦、豪车美人……而不是为了探索宇宙奥秘或人的精神世界的奥秘，或有益于社会风化，或提升自己的精神境界、完善自身的人格……因此，不仅对"文"没有奉献精神，反而要"文"对自己有奉献精神——把"文"当作沽名钓誉的工具，把"从文"当作谋取富贵功名的途径②。

2. 文人意志薄弱

许多文人不仅没有纯正的"从文"精神，而且也没有应有的坚定意

---

① 笔者在已经出版的"反思教育三部曲·教师篇"（《招生办主任》、《教授变形记》、《大学校长》）中有较为详细的描写，在已经完稿的"反思教育三部曲·学生篇"（《校花》、《压寨夫人》、《剩女》）中有更为详细的描绘。

② 参见《一朝忽觉京梦醒，半世浮沉雨打萍》，http：//bbs.xmfish.com/read-htm-tid-7934342.html；笔者曾经工作过的大学也有类似的现象。

志——不能做到"板凳要坐十年冷",也不能要求所写的东西"字字皆是血";于是,凡有项目都申报,什么东西能获奖、能为自己带来更好的"稻粱"就写什么。

3. 文人自甘"嫁作'商人'妇"

许多文人不仅没有定力、意志薄弱,而且自甘"嫁作'商人'妇"——或者自甘做权贵的"奴仆",如对权贵俯首帖耳、言听计从,甚至自甘做权贵的"棋子"或勇做权贵的打手、帮凶;或者汲汲于名利,如成天琢磨着拿大项目、大奖项;或者不甘清贫而弃文从商、从政……而丝毫不能像当年朱自清、闻一多等宁愿忍饥挨饿也不领救济、不做丧失人格与文格的事,也丝毫不能像当年汤用彤把获奖当成一种耻辱!

五

人与同属地球的其他动物最根本的区别在于人有文化,民族与民族、国家与国家之间的最大区别在于文化,一个民族或国家或时代的伟大与否在于是否有文化伟人——而绝不在于是否有杀人巨多的"元帅"或能随心所欲地奴役民众的"元首"!郁达夫在《怀鲁迅》中说:"没有伟大的人物出现的民族,是世界上最可怜的生物之群;有了伟大的人物,而不知拥护,爱戴,崇仰的国家,是没有希望的奴隶之邦"——郁达夫所说的"伟大的人物"实际上即"文化伟人"。虽然我所说的"大师"未必就是"文化伟人",但是,没有"大师"或没有一个个或一代代"大师"的"积淀",是绝不会有"文化伟人"的!没有产生"大师"的"土壤",也是绝不能产生"大师"的,更是决不能产生"文化伟人"的!

我们的民族、国家、时代都堪称伟大,但是,要使"伟大"一词成为一个"实体",就需要有"文化伟人"!但是,怎样才能让我们的民族、国家、时代产生"文化伟人"呢?这是一个我们民族、国家、时代应该共同思考的问题——我对袁可嘉的研究便是我对此问题的一种思考!

第一章

袁可嘉传略[①]

一

1921年9月18日，在浙江省余姚县六塘头袁家村（现为慈溪市崇寿镇大袁家村）诞生了一个男婴，此男婴即日后在中国现代文化史上颇负盛名的袁可嘉。

袁家当年是当地的大户人家，村名也因之为相公殿袁家。

相公殿是袁可嘉的父辈一手开辟起来的河港，只有一条小街——1999年，年近八旬的袁可嘉在纽约所写的文章《故乡亲，最亲是慈溪》中道："相公殿离我家不过三里，是我父辈一手开辟起来的河港。虽说只有一条小街，却也颇有不少店铺，如布店、米店、杂货店、理发店等等，是姚江农村一个小小的集散地，人们可以在这里买到上海、宁波运来的物品，也可出售自己的土产，在我童年的印象中是相当不错的。在修公路通汽车以前，乡亲们就靠这里的快船（航船）与外界交流信息和物资，我童年时读到的《申报》和《大公报》等报刊就是从这个窗口输送进来的启蒙读物……相公殿作为一个对外窗口，我深怀感激之情，因为

[①] 本章主要依据一些资料改写而成；为了确保真实性，本章尽可能多地参考或借用了《袁可嘉自传》、袁可尚的《袁氏家谱》（电子稿）的内容；凡没有特别注明的地方一般参见这两种资料；同时，本章的撰写还得到过袁晓敏、童银舫、方向明等的直接帮助——袁晓敏仔细地修改了全稿，并提出了一些修改意见，不过，笔者只采纳了自认为应该采纳的意见。

它是我童年引发远游幻想的第一个起点。我常常去看港口来往的各种船只，寄托我云游四海的希望。"① 袁家村距离杭州湾滩涂不过十里，袁可嘉在童年时经常步行到滩涂看涨潮，每年农历七八月间，尤其是八月十八的钱塘潮胜景给袁可嘉留下了深刻的印象："上楼观望，狂风暴雨中只见远远一条白线汹涌而来，一眨眼就冲进屋内，淹没底层。十级飓风，天震地摇，盐民多有伤亡。第二天退潮，留下一屋子鱼虾，打开门看，鱼虾满地，美不胜收。"②

但是，袁家并非当地的"土著"，而是移民——袁家祖籍浙江绍兴。据说，在明代，绍兴昌安门外的三江乡沿钱塘湾建立二十八个洞的闸门，闸后有一个花台门，袁家先人便居住在那里，并建有袁家祠堂。相传袁家旧谱孝堂帏立有"国赋名贤，功可世奕"的联语——袁家先人也确实是以此联语作为后裔排辈的：袁家移民袁家村的第一代为名世、名扬、名熙等，第二代为贤庆、贤逢、贤忠、贤森、贤岳、贤奎、贤孝、小贤等，第三代为功亨、功成、功鉴、功勋、功盛、功林、功传、功先、功潮等，第四代为可尚、可章、可嘉、可忠、可仕、可元、可用等③。

袁可嘉的名字由其祖父取名为"可嘉"，但由于子孙太多，其祖父每次见到袁可嘉的时候并不清楚自己所见的是袁可嘉。

二

袁名世是他那一辈人的长子，有胆量、有能力；在清代咸、同年间（1851—1860），他带领弟弟名扬、名熙驾帆船往余姚北部濒钱塘湾盐区（后称庵东盐场）运盐运卤，以制盐为业，于是，袁家移居余姚。起初，袁名世带领十来人居住在六塘头前的茅舍里。茅舍俗称火筒舍，是用稻草篾片编制而成，受雨后易腐烂，每两三年要翻盖或修铺。在太平天国洪杨事变之前，袁家一家人仍然是住在茅舍里。袁名世带领名扬、名熙等拼力经营半个世纪，袁家才盖起五间瓦房。之后，袁家以此为中心，在其南及东西两侧盖了

---

① 袁可嘉：《故乡亲，最亲是慈溪》，载《时代履痕》，社会科学文献出版社2004年版，第587—588页。
② 转引自霍俊明《曾久久抑郁在霉烂的叹息里》，载《长江文艺》2013年第9期。
③ 参见袁可尚《袁氏家谱》，电子稿。

独立瓦房,由袁名扬、袁名熙两家居住。此地原无地名,既往统称六塘头袁家。1949 年之后成立光明生产队,继而建制为大袁家村——当时,村民成员已达数千人。由于外姓人逐年增加,因此,大袁家村后来实际上发展为一个多姓杂居村,不过,其核心仍为袁家最初的居处。①

袁贤庆是袁名世的独生子,幼年聪慧好学,成人后颇有学养,并做过一段时间的塾师;再后,承其父业——经商。他继承和发展了其父的事业——生意扩及运输、制盐、米店等多个行当,且蒸蒸日上;至光绪年间,袁家成为当地首富。②

袁贤庆不仅善于经商,而且为人憨厚稳重、做事周到,热衷于公益事务:他独捐半数兴建庆德庵;热心于医疗、通信等——他常自备刀药,为人治病,通过民信局为人传递信息、信件、报刊、杂志等。同时,他重视对孩子的教育,并注重言传身教,儿子功亭、功成、功鉴、功勋等耳濡目染,长大后均知书达理,各有所长,且各有所成。其中,袁功亭胆识过人,富有开拓精神,尤善经营——在自己经营的盐业日趋发达后与上海盐商合作,1918 年在六塘下设立盐商组织公享廒,后成为庵东盐区的董事长;他虽财大位重,但并不恃"财"傲物,反而还常为盐民说话,如抗议盐商无故停收盐民的额盐,抗议盐政当局枪杀无辜盐民,在日寇入侵期间,拒绝日寇拉拢,坚持不出任伪职;不过,他对政治的认识也有局限性;1948 年去世。袁功鉴在 1951 年作为盐霸被镇压。袁功勋在事业上虽稍逊其长兄袁功亭、袁功鉴一筹,但也富有进取、创新、开拓精神——大大地发展了所继承的父亲的遗业:把从父亲手里接过来的恒兴米店扩大为恒裕米店,后又经营绸布百货、麦冬出口等生意,经常在姚、甬、沪、宁、硖石等地出入;同时,在相公殿镇建街房十数间及袁可嘉在少年时期住过的一座洋房——新中国成立之后,袁家被划为地主成分,袁家洋楼被政府没收后设为乡公所、棉花收购站、医院等,当地人称之为"袁家收花站"。袁功勋在抗战时期遭难——所拥有的盐船被日寇击沉,本人被绑票,所经营的生意萧条;最后,身患重病,于 1943 年去世,享年五十三岁③。

---

① 参见袁可尚《袁氏家谱》,电子稿。
② 同上。
③ 同上。

袁可嘉的母亲施小妹（或曰施妹金）是一个旧式家庭妇女，为人善良，一生养育了九个子女：除袁可尚、袁可章、袁可嘉、袁可忠等外，尚有袁可嘉的姐姐蕨英、爱琴和袁可嘉的妹妹卓琴、醉琴、轶群，备极辛劳；她对袁可嘉影响很大——袁可嘉曾在《母亲》一诗中这样写道："面对你我觉得下坠的空虚，／像狂士在佛像前失去自信；／书名人名如残叶掠空而去，／见了你才恍然于根本的根本。"施小妹于1959年去世，享年六十六岁。①

三

袁可嘉儿时多病，多蒙其外祖母抚育照顾；同时，也多蒙其堂兄袁可仕的关照——袁可嘉在三岁时额头因跌倒而受巨创、染疝气，性命堪忧，身为热带病医生的袁可仕使尽了浑身解数为袁可嘉治疗，并最终保住了其性命。②

1928年，袁可嘉入当地庆德小学接受教育。据屠勇——袁可嘉的结拜兄弟——和袁可嘉二哥的儿子袁家林介绍，庆德小学是一所由袁可嘉的父辈袁功勋等在大约19世纪初为当地袁家办的一所初级小学（1—4年级）——当地过去只有私塾；庆德小学虽为袁家所办，但也是被县政府承认的，民国后，还被县教育局行文批准；同时，非袁家子弟也可以去上庆德小学。袁可嘉、袁可尚、袁可志等袁家后代都是先在庆德小学读完初级小学后再到余姚县城去读高等小学（5—6年级）的。当时，袁家请许青航——袁可嘉的结拜兄弟——的父亲许深洋当小学校长（后来许升为区督学），屠勇的父亲屠居秀协助办学。

1932年，袁可嘉从庆德小学初小毕业；之后，考入余姚第一高等小学；每次上学，袁可嘉都要在离家三里远的处于姚江支流的小河港乘船，颇为辛苦。读书期间，袁可嘉除蒙受了学校师长们的教诲外，还蒙受了长兄袁可尚的不少教诲。袁可尚，字汉元，笔名柯桑；1912年出生，比袁可嘉大九岁，曾先后在杭州高级中学、南开中学学习，之后，又先后在光华

---

① 参见袁可尚《袁氏家谱》，电子稿。
② 参见《袁可嘉自传》，载袁可嘉《半个世纪的脚印》，人民文学出版社1994年版，第570页。

大学、清华大学学习，1938年毕业于清华大学社会学系。袁可尚幼时聪慧好学，尤其嗜读文史著作——青年时代曾不惜重金购置全套《二十四史》，用红笔圈读；中英文都有较高的造诣，爱好写作——青年时代曾在胡适主编的《独立评论》上发表过文章；1950年，任邮电部劳动保护科科长；1956年，调到北京邮电学院筹建函授部；1968年，以右派之身被遣返原籍，被监视劳动；为了怀念祖辈先人，从1968年起，经数年寻根访祖，搜集材料，最终撰写了《袁氏家谱》；晚年，与北京大学经济学教授、经济史专家陈振汉共集四川移民及经济等资料；1994年2月2日，因病辞世于北京中日友好医院。对袁可尚的去世，袁可嘉深感悲痛，并满怀深情地写下了挽联："恩比父母，哭你如丧考妣；情同手足，悼你如失良师"①；后来，袁可嘉又撰写《恩比父母，情同良师——痛悼长兄袁可尚逝世》②的文章悼念袁可尚。

对于袁可嘉而言，袁可尚既是兄长，又是启蒙老师和读书求学的支持者：每到暑假，在光华大学学习的袁可尚就沿沪杭甬路把袁可嘉及在杭州念初中的袁蕨英领回家，一路上给他们讲上海滩的故事，开阔他们的眼界；平时则指导他们学习，不时从上海、北京给他们带回阅读所需的新旧书刊；在阅读了袁可尚所带回的《西游记》、冰心的《寄小读者》等文学作品后，袁可嘉萌发了对文学的兴趣。

1934年，袁可嘉从余姚第一高等小学毕业。由于还需等半年才能升入初中，袁可嘉便跟随在光华大学学习的袁可尚去上海自学半年。其间，袁可尚虽然学习任务繁重，非常辛苦，但还是在生活上悉心照料袁可嘉，并亲授袁可嘉英语和算术——教得既细心又得法，使袁可嘉大受教益，并对英语产生了浓厚的兴趣。

1935年至1937年夏，袁可嘉考入浙江省立第四中学即宁波中学初中部学习。宁波是一个著名的商埠，宁波中学得地利而财源广进、资力雄厚，并得以延聘大量的优秀教师。在宁波中学初中部学习期间，袁可嘉上课认真听讲，课余除只争朝夕地学习外，还常常给袁可尚写英文信，请他

---

① 袁可嘉：《恩比父母　情同良师——痛悼长兄袁可尚逝世》，载《慈溪广播电视》1994年第30期。

② 同上。

批改所写的英文信或向他请教问题，他总是有问必答、循循善诱，并鼓励袁可嘉多读课外杂志、扩大词汇量、牢记习语用法……从而奠定了袁可嘉后来研究和翻译英美文学最初的基础；积极参加校刊的编辑工作和学术辩论会、参加球类比赛、试着创作新诗，并受时代潮流的影响，参加了童子军的活动……从而在德智体方面获得了全面的收获——各科成绩优异、思想纯正、体魄强健……这些为他后来进一步的求学以及从事文学创作、批评、研究和翻译打下了初步基础，也为他后来长途跋涉辗转到西南联合大学求学以及在"文化大革命"期间蒙冤时从事高强度、长时间的体力劳动打下了扎实的思想基础和身体基础；学校也年年以授予奖学金的形式肯定了袁可嘉。

从宁波中学初中部毕业后，袁可嘉本想考入浙江省立杭州高级中学深造，但适逢抗日战争全面爆发，时局动荡，风雨如晦，便回老家在庆德小学教了一年的书。其间，袁可嘉曾业余参加过抗日战争宣传活动，并曾多次被特务追捕，不过，每一次都化险为夷。1938年夏，抗日战争形势日趋紧张；不久，与袁可嘉的家乡隔钱塘江相望的商埠乍浦陷于敌手，日寇随时有可能入侵。在此危机情势之下，袁可嘉不愿坐等家乡沦陷而成为亡国奴，便投笔从戎——与一位姓李的远亲结伴，考入战时工作干部训练团第四团民训大队充当学员，到江西吉安农村受训六个月，之后，被派往驻守湖南攸县的国军第103师政治部见习，从而走上了抗日战争的前线。此时为国共合作抗日的时期，103师政治部属张治中任部长、周恩来任副部长的军事委员会政治部领导，尚无明显的反共言行。下级官兵之间还流传着一些进步书籍，如艾思奇的《大众哲学》——袁可嘉也由此平生第一次看到了唯物论之类的书籍。103师是国民政府军政部部长何应钦的嫡系部队，受到特别的保护，不久，便以剿湘西土匪为名撤向四川秀山；途中，虽然部队多次遭到敌机的轰炸，但袁可嘉每次都幸免于难；部队的士气也没有因受敌机轰炸的影响而低落——青年官兵一边撤退一边做点宣传工作，如写标语、发传单、演街头短剧、唱抗战歌曲等。不过，103师毕竟是国民党的部队，自然也有国民党部队所惯有的恶习，如沿途强拉民夫、敲诈勒索普通民众，这使袁可嘉深深地感到此种部队不是可以久留之地，不久，便重起求学之心——四个月以后，通过袁可尚在重庆的朋友的帮助，袁可嘉离开了 103 师，到达重庆，并于 1939 年夏考入从南京迁川的南京青年会中学高中部，即现在的南京第五中学。① 当时，袁可嘉老家因战乱而濒临破产，已无力继续供袁可嘉读书；袁可尚继承了中国长兄如父的传统，担起了供养袁可嘉读书的担子，且一直到 1946 年袁可嘉大学毕业——后来，袁可嘉曾满怀深情地回忆道："从 1939—1946 年，我读完二年高中和五年大学，全靠大哥支援。他当时在资源委员会、工业试验所任编辑、专员等职，收入并不高，自己省吃俭用，挤出钱来供我上学，实在是很不容易的。战时学生生活极其困难，每月发给八元钱，吃饭都不够。每月当我接到大哥寄来的汇款，有时还有衣服、鞋子等日用品，我总是满怀喜悦，感激涕零。回忆起这些往事，我常想，如果没有这样一位好兄长，那（应为'哪'——引者注）有我上进的机会和后来的前途呢？他供我上学，教我英语和文化知识，并以他的高尚品德为我示范，他不仅是我的兄长，而是'恩比父母，情同良师'了。"②

青年会中学高中部设于四川巴县江北悦来场靠近嘉陵江的一个小镇，交通极为不便；虽然规模不大，校舍也极为简陋，但教学质量颇高——该校素以教学认真著称，尤其注重英语课的教学。袁可嘉从课本上读到一些英国文学作品原著，课余创作了一些抒情短诗，与一些同学办壁报，并在壁报上发表自己的习作——所发表的大都是一些短诗；那些诗虽然写得并不怎么好，但写诗和发表诗本身对袁可嘉起到了很好的锻炼作用。袁可嘉在青年会中学前后读了一年半，在此期间的同学中，有后来成为台湾著名诗人的余光中——他比袁可嘉小七岁，袁可嘉读高二班，他在初一班；50 年之后，两人在北京重逢，百感交集，袁可嘉曾撰短文记之。

1940 年冬天，袁可嘉得到袁可尚的挚友、时任南开大学经济研究所教授的陈振汉的推荐，从青年会中学转入南渝中学即重庆南开中学读书。南渝中学是一所著名的中学，分文理科，袁可嘉分在文科；文理科均有一些非常优秀的教师，如文科有像柳无忌教授夫人那样的英语教师——袁可嘉

---

① 参见《袁可嘉自传》，载袁可嘉《半个世纪的脚印》，人民文学出版社 1994 年版，第 571—572 页。

② 袁可嘉：《恩比父母　情同良师——痛悼长兄袁可尚逝世》，载《慈溪广播电视》1994 年第 30 期。

曾面受过她的指点。在学习期间，袁可嘉除认真上课外，还阅读了不少课外书籍——其中，包括不少文艺理论书籍，像朱光潜的《给青年的十二封信》《文艺心理学》等还引起了袁可嘉很大的兴趣，朱光潜所主编的《中学生》杂志也颇受袁可嘉的喜爱；继续创作文学作品，并有所斩获——袁可嘉创作的悼念在重庆大轰炸中的死难者的诗作《死》发表在1941年7月20日的重庆《中央日报》上[①]；学习成绩优异——半年后，袁可嘉以同等学力的资格考入昆明国立西南联合大学外语系；但也备历艰辛，如在参加西南联合大学的入学考试时，为了躲避日机轰炸，袁可嘉与其他考生在早上四点就进入考场，但考卷刚刚发下来防空警报就拉响了，师生一起紧急疏散到附近的防空洞——考卷由此作废，考生在第二天重新参加考试，如此三番五次折腾，袁可嘉和其他考生苦不堪言；不过，即使如此，考生们也不敢稍有懈怠——晚上还是在防空洞里复习备考。

当时，中央大学和重庆大学都在重庆，袁可嘉考这两所大学至少可得"地利"，但他却舍近求远，报考远在昆明的西南联合大学。他之所以如此，主要是由于西南联合大学有浓厚的民主、学术气氛及在文科方面负有盛名等原因。在赴西南联合大学求学时，袁可嘉备受劳顿：当时的交通条件极差，袁可嘉只能作为"黄鱼"（私货）搭上一辆装满黄沙的货车去昆明；在车上，袁可嘉只能躺在沙上而不能坐直身子，身子的一面是烈日晒，另一面是热沙蒸，加上车子在川黔山间的险道上行进时颠簸得非常厉害，且持续了一周之久……这些让袁可嘉感到苦不堪言。除劳顿外，袁可嘉还历尽了惊吓和困窘——一路上，袁可嘉总小心翼翼地款待司机，生怕他把自己扔在半路上不管了；到贵阳时，袁可嘉在前往昆明时从袁可尚处拿的路费一文不剩，于是，以流亡学生的名义到青年会告贷，并侥幸贷到150元法币[②]；这点钱虽为数甚微，但袁可嘉靠它维持了在昆明的生活——袁可嘉当时的窘况也可想而知。

1941年秋天，袁可嘉满怀着兴奋的心情，跨入昆明大西门外的西南联合大学新校舍——那时，日后名列九叶诗人的穆旦正在西南联合大学外文

---

① 参见《袁可嘉自传》，载袁可嘉《半个世纪的脚印》，人民文学出版社1994年版，第572页。

② 同上。

系任助教，郑敏在西南联合大学哲学系读书。袁可嘉入校时，西南联合大学校园刚刚经历了 8 月 14 日的大轰炸，新校舍内 4 栋学生宿舍、北区常委会办公室、训导处、总务处、图书馆以及第 7、8 教室、南区生物实验室、北院的师院教职员宿舍以及南院的女生宿舍均被炸毁。进西南联合大学后，袁可嘉明确了自己的人生志向——他立志做一位作家兼学者，而且切地实践此志：即使是在日寇战机对昆明进行频频的轰炸时，他也刻苦学习、毫不懈怠。其时，有一阵子，学校几乎天天遭到日寇战机的轰炸，师生时时刻刻面临着挨炸的危险，例如，在袁可嘉入学稍前的 1940 年 9 月 30 日，日寇战机大规模地轰炸昆明，闻一多的住宅内就落下了一枚炸弹——万幸的是没有爆炸；而冯至的住所则在这次轰炸中被炸毁。日寇战机的轰炸一般是在中午进行。为避免和减少在空袭中的伤亡，西南联合大学把授课时间改为上午 7 时至 10 时、下午 3 时至 6 时、晚上 7 时至 9 时；每节课 40 分钟，课间休息 5 分钟；遇有空袭警报便停课疏散，警报解除 1 小时后再照常上课。

西南联合大学中文系、外文系拥有一批著名的诗人、作家和教授，如朱自清、冯至、卞之琳、闻一多、陈梦家、沈从文、冯友兰、金岳霖、杨振声、陈寅恪、刘文典、余冠英、叶公超、燕卜荪、吴宓、陈铨、钱钟书、柳无忌、闻家驷等，许多爱好文艺的青年，如袁可嘉、穆旦、郑敏、杜运燮等，深为他们所吸引，并不时拜访他们，如袁可嘉就曾拜访过自己所崇拜的卞之琳——1941 年，袁可嘉在第一次拜访卞之琳时还闹了个笑话：他称卞之琳为"卡"先生，卞之琳纠正说，我姓卞，不姓卡；对此，袁可嘉颇有些尴尬；后来，袁可嘉还不时和朋友们讲起这个笑话……诗人们的创作和相互影响以及文艺青年的活动等使西南联合大学呈现出"笳吹弦诵在春城"的盛况。

袁可嘉在大学一年级时主要在西南联合大学附近的昆华中学校舍里学习生活，并有幸聆听了杨振声、赵西陆等讲授的语文课。在语文课堂上，袁可嘉不仅学到了不少新知、得到了不少鼓励，而且获得了受用一生的教益，一些精彩的上课情景，如杨振声先生口衔烟斗、娓娓而讲徐志摩的情景让袁可嘉一辈子不时回味，心灵上受到美的陶冶。当时，西南联合大学内学生社团非常多，其中，比较有名的有"南湖社"、"高原社"、"南荒社"、"冬青社"、"文艺社"、"新诗社"、"耕耘社"、"布谷社"等,不少社团还办有刊物。袁可嘉参加了外文系许芥昱所主持的英文壁报《回声》以及西洋戏剧学会的活动。另外,袁可嘉与后来任加拿大湖滨大学历史学教授的陈明逊、任美国西雅图华盛顿大学经济系教授的马逢华、成为中国科学院院士及著名的生化学家的邹承鲁等合办了一个名为《耕耘》的壁报(双周刊),该刊物标榜政治上的中间路线,强调学术研究,经常刊出袁可嘉的诗作、邹承鲁的小说、马逢华的诗和散文、陈明逊的政论等,在校园文化建设中起过一定的积极作用,也成了同学们交往的一种纽带,如袁可嘉因与马逢华同在该刊物上发表文章、且在文学趣味上很投合而来往密切——马逢华在20世纪50年代流亡海外,辗转经过香港、台湾,漂泊到美国留学,后曾在西雅图华盛顿大学经济系任教;直到1981年,袁可嘉才与他重逢。

在大学一年级时,袁可嘉对英国19世纪的浪漫主义诗歌情有独钟——热爱拜伦、雪莱、济慈、华兹华斯等人的诗歌并深受其感染,甚至以为天下诗歌至此为极而不必再作他想了;同时,袁可嘉也学着写了一些浪漫主义色彩浓郁的诗歌,其中,《我歌唱,在黎明金色的边缘上》一诗发表在1943年7月7日的香港《大公报》上;后来,该诗又由冯至推荐发表在昆明的《生活周报》副刊上——该诗是袁可嘉公开发表的第二首诗。

1942年1月6日,袁可嘉参加了西南联合大学学生千余人声讨孔祥熙的游行活动。秋天,在升入了大学二年级之后,袁可嘉先后读到卞之琳的《十年诗草》和冯至的《十四行集》,惊喜地发现诗原本也是可以有与拜伦等的浪漫主义诗歌不同的写法的,很受震动——在《一部动人的四重奏》一文中,袁可嘉这样写道:"1942年我在昆明西南联大新校舍垒泥为墙,铁皮护顶的教室里读到冯至的《十四行集》,心情振奋,仿佛目睹了一颗彗星的突现。新诗坛上还没有过这样的诗"①;在《袁可嘉自传》中写道:"1942年是很重要的一年,我的兴趣从浪漫派文学转向了现代派文学……我先后读到卞之琳的《十年诗草》和冯至的《十四行集》,很受震动,惊喜地发现诗是可以有另外不同的写法的"②;曾坦承:"卞之琳先生

---

① 袁可嘉:《一部动人的四重奏》,载袁可嘉《半个世纪的脚印》,人民文学出版社1994年版,第191页。

② 《袁可嘉自传》,载袁可嘉《半个世纪的脚印》,人民文学出版社1994年版,第573—574页。

对我的引导启发，比较起来，方面更广，程度更深"①，"当他读到卞之琳先生的《十年诗草》时，真是爱不释手，'深觉现代敏感和古典风范的融合已到了精纯的高度，尤其其中的《慰劳信集》为我国多年来沉滞不前的政治社会抒情诗闯出了一条新路。'"② 与此同时，袁可嘉还读到美国印象派诗和艾略特、叶芝、奥登等人的诗歌，感觉到那些作品比浪漫主义诗歌更深沉含蓄些，也更有现代味。当时，西南联大校园内正刮着一股强劲的现代风，于是，袁可嘉的文学兴趣便从浪漫主义转向了现代主义，后来进而写出了像《沉钟》③、《空》④、《墓碑》⑤、《进城》⑥、《冬夜》⑦、《难民》⑧、《旅店》⑨、《母亲》⑩、《走近你》⑪ 之类的诗；同时，又在奥登的十四行诗《在战地中国》的影响下，用不太严格的十四行诗体写了《上海》⑫、《南京》⑬、《香港》⑭、《北平》⑮ 等有关大都市的诗。那时，英国著名的记者、诗人罗伯特·白英在西南联合大学开设现代英诗课程，袁可嘉应他的要求用英语翻译了徐志摩的几首诗歌——后来，它们被罗伯特·白英收入自己于1947年编辑并在英国出版的《当代中国诗选》⑯ 里，这是袁可嘉第一次发表译诗。

1943年秋天，袁可嘉升入了大学三年级。除选修一些别的课程外，袁可嘉还选修了卞之琳的《现代小说艺术》的课程，略窥了现代实验小说的

---

① 转引自刘士杰《走向现代、现实和浪漫的三结合》，载《现代主义诗歌在中国的命运》，社会科学文献出版社2009年版，第338页。

② 同上。

③ 袁可嘉：《沉钟》，《文艺复兴》1947年第3卷第4期。

④ 袁可嘉：《空》，《文艺复兴》1947年第3卷第4期。

⑤ 袁可嘉：《墓碑》，《人世间》1947年第2卷第1期。

⑥ 袁可嘉：《进城》，《文学杂志》1947年第2卷第3期。

⑦ 袁可嘉：《冬夜》，《文学杂志》1947年第2卷第3期。

⑧ 袁可嘉：《难民》，《文学杂志》1948年第3卷第2期。

⑨ 袁可嘉：《旅店》，《文学杂志》1948年第3卷第2期。

⑩ 袁可嘉：《母亲》，《文学杂志》1948年第3卷第2期。

⑪ 袁可嘉：《走近你》，《文学杂志》1948年第2卷第10期。

⑫ 袁可嘉：《上海》，《中国新诗》1948年7月第2集。

⑬ 袁可嘉：《南京》，《中国新诗》1948年7月第2集。

⑭ 袁可嘉：《香港》，《新路周刊》1948年第1卷第21期。

⑮ 袁可嘉：《北平》，《新路周刊》1948年第1卷第21期。

⑯ 有关《当代中国诗选》一书，参见李章斌《罗伯特·白英〈当代中国诗选〉的编撰与翻译》，载《中国现代文学研究丛刊》2012年第3期。

走向。是年,林语堂参观了西南联大——他幽默风趣的举止令袁可嘉印象深刻。

在西南联合大学求学的几年里,除了学习各门功课及写诗、译诗外,袁可嘉还研究外国诗歌,并在1946年毕业时用英文撰写了其平生中的第一篇研究外国文学的论文——《论叶芝的诗》。袁可嘉在那几年里的学习、生活基本上决定了他后来的人生走向。而让袁可嘉终身引以为幸的则是他在那里遇见了许多好老师,如沈从文、冯至和卞之琳等,那些老师不仅给了他颇多良好的教益,而且还给他提供了发表作品之类的帮助;对于他们,袁可嘉终生满怀感激之情,并以一定的方式予以报答——或者给他们张罗庆祝活动,如先后在1990年和2000年为卞之琳张罗举办学术讨论会,与杜运燮、巫宁坤一起主编《卞之琳与诗艺术》;或写文章礼赞或纪念他们,如先后写过《四十年代的沈从文》、《一部动人的四重奏》、《卓越成就　珍贵奉献——写在〈卞之琳文集〉出版之际》……不过,在西南联合大学的那几年里,对于袁可嘉来说,并不是一切都是美好的——1940年以后,物价飞涨对袁可嘉以及联大师生的生活都产生了很大的负面影响:1945年5月,《西南联大概况调查表》之"教职员待遇及生活情况"一栏写道:"近来昆明物价飞腾,职员一般皆入不敷出,负债借薪度日。"① 很多教职员工不得不变卖衣物和书籍,甚至不得不以卖文为生;营养不良、病痛缠身、儿女夭亡也成了一种普遍的现象。在饥饿难耐的时候,袁可嘉只得跑到学校的后山里去嘶吼、叫喊以舒缓饥饿感。

四

1946年5月,西南联合大学完成了抗日战争八年育人三千的光荣任务,宣告解散,原属北大、清华和南开三校的师生纷纷返回北平和天津。袁可嘉和老师卞之琳及同学赵全章等乘卡车经云贵高原,取道梧州、广州、香港回到南方老家。10月,经语言学家袁家骅的推荐,被聘为北京大学西语系助教,担任大学一年级学生的英语课教学工作。一拿到工资,袁可嘉便给家中寄钱;1949年之后,他更是把每月工资——40

---

① 转引自霍俊明《曾久久抑郁在霉烂的叹息里》,载《长江文艺》2013年第9期。

元——的一半给母亲和病中的哥哥，直到他们逝去；逢年过节或婚丧大事，也总不忘给困难的亲戚们寄些钱去祝贺慰问①。教学之余，袁可嘉从事创作和研究，所创作的作品和研究成果大多在 1947 年和 1948 这两年里发表于沈从文、朱光潜、杨振声和冯至等主编的报刊上——计有新诗 20 余首及以论"新诗现代化"为总"主题"的一系列论文，其中，部分诗歌后来在 20 世纪 80 年代被收入《九叶集》，论文则集为《新批评》一书，列入朱光潜所主编的一套诗论丛书，但因战乱，书稿在投寄途中丢失。

在北京大学，袁可嘉除教学、创作、研究等外，还协助杨振声兼编北平《经世日报》的文学副刊和天津的《大公报·星期文艺》，并与一些诗友发动了一个中国式的现代主义诗歌运动——1947 年，在上海参与办《诗创造》和《中国新诗》的诗人陈敬容写信给袁可嘉，约请在北方的穆旦、杜运燮、郑敏、马逢华等青年诗人为《诗创造》和《中国新诗》撰稿，这些南北诗人所持的诗学观点大体上与袁可嘉的相同或相近，在创作诗歌时自觉地接受西方现代主义诗歌的影响但又有所创造和超越，创作了一些堪称中国式的现代主义诗歌，其中的一部分后来被收入《九叶集》。不过，这种中国式的现代主义诗歌并不始于袁可嘉等——在 20 世纪 30 年代，戴望舒、卞之琳等就开始了这类诗歌的创作；但是，袁可嘉等更为自觉地创作这类诗，并将之大大地推进了一步。

五

1950 年夏至 1953 年底，袁可嘉被调离北京大学，改在中共中央宣传部《毛泽东选集》英译室任译校员，参加了《毛泽东选集》中部分文章的翻译、修改和校订工作。袁可嘉虽然在 20 世纪 40 年代在西南联合大学读书期间就曾用英语翻译过徐志摩的几首诗歌，并被罗伯特·白英收在他所编的《当代中国诗选》里，但专门从事翻译则始于此时——袁可嘉还在稍后的 1954 年参加了全国第一次文学翻译会议。在《毛泽东选集》英译室任译校员期间，袁可嘉认真地学习了毛泽东的著作和一部分马列主义经

---

① 参见袁晓敏、袁琳《三言两语话父亲》，载《诗探索》2002 年第 Z1 期。

典作品，在思想观念方面发生了较大的变化。

在翻译业务上，袁可嘉一方面得到钱钟书的指导，大有长进；另一方面注重学习、体味和总结经验，注重从理论上探讨英诗汉译的问题，并撰写了《论翻译中对待中外语言的态度》、《习语译法的商榷》、《论译注和加注的原则》等关于英译汉问题的文章，发表在《翻译通报》①上；这些文章见解颇为深刻独到，对英译汉来说，至今仍然富有一定的启发意义，如在《论译注和加注的原则》一文中，就是否加注和如何加注等问题所展开的论述及提出的六条原则即如此。

在翻译实践上，袁可嘉除直接参加了《毛泽东选集》的译校外，还在工作之余将杨朔的《三千里江山》译成英文。《三千里江山》是杨朔的一部重要小说——它"通过对一支中国铁路工人志愿援朝大队在护桥斗争中英雄事迹的描写，表现了中国工人阶级'爱祖国，爱人民，爱正义，爱和平'……的崇高品德……不论在思想上或是艺术上都有了长足的进步。这部小说把普通工人作为表现的主体；把描写的重心放在了人物性格的刻画上；在表现人的思想时，重视对其真挚情感的揭示；注意了从人民生活中提炼朴素、清新、富于表现力的语言……一经发表，立即在广大读者中引起了强烈的反响"②。袁可嘉关于《三千里江山》的英译稿经钱钟书先生修改后，发表在英文版《中国文学》上——袁可嘉也由此结识了杨朔、叶君健、杨宪益等名家；再后，经外文出版社的一些英国专家修改润饰后，由外文出版社于1957年出版。

1953年年底，《毛泽东选集》译校工作结束。1954年，袁可嘉调入外文出版社英文部任翻译，其具体工作主要是为英文版《中国文学》翻译中国现代文学作品，包括诗、短篇小说、剧本，其中，所翻译的陈其通的剧本《万水千山》，经英国专家修改后，由外文出版社于1957年出版——"《万水千山》一九五五年发表于《人民文学》，是陈其通的代表作……从红军第二次攻打娄山关开场，把红军经过彝族区、强渡大渡河、爬雪山、过草地直到攻克腊子口的一个个惊天动地的壮举，通过对一方面军一个营

---

① 分别发表在《翻译通报》1951年第3卷第4、5期，1952年1月号上。
② 郭志刚、董健等定稿：《中国当代文学史初稿》下册，人民文学出版社1980年版，第216页。

的战斗生活的描写，或正面或侧面地搬上了舞台，尽情地歌颂了中国工农红军的革命英雄主义和革命乐观主义精神。此剧背景广阔，气势磅礴。营教导员李有国、连长赵志方（后提升为营长、营教导员）和副营长罗顺成这三个贯穿全剧的人物是塑造得颇有光彩的……《万水千山》在结构上大体按照长征的进程写了几次重大事件，但它注意了人物的刻画，不罗列军事过程，而且描写人物各有重场。"① 工作之余，袁可嘉也将一些英文作品翻译成中文，译稿中的一部分发表在《译文》（即《世界文学》的前身）上。

1955年1月20日，袁可嘉与程其耘结婚——程其耘为原第四机械部十局俄文翻译，同年11月14日，袁可嘉夫妇俩得大女儿袁晓敏；1957年3月9日，又得次女儿袁琳。后来，袁可嘉和程其耘可能同时被下放——若如此，他们的两个幼小多病的孩子便无人照顾；加上程其耘出生于书香世家，体质娇弱，不堪工作和家务的双重劳累，于是，她便于1957年毅然辞去公职，专门做家务，相夫教子；同时，也三十年如一日地为所在社区一百多户居民义务算水电费、为大伙排忧解难，并乐此不疲，以至于邻居们称她为"活雷锋"。后来，在袁可嘉那些寒冬般的受难的日子里，程其耘又给了袁可嘉无尽的温暖和宽慰。对程其耘，袁可嘉满怀感激，因此，每逢她的生日，袁可嘉总要给她送张贺卡，写上情真意切的话语，如在2000年程其耘生日那天，袁可嘉在给她的贺卡上这样写道："这45年来的风风雨雨证明我们的情谊天长地久，固若金汤。为此，我要感谢你的全力支持：你深刻理解我的志趣，在各种艰苦关头，都以你娇弱的身躯挺身护卫我度过十年'文化大革命'、七年的下乡改造、四年的劳改生涯，如今又飘洋过海，开辟新天地。你是人小心大的杰出女性。我们成家以来，你放弃自己的工作，抚养女儿，操持家务，使我专心从文，无后顾之忧，此中辛苦，我铭刻于心。你也看到我的缺点和错误，但总是从爱心出发予以谅解和提醒。"② 两个孩子则在袁可嘉夫妇的精心呵护下成长——孩子们住宿在幼儿园时，夫妇俩因担心她们衣被薄厚不适，常常悄悄地去幼儿园看她们；三年自然灾害时期，夫妇俩把每月仅有的肉票留着等她们

---

① 郭志刚、董健等定稿：《中国当代文学史初稿》下册，人民文学出版社1980年版，第40—42页。

② 袁晓敏、袁琳：《三言两语话父亲》，载《诗探索》2002年第Z1期。

周末回家用；每到周日，袁可嘉便带着孩子们出去玩；袁晓敏喜爱文艺，在"文化大革命"中扮演阿庆嫂，每早天不亮要去山坡下河边吊嗓子，袁可嘉出于安全考虑，总是一早起来带着她去吊嗓子，不论晴雨，从不间断；后来，袁晓敏作为"可教育好的子女"，被发配到郊区农村接受贫下中农"再教育"，几个月才能回家一天，每次回家都要在家多住一晚，之后，总是由袁可嘉在第二天凌晨4点骑着自行车送她到所工作的郊区农村；平时，袁可嘉总鼓励孩子们奋发向上，即使是在监督改造期间心情极不愉快的情况下，他也要坚持每晚给孩子们补课，开书单要孩子们阅读，鼓励孩子们走自学成才的道路……孩子们最终在袁可嘉的鼓励和辅导下长大成人——高考恢复后，袁晓敏考取了北京第二外国语学院，再后又去美国留学，成为一名电脑专家；袁琳从技校毕业先后在工厂、北京金融学院图书馆工作，再后，移居美国。

1956年8月，袁可嘉与施咸荣、夏祖煃、诸葛霖等合译的澳大利亚作家亨利·劳森的《把帽子传一传》由人民文学出版社出版；10月，与高华合译的捷克作家伊凡奥布拉赫特的《侠盗尼古拉·舒海》由中国青年出版社出版。同年，袁可嘉开始翻译彭斯的作品，并加入中国民主同盟。

六

袁可嘉尽管在外文出版社工作得不错——除保质保量地完成了本职工作外，还有一些译著问世，但由于觉得外文出版社的工作不适合其志趣，便于1957年春申请调离外文出版社。之后，经卞之琳的引荐，袁可嘉进入中国科学院哲学社会科学部文学研究所西方文学组担任助理研究员，正式开始英美文学的专业研究和翻译工作。调入文学研究所之前，袁可嘉的工资级别是翻译六级，按照常理，袁可嘉应直接转为副研究员；但是，比他先进文学研究所工作的同事有的所拿的工资还是七级，为了不搞特殊，他便自愿降一级，拿七级工资；过了两年，文学研究所要给他提工资，但他又了解到，那次若给他一人提工资，其他两位同事就不能调——因为增资总额有限，便对领导说："那就先调他们，我就不必动了"。后来，孩子们问他为什么要那么做，他平静地说："所里那两位同事经济情况比我们还差，他们更需要钱用"——其实，那时的袁家一共四口人，而只有他一人有工资，生活并不宽裕。①

袁可嘉调入文学研究所后，很快便进入工作状态，不久，完成了纪念19世纪英国浪漫主义诗人布莱克的论文《布莱克的诗》② 以及对布莱克的《天真之歌》的翻译——《天真之歌》被收入与查良铮等合译并由人民文学出版社于1957年8月出版的《布莱克诗选》中。同年11月，根据20世纪美国诗人玛莎·米列的打字稿以及作者发表于"群众与主流"的作品翻译的《米列诗选》由新文艺出版社出版——《米列诗选》开篇有袁可嘉撰写的序《玛莎·米列的诗》。反右运动开展后，袁可嘉因有"右派言论"而受到组织的审查。1958年10月，袁可嘉和一部分同事被派往河北建屏小米峪村接受劳动锻炼。在长达十个月的时间里，袁可嘉一直住在一位姓张的老贫农家里，与他们同吃同住同劳动。③ 当时正值"大跃进"运动开展得热火朝天之际，袁可嘉不仅每天天不亮就出工，而且有时甚至晚上十一点多才收工；而修水库等体力劳动强度很大，再加上生活艰苦、工作环境恶劣，袁可嘉有时实在不堪重负，甚至病倒。而平时又总是食不果腹，开荤之事更是罕见，以至于偶尔的一次开荤，对于袁可嘉来说，都简直是一种上帝的恩赐和神仙般的享受，如在建屏劳动期间，袁可嘉曾碰上过一次少有的食堂杀猪改善伙食：一大早，食堂窗口就已经排了长长的队伍；一碗肥肉刚到手，袁可嘉便吃了起来，而且有一种从来没曾有过的"吃得香"的感觉。不过，袁可嘉也真真切切地体会到了体力劳动对人的"锻炼"，同时，真切地希望改掉知识分子的弱点，"我是平原上长大的，不习惯走山路，走得不大稳当。不论我上坡下坡，离我尺把远的地方，总有个长长的影子跟着。不用说，这是咱们的生产队长。他忙着指挥战斗，也忙着照顾这个新上阵的近视眼战士"（《散文诗 一》1959年4月）。这次是袁可嘉第一次深入北方农村，他也第一次切身感受到了中国农村之落后与贫困，第一次对国情、国策有了点切实的了解和理解——国家的贫穷、农民的憨厚老实、体力劳动艰苦但也确实锻炼人的意志和体力……那

---

① 参见袁晓敏、袁琳《三言两语话父亲》，载《诗探索》2002年第Z1期。
② 布莱克：《布莱克的诗》，《文学研究》1957年第4期。
③ 参见《袁可嘉自传》，载袁可嘉《半个世纪的脚印》，人民文学出版社1994年版，第577页。

年冬天，农活不多，夜间无事，袁可嘉便翻阅牛津版《彭斯诗选》；在觉得彭斯的诗所表现的情调和自己当时的生活环境很吻合后，袁可嘉便译出了其中的70余首，编成《彭斯诗钞》，由上海新文艺出版社于1959年3月出版——《彭斯诗钞》开篇有袁可嘉撰写的序《罗伯特·彭斯——苏格兰的伟大农民诗人》。当时，正值文学界举办彭斯200周年诞辰的纪念活动，袁可嘉除翻译《彭斯诗钞》和撰写《罗伯特·彭斯——苏格兰的伟大农民诗人》外，还撰写了《彭斯的诗歌》①、《彭斯与民间歌谣》②，并把它们作为礼物献给了这位苏格兰大诗人。《彭斯诗钞》后经修订后，改由上海译文出版社于1981年1月出版；再后又增订为100首，由上海译文出版社于1986年1月出版——该书前后累计印数达22000册。袁可嘉不仅翻译彭斯的民歌体诗歌，而且还受新民歌运动的影响，创作了一组歌谣体的诗歌——后被收入《八叶集》。同年，袁可嘉参与了由卞之琳主笔，叶水夫、陈燊等参与的《十年来的外国文学翻译和研究工作》③一文的写作，在论及英诗汉译问题时，该文指出诗歌翻译的艰巨性主要在"解决如何运用和原著同样是最精练的语言，最富于音乐性的语言，来驾驭严格约束语言的韵文形式的问题"；同时，该文还论及了如何解决英诗汉译形式上的最大障碍——"格律"——的问题，主张以"相当（而不是相等）的顿（音组）数抵外国格律诗每行一定的音步数"的方法来翻译外国的格律诗。之后，袁可嘉继续对这一问题进行了探讨，并在《关于英诗汉译的几点随想》一文中提出：译者在采用"顿"的方法来译格律诗时，要防止绝对化，切勿胶柱鼓瑟。

1960年，袁可嘉将苏联学者编的英文本《英国宪章派诗选》翻译成中文，并撰写了篇幅很长的"译者序言"《英国工人阶级的第一曲战歌》，同时还请友人陈次园从俄文译出了苏联学者尤·考伐莱夫的俄译本序言《论宪章派文学》作为附录——袁可嘉也因此成为中国第一个译介世界上最早的工人运动——宪章运动——的文学作品的人；该书于

---

① 袁可嘉：《彭斯的诗歌》，载《文学知识》1959年4月。
② 袁可嘉：《彭斯与民间歌谣》，载《文学评论》1959年第2期。
③ 卞之琳、叶水夫、袁可嘉、陈燊：《十年来的外国文学翻译和研究工作》，载《文学评论》1959年第5期。

1960年6月由上海译文出版社出版。与此同时，由于对英美文学批评一向挺感兴趣，袁可嘉也为《文艺理论译丛》和《现代文艺理论译丛》译过10余篇文论——包括赫兹列特的《泛论诗歌》、德莱顿的《论悲剧批评的基础》、济慈的《书信选》等。袁可嘉还在文学研究所西方组同事徐育新的协助下，负责编译了一部《现代美英资产阶级文学理论文选》（上下编），并撰写了《编后记》，由作家出版社于1961年7月出版，印数为500部，内部发行；出版时，以"中国科学院文学研究所西方文学组"署名；该书虽然存在着一定的缺点，如在《编后记》中在有具体分析的同时也有上纲过高；但所收录的是从20世纪初到50年代的十大理论流派的代表性文章，因此，颇具学术价值。1961年，袁可嘉应作家协会之请，撰写了纪念马克·吐温的文章《马克·吐温——金元帝国的揭露者》①，该文因在纪念会上由老舍宣读，于是，在《世界文学》上发表时署了老舍的名字。1962年袁可嘉加入中国作家协会。

1963年，袁可嘉翻译了英国18世纪诗人爱德华·杨格的开欧洲浪漫主义先声的重要论文《试论独创性作品》，与钱学熙翻译的锡德尼的《为诗辩护》合为一书，列为《外国古典文学名著丛书》之一，由人民文学出版社于1963年11月出版；《试论独创性作品》之后有袁可嘉撰写的《译后记》。

在文化文学领域展开"反资批修"的背景下，袁可嘉于1960—1964年间撰写了几篇批判西方现代派文学的文章：《托·史·艾略特——美英帝国主义的御用文阀》②、《新批评派述评》③、《略论美英"现代派"诗歌》④、《美英意识流小说述评》⑤、《腐朽的文明，糜烂的诗歌》⑥。这些文章由于是在"革命大批判"的旗号下写的，有批判得正确的部分（例如，对所批评的对象的政治倾向和意识形态的批评），但也有不少批判失当的地方——主要是政治上的上纲过高，混淆了学术与政治的界限，缺乏对作

---

① 袁可嘉：《马克·吐温——金元帝国的揭露者》，载《世界文学》1960年第10期。
② 袁可嘉：《托·史·艾略特——美英帝国主义的御用文阀》，载《文学评论》1960年第6期。
③ 袁可嘉：《新批评派述评》，载《文学评论》1962年第2期。
④ 袁可嘉：《略论美英"现代派"诗歌》，载《文学评论》1963年第3期。
⑤ 袁可嘉：《美英意识流小说述评》，载《文学研究集刊》1964年第1期。
⑥ 袁可嘉：《腐朽的文明，糜烂的诗歌》，载《文艺报》1963年第10期。

家和作品的具体分析和区别对待；盲目地全面否定他们反映现实的一面和艺术成就等。

七

1964年7月，中国科学院哲学社会科学部文学研究所的外国文学部分独立组成外国文学研究所，实行"下乡建所"，袁可嘉随全所人员到安徽寿县九龙公社参加"四清"运动；并在7月12日的《光明日报·文学遗产》上发表了一篇引起争议的文章——《拜伦和拜伦式英雄》。争论的焦点是对拜伦的进步思想和个人主义能否区分，应否肯定前者、批判后者——袁可嘉主张应该肯定前者、批判后者，而有人则认为两者都属于资产阶级的个人主义世界观，无法区别。这场争论因无关大局，到头来也就不了了之；但袁可嘉认为它涉及评价古典文学遗产的原则问题，还是应当注意研讨的。①

之后，袁可嘉去江西丰城参加"四清"运动半年。1966年5月，袁可嘉再赴北京郊区门头沟参加"四清"运动，还未及进村，"文化大革命"爆发；于是，他便回城投入运动——忙于写交代、做检讨、不是整人就是挨整……1970年7月，袁可嘉随外国文学研究所去河南息县东岳公社"五七"干校，参加体力劳动，次年回明港，投入清查"五一六"的运动。1972年春，袁可嘉获得半个月假期，携妻女回浙江慈溪，沿途探亲访友，游览宁沪苏杭等地名胜古迹，心情为之一振；7月，随全所成员回北京。回北京时，两派群众斗争激化，袁可嘉没有参加任何一派，亦无事可做，便在晚间读点中外古典名著，为自己补课，并开始做工作日记——此后一直未断；同时，虽曾考虑研究西方现代文学流派和翻译美国民歌，但由于外国文学研究所的图书尚未开放，难以搜集资料，袁可嘉的"考虑"便只是"考虑"而已——没能践行。②

1973年3月底，美籍作家、学者许芥昱（1922—1982）到北京访问。许芥昱在1940年入读西南联合大学，原本主修工程，因对文学有浓厚的

---

① 参见《袁可嘉自传》，载袁可嘉《半个世纪的脚印》，人民文学出版社1994年版，第578页。

② 同上书，第579页。

兴趣，便转入外文系，1944 年，获清华大学文学学士后赴美任中国空军驻美首席翻译官及语言顾问，后获俄勒岗大学新闻学硕士、斯坦福大学中国现代文学博士；再后，在旧金山州立大学任教，并先后任中国文学系主任、世界文学及比较文学系主任，平生著述甚多，其中包括周恩来、闻一多等人的传记。在西南联合大学读书时，许芥昱与袁可嘉颇有交往，关系不错——如前所述，袁可嘉曾参加过许芥昱所主持的英文壁报《回声》，加上许芥昱此次到中国来还拟为编辑《二十世纪中国诗选》及修改他所撰写的《周恩来传》等收集资料，需要像袁可嘉这样熟悉中国文学和中国当时文坛的人的帮助，因此，许芥昱向中方提出了要见袁可嘉的要求。时值中美建交不久，也许是出于发展中美关系的需要，中方同意了许芥昱的要求，中国科学院院部的"工军宣队"随即找到了时任外国文学研究所副所长、党总支书记的王平凡，让他保证袁可嘉不能出事——王平凡也在"工军宣队"面前打了保票不出事；而袁可嘉当时正拟研究西方现代文学流派和翻译美国民歌，需要许芥昱提供美国歌谣的资料，加上过去曾和许芥昱有过友好交往，因此，袁可嘉也同意见许芥昱。见袁可嘉时，许芥昱对他说："接待部门一再讲，你认识的你自己去找，你不认识的我们帮你找。"为了帮助许芥昱，袁可嘉赠送他《毛主席书法选》（东北革命群众组织编印）等书，并应他的要求（经北京大学西语系同意），陪他到北京大学访问了朱光潜、李赋宁、袁家骅等人。但这引起公安部门的怀疑——"怀疑"实因许芥昱写《周恩来传》一事引起了上层某人的不满而引起。同年 7 月 10 日，北京公安局的人找袁可嘉谈话，要袁可嘉交代和许芥昱来往的情况，并中止了袁可嘉与许芥昱的联系——袁可嘉在 1973 年 7 月 10 日日记中写道："许居然出了问题，今天公安局说许是个有来路的人，是个派遣特务。要我交待……"。不久，许芥昱被驱逐出境，袁可嘉则被定为犯有"为美国间谍提供情报的反革命罪行"，敌我矛盾按人民内部矛盾处理——外国文学研究所召开批判大会，没收了袁可嘉和许芥昱之间互赠送的书籍、袁可嘉的日记等物品，同时举行"罪行"展览会，在外国文学研究所被监督着劳动：在所里打扫厕所、在宿舍院里翻沙子、烧锅炉，同时不时地写交代、被批挨整，并受到审查，逢年过节则更甚；袁家全家人也因此而抬不起头①。1976年唐山大地震时，家家忙着搭防震棚，而作为袁家唯一的男劳动力，袁可嘉还在接受监改，顾不上病中的家人，奉命在烈日下蹬着板车挨家挨户给别人送木料、搭棚子。这件事虽然后来平了反，但给袁可嘉留下了深深的心灵创伤——原本就不爱说话的袁可嘉因为这件事而更加谨慎，以至于"文化大革命"结束后，他依然谨言慎行，即便是与自己的学生在一起，他的话也非常少——袁可嘉带出的第一个博士傅浩在回忆自己跟袁可嘉攻读博士学位时的情形时说："我们每次见面都要隔上几个星期，坐在一起并没有太多话说，常常是说不了两三句话，两个人就静默地坐在那里了。但话少似乎也不影响我们之间的沟通，彼此好像始终有一种默契。"②

1978年8月底，袁可嘉终于将《美国歌谣选》整理定稿了——此稿先后历时五年，送交外国文学出版社后又因故一再拖延，直至1986年才得以印行。此时，为袁可嘉提供大量素材的许芥昱已因泥石流事故去世四年了——被中国驱逐回美国后，许芥昱撰写了《中国文艺界——一个作者在人民共和国访问》③；1982年1月4日美国加州发生一次特大暴风雨，许芥昱寓所后山崖崩溃，家人离寓所避难，许芥昱为了抢拾书稿要件而遇难。在许芥昱遇难后，萧军和艾青等给许家发去了唁电悼念慰问。

总的来说，"文化大革命"中，袁可嘉不仅身心备受摧残，损失惨重，而且学业荒芜——他在回顾自己学术经历时说，"我有15年之久（1965—1979）搁下了笔杆，构成写作生涯中的一片巨大的空白，而那正是我44—58岁的成熟年代，想起来是太可惜了"④；不仅自己吃够了苦，而且连累家人——子女不能升学、不能入党，大女袁晓敏作为"可教育好的子女"到北京郊区"插队"，接受"贫下中农再教育"，几个月才能回家一次；1977年，全国恢复了高考，可袁晓敏却因袁可嘉的问题不能报考，而且连续两年都如此——直到1979年袁可嘉的问题被平反后，袁晓敏才得

---

① 参见王素蓉《暮霭里盏盏灯火唤归家》，载《袁可嘉诗歌创作与诗歌理论研讨会论文集》，首都师范大学中国诗歌研究中心2009年版，第48页。
② 徐梅：《袁可嘉：落"叶"归根》，载《南方人物周刊》2008年第33期。
③ 《中国文艺界——一个作者在人民共和国访问》于1975年出版，辟有专节评述袁可嘉的工作，参见《半个世纪的脚印》，人民文学出版社1994年版，第579页。
④ 童银舫：《袁可嘉：从九叶诗人到英美文学专家》，载《慈溪日报》2013年10月25日。

以参加高考……不过，面对历史的不公，袁可嘉能正确对待，从无怨言，只是叹息时间一去不返，实在可惜，并总是安慰孩子们说自己吃的苦比别人要少得多，要求家人原谅在"文化大革命"中整过他的人，说很多人做错事都是不得已，要客观地历史地看问题……①

八

1979年，也就是在大学毕业做助教33年以后，袁可嘉被提升为副研究员，并兼任中国社会科学院研究生院外文系副教授，教授西方现代派文学，带硕士研究生；并加入中国外国文学学会、美国文学学会。在此稍前，因奉命接见许芥昱而被定的罪也得到了昭雪——袁可嘉在当天的日记中写道："至此我的政历问题（共7个）已全部改正。从此，是个清清白白、堂堂正正的人，可以安心工作了！"② 此时，袁可嘉虽然保持着"文化大革命"期间形成的谨言慎行、忍辱负重的做派，但思想很解放、研究很大胆——傅浩曾满怀欣赏地说："在学术上他非常果敢，他要拿出来的东西，绝对不会让步退却。"③ 其具体表现之一便是研究西方现代派文学。当时，研究西方现代派文学的人很少——也很担风险，有些人对他热心介绍外国现代派不理解，甚至冷嘲热讽——一位外国文学界的权威曾在出版家李景端面前说："袁可嘉现在到处卖现代派的狗皮膏药。"④ 但袁可嘉却抱定青山，坚持这种在当时来说是最大胆、最前卫、也非常冒险的文学研究，并最终与董衡巽、郑克鲁等主持编译了《外国现代派作品选》。该书共分四册，每册又分上下两本，共八本，300万字，由上海文艺出版社于1980年至1985年间出版，其中，第一册（上、下）于1980年10月出版，第二册（上、下）于1981年7月出版，第三册（上、下）于1984年8月出版，第四册（上、下）于1985年10月出版；该书是中国20世纪惟一一部较完整的外国现代派文学作品的选本，选题严谨，译文优良，"较全

---

① 参见袁晓敏、袁琳《三言两语话父亲》，载《诗探索》2002年第Z1期。
② 转引自王素蓉《暮霭里盏盏灯火唤归家》，载《袁可嘉诗歌创作与诗歌理论研讨会论文集》，首都师范大学中国诗歌研究中心2009年版，第48页。
③ 徐梅：《袁可嘉：落"叶"归根》，载《南方人物周刊》2008年第33期。
④ 李景端：《告慰袁可嘉》，载《袁可嘉诗歌创作与诗歌理论研讨会论文集》，首都师范大学中国诗歌研究中心2009年版，第22页。

面地揭开了曾被鄙视为'颓废'、'没落'的西方现代派文艺的面纱,使封闭多年的许多中国读者,第一次接触到'意识流'、'黑色幽默''荒诞派'等等西方文学流派"[1],因此,出版后很受欢迎——四册累计印数达15万余册,并在读书界产生了持久的巨大影响——1991年,获第一届外国文学优秀图书二等奖,后又在第九届"深圳读书月"组委会主办的"三十年三十本书"的评选中被选为反映改革开放历程的三十本书之一。袁可嘉在为该书撰写的长达两万字的《前言》中,以科学、求实的态度对外国现代派文学做了全面、具体而又深刻的分析,指出了它的长处和局限,以及它对中国及中国文学的意义、中国及中国读者对它应采取的态度;该《前言》的撰成标志着袁可嘉对外国现代派文学的研究走向成熟,也奠定了他的学术地位——袁可嘉被认为是在中国新诗与外国(西方)现代派文学交融借鉴过程中,介绍外国(西方)现代派文学最早、成果最多、影响最大的中国学者之一[2]。

不过,袁可嘉也不是一个只知搞研究、做学问而了无情趣的老学究——其老同事高莽曾回忆道:"袁先生这人做学问成就很大,其实为人也是很潇洒的,凡事都看得很开,我觉得他其实是一个很豁达幽默的人","我这个人喜欢画几笔漫画。有一次开会,恰好我跟袁先生邻座,无聊时就信笔画了一幅漫画头像。袁先生头发比较少,我画的时候又夸张了一下,就画了一个大大的光头,笑得也很夸张。照说一般人比较忌讳,有一些秃顶的人特别开不了这样的玩笑,但是袁可嘉一看,哈哈乐了,还拿起笔题了一行字:'好一个脑袋!'"[3]

1980年1月,袁可嘉与同在北京的诗友杜运燮、郑敏、陈敬容、杭约赫(曹辛之)以及在上海等地的王辛笛、唐湜、唐祈商定,各人自选新中国成立之前的诗歌若干首,再加上已故诗人穆旦的若干首诗歌,结集成《九叶集》;《九叶集》成书后,袁可嘉被公推为作序之人作序;1981年7月,该诗集由江苏人民出版社出版——关于《九叶集》的编辑和出版及九

---

[1] 李景端:《告慰袁可嘉》,载《袁可嘉诗歌创作与诗歌理论研讨会论文集》,首都师范大学中国诗歌研究中心2009年版,第22页。

[2] 参见徐梅《袁可嘉:落"叶"归根》,载《南方人物周刊》2008年第33期。

[3] 同上。

叶诗人之间的交往，郑敏曾回忆道："1979年之后国内整个空气缓和了，大家都很活跃，我才又重新开始写诗。有一天我接到唐祈的来信，约我和杜运燮、袁可嘉、上海的王辛笛、唐湜、陈敬容，到曹辛之（杭约赫）家见面"，"我是第一次见到他们。袁可嘉虽然是我校友，但此前并没有什么来往。其他的人我也都只是知道名字。曹辛之是一个非常聪明、有智慧的人，他觉得我们该把40年代的诗歌结成集，给孩子们看看。让他们知道，在40年代也有人写过和主流诗歌完全不同风格的作品。""九叶派远没有大家想象的那样往来密切，独立地思考和创作才是九叶的真正精神。"有一次，郑敏应袁可嘉之邀去他家吃饭，沈从文也在——袁可嘉和沈从文"是很要好的"。饭吃到一半时，沈从文忽然问袁可嘉，"原来有个写诗的郑敏，她现在去哪里了呀？"袁可嘉哈哈大笑，"去哪里了？她就坐在你旁边呢！"① 关于《九叶集》的书名，郑敏在2004年10月14日写的《必然中的偶然——辛笛与"九叶"的诞生及命名》中写道："那么这本合集应当叫什么呢？首先我们带着那个时期从旧时代走过来的文人普遍存在的自卑心态，否认自己的作品是'社会主义的花'，那么它们是什么呢？辛笛说：'咱们九个人的旧作就算作陪衬社会主义新诗之花的九片叶子吧'，这样就诞生了《九叶集》的书名……《九叶集》的命名人辛笛在命名过程中充分证明了他的政治智慧和成熟……"② 郑敏在《辛之与九叶集》中也曾说："这本集子应当叫什么呢？经过一些七嘴八舌的讨论后，终于由辛笛拍板定名为他所想到的'九叶集'"③。

《九叶集》在出版之后深受国内外读者的欢迎——中央电台和北京电台先后播出九人诗篇各两首；一版再版，并被列为"百年百种优秀中国文学图书"之一由作家出版社于2000年再版。学界也因之出现了"九叶诗派"的称谓——"九叶诗派"还被誉为中国现代十大诗派之一，而在此之前的各类文学论著中，"九叶诗派"之名甚至是其"所指"都基本上是

---

① 参见徐梅《袁可嘉：落"叶"归根》，载《南方人物周刊》2008年第33期。
② 郑敏：《必然中的偶然——辛笛与"九叶"的诞生及命名》，载《记忆辛笛》，宁夏人民出版社2006年版，第170—171页。
③ 郑敏：《辛之与九叶集》，载《诗歌与哲学是近邻：结构——解构诗论》，北京大学出版社1999年版，第401页。

缺席的。在《九叶集》的序中，袁可嘉对除自己以外的其余八位诗人的写作特征和在诗歌史上的地位逐一给予了精到的评点和知音般的赏析；该序也成了研究"九叶诗派"的第一篇论文——在该序中，袁可嘉也还围绕在《诗创造》、《中国新诗》周围的一批诗人做了准确、精当的概括，对"九叶诗派"的"命名与最终确立做了具有学术意义和历史意义的贡献"[1]；袁可嘉后来还曾撰写过关于"九叶诗派"的其他论文，如《西方现代派诗与九叶诗人》；对"九叶诗派"的诗友也关爱、敬重、肯定有加，如称穆旦为高度自觉的现代诗人，认为他站在20世纪"40年代新诗潮的前列"，是"名副其实的旗手之一"[2]；为了纪念穆旦，弘扬其文学成就，《译林》于1988年在北京举办"穆旦学术讨论会"，并拟出版一本纪念文集；在讨论该书书名时，穆旦的许多朋友都认为，穆旦是诗人，书名应该含蓄而富有诗意；但袁可嘉却认为：穆旦首先是位爱国者，他的许多作品都是在国家患难时期创作的，书名首先应该体现他的品格——为此，选用了穆旦的一句诗句"一个民族已经起来"作为书名，并最终被编委会采纳[3]；可以说，正是因为袁可嘉的评论和推荐，穆旦的天才才没有被埋没——有人说，袁可嘉"捧"出穆旦就如夏志清"挖掘"出张爱玲、沈从文和钱钟书！继袁可嘉的研究之后，有关"九叶诗派"的研究论著纷纷涌现——除了为数众多的研究论文外，还出现了一些学术著作或具有学术价值的作品集，如王圣思选编的《"九叶诗人"评论资料选》（华东师范大学出版社1996年版），游友基著的《九叶诗派研究》（福建教育出版社1997年版）；1984年11月，香港三联书店出版了《八叶集》（木令耆撰序），收录"九叶诗人"中除曹辛之（他在1949年之后专门从事图书装帧工作，无诗作问世）以外八位诗人在1949年以后的诗作；1992年人民文学出版社出版了蓝棣之编选的《九叶派诗选》，增收了九叶诗人在七八十年代创作的诗歌——是迄今为止最详尽的九叶派选本……在有关九叶诗派的研究中，游友基著

---

[1] 杨匡汉语，转引自龙扬志《纪念一座沉寂的洪钟》，载《中国诗歌研究动态》2009年第2期。

[2] 袁可嘉：《诗人穆旦的位置——纪念穆旦逝世十周年》，载《一个民族已经起来》，江苏人民出版社1987年版，第17页。

[3] 参见李景端《告慰袁可嘉》，载《袁可嘉诗歌创作与诗歌理论研讨会论文集》，首都师范大学中国诗歌研究中心2009年版，第22页。

的《九叶诗派研究》最为厚重——在该著中，游友基分专章论述了九位诗人，第四章为《袁可嘉：新诗现代化的躬行者》，称"袁可嘉对中国式现代主义诗学体系的建立作出了巨大的贡献，而其诗作也具有独特的审美价值"①。不过，在"九叶诗派"被"认定"之前，许芥昱的《二十世纪中国诗选》（英文版，1964）和《中国文艺界——一个作者在人民共和国访问》（英文版，1975）已向西方介绍了"九叶诗派"。后来，1992 年 10 月纽约加兰出版公司出版的、叶维廉编译的《防空洞里的抒情诗——中国现代诗（1930 至 1950）》（英文版）又对九叶诗人做了更详尽的评介。2000 年，袁可嘉则更进一步地推动了"九叶诗派"研究的深化和加强了"九叶诗派"存在的"分量"——据曾陪同袁可嘉回国的大女儿袁晓敏说：袁可嘉在与九叶同仁及谢冕、孙玉石、刘福春等人聚会时建议，在 2001 年《九叶集》出版 20 周年之际，国内搞一个讨论会，并请他们与《诗探索》社、中国现代文学馆商量一下；在参观中国现代文学馆时，袁可嘉向时任馆长的舒乙建议以"九叶诗派"集体名义建库并得到舒乙的赞同，同时，也向舒乙提议在《九叶集》出版 20 周年时，召开一个研讨会——后来，在学者北塔的协调下，2001 年 8 月 7 日，中国文学馆举办了"'九叶文库'建库仪式暨'九叶诗派'学术研讨会"，袁可嘉远在纽约，因行动不便没能与会，但认真地写了发言稿《祝诗叶常绿，愿诗树长青——九叶诗派研讨会暨九叶文库入库仪式感言》，由袁晓敏代为宣读——该文后来发表在 2001 年 9 月 11 日的《文艺报·文学周刊》上；北塔则代袁可嘉朗诵了他的诗作《沉钟》。此后，袁可嘉一直关心着"九叶"文库的建设，还曾托人从纽约将《关于新诗与晦涩，新诗的传统》、《茵纳斯弗利岛》等著译手稿 12 件，带回中国捐赠给中国现代文学馆。②

九

1980 年 9 月，袁可嘉应时任美国旧金山州立大学比较文学系主任许芥昱教授的邀请，前往该校讲学半年——这是袁可嘉的第一次出国讲学；讲

---

① 游友基：《九叶诗派研究》，福建教育出版社 1997 年版，第 276 页。
② 参见北塔《斯人可嘉》，载《中国诗歌研究动态》2009 年第 2 期。

学期间，袁可嘉主要给中文系研究生讲授"中国新诗"、给比较文学系学生讲授"西方文学在中国"这两门课程，同时，也接触了一些美国人民。在与美国人民深度接触之后，袁可嘉对美国人民的种种特点，如创新精神、热情坦率、物质生活丰富而精神生活相对贫乏，以及他们对中国人民的友好情谊等有了切身的感受。听袁可嘉教授新诗课者多为华裔子弟，袁可嘉为他们从胡适讲到20世纪七八十年代的朦胧诗派，着重指出中国新诗是由"一个传统两条线"——爱国主义传统，由广义的现实主义为一方，浪漫主义、象征主义、中国式现代主义为另一方的两条创作线路——组成的，它们各有所长，可以互相补益，不是敌对派别。这个意见引起许多人的共鸣。除在旧金山州立大学讲新诗外，袁可嘉还曾在伯克莱加州大学讲新诗半年。

袁可嘉到旧金山不久，又应爱荷华大学国际创作中心聂华苓之邀，前去参加1980年9月"中国作家周末"活动，遇见艾青夫妇、王蒙、秦松、陈若曦、吴晟等海内外作家、诗人。袁可嘉朗诵了自己的旧作，也参加了几次座谈，曾撰《爱荷华诗会》短文，以记其盛。1980年11月，应邀去加州大学圣地亚哥分校讲演，会见了海外文友张错、郑树森、梁秉钧、李霖等；后又去西雅图华盛顿大学访问，与老友马逢华重聚，并见到杨牧等诗友。

讲学之余，袁可嘉研究美国现当代诗歌，收集有关现代派资料，准备带回国内写书。1980年秋天，沈从文、卞之琳、冯亦代等先后到旧金山讲学，袁可嘉陪同他们出席各种会议和宴请。

1981年2月，袁可嘉完成了在旧金山的教学任务，3月初到达威斯康星大学麦迪逊分校，为东亚语文系师生讲新诗一周，然后在芝加哥逗留两天，到达印第安纳大学布鲁明顿分校，担任帕登基金会访问教授，做了两次公开讲演，并为东亚语文系讲新诗三个月。布鲁明顿是一个美丽的小城，到处鲜花盛开，故有"花城"之称。帕登讲座在美国学术界颇有声望，袁可嘉得到邀请实际上是他的一种荣誉。袁可嘉在"花城"住到7月底，随后转赴纽约，与从北京来的妻子会合。在纽约和新泽西的华裔作家、诗人秦松、刘国松、郑愁予等设宴欢迎，袁可嘉见到了许多海外的文朋诗友。此时，袁可嘉已获北卡罗来纳州恰普尔市美国全国人文中心的邀请——担任客座研究员。在去北卡罗来纳州恰普尔市美国全国人文中心之前,袁可嘉利用一个月的空闲时间与妻子、外甥等访问波士顿、华盛顿等城市,参观了哈佛大学、哥伦比亚大学等著名学府。在留美两年期间,袁可嘉先后访问过七所大学,参加过多次国际文学会议,结识了一批中外专家、学者和诗人、批评家,进行了国际文化交流,既进一步地打开了眼界、增长了见识,又切实地推进了中外文化交流。

1981年9月—1982年5月,袁可嘉是在美国北卡罗来纳州恰普尔市全国人文中心度过的。这个中心创办于1977年,面向世界,致力于人文科学的发展和交流;也办得很有特色——它强调人文科学必须兼顾理论和实际,一方面重视理论本身的价值,另一方面又努力促进学术界与社会的联系,推动理论界面向实际问题;它提倡跨学科的研究,经常举行综合性研讨会,开阔学者们的视野和思路;它坚持以个人研究为主,辅之以集体讨论;它认为学术研究要打破国界,广泛邀请各国学者去做工作。它的设施和行政部门都是为此总目标服务的,有很高的效率。它对学者的选择也是严格的,一般每年500多名申请者只有40人能获得聘请。

袁可嘉在中心长达九个月的时间里,主要从事西方现代派文学的研究,收集相关的图书资料,参加各种座谈,也主讲过一次《中国新诗简论》,撰写了关于这个中心的短文——《一个名副其实的中心》。此外,袁可嘉还利用周末假期去康奈尔大学讲演,去弗吉尼亚州杰弗逊的故乡参观,为中心所设电台节目作《中国与美国文学》的讲话,供全国200家电台采用。

1982年1月4日,许芥昱不幸在旧金山的一场泥石流事故中遇难。袁可嘉撰文悼念,并为许氏奖学基金捐款。[①]

1982年6月,袁可嘉结束了在人文中心的研究,于17日离开纽约回国。在美国近两年的时间里,袁可嘉除了严谨地治学外,还保持着生活节俭工作刻苦的作风——刚到美国访学时,美国方面只给他提供600美元的生活费,为了完成访学,他甚至睡了几个月的地板。[②]

---

① 本节以上内容参见《袁可嘉自传》,载袁可嘉《半个世纪的脚印》,人民文学出版社1994年版,第583—584页。

② 参见龙扬志《纪念一座沉寂的洪钟》,载《中国诗歌研究动态》2009年第2期。

十

1982年6月18日，袁可嘉从纽约飞到上海。在上海的短暂逗留期间，袁可嘉探亲访友，并在上海作协、华东师大和复旦大学作专题演讲；之后，回北京，参与国内正在展开的关于西方现代派文学的讨论，并在同年年底（1982年12月30日）的《光明日报》上发表《我所认识的西方现代派文学》一文，进一步地强调：对西方现代派文学要一分为二、要多做具体的分析……

1983年，袁可嘉晋升为研究员，兼任研究生院教授和博士生导师，时距1946年他在北大当助教已有37年。是年初，袁可嘉编订论文集《现代派论·英美诗论》——这是袁可嘉在1957年至1964年和1978年至1983年12年间论文的选集；该书由中国社会科学出版社于1985年9月出版，后又于1987年7月重印。1月24日，袁可嘉应邀参加"彭斯之夜"纪念会，并致祝酒词，欣赏了丰富多彩的苏格兰歌舞；北京电台还播发了袁可嘉的讲稿和译诗。3月，去桂林参加全国文学艺术规划会议，申报《西方现代派文学概论》的选题并获批准立项——被列为外国文学国家重点项目的第二项，后因多种复杂原因（包括历次清污运动的影响），直至1991年12月才结项，结项成果改名《欧美现代派文学概论》，由上海文艺出版社于1993年6月出版——1995年3月，该书获第二届全国优秀外国文学图书奖一等奖；2003年1月，该书由广西师范大学出版社修订出版。7月，应邀去秦皇岛，为全国高校外国文学研究会年会讲现代派问题。8月，在北京参加中美学者比较文学会议，并在会上宣读了论文《西方现代派诗与九叶诗人》。9月，为中国西葡拉美文学研究会讲《现代派文学的三个问题》，给老家浙江慈溪的童银舫回信，鼓励他努力写作，并在信中表示："我与家乡文艺界没有什么联系，以后盼继续来信"[1]。童银舫，笔名为方珍奇、童心，当时为农村青年，文学爱好者；现为浙江慈溪市匡堰镇政府组织干事。中国乡土诗人协会、中国硬笔书法家协会、中国民间文艺家协会、浙江省作家协会

---

[1] 参见童银舫《"让我沉默于时空"——忆袁可嘉先生》，载《袁可嘉诗歌创作与诗歌理论研讨会论文集》，首都师范大学中国诗歌研究中心2009年版，第58页。

等会会员，宁波市民间文艺家协会副主席、慈溪市民间文艺家协会主席。

1984年，袁可嘉接受中共中央宣传部理论局委托，与叶廷芳等合作编选《现代主义文学研究》（分上、下册），此书汇集了近100年间西方有关现代主义的各种倾向的论著，资料比较丰富，但因种种原因，延至1989年才由中国社会科学出版社出版。此时，国内关于现代派的讨论日趋激烈，10月，《文艺报》社和文联理论研究室分别召开小型座谈会，袁可嘉分别作了发言；参加中美第二次作家会议，作了关于现代派问题的发言，结识了美国著名诗人史耐德、金斯堡和托尼·莫里森，后者于1993年获诺贝尔文学奖；被中国小说理论学会推举为该会副会长之一。11月底，《英国宪章派诗选》新印8500册——该书前后印刷超过一万册。12月27日，参加中国作家协会第四次会员代表大会，聆听国家领导人胡耀邦作报告。同年，被选为中国翻译家协会理事。

是年，袁可嘉译诗较多——近四千行，都是出于报刊的需要；北京师范大学中文系教师蓝棣之带领了几位同学，将袁可嘉在20世纪40年代后期所发表的诗论，即曾集为《新批评》一书的那些诗论收集复制，整理成册，定名为《论新诗现代化》，由生活、读书、新知三联书店于1988年出版——该书也收录了蓝棣之的关于袁可嘉诗论的论文《坚持文学本身的价值和独立传统》；"这本仅250页的小册子立即引起极大的注意，迄今已成为研究九叶派和中国新诗史的经典性文献。"①

1985年，袁可嘉仍为译诗、研究西方现代派文学、讲课、带研究生等而忙碌。2月11—12日，《参考消息》译载了美国传记作家哈里森·索尔兹伯里在1月20日《纽约时报》上所发表的《美国作家在中国》一文，该文写道："诗人袁可嘉说，对他影响最大的是惠特曼的《草叶集》。最近他正在阅读乔伊斯，索尔·贝格……的中译本，他特别谈到了艾略特和金斯堡的影响。"袁可嘉认为这与事实有出入，并特地在《袁可嘉自传》中指出自己所说的是惠特曼、乔伊斯等对中国文艺界的影响，而不是对袁可嘉个人的影响。② 2月，袁可嘉所编译的《美国歌谣选》由外国文学出

---

① 蓝棣之：《九叶派诗歌批评理论探源》，载蓝棣之《现代诗歌理论：渊源与走势》，清华大学出版社2002年版，第45页。

② 参见《袁可嘉自传》，载袁可嘉《半个世纪的脚印》，人民文学出版社1994年版，第585页。

版社出版。3月2日,与陈敬容一起应胡乔木同志之约,前往拜访,畅谈新诗问题——胡乔木肯定了《九叶集》的成就,也赞成系统地介绍外国诗,并说要编一部自古至今的中国诗选。8月,应邀去玉门参加石油诗会,会议结束后,在驱车前往敦煌的途中,不幸出了车祸,四根肋骨受伤,被迫回到玉门治疗,在那里疗养三周后回北京。7—8月间,先后为外国文学研究所和文学研究所主办的系列讲座讲现代派问题。10月,童银舫与慈溪几个文学青年发起成立了一个诗社,取名为"七叶诗社",同时创办《七叶诗刊》,袁可嘉被聘为该社的名誉社长;随作,他给童银舫写信对"七叶诗社"的成立表示祝贺:"我热烈祝贺诗社的成立,感谢大家对我的信任,祝愿诗社兴旺发达,把慈溪和浙东的诗歌创作大大推进一步。"随后还多次写信对七叶诗社社员的作品进行点评,认为童银舫的《少年的白发》"颇有新意",陈雅娣的《我愿意是绿叶》"也清新可读";在收到《七叶诗刊》第四期后,袁可嘉在回信中写道:"这期诗刊中,陈洲银的《轻轻的风儿向我诉说》和陈雅娣的《假如》,我比较喜欢,因其笔法自然,且有情趣。姚慈华的《叶子赞》意思不错,表达上也干净顺当。这样努力下去,将来可望有好成绩。"后来,在"七叶诗社"成立一周年之际,袁可嘉在给诗社全体成员的一封信中写道:"七叶诗社成立一周年,坚持出刊物,这是大家艰苦奋斗的结果,我向大家表示祝贺。刊物是有进步的,还希望你们继续努力。刊物内容除诗作外,也可登些小评论或国外诗坛消息,这样会丰富活泼一点。"①

是年,袁可嘉还曾会见过瑞典汉学家马悦然,英国文学专家玛丽·雷诺治,美国著名批评家弗·詹姆逊,加拿大诗人杰地斯等人,并为牛津大学圣休斯学院《诗》杂志编译《当代中国诗》专辑——专辑共收杜运燮等的诗作七首。

十一

1986年元旦,袁可嘉的次女袁琳与中日友好医院青年医师李晓滨在京

---

① 参见童银舫《"让我沉默于时空"——忆袁可嘉先生》,载《袁可嘉诗歌创作与诗歌理论研讨会论文集》,首都师范大学中国诗歌研究中心2009年版,第58—59页。

结婚。3月6日，朱光潜先生在京病逝。袁可嘉在中学时代就开始读他的书，后在北京大学与之相识，不少诗文经他之手发表在《文学杂志》上；因此，袁可嘉对他崇敬有加，对他的去世，袁可嘉更是悲情满怀。4月，袁可嘉翻译的《彭斯诗钞》（增订本）由上海译文出版社出版；袁可嘉还为黎华编的《世界爱情诗选》撰写序言——《略说爱情诗的风格》。4月4日赴天津，出席中国文联召开的"国内外文学理论信息交流会"，作了《西方结构主义文论的成就和局限》的发言，提出了借鉴西方结构主义文论的具体途径。4月13日，《光明日报》刊出记者韩小惠的报道——《袁可嘉又完成几部新书》，并刊登近照一幅。4月15日应邀参加《红旗》杂志社主办的"现代派问题座谈会"，并作了发言，题为"现代主义——一场富有危机意识和变革意识的文化运动"，坚持要一分为二地看待现代派文学，反对对之盲目地歌颂或全盘否定。随后，袁可嘉为《外国文学评论》创刊号所辟"改进外国文学研究笔谈"撰写短文，继续呼吁改革研究所体制，向改革要成果。4月21—24日参加中国译协第一次全国代表大会，当选为译协全国理事会理事。8月28日，《光明日报》刊出记者韩小惠的专访报道《要加强对现代外国文学的整体性研究》，转述了袁可嘉对改革外国文学研究工作的几点意见：要大力加强对现当代文学的整体性研究，应由中国社会科学院统一协调这项工作；设立有关的课题组，合作攻关；延聘专家领导课题组，并给予他们一定的用人权和财政权以及在国内外进行学术交流的权力。

十二

为了进一步收集西方现代派资料，并与国外学者交流看法，根据中国社会科学院与英国科学院（British Academy）的交换学者协议，袁可嘉于1986年5月18日至6月29日访问英国。到伦敦后，袁可嘉先休息了两天，随后，参观剑桥大学。20日晚，为冈维尔学院的研究生讲中国几位著名的代表诗人。21日，在老友巫宁坤的陪同下，参观了国王学院的著名教堂——教堂为15世纪所建，并沿康河游览。22日，会见了伊曼纽尔学院院长德·布卢尔和英文系教授霍罗卫，参观了三一学院教堂内牛顿、培根、丁尼生等人的塑像。23日，参观了弗兹威廉博物馆——主要参观了希腊的古代雕塑。24日，应邀到伊曼纽尔学院对中国留学生谈中西文化结合问题，还参观了植物园。25日，搭长途汽车到达牛津城。26日，参加圣休斯学院《诗》杂志举办的诗朗诵会，朗读了自译的五首诗，反响甚好。27日，参观了艾须摩根博物馆——该馆藏有古代名画、中国瓷器以及日本、印度、埃及等国文物；下午，应东方学院中文系刘陶陶女士之请，介绍中国20世纪40年代、80年代的诗，会见了苏立文夫妇——苏立文是白英的朋友，研究中国美术的专家。29日，访问了叶芝和乔伊斯的新学院荣誉教授瑞恰德·艾尔曼——袁可嘉曾读过他的好几部著作，很钦佩他的学问，因此，虽与他素昧平生，但对之也有一见如故之感——两人也交谈甚欢。30日，访问莎士比亚的故乡斯特拉福市。

离开牛津回到伦敦后，袁可嘉用了七天时间参观名胜古迹，如维多利亚和艾尔勃特博物馆、自然史博物馆、大英博物馆、西敏寺教堂、白金汉宫等。袁可嘉在西敏寺教堂的"诗人角"看到莎士比亚、乔叟、布莱克等人的雕像，列名纪念的还有拜伦、狄更斯、哈代、艾略特、奥登和在第一次世界大战中捐躯的欧文、赛松等。走廊上还刻有布莱克的《伦敦》一诗和华兹华斯的诗行。泰晤士河的水很浑浊，但两岸风光极好，袁可嘉在西敏寺桥上很自然地想起华兹华斯为它所作的著名的十四行诗。英国皇宫虽然不如中国的气势雄伟，但简朴、庄重，加上四周有大片的绿色草坪和园林，相当宜人。

6月3日，袁可嘉会见英国当时的桂冠诗人塔特·休斯，赠以齐白石画一册和译诗九首，塔特·休斯还赠一本《乌鸦》；两人还交谈了关于中英两国交换诗刊的意见。7日，袁可嘉开始了计划之中的彭斯的故乡——苏格兰——之行。彭斯不仅是苏格兰最伟大的农民诗人，而且是苏格兰伟大的民族英雄。他与人民群众的血肉联系、他的爱国主义精神和世界大同理想、他的辉煌诗篇等，使他赢得了世界声誉。由于研究和翻译过彭斯，袁可嘉对苏格兰产生了特殊的感情。袁可嘉访问苏格兰的第一站是爱丁堡。袁可嘉顺王家大道，先参观了初建于13世纪的圣加尔斯大教堂，并顺便在那里参加了弥撒礼。袁可嘉虽非教门中人，但对宗教音乐和仪式仍感兴趣，觉得它们富有象征意味，有一种洗涤心灵的微妙作用。9日，袁可嘉在细雨中访问了爱丁堡大学，会见了英语系教授台维·台契斯——他是一个著名学者，对现代文学深有研究，又是研究彭斯的专家，袁可嘉曾读过他的几部著作；后来又到中文系主任秦乃瑞夫妇家做客，秦夫人陈小滢是陈西滢和凌叔华的女儿。由于台契斯的推荐，袁可嘉走访了当代苏格兰著名诗人诺曼·麦凯格——据说他是在麦克迪尔米德死后苏格兰最重要的诗人了，他赠给袁可嘉一本《诗结集》；回国后，袁可嘉译出一首，登在《国际诗坛》杂志上。那里的王家博物馆和全国画廊展出了不少现代派绘画，其中，以印象派绘画最为袁可嘉所喜爱。爱丁堡名胜之最是"老堡"，筑于火山爆发后所留下的一块巨石上，全部用石头砌成，气象森严，外设几道防线，内有国王寝宫、大厅、监牢、医院等。进门处立有两座石雕，一是华莱士，另一是布洛士，都是苏格兰的抗英英雄，曾为彭斯一再歌颂。袁可嘉访问的那天正碰上"老堡"警卫换岗仪式，身着苏格兰服装、头戴高帽的卫士在鼓乐声中列队操练，威武雄壮。霍莱路德王宫，袁可嘉也去看了，那是苏格兰女王玛丽居住和遇害之地，室内各处都是巨幅丝织的人像和风景。袁可嘉还去参观了王家路一侧的彭斯纪念碑。

6月12日，袁可嘉到达苏格兰地区第二大都市——格拉斯哥——访问。第二天，应市长罗·格莱先生之请去市政厅与之会晤——市长以茶点招待了袁可嘉。格莱正在为格拉斯哥与中国大连市结为姐妹城市而努力，那年的下半年要到中国访问；他为袁可嘉下一步访问彭斯故乡做了安排，并介绍袁可嘉去参观米契尔图书馆的彭斯专室——那里藏有各种各样版本的彭斯的作品，但尚无中国译本，袁可嘉答应回伦敦后寄一本给他们。

访问格拉斯哥之后，袁可嘉到达彭斯的家乡——苏格兰人称那一带为彭斯乡（Burns Country）——访问。彭斯在其家乡人们心目中享有崇高的地位——所享有的地位很有点像孔丘在曲阜一带人们心目中的地位；袁可嘉所到之处都有纪念他的碑铭、塑像和博物馆。

6月15日，阳光灿烂，袁可嘉到克尔诺市参加"彭斯日"（与每年1月24日的"彭斯夜"齐名）盛大纪念集会。那次纪念会特别隆重，会上，有当地演员精彩的歌舞表演；会后，袁可嘉晤见了彭斯联谊会的负责人，并安排好访问日程。一位热心人——乔治·邓肯——志愿为袁可嘉担任导游，并把袁可嘉接到他家住；当时，乔治·邓肯已退休，家境并不富裕——他正接受国家救济。

16日，袁可嘉到迪克图书馆看该馆所收藏的彭斯资料——那里有袁可嘉和王佐良的译本，均系复制件；然后，去莫契林镇参观彭斯纪念馆——诗人居住的旧宅，并在以他和朋友们喝酒作诗出名的南茜酒馆饮世界闻名的苏格兰威士忌酒。

17日，袁可嘉至阿罗卫村——彭斯的出生地参观。"彭斯茅屋"（Burns Cottage）是三间以草篷为顶的三间房子，陈列着彭斯当年使用过的马厩、做奶酪用的工具、写字的小桌子以及彭斯夫人的纺车等日用品。阿罗卫的圆形纪念塔，建于1820年，相当美观，登塔可望见杜河桥——彭斯著名叙事诗《汤姆遇鬼记》中汤姆与魔鬼争先过桥的地方；纪念馆藏有诗人的一束头发和他设计的石头图章。彭斯协会前任主席约翰·因格力斯会见了袁可嘉，并赠给袁可嘉一册刚出版的200周年纪念版《彭斯诗全集》，印制精美，有许多插图，可谓图文并茂。

6月18日上午，袁可嘉搭乘火车来到彭斯的最后住地，也是袁可嘉访问苏格兰的最后一站——邓弗里斯市，迎接袁可嘉的是该市彭斯联谊会主席威尔逊·奥尔格雷的夫人。市政厅为袁可嘉举行正式招待会，市长、副市长出席了招待会；袁可嘉赠以《彭斯诗钞》一册，招待方回赠了袁可嘉一条织有市徽的深蓝色领带，后又在彭斯中心宴请了袁可嘉——侍者中有一位是诗人的后代；当地电台记者采访，录音后于次日早晨新闻节目中播出——袁可嘉一时成为这座小城的新闻人物，一上街就有人和他握手，或要他签名。

6月19日，袁可嘉参观了彭斯陵园和纪念碑——彭斯一生中的最后三年是在那里度过的；彭斯在那里成功地改编了近300首古代歌谣，同时，充当税收员糊口；在他旧宅的玻璃窗上还刻有他逝世前不久写的诗句和签名。当地日报记者采访了袁可嘉，拍下了不少关于袁可嘉的照片。

袁可嘉访问彭斯故乡前后历时五天，收获甚多。访问结束之后，袁可嘉撰写了《苏格兰——彭斯故乡行》——该文后来发表在1988年7月的《文学世界》第3辑上。

6月20日回到伦敦后，袁可嘉继续参观访问——先后参观了圣保罗大教堂、大英博物馆、伦敦塔和塔桥、特拉弗尔加广场和国家画廊、国家画像馆、温莎馆、济慈旧宅等。塔桥展览馆入口处刻有铭文——铭文记载了

1886 年建桥功臣的名字，功臣都是主持该工程的科技专家，而非女王、首相，并有题词"为有功者记功"（Give the tribute where tribute is due），袁可嘉对此觉得这颇能发人深思；济慈和芬尼·布朗的恋情以及《夜莺颂》等名作都产生于济慈旧宅。

应香港中华文化中心的邀请，袁可嘉于 7 月 1 日由伦敦飞往香港，作了为期一周的访问——这是袁可嘉在 1949 年之后首次出访香港，但香港的学术文化界与袁可嘉等九叶诗人早有联系，如 1974 年，香港大学出版的《现代中国诗选》（张曼仪等编）选录了"九叶诗派"的诗，并给予了肯定性的评价。7 月 3 日，袁可嘉到文化中心，讲了《我所认识的西方现代派文学》。袁可嘉与香港大学中文系师生梁秉钧、黄德伟、张曼仪等会面，也与办《诗风》的王伟明、羁魂等诗友相见。两天后，袁可嘉再次到文化中心，讲了《译坛近况和译诗问题》。在袁可嘉访港期间，报界刊出了 7 篇有关袁可嘉的采访和报道文字。离港前夕，袁可嘉在张曼仪及其一个当年研究 20 世纪 40 年代诗歌的学生的陪同下到百货公司为他即将诞生的外孙选购婴儿车。

1986 年 11 月 21 日，袁家添了一个新成员——外孙女李袁怡。袁怡是李晓滨、袁琳夫妇所生的女儿——她长得眉清目秀，活泼可爱，给一家人很大的欢慰，袁可嘉后作《贝贝百日歌》，配意大利民歌《在海上》的重唱曲，在香港《八方》杂志刊出，还在一次诗朗诵会上演唱过。[①]

十三

1987 年 3 月，袁可嘉给文学研究所高级理论班讲《结构主义文论的理论和实践》。4 月，出席中宣部召开的外国文学工作座谈会——在会上，袁可嘉强调对外国文学工作的导向和管理；与杜运燮、周与良等合编纪念穆旦的文集《一个民族已经起来》——该书后由江苏人民出版社于 1987 年 11 月出版。5 月 25 日，学界在北京举行了"穆旦学术讨论会"，对这位在中国现代文学史上有卓越成就的诗人和译诗家做出了客观、公正的评

[①] 参见《袁可嘉自传》，载袁可嘉《半个世纪的脚印》，人民文学出版社 1994 年版，第 588—593 页。

价——本月，袁可嘉参加文学研究所召开的"意识流文学"研讨会；与外国文学研究所内的同事朱虹、李文俊同志应邀赴河南大学外语系讲学，并被该校聘为兼职教授，还到洛阳参观。6月，赴浙江舟山参加《外国文学资料研究丛书》编委会会议，游览普陀山——袁可嘉撰写了几篇访问游记，后陆续在《光明日报》东风副刊上发表。8月1日，会见到访的美国文学教授力斯茂夫妇和萨丁夫妇，交流了对爱尔兰文学的看法——本月，应河北文联之约，去石家庄为理论学习班讲西方现代派文学的问题，并到河北师范大学讲课一次。同时，袁可嘉在《世界文学》1987年第2期提出了出版《世界诗库》的设想——该设想得到诗人彭燕郊和湖南出版社的响应，不过，后因找不到足够的经济支持，袁可嘉的这一设想未能实现。10月，为中国社会科学院研究生院讲《西方现代派与中国文学》——本月，江西人民出版社拟出版劳伦斯的小说《查泰勒夫人的情人》，并请袁可嘉作序；因该小说在很长一段时间里颇有争议，加上中国实施改革开放的政策才十年左右，思想解放的幅度有限，袁可嘉便劝江西人民出版社谨慎从事，并婉谢推辞对方为小说写序的请求——后来，该小说果然被查封。12月9日—25日，袁可嘉访问香港，先后参加了三个会议——先是参加香港大学和香港中文大学等联合举办的"现代主义与中国"的国际研讨会，有大陆、美国、港台的学者四五十人到会。袁可嘉作了题为："中国与现代主义——十年新经验"先后的发言，在该发言中，袁可嘉主要从诗歌、小说、戏剧和文论四个方面综述了西方现代派文学对新时期文学的影响，并第一次提出了"中国式现代主义"的说法——该文后来在《文艺研究》上发表。12月13日，出席沙田大会堂举办的诗歌朗诵会，袁可嘉朗读了《天上的表》，演唱了《贝贝百日歌》，听众反响热烈。12月17日，应邀参加国际翻译研讨会和香港文学家协会的茶话会。12月23日—25日，应《文学世界》（黎青主编）社之请，参加该社主办的"世界作家"聚会，晤见了多位来自印尼、菲律宾等地的华文作家——袁可嘉由此开始对亚洲各地华文文学予以关注。

是年，袁可嘉还先后为北京师范大学和国际关系学院中、外文系学生做关于现代派和英美现代诗的讲座。

1987年12月，外国文学研究所人事处通知袁可嘉办理退休手续——

袁可嘉时年 66 岁，但因带有博士生，续聘三年①，再后又续聘至 1996 年。

十四

1988 年 5 月 10 日，沈从文因病逝世——沈从文是袁可嘉走上文学创作、文学评论道路的引路人，袁可嘉在 1949 年之前的许多作品是经他审阅并在他所主办的刊物上发表的，袁可嘉一直对之深怀敬意。袁可嘉参加了沈从文的告别仪式，撰写了悼念文章《从一本迟出了 40 年的小书说起》，先后发表在 1989 年 1 月 20 日的香港《大公报》和 1990 年 2 月 28 日的台北《联合报》上；后来，又撰写了《四十年代末的沈从文》，发表在 1988 年 12 月 25 日的《光明日报》上。5 月 11 日，袁可嘉前往中央戏剧学院为戏剧文学系师生讲西方现代派戏剧；5 月 16 日，收到臧克家托唐祈转来的信（该信写于 1987 年 11 月 10 日），说他读到《写作》上一则报道袁可嘉劝告年轻人不要盲目追随现代派的文字，"很有同感"，"颇为赞赏"，不久又收到他寄赠的一册《写作》，袁可嘉复函感谢他的鼓励；5 月下旬，为汕头大学郭定国等主编的《外国现代文学名著五十篇》撰写《欧美现当代文学概述》以作为序文；5 月 9—12 日，去石家庄参加译协主办的全国英诗翻译研讨会，作了题为"关于英诗汉译的几点随想"的发言——后来，该发言刊登在《中国翻译》（1989 年第 5 期）上。1988 年第 4 期《文艺研究》刊出了袁可嘉的《现代派文学与传统》一文——在该文中，袁可嘉指出西方现代派文学既有反传统文学的一面，又有从传统文学中吸收、改造的一面；该文的要点后来又在《人民日报》（1991 年 3 月 14 日）上以"现代派与反传统"为题发表。1989 年 8 月号《诗刊》登出了袁可嘉的《美国后现代主义诗与中国古典诗》，1989 年第 5 期《世界文学》刊登了袁可嘉的《从浪漫诗到现代诗》——两文都涉及袁可嘉对英美现代诗的看法以及英美现代诗对袁可嘉本人的影响。

是年年底，袁可嘉应台北《联合报》副刊主编、诗人痖弦之约，撰写短文《来自北京的祝愿》，刊于 1989 年 1 月 21 日该报的"海峡两岸作家

---

① 本节以上内容参见《袁可嘉自传》，载袁可嘉《半个世纪的脚印》，人民文学出版社 1994 年版，第 593—594 页。

贺年专辑",并登出了袁可嘉的近照和简历——这是袁可嘉首次为台湾报刊撰稿。

1989年8月17—31日,去青岛山东疗养院度假。9月19日应香港《文学世界》主编黎青先生之宴请,与到北京访问的台湾诗人洛夫、商禽、张默、管管等会晤——这是袁可嘉第一次与台湾诗人会面,虽然与余光中、痖弦等早有书信往来。10月15日,北京大学英语系俞大缜教授逝世——袁可嘉于1946年在北京大学和俞大缜合教大学一年级英语课,俞大缜教课文,袁可嘉教文法;俞大缜教学认真,用英语创作短剧数个。俞大缜一生坎坷,长期瘫痪在床,晚年赠袁可嘉珍贵的英国文学图书数十册,说是"宝剑赠英雄"。10月下旬,袁可嘉去长沙出席中国译协召开的文学翻译会议,作了题为《新时期现代外国文学翻译工作的成就与问题》的发言——会议期间,得知湖南省科教语言音像出版社与美国吉尔德出版公司合作出版了一套有声读物——《蝴蝶诗丛》,每册配一盘磁带,收录中美两方诗人的作品,袁可嘉便译出自己的近作《天上的表》给了他们;会议结束后,游览张家界和猛洞河——两处景点的景色都很壮丽。11月7日,会见来京访问的著名台湾诗人罗明和林耀德。11月8日,九叶诗人之一的陈敬容逝世。袁可嘉撰《蕴藉明澈、刚柔相济的抒情风格》以悼念她——后来,该文发表于1990年第5期的《文学评论》上,并曾用作陈敬容诗选《新鲜的焦渴》的代序。

是年下半年,袁可嘉和杜运燮、巫宁坤开始筹划编辑《卞之琳与诗艺术》一书,以纪念卞之琳从事文学活动60周年和八秩华诞,约请了海内外诗人、学者近40人撰稿。此书目的在于探讨卞之琳在写诗、译诗方面的独特成就,使后来者能得到教益;该书由河北教育出版社于1990年7月出版;袁可嘉所撰写的《略论卞之琳对新诗艺术的贡献》除了被收入在该书中外,还发表在1990年第1期的《文艺研究》上。①

十五

1990年1月20日,九叶诗人唐祈因病去世。唐祈对中国20世纪40年

---

① 参见《袁可嘉自传》,载袁可嘉《半个世纪的脚印》,人民文学出版社1994年版,第593—595页。

代诗歌运动做出了重要贡献,在 80 年代复出后,又写出了不少有特色的作品;袁可嘉撰写了《怀唐祈》,并发表于 6 月 5 日的《光明日报》上。

1990 年 1 月,袁可嘉参加了《外国文学评论》编辑部组织的"后现代主义"座谈会。在会上,袁可嘉发表了自己的观点,认为:对后现代问题要持审慎态度,可先多做调研,不要忙下结论。本月,袁可嘉还应美籍华人作家叶维廉的要求,把自己的近照、诗作和小传寄给他——他正在用英语编译《防空洞里的抒情诗——中国现代诗选(1930—1950)》,该书收录了冯至、卞之琳及九叶诗人等 18 位诗人的诗作,后于 1992 年 10 月在纽约出版;这是九叶诗派第一次被正式地介绍给英语世界。2 月 21 日,出席了外国文学研究所和漓江出版社联合召开的《外国名作家大辞典》等四种图书的首发式。在首发式的发言中,袁可嘉认为不应把什么书都编成辞典,搞成一股"辞典热",科研机构应主要抓住专著和学术论文。4 月 16 日,袁可嘉去北京钢铁学院参加河南省教委新设博士点评审会议,赞同河南大学外文系设博士点。4 月 24 日,中国人民大学主办的北京市比较文学研究会公函聘袁可嘉为顾问。5 月 3 日,袁可嘉出席该会成立大会,并在简短发言中缅怀对中国比较文学研究有功的北京大学教授杨周翰。5 月中旬,美国的迈尔斯·华尔彭夫妇到访,赠袁可嘉两册有关后现代主义的新书。5 月 25 日,袁可嘉参加重庆出版社主持的《世界反法西斯作品选》编委扩大会议——《世界反法西斯作品选》是一套规模巨大的有历史意义的丛书,将在 1995 年出齐,以纪念反法西斯胜利 50 周年,袁可嘉应邀出任该丛书译文咨询委员兼编委。

6 月 21 日,袁可嘉所带博士生傅浩举行论文答辩会。傅浩祖籍武汉,生于西安。1981—1987 年在北京大学英语系学习。在北京大学读研究生时,傅浩与许多同学一样,将袁可嘉所著所编的书奉为经典,尤其看重袁可嘉主编的《外国现代派作品选》——他也由袁可嘉的书爱屋及乌般地对袁可嘉生仰慕之心,并最终投考到袁可嘉的门下,在袁可嘉的指导下研究英文诗歌,并取得了优异的成绩,毕业论文也写得相当出色,答辩委员会一致同意授予傅浩英国语言文学博士学位——傅浩也从而成为外国文学研究所培养的第一个博士。6 月 26 日,袁可嘉主持中央戏剧学院戏剧文学系田民的博士论文答辩——田民顺利通过答辩。本月,为了保证工作时间,袁可嘉谢绝了北京教育学院（宣武分院）要他出任《二十世纪外国文学》一书的顾问和妇女出版社要他为《世界名诗金库》写序的约请。

8月4日，纪念卞之琳从事创作活动60周年和八秩华诞的"卞之琳学术讨论会"在北京举行，除中国社会科学院及外国文学研究所领导致辞外，袁可嘉及臧克家、戈宝权、张曼仪等都在会上作了发言——在发言中，袁可嘉谈了卞老在新诗创作、翻译理论和实践、莎士比亚研究三方面的成就。翻译家朱雯教授代表巴金向卞老献花。在会上，散发了由袁可嘉、杜运燮、巫宁坤主编，由河北教育出版社出版的纪念文集《卞之琳与诗艺术》。当天下午，举行"卞之琳与外国文学"座谈会，袁可嘉作了简短发言——该发言后在《外国文学评论》（1990年第4期）上刊出。

8月14日，袁可嘉参加了外国文学研究所讨论人才培养和学科建设的联席会议；在会议上，袁可嘉主要谈了几点有关学科建设的意见：①比较文学研究有国际影响，要抓起来；②西方现代文学研究虽然已开展起来了，但还需要加强整合力量，把各相关方面的研究成果编成一套丛书和专著；③20世纪欧洲文学史和世界文学史要考虑编写了；④对欧美各国的诗和诗论要开展系统研究。

是年，袁可嘉还做了一些工作：其一，为上海文艺出版社主持编译《欧美现代十大流派诗选》，袁可嘉撰长序《欧美现代三大诗潮——选本序》和"编后记"，绿原、乌兰汗、王央乐、吕同六、叶汝涟任编委；该书收有14个国家、10个流派、125位诗人、402篇诗作，由上海文艺出版社于1991年12月出版。其二，撰写《欧美现代派文学概论》，并完成了意识流小说一章。其三，撰写《从现代主义到后现代主义》一文并在《外国文学评论》1990年第2期上发表——该文综述了20世纪英美诗歌主潮。其四，为浙江大学的《现代诗学丛刊》撰写《略谈现代西方诗学》。其五，发起为卞之琳祝寿的活动。

是年起，袁可嘉任中国社会科学院外国文学研究所学术委员。

十六

1991年2月2日晚，袁可嘉参加了《人民日报》文艺部主办的"我们的时代——诗歌音乐晚会"节目的摄制工作——3月3日在黄金节目时间播出。

3月8日，袁可嘉应中国文联之邀，为全国青年业余文艺创作者会议讲《从现代主义到后现代主义》；本月，完成《一部动人的四重奏——冯至诗风流变的轨迹》一文——该文在香港《诗双月刊》冯至专号和《文学评论》同时刊用；后来《中国文学》英、法版均译载了该文。

5月，袁可嘉为江苏人民出版社编辑的《当代中国社会科学家传》撰写三千五百字的传略；接到潘颂德所赠的《中国现代诗论40家》——该书把袁可嘉的诗论列为一家，并较为详细地述评了袁可嘉的观点；为湖南文艺出版社编玲珑文学丛书之一——《现代派作品》，该书后于1992年出版。

8月20日，袁可嘉参加河北花山文艺出版社《艾青全集》首发式，并作简短发言，强调要借鉴艾青的诗歌艺术并向包括艾青在内的新诗优秀传统学习；24日至28日，袁可嘉以特邀代表身份出席艾青国际研讨会的各种活动。

9月初，袁可嘉出席北京市比较文学研究会第二届年会；收到常文昌所赠的《中国现代诗论要略》——该书第十章专论袁可嘉的《论新诗现代化》。

10月4日，袁可嘉参加了《文艺理论与批评》创刊五周年座谈会；14日至20日，袁可嘉赴扬州参加了外国文学会第四届年会，并作了题为《片面的深刻性　深刻的片面性》的发言。

11月16日，袁可嘉参加了国家新闻出版总署召开的中国首届外国优秀文学图书颁奖大会——他与郑克鲁等主编的《外国现代派作品选》被评为二等奖；20日，出席中国译协组织的诗歌翻译界茶话会。本月，在《诗刊》发表《欧美现代三大诗潮》，即《欧美现代十大流派诗选》的序言。

12月12日，《桥》杂志社的黄燎原访问袁可嘉，请他就英美当代诗和西方现代派文学的问题谈谈自己的看法以作为对外国文学工作者的系列采访之一——后来，黄燎原撰写了三篇短文：《与袁可嘉先生谈当代英语诗歌》[①]、《人不知而不愠——外国文学专家学者访谈（一）》[②]、《袁可嘉

[①] 黄燎原：《与袁可嘉先生谈当代英语诗歌》，载《外国文学》1992年第2期，该文也作为黄译的《我的黎明凯歌——现代派之后英诗101首》的代序。

[②] 黄燎原：《人不知而不愠——外国文学专家学者访谈（一）》，载《桥》1992年第2期。

为现代派摇旗呐喊》①。16 日，袁可嘉出席中宣部文艺局召开的"文艺评论研讨会"；20 日，参加中国社会科学院颁发政府特殊津贴证书大会——与其他 120 余名研究人员获国务院 1991 年 10 月 1 日颁发的表彰"为发展我国社会科学事业做出突出贡献"的大红证书。

是年底，完成《欧美现代派文学概论》全稿，约 26 万字；此时，离袁可嘉最初接触西方现代派文学已有半个世纪了！

是年，袁可嘉还应家乡慈溪市文联之约，为纪念《三北》文艺创刊五周年而撰写了短文《忆宁中》；为《慈溪报》撰写了怀念故土的短文《故乡亲，最亲的是慈溪》。

十七

1993 年 3 月，袁可嘉招收博士生彭予和蒋洪新；彭予的研究方向为英美诗歌，蒋洪新的研究方向为西方现代派文学；彭予和蒋洪新日后均为外国文学研究领域的著名学者。

1994 年 6 月，袁可嘉的《半个世纪的脚印——袁可嘉诗文选》由人民文学出版社出版。8 月，袁可嘉给童银舫写信评论其诗集《童心诗选》——该信全文发表在《浙东》1994 年冬季号上；11 月中旬，袁可嘉在杭州参加全国第二次文学翻译学术研讨会后回慈溪探亲——之前，他给童银舫写信，逐日安排了在慈溪的行程，并在信中说："这次是私访，最好不要惊动市府领导，也不用派车迎送。与文友们相聚，也只宜采取座谈会形式，主要是听听大家的意见，不必由我主讲什么。当然，我也准备讲一点，讲什么，请你事先了解一下，要适合大家的兴趣和要求。招待之类，一律免去，大家搞个聚餐会，每人出个份子（不要超过 30 元），不是很好吗？我看外国人招待客人都很简便实惠，实在是值得我们学习的。这次千万不要动用公款搞宴请，切记切记。我对家乡，无甚贡献，决不可那样做。否则，我会于心不安的"；11 月 15 日下午，袁可嘉在慈溪文联参加了一个小型的座谈会，座谈会结束后，与慈溪的诗人俞强等一同到童银舫家做客；回京后，给童银舫致信道："此次返乡探望亲友，极感愉快。

---

① 黄燎原：《袁可嘉为现代派摇旗呐喊》，载《北京青年报》1992 年 10 月 4 日。

你和其他文朋诗友殷勤招待，使我感到乡情的温暖，难以忘怀"①。

是年起，袁可嘉任中国中外文艺理论学会顾问。

1996年5月，袁可嘉完成了培养博士生彭予和蒋洪新的任务；之后不久，离开北京前往美国与在美国定居多年的家人团聚。

1979年至1997年，是袁可嘉一生中思想最活跃、作品产出最多、社会活动最频繁的时期——在此期间，他一共写了15种书，几乎是每年一本，带出了像傅浩、彭予、蒋洪新等一些后来成为著名学者的研究生……袁可嘉之所以能取得如此骄人的成绩，一是缘于改革开放带来的有利环境和社会各界对他的鼓励和支持。二是缘于他对民族、祖国的爱和责任感及使命感——早在1990年，已在美国定居的孩子们在给程其耘办移居美国的手续时试图一同给他办移居美国的手续，但他拒绝了，并振振有词地说："我手上还有许多工作要做，还有研究生要带。我的读者、学生、事业都在中国，我怎能弃而不顾呢？"又过了几年，在又一批学生毕业后，孩子们以为他应该无"后顾之忧"了，便再次试图给他办移居美国的手续，但他却另有说法："我带的学生是毕业了，可他们出国的出国，远走高飞，外文所在这方面还是没有接班人。"当时，除他之外，袁家其他人都已移居美国，而他又年迈多病且无人相伴左右，随时都有发病的危险，因而，孩子们对他甚是担心且心疼，便嗔怪道："难道世上没有你，地球就不转了？"面对孩子们的嗔怪，他既没有生气，又没有"顺从"，而是很严肃地说："'文革'十年，耽误的岂只是一代人，现在青黄不接，我着急呀……"移居美国后，袁可嘉对民族、祖国等仍然"一片冰心在玉壶"：每天起床后第一件事就是看报，了解当前国内外形势；每月总会去哥伦比亚大学东亚图书馆查找文学信息；每当看到有关祖国的喜讯，如建设方面取得的新成就、运动员在国际比赛中表现出的优异成绩、加入世贸、国足踢进了世界决赛圈……他总是激动不已；在看到北京申奥成功后，他在日记中写道："今天是中国人民和中华民族的大喜日子。上午10：18从电视上看到北京申奥成功的喜讯，心中十分兴奋。71年前我国

---

① 参见童银舫《"让我沉默于时空"——忆袁可嘉先生》，载《袁可嘉诗歌创作与诗歌理论研讨会论文集》，首都师范大学中国诗歌研究中心2009年版，第58—60页。

只有一人出席奥运,失败而归,而今则获得主办 2008 年奥运的壮举,真乃翻天复地慨而慷的大事啊!晚上饮酒祝贺。"① 而且,随着移居美国的时间的增长,他对祖国情感不断加深——不时慨叹:"老了却在纽约做中国梦,夜夜梦着北京",不时地在半夜里惊醒,泪流满面地问家人自己是不是身在家乡慈溪?同时,他还一再鼓励孩子们不要丢掉中华民族的可贵传统,不论走到哪里都要为祖国贡献一份力量……三是缘于他对事业的虔诚、兢兢业业以及他自己的勤奋、努力、执着等——最初定居美国时,他为自己提出一个十年计划的三字诀:一曰"补",即补读中西名著,为此,他添购了不少新书,并从旧日藏书中挑选了一些运到美国备用;二曰"改",即把自己已发表的 26 种著译认真加以修改,补充新资料,输入新观点,五年内完成一部四卷《文集》;三曰"创",即拟撰写一部有关中国新诗的专著,希望能有助于新诗运动的发展。他认为,这三字诀是互相联系的,只有"补"得好,"改"得好,才能"创"得好。虽然他后来因疾病缠身——曾因连续中风三次而卧床不起,并患有心脏病、糖尿病、高血压、脑缺氧和帕金森病,"十年计划"未能完全实现,不无遗憾;但他尽了最大的努力,也可以说没有遗憾了。

十八

1997 年 1 月,袁可嘉主编的《外国名诗选》(上、下)由中国青年出版社出版,书前有袁可嘉撰写的长篇序言《外国诗歌概述——选本序》。

1998 年 9 月,为庆祝余光中 70 寿辰,袁可嘉应《诗双月刊》主编王伟明之邀,撰写了《"奇异的光中"——〈余光中诗歌选集〉读后感》,该文原登在《诗双月刊》第 40 期上(第 44—50 页),后被收入由古远清编的《余光中评说五十年》,该书由文化艺术出版社于 2008 年 5 月出版。

1999 年 7—8 月间,袁可嘉在纽约收到时任《慈溪日报》编辑的俞强所寄的快件——俞强请袁可嘉为他即将出版的诗集写序。收到俞强的信的当时,袁可嘉正因患糖尿病、中风摔倒三次而精力衰弱,且已有两个多月

---

① 参见袁晓敏、袁琳《三言两语话父亲》,载《诗探索》2002 年第 Z1 期。

不能提笔，有时看会儿报也会因脑缺氧而睡着，外出时则忘记归路，因此，家人都劝他不能再做任何事情，一切等病好后再说，但他坚决不肯，并说："我年轻时也是靠沈从文、冯至等前辈提携才出道的。这位青年诗写得不错，是个有潜力、有前途的青年，我要扶他一把！"随后，带病读完了俞强所寄的诗稿中的每一首小诗（110首）。在阅读诗稿时，袁可嘉往往阅读10多分钟，就昏睡过去，手中的集子掉在地上；如此多次之后，袁可嘉才将诗稿全部读完，并撰写了一篇题为"诗贵升华"的近5000字的评论——该文发表在1999年11月23日的《文艺报》上①。事实上，袁可嘉一直都很关心其老家慈溪的文化事业，支持故乡文联和作协的活动，给家乡的文艺家赠书、座谈，为《浙东文艺》撰稿等。

2000年初，袁可嘉多次写信给王平凡、外国文学研究所时任领导及卞之琳，积极倡导举办庆祝卞之琳从文70周年暨90华诞的庆祝活动，并在给王平凡的信中指出此活动的作用："追求两种成效，一是引起国内社会对人文科学的重视，二是有助于国家统一改革的大业。"也是在给王平凡的信中，袁可嘉提出了关于成立筹备小组、联系有关单位、筹集资金、邀请国际友人等的建议，并提议会议名称为：《卞之琳文集》首发暨学术研讨会；在给卞之琳的信中写道："我近来身体尚好，尽力争取回京一次，共襄盛举……"② 12月，袁可嘉不顾家人的竭力反对，抱病从纽约飞往北京为卞之琳举办学术研讨会。但天不假年——在研讨会前夕，即12月2日早上（袁可嘉晚上抵京），卞之琳竟遽然辞世，袁可嘉悲痛不已，不仅拖着病痛的身子送别了卞之琳，而且还撰写了多篇文章怀念卞之琳，其中，《"一位诗人，哲人的散文"——读卞之琳散文有感》发表在2000年第6期《文学评论》上，《"卞之琳老师永垂不朽"——在卞之琳先生追思会暨学术讨论会上的发言》发表在2001年第3期《新文学史料·卞之琳专辑》上，《"文如其人"——痛悼卞之琳老师》被收入2002年12月出版的《海门市文史资料》第18辑《卞之琳纪念文集》中。送别卞之琳后，袁可嘉受邀前往中国现代文学馆参观。在中国现代文学馆，袁可嘉了解了有关卞之琳

---

① 参见袁晓敏、袁琳《三言两语话父亲》，载《诗探索》2002年第Z1期。
② 参见王素蓉《暮霭里盏盏灯火唤归家》，载《袁可嘉诗歌创作与诗歌理论研讨会论文集》，首都师范大学中国诗歌研究中心2009年版，第49页。

文库的建设情况、参观了在文学馆展厅二层的 20 世纪文学成就展,并在拜会馆长舒乙时提出了以"九叶诗派"集体名义建文库的建议。

是年,袁可嘉还为北京文化界举行的纪念《九叶集》出版二十周年撰文三则,为台湾格林公司修订旧译《彭斯诗钞》和《叶芝抒情诗选》,修订旧作《欧美现代派文学概论》[①]。

2002 年 7 月 16 日,九叶诗人之一的杜运燮辞世,袁可嘉撰写《运燮,你走好!》发表在《诗网络》第 5 期(2002 年 10 月)"杜运燮逝世纪念特辑"上。

2004 年圣诞前,袁可嘉给王平凡写信问好——信中写道:"二个月前,我们回京叙旧,促膝谈心,至感愉快……人日以老,心见其衰,但愿大家珍惜今日,乐观未来,活好每一天,实现每一天的价值。时不我待,勉哉!勉哉!"[②]

2005 年 10 月,袁可嘉在台湾爱诗社出版了《叶慈诗选》(I. II 中英珍藏本)。是年,给王平凡写信索要关于文学所和外文所在 2004 年举行建所纪念活动的报道或文章[③]。

2006 年 3 月,袁可嘉在台湾爱诗社出版了《彭斯诗选》(I. II 中英珍藏本)。

2008 年 8 月,袁可嘉在人民文学出版社出版《我爱人像红红的玫瑰——彭斯诗歌精粹》。

2008 年 11 月 8 日,袁可嘉因病在美国纽约辞世。噩耗在当地传开后,与袁可嘉熟悉的人都深感悲伤;许多著名人士,如大纽约地区北大校友会主席楼新跃,纽约文艺总监王世道,纽约诗词学会会长、纽约诗画琴棋会会长、美国北大笔会副会长、纽约梅氏公所主席、全球汉诗总会会长梅振才,纽约诗画琴棋会副会长张立君、周荣,哥伦比亚大学教授夏志清,纽约大学教授王齐建等参加了追悼会。在追悼会上,楼新跃说:"作为西南

---

① 参见童银舫《"让我沉默于时空"——忆袁可嘉先生》,载《袁可嘉诗歌创作与诗歌理论研讨会论文集》,首都师范大学中国诗歌研究中心 2009 年版,第 61 页。
② 参见王素蓉《暮霭里盏盏灯火唤归家》,载《袁可嘉诗歌创作与诗歌理论研讨会论文集》,首都师范大学中国诗歌研究中心 2009 年版,第 49 页。
③ 同上。

联大的毕业生，袁先生在纽约逝世，得到北大、清华、南开这三所著名大学的校友一致尊敬说明了袁先生在诗歌创作上有很大成就。"王世道说："袁教授是九叶派的代表诗人，他不仅仅是著名的诗人、翻译家，而且还是著名的评论家。"张立君说："袁先生是中国著名的文化精英，他的去世如巨星陨落，让我们永远的哀痛，但这位前辈将永远活在我们心中。他的诗作将世世代代流传永垂不朽。安息吧！我代表纽约诗画琴棋会对袁先生家人表以最深切的慰问。"王齐建说："我是袁教授的学生，当时袁教授还年轻，学生和老师就像一家人，他带领我，指导我走向了文学诗歌的世界。"梅振才所送的挽诗《悼诗之子，海之子》写道："夫子是沉钟，八方收野风。经霜添锈绿，望海悟时空。身历三生劫，诗吟九叶红。漫云声已杳，余韵动苍穹。"……①噩耗传到北京后，同为"九叶"诗人的郑敏非常悲痛，不禁发出无比苍凉和无奈的感慨："我们'九叶'很惨啊，又一片叶子凋落了，就剩下我这最后一叶。"②

　　2009年10月31日，中国当代文学研究会、首都师范大学中国诗歌研究中心联合举办"袁可嘉诗歌创作与诗歌理论研讨会"，会议由中国当代文学研究会副会长、首都师范大学中国诗歌研究中心副主任吴思敬教授主持，屠岸、张炯、谢冕、孙玉石、杨匡汉、叶廷芳、江枫、林莽、刘福春、刘士杰、王光明、李怡、段美乔、赵凌河、张桃洲、孙晓娅、童蔚、张立群、张松建、廖四平、北塔、阿毛、王芳、王士强等四十多位学者到会，围绕袁可嘉的诗歌创作、诗歌理论、文学翻译与外国文学研究进行了深入而全面的研讨。程其耘、袁晓敏特意从美国回国参加了这一会议③。11月17日，中国社会科学院外国文学研究所举行了袁可嘉逝世周年追思会。外国文学研究所所长陈众议、副所长陆建德，程其耘、袁晓敏以及生前好友、同事和学生等参加追思会，追忆了袁可嘉的为人为学、广阔丰富的精神世界及其在诗歌创作和翻译领域的成就；陈众议充分地肯定了袁可嘉对西方现代派文学特点的概括——"深刻的片面性，片面的深刻性"，他说："对于纷繁复杂的西方现代派文学，如果没有精深的了解和研究，他就不可能提

---

① 参见袁可嘉追悼会影像资料。
② 参见徐梅《袁可嘉：落"叶"归根》，载《南方人物周刊》2008年第33期。
③ 参见龙扬志《纪念一座沉寂的洪钟》，载《中国诗歌研究动态》2009年第2期。

出'片面的深刻性,深刻的片面性'这样高度的总结和概括。正因为有他这样的前辈,外国文学曾井喷式地出现在我们面前、狂飙一样进入人们的视阈,从而为中国文坛迅速告别'伤痕文学',走向'寻根文学'、'先锋文学'等奠定了基础;同时为'改革开放'进程中的中国文化在政治、美学等诸多领域的多重转型创造了条件,也为我们这些晚辈提供了精神和情感的支撑,使我们处变不惊。因此,无论怎么赞颂他都不过分"[①];张黎、陈恕林、白烨、路英勇等分别从学术研究、文学理论、编辑出版等方面肯定了袁可嘉介绍现代主义思潮和西方现代派文学的贡献及现实意义。

1946年,袁可嘉写过《沉钟》、《墓碑》两诗——前者写道:"让我沉默于时空,/如古寺锈绿的洪钟,/负驮三千载沉重,/听窗外风雨匆匆;//把波澜掷给大海,/把无垠还诸苍穹,/我是沉寂的洪钟,/沉寂如蓝色凝冻;//生命脱蒂于苦痛,/苦痛任死寂煎烘,/我是锈绿的洪钟,/收容八方的野风!"后者写道:"愿这诗是我的墓碑,/当生命熟透为尘埃;/当名字收拾起全存在,/独自看墓上花落花开;//说这人自远处走来,/这儿他只来过一回;/刚才卷一包山水,/去死的窗口望海。"1988年8月,袁可嘉又写过《茫茫》一诗:"生也茫茫,/死也茫茫,/宇宙洪荒,/我将何往?/我将何往?/地狱?天堂?/我将何往?/火化?水葬?/何处我来,/何处我往,/青山绿水,/皆我故乡。"这些诗虽然都是地地道道的文学作品,但在冥冥之中似乎变成了谶语——袁可嘉本是一个安土重迁、故国情怀很浓的人,但最终逝于异邦,他的诗文的流传也超越了国界,真的是"青山绿水,皆我故乡"了!他"自远处走来"我们这人世,虽然具有"收容八方的野风"的气度和才华,但由于社会环境的过于严苛,他那奇异的诗思刚刚绽露便迅即熄灭,卓越的翻译才能和视角独特、思想深邃、功力深厚的文学研究也没有充分地"展开";不过,由于他的执着、勤奋,他还是留下了一部足可做其墓碑的多卷本"诗":以《论新诗现代化》为代表的诗论,以《沉钟》、《母亲》等为代表的诗歌,以《彭斯诗钞》、《茵纳斯弗利岛》、《当你老了》等为代表的译诗,以《现代派论·英美诗论》、《欧美现代派文学概论》为代表的外国文学研究论著。

[①] 陈众议在会上的发言稿。

第二章

袁可嘉的诗论

一

袁可嘉是"公认"的"九叶派的理论家"①,"对现代诗与现代文学批评有过深湛的研究"②;"他之作为'九叶诗派'的理论家,正如闻一多之作为'新月诗派'的理论家,胡风之作为'七月诗派'的理论家。"③ 从1946年冬到1948年年底,他先后在天津的《大公报·星期文艺》、《益世报·文学周刊》、《民国日报·文艺》和北平的《经世日报·文艺周刊》、《华北日报·文学副刊》以及上海的《文学杂志》、《诗创造》、《中国新诗》等报刊上发表了三十篇左右、十多万字的诗论;大致地说,它们"分别倾向以下三类主题,A类文论是诗学评介,主要在以艾略特为主的西方诗学基础上进行;B类文论重在针砭时事,关注当时中国文坛弊端……C类文论是由两种视角而来的综合评述或结论性的篇目"④。新中国成立之后,在大批判的口号盛行之下,袁可嘉又写了一些诗论,虽然其中的有些诗论,如《托·史·艾略特——美英帝国主义的御用文阀》、《新批评派

---

① 蓝棣之:《九叶派诗歌批评理论探源》,载蓝棣之《现代诗歌理论:渊源与走势》,清华大学出版社2002年版,第45页。
② 杭约赫:《编余小记》,载《诗创造》1948年第1卷第12期。
③ 北塔:《斯人可嘉》,载《中国诗歌研究动态》2009年第2期。
④ 刘金华:《袁可嘉新诗批评与艾略特的影响》,载陈飞、张宁主编《新文学》第五辑,大象出版社2006年版,第203页。

述评》、《略论英美"现代派"诗歌》①等与之前的相关诗论不太一致,如在评价诗歌时往往较多地将目光集中在作品的"现实"意义和价值上,对艾略特不再只是一味地褒扬……但总的来说,两者的观点基本上是一致的,即总体目标都是为了实现"新诗现代化"——袁可嘉也曾明言:"我研读中外的现代诗,创作现代诗,提出新诗现代化的理论,翻译和评论西方现代派诗和文学,评价冯至、卞之琳、穆旦、陈敬容等诗人的作品,目的都在于推进新诗现代化,使我国的现代诗在与世界的现代诗接轨的同时仍然保持我们民族和时代的特色。"② 也就是说,袁可嘉的诗论即关于"新诗'现代化'"的理论。

何谓"新诗'现代化'"?在袁可嘉看来,所谓"新诗'现代化'并不与新诗'西洋化'同义:新诗一开始就接受西洋诗的影响,使它现代化的要求更与我们研习现代西洋诗及现代西洋文学批评有密切关系,我们却绝无理由把'现代化'与'西洋化'混而为一。从最表面的意义说,'现代化'指时间上的成长,'西洋化'指空间上的变易;新诗之不必或不可能'西洋化'正如这个空间不是也不可能变为那个空间,而新诗之可以或必须现代化正如一件有机生长的事物已接近某一蜕变的自然程序,是向前发展而非连根拔起"③;"这种'现代化'的实质,说得简单一点,无非是两条。第一,在思想倾向上,既坚持反映重大社会问题的主张,又保留抒写个人心绪的自由,而且力求个人感受与大众心志相沟通,强调社会性与个人性、反映论与表现论的有机统一;这就使我们与西方现代派和旧式学院派有区别,与单纯强调社会功能的流派也有区别。第二,在诗艺上,要求发挥形象思维的特点,追求知性和感性的融合,注重象征和联想,让幻想与现实交织渗透,强调继承与创新,民族传统与外来影响的结合,这又与诗艺上墨守成规或机械模仿西方现代派有区别。"④

---

① 分别见于《文学评论》1960 年第 6 期、1962 年第 2 期、1963 年第 3 期。
② 上海教育出版社、上海社会科学院文学研究所编:《中国作家自述》,上海教育出版社 1998 年版,第 462 页。
③ 袁可嘉:《新诗戏剧化》,载袁可嘉《论新诗现代化》,生活·读书·新知三联书店 1988 年版,第 21 页。
④ 袁可嘉:《半个世纪的脚印·序》,载袁可嘉《半个世纪的脚印》,人民文学出版社 1994 年版,第 2 页。

作为一种理论体系,"新诗'现代化'"的理论主要包括"诗的本体论"、"有机综合论"、"诗的艺术转化论"、"诗的戏剧化论"①、"戏剧主义论"等内容。

(一)"诗的本体论"

"诗的本体论"即关于诗的"本体"的理论。

在袁可嘉看来:"诗歌作为艺术也自有其特定的要求;诗作者必先满足这些内生的先天的必要条件,始足言自我表现,这也就是在约制中求自由,屈服中求克服的艺术创造的真实意义"②,"因为相信诗能供给命题,而命题有真假之分,于是诗被驱与科学争'真';因为命题或为抽象观念,于是诗与哲学争哲理的渊深;因为命题或者包含信仰,于是诗与宗教竞作上帝的使徒;因为命题或是道德的启示,于是诗与伦理学攀亲;因为命题或叙述个人,集体的事实,于是诗被改头换面做传记的注脚,或与历史对簿公堂庭;因为命题或者能悦目赏心,于是诗被比美于醇酒妇人;因为命题或能号召革命,于是诗被借来代替传单,手榴弹;由此而来种种妖言邪说,真是不一而足,却一样远离诗的本体,使诗沉沦为某种欲望的奴隶,工具"③,因此,"诗必须被拯救,一如我们的生命必须被拯救,而明晰地摆在我们面前的拯救途径仍包含于说过多少遍的老话里:把生命看成生命,把诗看作诗,把诗与生命,都看作综合的有机整体"④。袁可嘉的诗论阐述了诗尤其是新诗的一些"本体性"问题:

1. 诗与非诗。"绝对承认诗有各种不同的诗,有其不同的价值与意义,但绝对否认好诗坏诗,是诗非诗的不可分,也即是说这是极度容忍的文学观,但决不容忍坏艺术,假艺术,非艺术;我们取舍评价的最后标准是:'文学作品的伟大与否非纯粹的文学标准所可决定,但它是否为文学

---

① 袁可嘉:《欧美现代派文学概论》,广西师范大学出版社2003年版,第86页;另参见常文昌《中国现代诗歌理论批评史》,人民文学出版社2004年版,第十六章。

② 袁可嘉:《新诗现代化——新传统的寻求》,载袁可嘉《论新诗现代化》,生活·读书·新知三联书店1988年版,第5页。

③ 袁可嘉:《诗与意义》,载袁可嘉《论新诗现代化》,生活·读书·新知三联书店1988年版,第85—86页。

④ 袁可嘉:《漫谈感伤》,载袁可嘉《论新诗现代化》,生活·读书·新知三联书店1988年版,第218页。

作品则可诉之于纯粹的文学标准'（艾略特）"①。而从新文学运动的整体趋势来看，"它的'文化性'确切地超过了它的'文学性'……新文学的出现，存在与发展，作为文化运动主环的意义与影响，远胜于它作为纯粹文学的价值……我们的新文学一天比一天地更挨近被新文化所吸收所消融的危境。这个危机清楚地表现于两个方面：从历史的观点看，因为新文学始终以配合某一阶段的文化运动为主要的，几乎是唯一的使命，而我们新文化的发展又如此地波折颠荡，退退进进，而无一定的模式可寻，因此在急于变化，急于适应的匆促心绪之中，新文学之不能绵延而自成传统（除了历史短暂的原因以外），不能独立而欣欣向荣，始终为外来的动机所压倒，所控制，也就成为不可闪避的势所必然的结论……构成新文学运动的每一支主流，都似不曾得到充分发展的生机，更谈不上植下多深的根。一种运动刚刚萌芽，因为文化思想的急遽演变，很快便为继之而起的另一运动所代替，等不得它长叶开花，便横遭强迫的凋零。因此整个新文学史的发展便呈现了十分支离破碎……再从近十年来的趋势来看——人民文学始终以社会性，文化性的运动为其特色，有动量，热量，力量，可惜并未产生多少质量。作为眼前的文学主流，它愈益明显地强调它的'文化性'，而忽视本身的'文学性'。"② 作为最能凸显新文学运动"新"这一特征的新诗更是如此。"我们当前的难题显然不在切断文化与文学的密切联系——这是既不可能也极徒然的愚行——使它们各顾自己，而在如何通过作家们思想上的明晰与工作上的坚持，使新文学对新文化贡献的传统方式稍稍改变；如何使新文学确定地通过'文学性'的内在价值，使新文化有所增益，而不象过去那样过分依赖作为文运主力之一的丫头身分"③，就新诗而言，更应该如此。

2. 诗的语言。文字原是符号，"每个单字在诗中都代表复杂符号，而非日常应用时的单一符号，它的意义必须取决于行文的秩序"④；当符号

---

① 袁可嘉：《新诗现代化——新传统的寻求》，载袁可嘉《论新诗现代化》，生活·读书·新知三联书店1988年版，第7页。
② 袁可嘉：《我们底难题》，载袁可嘉《论新诗现代化》，生活·读书·新知三联书店1988年版，第179—181页。
③ 同上书，第182页。
④ 袁可嘉：《诗与意义》，载袁可嘉《论新诗现代化》，生活·读书·新知三联书店1988年版，第87页。

超过了它本身所代表的价值而从整个结构中取得意义时,这些符号就蜕变为象征体,容许联想的发掘和来自不同方向的扩展加深的修正影响,"科学的语言与诗的语言大分别即在前者是纯而又纯的符号(sign),A 是 A,B 是 B,后者则完完全全是包含人的动机的象征体(symbol),A 未必是 A,B 未必是 B,这也就是为什么在生物教科书中所提到的'玫瑰'与诗中的'玫瑰'那末大异其趣"①;"诗人运用符号的巧妙的组合而想表达远比符号模式丰富复杂的情思,即使他不想象征,也必然是象征的"②;"诗的语言含有高度的象征性质……诗的语言是象征体,它的意义不止是它在辞书中的意义,而多半取决于全体的结构和当时上下文的次序。它是包含人的动机的而非客观地存在的……因为诗的语言是象征的语言,它的意义随时接受其他诸因素(意象、节奏、语气、态度等等)的修正和补充,所以整个诗创作的过程可以称为一种象征的行为。"③ 在语言上,诗歌"绝对肯定日常语言,会话节奏的可用性但绝对否定日前流行的庸俗浮浅曲解原意的'散文化'"④,不能"对于民间语言,日常语言,及'散文化'的无选择的、无条件的崇拜"⑤——虽然日常语言储藏丰富、弹性大、变化多,恰当地运用日常语言能收到生动、戏剧意味浓的艺术效果,但如果毫无保留地采用各地民间语言,就会形成割据性的地方文学;诗的"散文化"是诗的一种特殊结构,一旦做过了火,诗就会沦为散文。"新的诗体必然包含文字新的使用方法,新诗现代化后文字弹性韧性的增加实际上已早为新内容的要求所决定"⑥。

3. 诗的主题。"在作品的主题意识方面只求真实与意义,而不问这一

---

① 袁可嘉:《对于诗的迷信》,载袁可嘉《论新诗现代化》,生活·读书·新知三联书店 1988 年版,第 65—66 页。
② 袁可嘉:《新写作(书评)》,载袁可嘉《论新诗现代化》,生活·读书·新知三联书店 1988 年版,第 229 页。
③ 袁可嘉:《谈戏剧主义》,载袁可嘉《论新诗现代化》,生活·读书·新知三联书店 1988 年版,第 33—34 页。
④ 袁可嘉:《新诗现代化——新传统的寻求》,载袁可嘉《论新诗现代化》,生活·读书·新知三联书店 1988 年版,第 6 页。
⑤ 袁可嘉:《对于诗的迷信》,载袁可嘉《论新诗现代化》,生活·读书·新知三联书店 1988 年版,第 66 页。
⑥ 袁可嘉:《新诗现代化的再分析——技术诸平面的透视》,载袁可嘉《论新诗现代化》,生活·读书·新知三联书店 1988 年版,第 20 页。

主题所属的社会阶层或性质上的类别，现实的反抗意识固然是合时的题材，神秘的宗教情绪也是很好的创作对象；也只有这样，文学才能接近最高的三个品质：无事不包（广泛性），无处不合（普遍性），和无时不在（永恒性）。"① 但是，诗的主题与诗的效果并无必然联系，仅仅有好的主题并不一定能获得好的效果，过分强调诗歌的主题会导致诗歌病态的产生，如新诗因过分强调诗中的政治观念及其所可能产生的社会意义或宣传价值而导致自弃式的感伤倾向的产生，对主题过分依赖、对诗中的哲学过度重视导致对诗歌中的想象、感觉和诸因素的有机合作的忽视以及自怜自恋、缺乏广度和深度等毛病的产生②；过分注重主题意识与诗人的某种特殊情绪储藏库通起"电"来，炽热的情绪就犹如洪流涌起，口号化、公式化、长吁短叹、搥胸顿足等随即产生。

4. 新诗的"感伤"。感伤"来自情绪过度，即所谓'太感情的'"，"植根于浸淫，而浸淫又多半由于部分的执着所引起的感情弹性的丧失，换句话说，都起于狭窄的固执。"与正常感情的不同之处就在于"它是反自然，不真实，自作自受的（这里的'受'显然很有苦中作乐的意味）虚伪玩意。"③ 本来，说明意志和表现情感都是人生中的大事，也是诗的大事，因此，完全是必需的而且是值得赞美的。但是，"正如一个富有崇高情感而有崇高行为表现的人未必成为诗人——更不必说好诗人或大诗人——这些表示强烈感情或明确意志的作品也就未必成诗。"因此，诗人应该在诗歌中"融和思想的成分，从事物的深处，本质中转化自己的经验"。可是，"在目前我们所读到的多数诗作，大致不出二大类型：一类是说明自己强烈的意志或信仰，希望通过诗篇有效地影响别人的意志或信仰的，另一类是表现自己某一种狂热的感情，同样希望通过诗作来感染别人的；说明意志的作者多数有确切不易的信仰，开门见山用强烈的语言，粗厉的声调呼喊'我要……'或'我们不要……'或'我们拥护……'，'我们反对……'，表现激情的作

---

① 袁可嘉：《"人的文学"与"人民的文学"》，载袁可嘉《论新诗现代化》，生活·读书·新知三联书店 1988 年版，第 114 页。

② 参见袁可嘉《诗与主题》，载袁可嘉《论新诗现代化》，生活·读书·新知三联书店 1988 年版，第 69—81 页。

③ 袁可嘉：《漫谈感伤——感伤的公式是：从"Y 而 X"发展为"为 X 而 X + 自我陶醉"》，载袁可嘉《论新诗现代化》，生活·读书·新知三联书店 1988 年版，第 207—217 页。

者也多数有明确的爱憎对象作赤裸裸的陈述控诉……新诗的毛病表现为平行的二种,说明意志的最后都成为说教的,表现情感的则沦为感伤的,二者都只是自我描写,都不足以说服读者或感动他人。"①

感伤有两种:情绪感伤和政治感伤。情绪感伤有两种表现形式:一是富有敏锐而不深厚的感性的人浸淫在自己造成的一种情绪的气氛中,从假想的自我怜悯及对旁观者同情的预期中取得满足;二是指一切虚伪、肤浅、幼稚的感情,没有经过周密的思索和感觉而表达为诗文②,也就是"一种直线倾泻而未能节制内敛的情绪反应"③。政治感伤即观念感伤,它"有意无意地不顾诗中有机特性而仅仅说出了一些观念——本身常是极好的诗的材料——就以为尽了创作的使命"④,它除具有情绪感伤的病态特点外,还往往"以诗情的粗犷为生命活力的唯一表现形式","以技巧的粗劣为有力","以所表达的观念本身来决定作品价值高下的标准","借观念做幌子,在它们高大的身影下躲避了一个创造者所不能回避的思想与感觉的重担;一套政治观念被生吞活剥的接受,又被生吞活剥的表达"⑤,"以诗为观念不合身的衣架"⑥,也就是"一种缺乏艺术裁剪的说教倾向";"'诗的政治感伤性'是比任何'反动派'的阴谋理论更有力量破坏'诗的政治性'的,一如沉溺于感伤最有碍正常的情绪发展一样"⑦,是诗歌的一种"最广泛地被传染,最富蚀害力"的"病"⑧。

---

① 袁可嘉:《新诗戏剧化》,载袁可嘉《论新诗现代化》,生活·读书·新知三联书店1988年版,第23—29页。
② 参见袁可嘉《论现代诗中的政治感伤性》,载袁可嘉《论新诗现代化》,生活·读书·新知三联书店1988年版,第53页。
③ 张松建:《文下之文,书中之书:重识袁可嘉"新诗现代化"论述》,载《袁可嘉诗歌创作与诗歌理论研讨会论文集》,首都师范大学中国诗歌研究中心2009年版,第148页。
④ 袁可嘉:《诗与主题》,载袁可嘉《论新诗现代化》,生活·读书·新知三联书店1988年版,第78页。
⑤ 袁可嘉:《论现代诗中的政治感伤性》,载袁可嘉《论新诗现代化》,生活·读书·新知三联书店1988年版,第54—55页。
⑥ 袁可嘉:《诗与主题》,载袁可嘉《论新诗现代化》,生活·读书·新知三联书店1988年版,第80页。
⑦ 袁可嘉:《批评漫步——并论诗与生活》,载袁可嘉《论新诗现代化》,生活·读书·新知三联书店1988年版,第159—166页。
⑧ 袁可嘉:《论现代诗中的政治感伤性》,载袁可嘉《论新诗现代化》,生活·读书·新知三联书店1988年版,第52页。

5. 新诗的"晦涩"。"晦涩是现代西洋诗核心性质之一"①,"二十世纪人类所可引以为傲的几位出类拔萃的现代诗人,里尔克、梵乐希、叶芝、艾略特、奥登,几无人不给我们晦涩难读的负担;就在我们这方比较沉寂的园地里,冯至、卞之琳的诗也似乎很引起一些相类似的抱怨",里尔克、梵乐希、叶芝、艾略特、奥登的诗,"且不说藏在这些文字背后的思想泉源或感觉方式离常人意识十分辽远,每一个意象,每一个表现法,每一个单字,到了他们笔下,也各具特殊的象征意义,为一群无穷而特殊的暗示,记忆,联想所包围散布";"正如文学上的'浪漫'并不与'浪荡'同义,'古典'也非'古板',现代诗的晦涩也就不等于用文字捉迷藏,以别人的莫名作自己的得意。它之成为一个现代诗的通性与特性,虽都出于诗人的蓄意,但绝非毫无辩白余地";现代诗的晦涩或者是源于"现代诗人所处的厄境"与"传统价值的解体",或者是源于"现代诗人的一种偏爱:想从奇异的复杂获得奇异的丰富",或者是源于"情绪渗透",或者是源于"构造意象或运用隐喻明喻的特殊法则",或者是源于"故意荒唐地运用文字"②,或者是源于"诗人想象的本质……诗人们晦涩的程度虽有深浅大小的分别,但诗想象必然多少带点晦涩似是无可否认的事实"③,"现代诗中晦涩的存在,一方面有它社会的,时代的意义,一方面也确有特殊的艺术价值;对于诗人发展整个了解的重要性远胜于部分认识一点,也只是证明诗人生命与诗作的有机联系,不容诟病;他们诚然提供了极多极大的困难,但这些困难的克服方法并无异于充分领悟其他艺术作品的途径,向它接近,争取熟悉,时时不忘作品的有机性与整体性"④。因此,严格来说,"诗篇只有真假好坏之分,晦涩与否应该在衡量上不起作用"⑤,

---

① 袁可嘉:《新诗戏剧化》,载袁可嘉《论新诗现代化》,生活·读书·新知三联书店 1988 年版,第 22 页。

② 袁可嘉:《诗与晦涩》,载袁可嘉《论新诗现代化》,生活·读书·新知三联书店 1988 年版,第 91—100 页。

③ 袁可嘉:《新诗戏剧化》,载袁可嘉《论新诗现代化》,生活·读书·新知三联书店 1988 年版,第 23 页。

④ 袁可嘉:《诗与晦涩》,载袁可嘉《论新诗现代化》,生活·读书·新知三联书店 1988 年版,第 100 页。

⑤ 袁可嘉:《批评漫步——并论诗与生活》,载袁可嘉《论新诗现代化》,生活·读书·新知三联书店 1988 年版,第 163 页。

不能把晦涩作为批评诗篇的标准——"它不足以称为好诗的标记,也不是予诗恶评的根据"①。

确认诗的"本体"是新诗"现代化"的前提,其"目的不在使诗孤立绝缘,而在使它独立配合,不在窒息诗,而在唤它返回本体,重获新生"②。

(二)"有机综合论"

新诗要做到"现实、象征、玄学的综合",此即"有机综合论"。

在袁可嘉看来,现代化的诗是"辨证的(作曲线行进),包含的(包含可能溶入诗中的种种经验),戏剧的(从矛盾到和谐),复杂的(因此有时也就晦涩的),创造的('诗是象征的行为'),有机的,现代的"③,即新诗"现代化"就是要使新诗成为"民主的诗"或"包含的诗":

"无论把民主定义为外观的文化模式或内在的意识形态,它都具有下述的几种特性:它是辨证的(从不同产生和谐),包含的(有关的因素都有独立的地位),戏剧的(通过矛盾冲突而得平衡),复杂的(因有不同存在),创造的(各部分都有充分生机),有机的(以部分配合全体而不失去独立性),现代的,而非直线的、简化的、排它的、反映的、机械的和原始的";"民主文化是现代的文化,民主的诗也必须是现代的诗。民主文化是辩证的、包含的、戏剧的、复杂的、有机的、创造的,表现这一文化的民主的诗也必然分担同样的辩证、包含、复杂、有机、创造的特质。我们所要达到的最后目标是包括民主政治的现代民主文化,我们所要争取的诗也必然是现代化的民主的诗"④。"现代诗与现代文化的关系至少有正反两个方面:在反对的方面,现代诗否定了工业文化底机械性而强调有机性;在肯定的方面,现代诗接受了现代文化底复杂性,丰富性而表现了同样的复杂与丰富。因此……我们拒不接受现代文化的动向则已,如果想与

---

① 袁可嘉:《新诗戏剧化》,载袁可嘉《论新诗现代化》,生活·读书·新知三联书店1988年版,第22—23页。

② 袁可嘉:《对于诗的迷信》,载袁可嘉《论新诗现代化》,生活·读书·新知三联书店1988年版,第68页。

③ 袁可嘉:《诗与民主——五论新诗现代化》,载袁可嘉《论新诗现代化》,生活·读书·新知三联书店1988年版,第43页。

④ 同上书,第42—50页。

世界上的现代国家在各方面并驾齐驱，诗的现代化怕是必须采取的途径。我们尽可以从民歌、民谣、民间舞蹈中获取一些矫健的活力，必需的粗野，但我们显然不能停止于活力与粗野上面，文化进展的压力将逼迫我们放弃单纯的愿望，而大踏步走向现代。"①

"民主的诗"实为"包含的诗"——"'包含性'是袁可嘉诗论的核心词……在不同场合，'包含性'与'复杂性'、'辨证性'、'有机性'、'戏剧性'这些词汇在意指上可互为界说"②；"包含的诗"这一概念出自瑞恰慈（又译为瑞恰兹、立恰慈、理查兹等——笔者注）——他"把古今中外的诗分成'包含的诗'与'排斥的诗'……在这个划分里。现代的批评家们显然将较高的价值赋予前者。在他们看来，唯情的19世纪的浪漫诗和唯理的18世纪的假古典诗都是'排斥的诗'，即是只能容纳一种单纯的，往往也是极端的，人生态度的诗，结果一则感伤，一则说教，诗品都不算高……只有莎翁的悲剧、多恩的玄学诗及艾略特以来的现代诗才称得上是'包含的诗'；它们都包含冲突，矛盾，而象悲剧一样地终止于更高的调和。它们都有从矛盾求统一的辩证性格。"③

现代诗或现代化的诗乃至诗都应该具有"包含性"，即是"包含的诗"——"诗是许多不同的张力（tensions）在最终消和溶解所得的模式（pattern）；文字的正面暗面的意义，积极作用的意象结构，节奏音韵的起伏交锁，情思景物的撼荡渗透都如一出戏剧中相反相成的种种因素，在最后一刹那求得和谐；戏剧是行动的艺术，因此现代人眼中的诗也是，他们同样分担从矛盾中求统一的辩证的性格"④。从形式的角度来看，它为"立体建筑物"，分线、面、立体三层："从正确的结构意识来看，清晰地包含三个讨论时可分而实际欣赏时不可分的层次；最先是每个意义单位

---

① 袁可嘉：《诗与民主——五论新诗现代化》，载袁可嘉《论新诗现代化》，生活·读书·新知三联书店1988年版，第40—50页。
② 臧棣：《袁可嘉：40年代中国诗歌批评的一次现代主义总结》，载《文艺理论研究》1997年第4期。
③ 袁可嘉：《谈戏剧主义》，载袁可嘉《论新诗现代化》，生活·读书·新知三联书店1988年版，第35—36页。
④ 袁可嘉：《对于诗的迷信》，载袁可嘉《论新诗现代化》，生活·读书·新知三联书店1988年版，第66页。

（字或词）配合行文的要求而选定自己此时此地的真实意义，把字音的作用也包括在内时即构成诗意义的'线'，意象比喻进一步地扩展延伸构成诗意义的'面'，而语调，节奏，姿态，神情到最后通过想象，联想，综合一切相反相成的因素，便构成有强烈戏剧性的诗意义的'立体'组织"①；从内容的角度来看，它"突出于强烈的自我意识中的同样强烈的社会意识，现实描写与宗教情绪的结合，传统与当前的渗透，'大记忆'的有效启用，抽象思维与敏锐感觉的浑然不分，轻松严肃诸因素的陪衬烘托，以及现代神话、现代诗剧所清晰呈现的对现代人生、文化的综合尝试等"②；具有强烈的社会意义，但不是简单的他人的传声筒；从锐敏的自我意识出发，逐渐扩大推远，而接近群众的意识，基于个体的扩展而非缩小或消灭个体价值。

"民主的诗"或"包含的诗"最终形成"现实、象征、玄学"的"综合传统"：诗想象具有综合不同因素的能力，"诗中的情思对于作者原是私人的，特殊的，但一经表现为诗，便常为读者分担而享有普遍性，一般性。诗中的观念原先都是抽象的、死的，但一经化于诗中，便显得生意盎然、姿态分明。这不都是诗想象具有综合能力的证明吗？"③ "现代诗的主潮是追求一个现实、象征、玄学的综合传统"④，"无论在诗歌批评，诗作的主题意识与表现方法三方面，现代诗歌都显出高度综合的性质"⑤。

"现实表现于对当前世界人生的紧密把握，象征表现于暗示含蓄，玄学则表现于敏感多思、感情、意志的强烈结合及机智的不时流露"⑥。更具体地说：

---

① 袁可嘉：《诗与主题》，载袁可嘉《论新诗现代化》，生活·读书·新知三联书店1988年版，第87页。
② 袁可嘉：《新诗现代化——新传统的寻求》，载袁可嘉《论新诗现代化》，生活·读书·新知三联书店1988年版，第3—4页。
③ 袁可嘉：《谈戏剧主义》，载袁可嘉《论新诗现代化》，生活·读书·新知三联书店1988年版，第33页。
④ 袁可嘉：《新诗戏剧化》，载袁可嘉《论新诗现代化》，生活·读书·新知三联书店1988年版，第28页。
⑤ 袁可嘉：《新诗现代化——新传统的寻求》，载袁可嘉《论新诗现代化》，生活·读书·新知三联书店1988年版，第3页。
⑥ 同上书，第7页。

"现实""既包括政治和社会生活中的重大题材,也包括生活在具体现实中人们的思想感情的大小波澜"①,即既包括"外在的现实",又包括"内在的现实"②;进一步地说,"现实""实际上包含两层意思,其一是现代文化意义的现实,其二是指当时的社会现实。在讨论新诗现代化的艺术性时,袁可嘉通常是把'现代文化'、'现代文明'、'现代世界'与'现实'混同起来运用的。而只有在谈及诗人的责任感时,他所说的'现实'才确指社会现实……'现实'还有一层含义,也是容易被人忽略的,即现代诗人把握现实的能力主要表现为否定现实、批判现实的能力"③,"'现实'首先是指'社会现象'……其次是指'文化意义的现实'……还指心灵的现实,包括对自我、对文化传统的深刻反省或者对人生经验的思考探求"④。

"象征"实为将诗人的复杂情绪传达出来的手法,它能使诗表现"最大量的意识活动",其根本目的是要防止激情对于诗歌的粗暴占领,"象征手法的要点,在通过诗的媒剂的各种弹性(文字的音乐性,意象的扩展性,想象的联想性等)造成一种可望而不可即的不定状态(Indefiniteness),从不定产生饱满,弥漫,无穷与丰富;它从间接的启发着手,终止于诗境的无限伸展"⑤,"伟大的文学作品几乎无一不是""有结构的象征系统","大作品之所以成为大是因为它对宇宙人生的全面的,整体的处理;既然是全面性的,它自然得有次序,象征系统本身也就因此得有内在的规律"⑥。

"'玄学'(metaphysics)当然指的是英国 17 世纪的玄学派诗人约翰·多恩、乔治·赫伯特、安德鲁·马维尔等人开创的以机智(wit)、奇喻(conceit)、反讽(irony)、悖论(paradox)、思想知觉化为基础的一路诗风,见出想象力的丰富性、感受力的精细性以及那种语言陌生化之后达到

---

① 袁可嘉:《九叶集·序》,载辛笛、袁可嘉等《九叶集》,作家出版社 2000 年版,第 2 页。
② 参见袁可嘉《诗与民主——五论新诗现代化》,载袁可嘉《论新诗现代化》,生活·读书·新知三联书店 1988 年版,第 44 页。
③ 臧棣:《袁可嘉:40 年代中国诗歌批评的一次现代主义总结》,载《文艺理论研究》1997 年第 4 期。
④ 许霆:《袁可嘉:精心构建新诗现代化的理论——中国现代诗学批评家评述之七》,载《常熟理工学院学报》2005 年第 1 期。
⑤ 袁可嘉:《现代英诗的特质》,载《文学杂志》1948 年第 2 卷第 12 期。
⑥ 袁可嘉:《新写作(书评)》,载袁可嘉《论新诗现代化》,生活·读书·新知三联书店 1988 年版,第 229 页。

的神奇效果，它极大地强化了诗歌的修辞容量与表达效果"①，它实际上是诗人将生活的经历上升为哲学上的体验，在现实与哲学的融合中阐释诗人个人的生命体验，将真实的生活体验与深秘的玄思，具象的肉体的感觉与抽象的思辨性语言，生动和谐地交织在一起；它要求诗要有富于哲理性的思想，要做到具象情感与抽象思辨的结合，要注意传达的机敏睿智等，但又不是以诗来"说明哲学"，不是"裸体赤陈"观念，否则，就会造成像"政治感伤"一样的"哲学感伤"，"叶芝在论诗的象征中曾经说过'诗人应该有哲学，但不应表现哲学'。此处所谓'表现哲学'实际含义相当于仅仅'说明哲学'；其间重点的倒置极易引起与政治伤感类似的毛病，只是观念性质略有区别而已；17世纪玄学派诗人及受他们影响的现代诗人，都不时提醒我们，抽象观念必须经过强烈感觉才能得着应有的诗的表现，否则只是粗糙材料，不足以产生任何效果"②，诗应该"以小见大，从平凡见雄伟，严肃与轻松相结合，伴之以机智和幽默"③。

做到"现实、象征、玄学的综合"是新诗"现代化"的旨归。

（三）"诗的艺术转化论"

诗的素材不等于诗本身，新诗所注重的应该是把诗的素材化炼成诗的过程，此即"诗的艺术转化论"；它主要论及了以下几个方面的问题：

1. 现实与诗

文学即人学，亦即"人的文学"，"就文学与人生的关系或功用说，它坚持人本位或生命本位；就文学作为一种艺术活动而与其他的活动形式对照着说，它坚持文学本位或艺术本位"④；因此，"绝对肯定诗应包含，

---

① 张松建：《现代诗的再出发》，北京大学出版社2009年版，第179页。"玄学"与魏晋南北朝时期的谈玄论道不同；袁可嘉2001年8月4日改定于纽约的《我与现代派》一文中，将"玄学"改为"玄思"；在引述孙玉石在《中国现代主义诗潮史论》中有关"新诗现代化"的美学突破的一段话时，他说："我感谢孙玉石先生的鼓励，过去用'玄学'一词容易引起误会，本文中改为'玄思'。"（袁可嘉：《我与现代派》，《诗探索》2001年第Z2期）

② 袁可嘉：《诗与主题》，载袁可嘉《论新诗现代化》，生活·读书·新知三联书店1988年版，第76页。

③ 袁可嘉：《略论卞之琳对新诗艺术的贡献——纪念卞之琳诗创作活动六十周年》，载袁可嘉《半个世纪的脚印》，人民文学出版社1994年版，第174页。

④ 袁可嘉：《"人的文学"与"人民的文学"》，载袁可嘉《论新诗现代化》，生活·读书·新知三联书店1988年版，第113页。

应解释，应反映的人生现实性，但同样地绝对肯定诗作为艺术时必须被尊重的诗底实质"，"绝对强调人与社会、人与人、个体生命中诸种因子的相对相成，有机综合，但绝对否定上述诸对称模型中任何一种或几种素质的独占独裁，放逐个体"①；要在现实与艺术之间求得平衡，"不让艺术逃避现实，也不让现实扼死艺术"，诗在反映现实之余还享有"独立的艺术生命"，要保留"广阔、自由"的想象空间②，也就是既要有"对现实人生的紧密把握"③，又"不粘于现实世界"，对现实保持"不可或缺的透视或距离"④；"不许现实淹没了诗，也不许诗逃离现实，要诗在反映现实之余还享有独立的艺术生命，还成为诗，而且是好诗。"⑤"从社会学的观点来看，文学的价值在对于社会的传达"，诗人应该深入生活、理解生活、沉思生活、感悟生活，既通过诗歌对病态社会与罪恶人生进行无情剖析，又机智地、综合地把现实生活转化为对生活的体验，注重表现精神的心灵的现实；但从文学的角度来看，文学的价值在"文字的艺术"，"无论在什么情况之下，我们不谈文学则已，如果还想谈谈的话，我们的最后目的显然是在接近具体的文学作品，而不在盲目接受别的学科所包含的理论体系。因此，无论是从社会学或心理学出发，我们的目的地应该是文学，而非其他"，"无论从哪一观点来看文学，我们的目的都在欣赏文学，研究文学，创造文学，而非别的"，因此，应该以"文学作品为中心"⑥。

2. 政治与诗

诗的政治性是其社会性的一个方面，"它在今日获得显著的重视，完

---

① 袁可嘉：《新诗现代化——新传统的寻求》，载袁可嘉《论新诗现代化》，生活·读书·新知三联书店1988年版，第5—6页。

② 袁可嘉：《诗的新方向》，载袁可嘉《论新诗现代化》，生活·读书·新知三联书店1988年版，第219—220页。

③ 袁可嘉：《现代英诗的特质》，载《文学杂志》1948年第2卷第12期。

④ 袁可嘉：《新诗戏剧化》，载袁可嘉《论新诗现代化》，生活·读书·新知三联书店1988年版，第28页。

⑤ 袁可嘉：《诗的新方向》，载袁可嘉《论新诗现代化》，生活·读书·新知三联书店1988年版，第220页。

⑥ 袁可嘉：《我的文学观》，载袁可嘉《论新诗现代化》，生活·读书·新知三联书店1988年版，第101—111页。

全适应当前政治的要求"①,"现代人生又与现代政治如此变态地密切相关,今日诗作者如果还有摆脱任何政治生活影响的意念,则他不仅自陷于池鱼离水的虚幻祈求,及遭到一旦实现后必随之来的窒息的威胁,且实无异于缩小自己的感性半径,减少生活的意义,降低生命的价值"②。但是,文学中的"政治文学"部分"不能代替文学全体","即使承认文学是政治斗争的工具,这种工具既隶属艺术的范畴,自必通过艺术才能达到作为工具的目的","'人民的文学'正如浪漫文学,古典文学,象征文学,现代文学终必在'人的文学'的传统里溶化消解,得到归宿;终必在部分与全体的关系中嵌稳本身的地位,找出本身的意义",而"决不能独尊自己,以自己的尺度来限制全体,否定全体。"因此,"在不歧视政治的作用下我们必须坚持文学的立场,艺术的立场"③——"艺术与宗教、道德、科学、政治都重新建立平行的密切联系,而否定任何主奴的隶属关系及相对而不相成的旧有观念……绝对肯定诗与政治的平行密切联系,但绝对否定二者之间有任何从属关系"④。

3. 经验与诗

"诗是经验的传达而非单纯的热情的宣泄"⑤——"不论你旨在意志的说明或热情的表现,不问你控诉的对象是个人或集体,你必须融合思想的成分,从事物的深处,本质中转化自己的经验"⑥,但是,"在生活里有生活经验与诗经验"⑦,抽象的说教和宣泄般的感伤"自然都是生活经验,

---

① 袁可嘉:《论现代诗中的政治感伤性》,载袁可嘉《论新诗现代化》,生活·读书·新知三联书店1988年版,第52页。
② 袁可嘉:《新诗现代化——新传统的寻求》,载袁可嘉《论新诗现代化》,生活·读书·新知三联书店1988年版,第4—5页。
③ 袁可嘉:《"人的文学"与"人民的文学"》,载袁可嘉《论新诗现代化》,生活·读书·新知三联书店1988年版,第118—124页。
④ 袁可嘉:《新诗现代化——新传统的寻求》,载袁可嘉《论新诗现代化》,生活·读书·新知三联书店1988年版,第3—4页。
⑤ 袁可嘉:《诗与民主——五论新诗现代化》,载袁可嘉《论新诗现代化》,生活·读书·新知三联书店1988年版,第47页。
⑥ 袁可嘉:《新诗戏剧化》,载袁可嘉《论新诗现代化》,生活·读书·新知三联书店1988年版,第28页。
⑦ 袁可嘉:《对于诗的迷信》,载袁可嘉《论新诗现代化》,生活·读书·新知三联书店1988年版,第67页。

可能是但未必即是诗经验,在极多数的例子里,意志只是一串认识的抽象结论,几个短句即足清晰说明;情绪也不外一堆黑热的冲动,几声呐喊即足以宣泄无余"①,诗的经验"来自实际生活经验,但并不等于,也并不止于生活经验;二种经验中间必然有一个转化或消化的过程;最后表现于作品中的人生经验不仅是原有经验的提高,推广,加深,而且常常是许多不同经验的综合或结晶;一个作者的综合能力的大小,一方面固然决定于经验范围的广狭,深浅,尤其决定于他吸收经验,消化经验的能力"②,"作品所表现的艺术情绪原已不是作者在人生经验中所经验到的人的情绪;原来的粗糙原料经过艺术的陶溶,在质和量都起了剧烈变化"③;"玄学诗人所提倡的理智,感觉,感情,想象的交互渗透,融为一体"④,实际上就是一个将诗的经验转化为诗的过程,"人的情绪是诗篇的经验材料,艺术情绪则是作品完成后所呈现的情绪模式"⑤;"艺术作品的意义与作用全在它对人生经验的推广加深,及最大可能量意识活动的获致"⑥,"新诗现代化的要求完全植根于现代人最大量意识状态的心理认识,接受以艾略特为核心的现代西洋诗的影响"⑦,"能调和最大量,最优秀的冲动的心神状态必是人生最可贵的境界了。这就是他们所谓的'最大量意识状态'"⑧;新诗"多数失败的原因——不在出发的起点,因为起点并无弊病,也不在终点,因为诗篇在最终总给我们极确定明白的印象,够强烈而有时不免太

---

① 袁可嘉:《新诗戏剧化》,载袁可嘉《论新诗现代化》,生活·读书·新知三联书店1988年版,第24页。

② 袁可嘉:《批评漫步——并论诗与生活》,载袁可嘉《论新诗现代化》,生活·读书·新知三联书店1988年版,第160页。

③ 袁可嘉:《对于诗的迷信》,载袁可嘉《论新诗现代化》,生活·读书·新知三联书店1988年版,第61—62页。

④ 袁可嘉:《综合与混合》,载袁可嘉《论新诗现代化》,生活·读书·新知三联书店1988年版,第202页。

⑤ 袁可嘉:《对于诗的迷信》,载袁可嘉《论新诗现代化》,生活·读书·新知三联书店1988年版,第60—61页。

⑥ 袁可嘉:《新诗现代化——新传统的寻求》,载袁可嘉《论新诗现代化》,生活·读书·新知三联书店1988年版,第3页。

⑦ 袁可嘉:《新诗现代化再分析》,载袁可嘉《论新诗现代化》,生活·读书·新知三联书店1988年版,第10页。

⑧ 袁可嘉:《谈戏剧主义》,载袁可嘉《论新诗现代化》,生活·读书·新知三联书店1988年版,第32页。

清楚，而在把意志或情感化作诗经验的过程。而诗的唯一的致命的重要处却正在过程！"[1] "诗篇的优劣的鉴别纯粹以它所能引致的经验价值的高度、深度、广度而定"，因此，诗应注重"集结表面不同而实际可能产生合力作用的种种经验"[2]，"现在的戏剧性的诗……十分看重复杂经验底有组织的表达，因为每一刹那的人生经验既然都包含不同的、矛盾的因素，这一类诗的效果势必依赖表现上的曲折、暗示与迂回。"[3]

4. 诗艺与诗

诗的重要之处不在它说了什么，而在它做了什么，"它的'真'表现于使人感动，它的'哲理'必须被情绪地传达，它的'信仰'依赖诗的说明，它的'教诲'必须通过诗的效果，它的'悦目赏心'是艺术完成后的自然收获，它的'革命号召'更全部凭借诗篇对于读者的强烈震撼，及随震撼而来的精神上的刷新；这些与科学，哲学，宗教，伦理，历史，政治，享乐本身都漫不相干"[4]，"只有成熟的思想配合了成熟的技巧的作品才能表现大力。"[5] 冯至的《十四行集》"所呈现的观念虽然自有独立主题的价值，但诗集感动人处决不全赖观念本身的正确、深刻，或伟大；或那些思想在实际人生中的应用性，而在如何通过艺术手段而完成艺术作品"[6]，因此，诗人要做的就是"耐心"、"诚挚"地解决好诗艺问题，使诗具有"诗性"。

实现诗的"艺术转化"是新诗"现代化"的途径。

（四）"诗的戏剧化论"

"诗的戏剧化论"即关于诗的戏剧化的理论。袁可嘉认为："人生经

---

[1] 袁可嘉：《新诗戏剧化》，载袁可嘉《论新诗现代化》，生活·读书·新知三联书店1988年版，第24页。
[2] 袁可嘉：《新诗现代化再分析》，载袁可嘉《论新诗现代化》，生活·读书·新知三联书店1988年版，第19页。
[3] 袁可嘉：《诗与民主——五论新诗现代化》，载袁可嘉《论新诗现代化》，生活·读书·新知三联书店1988年版，第48页。
[4] 袁可嘉：《诗与意义》，载袁可嘉《论新诗现代化》，生活·读书·新知三联书店1988年版，第86页。
[5] 袁可嘉：《论现代诗中的政治感伤性》，载袁可嘉《论新诗现代化》，生活·读书·新知三联书店1988年版，第55页。
[6] 袁可嘉：《诗与主题》，载袁可嘉《论新诗现代化》，生活·读书·新知三联书店1988年版，第76页。

验的本身是戏剧的（即是充满从矛盾求统一的辩证性的），诗动力的想象也有综合矛盾因素的能力，而诗的语言又有象征性、行动性，那么所谓诗岂不是彻头彻尾的戏剧行为吗？……诗所起用的素材是戏剧的，诗的动力是戏剧的，而诗的媒介又如此富有戏剧性，那么诗作形成后的模式岂能不是戏剧的吗？"①"热情可以借惊叹号而表现得痛快淋漓，复杂的现代经验却决非捶胸顿足所能道其万一的。诗底必须戏剧化因此便成为现代诗人的课题"②。

1. 何谓"戏剧化"

"所谓戏剧化，根据艾略特的说法，是诗人在作品中设置另外一个或多个自我的形象，使之与作品中的'我'形成对话关系；如果这种关系是隐蔽的，即那个对象化的自我形象被用括号括了起来，那么，诗中所用的手法就是戏剧独白；戏剧独白与直抒胸臆的区别就在于语言背后是否潜在着一个对话者。"③ 新诗"戏剧化"也就是新诗"设法使意志与情感都得着戏剧的表现，而闪避说教或感伤的恶劣倾向"④，亦即新诗要借助于戏剧性结构、戏剧性情境、戏剧性独白与对白以及戏剧性的强烈的冲突性和情感张力，将"我"的声音掩藏起来而分解为不同的角色，从而使诗"小说化，典型化，非个人化"⑤、综合化、立体化或曰"多声部"化；其实质是要求诗人像剧作者那样退到旁观者的立场，把主体隐藏到纯粹的客观现实外象之下，放弃"我"的声音的直接传达，客观、综合地反映现实生活和表现人的意志、情感等，从而击破"激情流露的迷信"，使诗与现实本身的戏剧性对接起来，"解决诗中需要的'飞跃'和'隔'的问题"⑥，即戏剧化具有一种在场的亲临性，包蕴尽可能丰富、厚重的内容。

---

① 袁可嘉：《谈戏剧主义》，载袁可嘉《论新诗现代化》，生活·读书·新知三联书店1988年版，第34页。

② 袁可嘉：《诗与民主——五论新诗现代化》，载袁可嘉《论新诗现代化》，生活·读书·新知三联书店1988年版，第47页。

③ 北塔：《模仿的顺便与超越的艰难》，载《诗探索》2001年第Z2期。

④ 袁可嘉：《新诗戏剧化》，载袁可嘉《论新诗现代化》，生活·读书·新知三联书店1988年版，第25页。

⑤ 卞之琳：《雕虫纪历（增订本）·自序》，载《卞之琳文集·中卷》，安徽教育出版社2002年版，第446页。

⑥ 叶维廉：《中国诗学》，生活·读书·新知三联书店1992年版，第243页。

2. 新诗"戏剧化"的"方向"

"新诗戏剧化"的"方向"有三个：一是里尔克式的，即"努力探索自己的心，而把思想感觉的波动借对于客观事物的精神的认识而得到表现"，它体现为两个层次：其一，诗人内心的所得与外界客观事物"打成一片"，其二，注重对"事物的本质（或精神）的了解"，不止于描写或照相式的写实；其审美形态为"沉潜的、深厚的、静止的雕像美"。二是奥登式的，即"通过心理的了解把诗作的对象搬上纸面，利用诗人的机智，聪明及运用文字的特殊才能把他们写得栩栩如生"，"着眼心理隐微的探索"，其审美形态为"活泼的、广泛的、机动的流体美"。三是写诗剧，"现代诗的主潮是追求一个现实、象征、玄学的综合传统，而诗剧正配合这个要求，一方面因为现代诗人的综合意识内涵强烈的社会意义，而诗剧形式给予作者在处理题材时，空间、时间、广度、深度诸方面的自由与弹性都远比其他诗的体裁为多，以诗剧为媒介，现代诗人的社会意识才可得到充分表现，而争取现实倾向的效果；另一方面诗剧又利用历史做背景，使作者面对现实时有一个不可或缺的透视或距离，使它有象征的功用，不致粘于现实世界，而产生过度的现实写法"[1]，艾略特的《荒原》、史本特（又译为斯彭德——笔者注）的《维也纳》、路易士《诺亚与洪水》等较为"完整"地体现了诗剧的这些特点[2]；中国20世纪三四十年代的"朗诵诗与秧歌舞应该是很好的诗戏剧化的开始，二者都很接近戏剧和舞蹈，都显然注重动的戏剧效果。朗诵诗重节奏、语调、表情，秧歌舞也是如此。"[3]

3. 新诗"戏剧化"的方法

新诗"戏剧化"必然使新诗产生戏剧效果，而新诗实现"戏剧效果的第一大原则即是表现上的客观性与间接性"，它们使新诗具有"流行作品"不可比拟的优异性——"意志经过挫折磨炼，它的表现必更加明确，

---

[1] 袁可嘉：《新诗戏剧化》，载袁可嘉《论新诗现代化》，生活·读书·新知三联书店1988年版，第26—28页。

[2] 袁可嘉：《从分析到综合——现代英诗的发展》，载袁可嘉《论新诗现代化》，生活·读书·新知三联书店1988年版，第194—195页。

[3] 转引自李怡《"新诗现代化"及其中国意义》，载《文学评论》2011年第5期。

情感历经起伏反复，更会获得不可比拟的强烈程度。"① 但这种间接性与旧诗所说的"含蓄"又略有广狭深浅之别。② 由此可见，新诗实现"表现上的客观性与间接性"与否是"新诗戏剧化"的重要标志之一；新诗实现"表现上的客观性与间接性"的方法亦即"新诗戏剧化"的方法；大致地说，它主要有以下几种：

（1）使用戏剧的手法

所谓"使用戏剧的手法"就是设置戏剧性结构、戏剧性情境、戏剧性独白与对白、戏剧性矛盾冲突，并使诗中的戏剧性矛盾冲突达到平衡和解决——"戏剧化的诗既包含众多冲突矛盾的因素，在最终却都须消溶于一个模式之中，其间的辩证性是显而易见的。它表示两个性质。一是从一致中产生殊异，二是从矛盾中求得统一。"③

（2）运用"客观联系物"

"客观联系物"或曰"客观关联物"、"客观对应物"、"客观相关物"，它是指诗歌中"与思想感觉相当的具体事物"；运用"客观联系物"则是指诗歌"以与思想感觉相当的具体事物来代替貌似坦白而试图掩饰的直接说明"，"为自己的情思下个定义"，"间接的标明情绪的性质"，表现"感觉曲线的优美有致"④；"从广泛的意义说，'戏剧性处境'并不限于独白或对白的形式，它的要领在于找到合适的'客观联系物'来表现主观的情思"⑤。

一般来说，诗歌营构"客观联系物"的手法大致有两种：一是"从一个单纯的基点出发，逐渐向深处，广处，远处推去，相关的意象——即是合乎想象逻辑的发展的意象——一一展开……每一个后来的意象不仅是

---

① 袁可嘉：《新诗戏剧化》，载袁可嘉《论新诗现代化》，生活·读书·新知三联书店1988年版，第25页。

② 参见袁可嘉《新诗现代化的再分析——技术诸平面的透视》，载袁可嘉《论新诗现代化》，生活·读书·新知三联书店1988年版，第16页。

③ 袁可嘉：《谈戏剧主义》，载袁可嘉《论新诗现代化》，生活·读书·新知三联书店1988年版，第39页。

④ 袁可嘉：《新诗现代化的再分析——技术诸平面的透视》，载袁可嘉《论新诗现代化》，生活·读书·新知三联书店1988年版，第16—17页。

⑤ 袁可嘉：《略论卞之琳对新诗艺术的贡献》，载袁可嘉《半个世纪的脚印》，人民文学出版社1994年版，第264页。

前行意象的连续,而且是他们的加深和推远……读者的想象距离通过诗人笔下的暗示,联想,以及本身的记忆感觉逐渐作有关的伸展",进入诗歌所创造氛围里;二是"从许多方面来接近主题,同样地通过暗示,联想,记忆,感觉的综合,把整篇诗的感情思想结晶在一个或两个核心的意象的上面"。前者被称为"诗境的扩展",其要旨在造成氛围,"增加了诗底戏剧性,扩大并复杂化了人类的感觉能力","诗的扩展到了今日,经过艾略特底'客观联系物'(Objective Correlative)的阐释,可说已发展到极致";后者被称为"诗境底结晶",其要旨在造成感觉的强度,加强诗的戏剧性[①]。

(3) 使用"大跨度的比喻"[②]

"大跨度的比喻",即"表面极不相关而实质有类似的事物的意象或比喻"[③],亦即"英国玄学派诗人常用的被艾略特称为将'最异质的意念强行拴在一起'(约翰逊语),或'素材某种程度上的异质可以通过诗人的思想而强行结成一体'构成意象的方法,或者如朱自清借用传统概念说的象征派诗人常用的'远取譬'的方法"[④]。玄学、象征及现代诗人在其诗中使用"大跨度的比喻"往往更能准确、忠实、有效地表现他们自己,"根据这个原则而产生的意象便都有惊人的离奇,新鲜和惊人的准确,丰富"[⑤]。

---

① 参见袁可嘉《论诗境的扩展与结晶》,载袁可嘉《论新诗现代化》,生活·读书·新知三联书店1988年版,第127—133页。

② 袁可嘉在1994年给张同道的信中写道:"我自己作品中的现代性表现为:(一)从大部分作品的思想内容看,我反映兵荒马乱年代知识分子的苦闷心情,写旧社会大都市没落形态。在艺术手法上,强调象征和联想,使用大跨度比喻,矛盾对比的语言(如《进城》一首把城市比作沙漠),有较强的知性因素,接受过意象派和奥登等人的影响(如《上海》、《南京》)"转引自张同道《探险的风旗》,安徽教育出版社1998年版,第390页;在《〈冬夜〉鉴赏》中说《冬夜》"多处运用大跨度的比喻",公木主编:《新诗鉴赏辞典》,上海辞书出版社1991年版,第613页。

③ 袁可嘉:《新诗现代化的再分析——技术诸平面的透视》,载袁可嘉《论新诗现代化》,生活·读书·新知三联书店1988年版,第18页。

④ 孙玉石:《中国现代主义诗潮史论》,北京大学出版社1999年版,第423页。另参见袁可嘉《西方现代派诗与九叶诗人》,载袁可嘉《现代派论·英美诗论》,中国社会科学出版社1985年版,第374页。

⑤ 袁可嘉:《新诗现代化的再分析——技术诸平面的透视》,载袁可嘉《论新诗现代化》,生活·读书·新知三联书店1988年版,第18页。

(4) 运用"想象逻辑"

"想象逻辑"即"诗情经过连续意象所得的演变的逻辑"[1],它遵循着"从矛盾求统一的辩证性……完全依赖结构上的安排"[2] 的原则,强调诗歌组织"高低起伏,层层连锁"[3] 的结构意识;认为"常识意义的起承转合并不怎么要紧,重要的毋宁是诗的情思在通过意象连续发展后的想象的次序"[4];它颠覆了传统诗歌"概念逻辑"的结构安排,反对用"诗篇中最明白浅显的散文意义评判它的发展,看是否前后相符,首尾一贯"[5]。对于诗歌来说,它十分重要——诗人在它的指导下可以"集结表面不同而实际可能产生合力作用的种种经验,使诗篇意义扩大,加深,增重"[6]。诗歌虽然要"实"——"现实(来自实际生活)、真实(感情真挚)和平实(表现手法流畅平实)",但是,"生活经验要转化为诗,需要一个艺术转化的过程,赤裸裸地把经验端出来是不够的",因此,不能写得"过于平实",而要"尽量避开直白的叙述,多用联想和暗示","尽量不用滥熟的一般的比譬"[7],诗人要"通过想象逻辑对于全诗结构的注意"[8],否则,诗歌就不能给"读者留下想象的空间,读者无由参与对诗的审美活动,诗味也就淡了。"[9] 在艾略特的长诗中,有"一些来无影去无踪的突兀的片段……它们或则扩大某一行或某一意象的蕴义,或则加深某一情绪的起伏

---

[1] 袁可嘉:《新诗现代化的再分析——技术诸平面的透视》,载袁可嘉《论新诗现代化》,生活·读书·新知三联书店1988年版,第19页。
[2] 袁可嘉:《谈戏剧主义》,载袁可嘉《论新诗现代化》,生活·读书·新知三联书店1988年版,第37页。
[3] 袁可嘉:《新诗现代化的再分析——技术诸平面的透视》,载袁可嘉《论新诗现代化》,生活·读书·新知三联书店1988年版,第19页。
[4] 袁可嘉:《谈戏剧主义》,载袁可嘉《论新诗现代化》,生活·读书·新知三联书店1988年版,第37页。
[5] 袁可嘉:《新诗现代化的再分析——技术诸平面的透视》,载袁可嘉《论新诗现代化》,生活·读书·新知三联书店1988年版,第19页。
[6] 同上。
[7] 袁可嘉语,转引自童银舫《"让我沉默于时空"——忆袁可嘉先生》,载《袁可嘉诗歌创作与诗歌理论研讨会论文集》,首都师范大学中国诗歌研究中心2009年版,第59—60页。
[8] 袁可嘉:《新诗现代化的再分析——技术诸平面的透视》,载袁可嘉《论新诗现代化》,生活·读书·新知三联书店1988年版,第19页。
[9] 袁可嘉语,转引自童银舫《"让我沉默于时空"——忆袁可嘉先生》,载《袁可嘉诗歌创作与诗歌理论研讨会论文集》,首都师范大学中国诗歌研究中心2009年版,第59页。

撼荡，或者加速某一观念的辩证行进"①，那些"片段"便是运用想象逻辑所创作出来的。

（5）思想知觉化

"思想知觉化"即"充分发挥形象的力量，并把官能感觉的形象和抽象的观点、炽烈的情绪密切结合在一起，成为一个孪生体"②，从而达到"情感思想强烈结合"③、"抽象观察与具体形象的嵌合"、"肉感中有思辨，抽象中有具体"④，其实质即抽象具象化，抽象与具象契合。正是通过"思想知觉化"，现代诗才既打破了对一般性形象思维的追求、把可感的具体形象与可意味的抽象思理叠印交织在一起，又避免了将哲理融入抒情之中、使抒情成为顶点的做法，从而达到了以哲理观念的凸现压倒抒情，但又不陷于哲理感伤。不过，这"却不是说现代诗人已不需要抒情，而是说抒情的方式，因为文化演变的压力，已必须放弃原来的直线倾泻而采取曲线的戏剧的发展"，即采用间接性的方式抒情；新诗要"现代化"，就得让"思想知觉化"，突破传统诗歌单一的实象结构，实现"从抒情底'运动'到戏剧底'行动'"的转化⑤。

"诗的戏剧化"是新诗"现代化"不可或缺的方式之一。

（五）"戏剧主义论"

主张要采用"戏剧主义"的观点来评论新诗，此即"戏剧主义论"。

"'戏剧主义'是袁可嘉对于自己批评理论的命名"⑥。在袁可嘉看来，"批评是科学，也是艺术"：作为科学，"它偏重美学原理的探究，理论系统的建立，研究的成分重于欣赏，制度化的意味胜过一时的兴会感发，它

---

① 袁可嘉：《谈戏剧主义》，载袁可嘉《论新诗现代化》，生活·读书·新知三联书店1988年版，第37页。
② 袁可嘉《九叶集·序》，载辛笛、袁可嘉等《九叶集》，作家出版社2000年版，第13页。
③ 袁可嘉：《新诗现代化的再分析——技术诸平面的透视》，载袁可嘉《论新诗现代化》，生活·读书·新知三联书店1988年版，第18页。
④ 袁可嘉：《西方现代派诗与九叶诗人》，载袁可嘉《现代派论·英美诗论》，中国社会科学出版社1985年版，第377—378页。
⑤ 袁可嘉：《诗与民主——五论新诗现代化》，载袁可嘉《论新诗现代化》，生活·读书·新知三联书店1988年版，第47页。
⑥ 蓝棣之：《九叶派诗歌批评理论探源》，载蓝棣之《现代诗歌理论：渊源与走势》，清华大学出版社2002年版，第52页。

单独成为一种理智活动的作业",即"文学的批评",亚里士多德、拉辛、瑞恰慈等是"文学批评家";作为艺术,"它常常是某一些有特殊才能,特殊训练的心灵在探索某些作品,某些作家所历经的轨迹,一个精神世界中探险者的实验报告……是作者与读者二个优秀心灵在撞击时所迸发的火花的记录",即"批评的文学",圣伯甫、安诺德、艾略特则是"批评文学家"[1];但是,批评家都只能指出作品的"绝对的品质"和"相对的价值和意义"。

作为一个独立的批评系统,"戏剧主义"主要有四种特点和长处:其一,"它的批评标准是内在的,而不依赖诗篇以外的任何因素……戏剧主义评诗的准则……至少包括两个部分:一方面决定于诗经验本身的质量,一方面也决定于表现上的成败,前者属于素材价值的估定,后者则有关艺术手腕的高低"[2],"我们的批评对象是严格意义的诗篇的人格而非作者的人格"[3],"正如一个富有崇高情感而又有崇高行为表现的人未必成为诗人——更不必说好诗人或大诗人——这些表示强烈感情或明确意志的作品也就未必成诗。它们只证实人的质素而非诗的质素。"[4] "以为诗是性的升华,历史的注脚,社会学的使女或原子弹的替身。这些都是远离诗之本质的误解"[5]。其二,戏剧主义的批评家认为诗的经验与表现(实质与形式)是不可分的,诗的创造只是"一个连续的'象征的行为',绝无写好信(实质),然后塞入信袋(形式)的可笑情形。"其三,戏剧主义的批评体系十分重视诗的结构,认为"诗中不同的因素都分别产生不同的张力,诸张力彼此修正补充,推广加深,而蔚为一个完整的模式","诗即是不同张力得到和谐后所最终呈现的模式",没有这种"消融众多矛盾的

---

[1] 袁可嘉:《批评的艺术》,载袁可嘉《论新诗现代化》,生活·读书·新知三联书店1988年版,第143—144页。

[2] 袁可嘉:《谈戏剧主义》,载袁可嘉《论新诗现代化》,生活·读书·新知三联书店1988年版,第35页。

[3] 袁可嘉:《新诗现代化——新传统的寻求》,载袁可嘉《论新诗现代化》,生活·读书·新知三联书店1988年版,第6页。

[4] 袁可嘉:《新诗戏剧化》,载袁可嘉《论新诗现代化》,生活·读书·新知三联书店1988年版,第24页。

[5] 袁可嘉:《谈戏剧主义》,载袁可嘉《论新诗现代化》,生活·读书·新知三联书店1988年版,第36页。

统一性",诗篇便会陷入"无政府的混乱状态";但诗歌的结构又不是传统的、狭隘的、平面的,而是依据"想象逻辑"所建构起来的。其四,戏剧主义的批评体系是有意识的、自觉的、分析的,"它与以印象为主的印象派,以各种教条为权威的教条主义,都是十分尖锐地对立的。它十分重视学力、智力和剥笋式的分析技术";它常用的术语主要有"机智(wit)"、"似是而非、似非而是"(paradox)、"讽刺感"(sense of irony)、"辩证性"(dialectic):机智是"泛指作者在面对某一特定的处境时,同时了解这个处境所可以产生的许多不同的复杂的态度,它使诗歌意外地生动和丰富"。"似是而非,似非而是""至少包含两种矛盾的因素,在某种行文次序中,它往往产生不止两种的不同意义……使诗篇丰富"。"讽刺感"指作者"在指陈自己的态度时,同时希望有其他相反相成的态度而使之明朗化的欲望与心情;它与机智不同:机智只是消极地承认异己的存在,而讽刺感则积极地争取异己,使自己得到反衬烘托而更为清晰明朗"。"辩证性"指诗歌所包含矛盾冲突的因素"最终却都须消溶于一个模式之中"。①

"戏剧主义"讲究"批评的艺术",注重处理"科学与艺术"、"见解与表现"、"客观与主观"、"相对与绝对"、"传统与才能"、"分析与综合"等矛盾②,注重对方法尤其是对"分析与综合"方法的使用:

分析即"从强烈的自我意识出发,采取现代飞行员的观点,即把个人从广大社会游离出来,置身高空,凭借理智的活动,俯视脚底的大千世界;在这个角度的观照中,现代诗人应用电影技术所供应的水银灯光集中照射的方法",照射出"山川田园的委屑可怜,现代社会的病态弱点尤其析然可辨,于是熙熙攘攘的世态百相无不成为被讥笑揶揄的良好对象,基此而生的必然是强烈的讽刺和正面的攻击"③,于是,现代诗人的分析能力便常常采取愤世嫉俗的形式,以至于"自嘲嘲人"几乎成现代诗不可或缺的特质之一——"从《普鲁佛劳克情歌》到《荒原》的艾略特尤其可

---

① 袁可嘉:《谈戏剧主义》,载袁可嘉《论新诗现代化》,生活·读书·新知三联书店 1988 年版,第 34—39 页。
② 参见袁可嘉《批评的艺术》,载袁可嘉《论新诗现代化》,生活·读书·新知三联书店 1988 年版,第 143—156 页。
③ 袁可嘉:《从分析到综合》,载袁可嘉《论新诗现代化》,生活·读书·新知三联书店 1988 年版,第 191—192 页。

作代表；在他的笔下，男人女人都是十分自觉的布尔乔亚传统社会中的异样可笑的人物……类似如此的刻薄讽刺，在艾氏诗中真是俯拾即是"①；奥登、史本特诸人的诗中虽然自嘲的成分较少，但嘲人的成分较多，对现代人生、社会制度本身及其产生的种种畸形病态的抨击相当猛烈。但是，讽刺感是一种欲望与心情，诗人在指陈自己态度的同时希望相反相成的态度——它积极地争取异己，也就是说，它是为了达到综合——"分析是批评的手段，正如动手术是医生治病的方法，它的最终目的仍在有机综合，还它一个活泼生命"②。

"综合"有两层含义：一是指通常对某一特定作品形成过程的描写；二是泛指突出于许多可能倾向中的有代表性的趋势；主要有两种类型：一是"文化综合"，如艾略特的综合；二是"社会综合"，如奥登的综合。"综合"不同于"混合"：综合是内生的，混合是外附的；综合是有机统一的，以整体制约部分，混合是支离的、破碎的，以部分放逐整体。综合的诗重在诸种意义的融合无间中把社会意义表现出来，从有机配合取得雄浑力量，使某种意义得以高度表现，并获得最大量的意识活动，而混合的诗把社会意义从外面硬塞进诗里去，结果是这种塞进去的意义与其他构成作品的因素混而不合，甚至以部分放逐全体，只能获得最小量的意识活动；综合的作者注意开掘自我意识，因此在社会性里仍具有强烈的个性，混合的作者在反映社会群体意识时抹杀自我意识，结果导致个性的丧失；在创作方法上，综合的作者多数采取间接的引发，混合的作者则多用有"力"的刺激，综合有效地表现了"诗底政治性"，混合则变为"诗的政治感伤性"；在文学批评或论争上，综合者采用严密的分析方法，混合派的批评者以撇开对方论题为惯技，把一大串貌似庄严的名词作争辩的武器。③

"戏剧主义"遵循民主的原则，"允许各个人有表达不同意见而彼此争论，辩驳，解释，说服别人的自由"——"谈批评必先谈民主，因为在

---

① 袁可嘉：《从分析到综合》，载袁可嘉《论新诗现代化》，生活·读书·新知三联书店1988年版，第192页。

② 袁可嘉：《批评的艺术》，载袁可嘉《论新诗现代化》，生活·读书·新知三联书店1988年版，第156页。

③ 参见袁可嘉《综合与混合》，载袁可嘉《论新诗现代化》，生活·读书·新知三联书店1988年版，第200—205页。

没有民主的空间里我们一定也见不到真正的批评；谈民主也必先谈批评，因为不批评的民主一定只是假民主"，批评者（主方）须"见得到，说得出"，即有见识和表达的能力；被批评者（客方）需"懂得清楚，听得入耳"，即了解与气度修养，这四种能力是批评的根本，缺一不可①。

采用"戏剧主义"的观点来评论新诗是新诗"现代化"不可或缺的手段之一。

二

袁可嘉曾坦承道："我所提出的诗的本体论、有机综合论、诗的艺术转化论、诗的戏剧化论都明显地受到了瑞恰慈、艾略特和英美新批评的启发，而且是结合着中国新诗创作存在的实际问题"②，也就是说，其诗论明显地受到了中西两方面的影响——事实上也的确如此：

（一）西方的影响

袁可嘉认为：要了解新诗"现代化"倾向的实质与意义，"必先对现代西洋诗的实质与意义有个轮廓认识。"③ 其诗论便是建立在此认识的基础之上，并广受西方诗论（文论）、诗歌的影响。

1. 袁可嘉的"诗的本体论"与西方影响

袁可嘉的"诗的本体论"主要在以下几个方面受到了西方诗论（文论）、诗歌的影响：

（1）关于诗"本体"的观点

约翰·克娄·兰色姆认为："本体，即诗歌存在的现实"④，"诗歌的特点是一种本体的格的问题。它所处理的是存在的条理，是客观事物的层次，这些东西是无法用科学论文来处理的"⑤；克林斯·布鲁克斯认为：

---

① 袁可嘉：《批评与民主》，载袁可嘉《论新诗现代化》，生活·读书·新知三联书店1988年版，第167—168页。
② 袁可嘉：《欧美现代派文学概论》，广西师范大学出版社2003年版，第86页。
③ 袁可嘉：《新诗现代化——新传统的寻求》，载袁可嘉《论新诗现代化》，生活·读书·新知三联书店1988年版，第3页。
④ 参见朱立元《当代西方文艺理论》，华东师范大学出版社1997年版，第106页。
⑤ 约翰·克娄·兰色姆：《征求本体论批评家》，载赵毅衡编选《"新批评"文集》，中国社会科学出版社1988年版，第78页。

诗歌应该注意"诗作为诗的结构"①；威廉姆·K. 维姆萨特认为：不应该把作品视为作家和读者的中介②。袁可嘉关于诗"本体"的观点显然受到了约翰·克娄·兰色姆等人的影响。

（2）关于"诗与非诗"的观点

袁可嘉在论及"诗与非诗"时直接引用了艾略特的"文学作品的伟大与否非纯粹的文学标准所可决定，但它是否为文学作品则可诉之于纯粹的文学标准"③；同时，瑞恰慈认为："重要的不是诗所云，而是诗本身"④，诗的真实不同于历史或科学的真实，"《鲁滨逊漂流记》的'真实'只是我们读到的情节合乎情理，从叙述故事的效果说来易于被人接受，而不是这些情节都符合亚历山大·塞尔凯克或别的什么人的实际经历"⑤；显然，袁可嘉关于"诗与非诗"的观点受到了艾略特、瑞恰慈等人的影响。

（3）关于"诗的语言"的观点

瑞恰慈在《诗的经验》一文中指出：诗歌与科学在文字的运用上是相反的——诗歌所注重的并不是文字的合乎逻辑性，而是神情、声调、节奏、韵律等在诗人的兴趣上所发生的作用，并且使兴趣从无数的可能中选出它所需要的确切而又独特的思想；勃克认为：诗是行为；布拉克墨尔认为：诗是姿势的语言；布鲁克斯认为：诗是矛盾的语言⑥。显然，袁可嘉关于"诗的语言"的观点中的"科学的语言"与"诗的语言"之区别、"诗创作的过程可以称为一种象征的行为"等的观点受到了瑞恰慈等的影响。

---

① 郭宏安、张国锋、王逢振：《二十世纪西方文论研究》，中国社会科学出版社1997年版，第363页。

② 参见维姆萨特《意图谬误》（"The Intentional Fallacy"）和《感受谬误》（"The Affective Fallacy"），载赵毅衡编选《"新批评"文集》，中国社会科学出版社1988年版，第208—249页。

③ 袁可嘉：《新诗现代化——新传统的寻求》，载袁可嘉《论新诗现代化》，生活·读书·新知三联书店1988年版，第7页。

④ 转引自赵毅衡《新批评——一种独特的形式主义文论》，中国社会科学出版社1986年版，第14页。

⑤ 张隆溪：《二十世纪西方文论述评》，生活·读书·新知三联书店1986年版，第37页。

⑥ 参见马永波《袁可嘉诗学思想探源》，载《江汉大学学报》（人文科学版）2008年第1期。

(4) 关于"晦涩"的观点

艾略特认为："就我们文明目前的状况而言，诗人很可能不得不变得艰涩。我们的文明涵容着如此巨大的多样性和复杂性，而这种多样性和复杂性，作用于精细的感受力，必然会产生多样而复杂的结果。诗人必然会变得越来越具涵容性，暗示性和间接性，以便可以强使——如果需要可以打乱——语言以适合自己的意思"，英国玄学诗人"要么是'玄学的'和'机智的'，要么是'古怪的'或'晦涩的'，虽然他们的最佳作品并不比其他严肃的诗人更具这些特质"①。显然，袁可嘉关于"晦涩"的观点受到了艾略特的影响。

2. 袁可嘉的"有机综合论"与西方影响

袁可嘉的"有机综合论"主要在以下几个方面受到了西方诗论（文论）、诗歌的影响：

(1) 关于"现实、象征、玄学的综合传统"的观点

袁可嘉关于"现实、象征、玄学的综合传统"的观点一是受到了瑞恰慈的影响——瑞恰慈认为："诗分为'包含的诗'与'排斥的诗'，'包含诗'追求的是'冲动的平衡'，而诗的本质是诗人整个心理状态，精神状况的心理学概括"②。袁可嘉所使用"包含的诗"这一概念本是借用于瑞恰慈，其关于"包含的诗"的观点实际上是瑞恰慈这一观点的引用和引申③。

二是受到了艾略特的影响——袁可嘉的"'现实、象征、玄学的综合传统'……来自西方诗歌现实、象征、玄学的综合传统。袁可嘉一再说过西方现代诗的主潮所追求的正是这个传统，而诗剧正配合这个要求。在诗剧创作方面的情况是，1932 年，艾略特企图复活诗剧，写了《大力士斯威尼》作为试验。1935 年发表了他第一出诗剧《大教堂中的谋杀》。诗剧之外，艾略特的长诗《荒原》也是表现了这个传统。"④ 同时，艾略特认

---

① 艾略特：《玄学派诗人》，载王恩衷编译《艾略特诗学文集》，国际文化出版公司 1989 年版，第 32—34 页。
② 韦勒克：《现代文学批评史》第五卷，中国人民大学出版社 1991 年版，第 322 页。
③ 参见袁可嘉《谈戏剧主义》，载袁可嘉《论新诗现代化》，生活·读书·新知三联书店 1988 年版，第 35—36 页。
④ 蓝棣之：《九叶派诗歌批评理论探源》，载蓝棣之《现代诗歌理论：渊源与走势》，清华大学出版社 2002 年版，第 53 页。

为：玄学派诗歌形象化的描述极为丰富且具体鲜明，所使用的比喻既具有物体的又具有理性的含义，因此能够巧妙地把思想、感情和感觉三个因素融为一体。这个统一体，17世纪诗人称之为"机智"（wit）——能够使"无联系的经验"集合在一起的敏锐的智力。该传统具有一种"感觉的机制"，像熔炉一样把思想熔化成感情。德莱顿以后的新古典主义诗歌失去了"机智"与感情和感觉的联系，成为今日意义的"机智"：诙谐或戏谑。①

(2) 关于"现实"、"象征"、"玄学"等的观点

①关于"现实"的观点

从前述所论及的袁可嘉关于"现实"的观点来看，它受到了奥登、艾略特、瑞恰慈、勃克、史本特、里尔克及"红色三十年代"的左翼思潮等的影响；"袁可嘉对现实的理解与艾略特近似，对于诗对现实的干预方式，他对艾略特的客观对应物等理论也多有借鉴"②。

②关于"象征"的观点

袁可嘉关于"象征"的观点受到了西方象征主义诗人的影响——袁可嘉所说的"象征"是"指法国19世纪后期象征主义诗歌"③，"袁可嘉关于现代新诗象征诗艺的追求取法于里尔克的诗学观念和他的现代诗，里尔克认为内在生活与外在生活仿佛是两个分裂的世界，他要找到那种能同时表达内在与外经验的象征。因此，象征成为里尔克沟通外在与内在经验世界的桥梁。同时他反对把感性对象表现为与对象分离的符号，而是把对象表现成它固有的象征物，从而达到感性与理性的统一。他的著名的诗《豹》即他诗学观念的体现，诗中'豹'这一形象，表现的是一个自由意志遭受禁锢压抑的心理状态：疲乏、消沉、愤怒，反抗而又无可奈何，意志力量化为乌有，独具一个供人观赏的外壳。这个动物园中'豹'的形象与处境成了处在外界社会力量压迫下的一种典型心理象征。诗人在这里把

---

① 参见艾略特《玄学派诗人》，载王恩衷编译《艾略特诗学文集》，国际文化出版公司1989年版。

② 刘金华：《袁可嘉新诗批评与艾略特的影响》，载陈飞、张宁主编《新文学》第五辑，大象出版社2006年版，第207页。

③ 蓝棣之：《九叶派诗歌批评理论探源》，载蓝棣之《现代诗歌理论：渊源与走势》，清华大学出版社2002年版，第53页。

人的真实内在精神与心理感受表现为活生生的事物，外界形象的真实与内在心理感受达到了高度的和谐统一，主客观溶为一片。"①

③关于"玄学"的观点

袁可嘉关于"玄学"的观点首先受到了艾略特的影响——"袁可嘉所说的'玄学'与中国老庄式的谈玄说理无干，也经由艾略特而来。它表现于敏感多思、感情、意志的强烈结合及机智的不时流露。玄学派自艾略特为其翻案后就被新批评派奉为英国诗最高峰，袁可嘉的关注点在于这种玄学类诗歌智力上的机敏和风格的复杂。"② 其次，受到了英国17世纪玄学派诗歌传统及塞缪尔·约翰逊等的影响：现代英诗"无疑是承继17世纪玄学诗人而来的玄学性"，而"玄学性一方面固然表现为形而上的沉思，如迭兰汤姆斯对生命，对神，对性，对爱情的玄而又玄的思索，一方面更普遍地反映于诗人感性中'理'与'情'的混凝，抽象思想与美丽肉体的结合。顿以后的玄学诗人习惯地以肉体从事思想，这在意象比喻的特殊构造上可以看得最明白亲切。顿以二脚规比譬一对情人是最足以说明这类诗特质的名例之一。"③ 玄学派诗人"运用了一种有时被看作是'典型'的玄学诗风的技巧，即推敲锤炼（与凝缩相对），巧用心计地将辞格延伸到极致"④；玄学派诗歌的特点是："形象化的描述极为丰富和具体鲜明，所使用的比喻既具有物体的，也具有理性的含义，因此能够巧妙地把思想、感情和感觉三个因素结合成一体。这个统一体，17世纪诗人称之为'机智'（wit），机智是能够使'无联系的经验'集合在一起的敏锐的智力。这个诗歌传统具有一种'感觉的机制'，如像熔炉，把思想熔化成为感情的反应。这个'感觉把思想熔化为感情'的特点，不幸在17世纪后半叶消失了。在德莱顿以后的新古典主义诗歌中，出现了感觉的分离，失去了它（'机智'）与感情和感觉的联系，成为今日意义的'机智'：诙谐

---

① 王芳：《论袁可嘉中国式现代主义诗学理论的建构》，载《南昌大学学报》（人文社会科学版）2009年第5期。

② 刘金华：《袁可嘉新诗批评与艾略特的影响》，载陈飞、张宁主编《新文学》第五辑，大象出版社2006年版，第209页。

③ 袁可嘉：《现代英诗的特质》，载《文学杂志》1948年第2卷第12期。

④ 艾略特：《玄学派诗人》，载王恩衷编译《艾略特诗学文集》，国际文化出版公司1989年版，第26页。

或戏谑。"① "塞缪尔·约翰逊（1709—1784）也重视英语诗歌的机智传统，他偏爱机智、精炼的诗歌，同时也树立起古典主义形式完美的标准。"②

3. 袁可嘉的"诗的艺术转化论"与西方影响

袁可嘉的"诗的艺术转化论"主要在以下几个方面受到了西方诗论（文论）、诗歌的影响：

（1）关于"现实与诗"的观点

袁可嘉关于"现实与诗"的观点一是受到了奥登、艾略特及"红色三十年代"的左翼思潮等的影响：奥登曾在1938年有过中国之行，他在中国写的《战时十四行》将现实题材用现代派手法加以表现，该诗对袁可嘉的诗歌产生过影响——袁可嘉曾坦言："我在奥顿《在战时中国》的启迪下，用并不十分严格的十四行体，描绘上海、南京和北平几个大城市的外貌和实质，力求用形象突出它们各自的特点"③；认为奥登和艾略特的诗歌"极度个人性里有极度的社会性，极浓厚的现实主义色彩里有同样浓厚的理想主义的气息"④，"奥登一代诗人对我国40年代一批青年诗人（后来称为'九叶诗派'）很有影响，他们使后者在关注现实斗争的同时避开了说教感伤倾向，摆脱了标语口号式的老路，开拓了新的诗风"⑤；认可艾略特的"文化综合"和奥登的"社会综合"的观点⑥，而这"两位诗人的现代主义诗艺都浸透有对现实的强烈关注"⑦；艾略特在《诗歌的社会功能》一文中从道德角度鼓吹诗歌的社会教化作用；袁可嘉关于"现实"的观点"与艾略特诗学和奥登作品中对现实的强烈关注有承续关系，也与他所接

---

① 蓝棣之：《九叶派诗歌批评理论探源》，载蓝棣之《现代诗歌理论：渊源与走势》，清华大学出版社2002年版，第54页。

② 同上书，第49页。

③ 袁可嘉：《半个世纪的脚印·自序》，载袁可嘉《半个世纪的脚印》，人民文学出版社1994年版，第1页。

④ 袁可嘉：《从分析到综合——现代英诗的发展》，载袁可嘉《论新诗现代化》，生活·读书·新知三联书店1988年版，第199页。

⑤ 袁可嘉：《从现代主义到后现代主义——二十世纪英美诗主潮追踪》，载袁可嘉《半个世纪的脚印》，人民文学出版社1994年版，第349页。

⑥ 参见袁可嘉《综合与混合》，载袁可嘉《论新诗现代化》，生活·读书·新知三联书店1988年版，第200—205页。

⑦ 臧棣：《袁可嘉：40年代中国诗歌批评的一次现代主义总结》，载《文艺理论研究》1997年第4期。

受的崛起于'红色三十年代'的左翼社会学批评的影响（比如他曾以赞赏的口吻提及30年代英国杰出的马克思主义批评家考德威尔）有关"[①]。

二是受到了瑞恰慈、勃克等的影响："袁可嘉对现实的关注，是主张现代诗的感受力应关注现实、包容现实；与现实主义诗学主张反映现实、再现现实是有本质区别的"[②]，瑞恰慈的实用批评非常注重诗歌对人类心灵的净化作用，勃克力图将新批评、马克思主义、弗洛伊德主义融为一体。

三是受到了史本特、里尔克等的影响：袁可嘉"真正钦佩的对待的现实的态度只有两种：一是'奥登、史本特（今多译作斯彭德）诸人对现代人生、当前社会展开正面的猛烈攻击'……的批判现实的能力，二是里尔克那种'足以代表现代诗人综合性的广度与深度'……的沉思现实的能力"[③]，"袁可嘉对现代主义的修正……所参考的诗歌范本显然是早期奥登的那种左翼色彩浓厚的现代主义诗歌"[④]。

（2）关于"经验与诗"的观点

袁可嘉关于"经验与诗"的观点一是受到了艾略特的影响：艾略特认为，"诗不是感情，也不是回忆，也不是宁静（如不曲解字义）。诗是许多经验的集中，集中后所发生的新东西，而这些经验在讲实际、爱活动的一种人看来就不会是什么经验"，"诗人的职务不是寻求新的感情，只是运用寻常的感情来化炼成诗，来表现实际感情中根本没有的感觉"[⑤]；"诗歌是生命意识的最高点，具有最伟大的生命力和生命的最敏锐的感觉"[⑥]，邓恩、克利夫兰、考利是智性诗人，"思想对于邓恩来说是一种经验，它调整了他的感受力。当诗人的心智为创作做好完全准备后，它不断地聚合各种不同的经验"，"诗人可能有的兴趣是无限的，智性越强越好，智性越

[①] 臧棣：《袁可嘉：40年代中国诗歌批评的一次现代主义总结》，载《文艺理论研究》1997年第4期。
[②] 同上。
[③] 同上。
[④] 同上。
[⑤] 艾略特：《传统与个人才能》，载王恩衷编译《艾略特诗学文集》，国际文化出版公司1989年版，第7—8页。
[⑥] 艾略特：《诗歌的作用》，转引自沈奇编《西方诗论精华》，花城出版社1991年版，第3页。

强他越可能有多方面的兴趣,我们的唯一条件就是把它们转化为诗,而不仅仅是诗意盎然地对它们进行思考……他们在最佳状态时总是致力于寻找各种心态和情感的文字对应物,这意味着他们更为成熟,而且比起后来那些才气并不亚于他们的诗人来说,他们更为持久"①;显然,袁可嘉关于"经验与诗"的观点受到了艾略特的影响。

不过,虽然"艾略特与里尔克都表达过诗是经验的观点,但似乎艾略特的经验一词在非个人化的观照中更强调一定的客观性。而中国现代诗人'诗是经验的传达'的理论,更多的是通过冯至从里尔克那里继承而来。里尔克在创作中期提出的'诗是经验'的命题,更具主观性,强调内化,通过心理积淀内化为具有与自己有着密切联系的'物'。"②

二是受到了瑞恰慈的影响:瑞恰慈在《诗的经验》中阐释过"经验",认为艺术或诗的创造都具有调和最大量、最优秀的冲动的心神状态的功能,作品的意义与作用全在它对人生经验的推广加深。显然,袁可嘉关于"经验与诗"的观点受到了瑞恰慈的影响。

三是受到了里尔克的影响:里尔克认为:"诗并不象一般人所说的只是情感(情感人们早就很够了),——诗是经验。为了写一首诗我们必须观看许多城市,观看人和物,我们必须认识动物,我们必须去感觉鸟怎样飞翔,知道小小的花朵在早晨开放时的姿态"③,要求将生活的体验转化为诗的经验。显然,袁可嘉关于"经验与诗"的观点受到了里尔克的影响。

4. 袁可嘉的"诗的戏剧化论"与西方影响

袁可嘉的"诗的戏剧化论"主要在以下几个方面的内容上受到了西方诗论(文论)、诗歌的影响:

(1) 关于"新诗戏剧化"的观点

袁可嘉关于"新诗戏剧化"的观点一是受到了勃克的影响:"新诗戏

---

① 艾略特:《玄学派诗人》,载王恩衷编译《艾略特诗学文集》,国际文化出版公司1989年版,第31—32页。
② 王淑萍:《作为方法的"最大量意识状态"——袁可嘉"新诗现代化"方法阐释》,载《河南大学学报》(社会科学版)2011年第4期。
③ 里尔克:《马尔特·劳利得·布里格随笔》,载袁可嘉、董衡巽、郑克鲁选编《外国现代派作品选》第一册(上),上海文艺出版社1980年版,第50页。

剧化""这个术语源于新批评派的肯尼斯·勃克（Kenneth Burke, 1897—1993），意指任何非情节性的文学作品包括抒情诗都具有戏剧性结构，人生冲突在作品中像戏剧展开并得到象征性的解决"①，认为"文学作品是有关人生障碍的表现和对其象征性的解决，因而必定是戏剧性的，系统地论述了戏剧化"②。

二是受到了艾略特的影响：艾略特认为，诗的价值并不在于感情的"伟大"与强烈，而在于艺术作用的强烈③；一个抒情诗人"能为每个人说话，甚至能为那些与他自己迥然相异的人说话；为了做到这一点，他必须有能力在某一时刻使自己成为每一个人或其他人"④；现代诗的里面有三种声音：第一种声音是诗人自己说话（或者是不对任何人说话）的声音。第二种声音是诗人对听众讲话时的声音。"第三种声音——也就是诗剧的声音——所有的特殊性是通过另一种方式，即通过和含有戏剧成分——尤其是戏剧的独白——的非诗剧的声音的比较而显露出来的"⑤；"哪一种伟大的诗不是戏剧的？……谁又比荷马和但丁更富戏剧性？我们是人，还有什么比人的行为和人的态度能使我们更感兴趣呢？"⑥

三是受到了瑞恰慈的影响：瑞恰慈认为，"具有戏剧性结构的诗远远超出人们通常的想象"⑦。

四是受到了奥登的影响：奥登是"红色三十年代"中诗歌"戏剧化"尝试者中的代表之一；同时，他注重在诗中以机智、亲切和轻松隐

---

① 张松建：《现代诗的再出发》，北京大学出版社2009年版，第185—186页。
② 邵朝杨：《论新批评理论与袁可嘉新诗现代化理论》，载《四川教育学院学报》2008年第6期。
③ 参见艾略特《传统与个人才能》，载王恩衷编译《艾略特诗学文集》，国际文化出版公司1989年版，第6页。
④ 艾略特：《叶芝》，载王恩衷编译《艾略特诗学文集》，国际文化出版公司1989年版，第170页。
⑤ 艾略特：《诗的三种声音》，载王恩衷编译《艾略特诗学文集》，国际文化出版公司1989年版，第249—254页。
⑥ 艾略特语，转引自陈旭光《走向中国新诗的"现代化"—论四十年代"中国新诗"派诗学思想的深化与成熟》，载《学术界》2000年第6期。
⑦ I. A. Richards. Principles of Literary Criticism, London: Kegan Paul, Trench, Trubner & Co. Ltd., 1938, p. 273. 转引自邵朝杨《论新批评理论与袁可嘉新诗现代化理论》，载《四川教育学院学报》2008年第6期。

藏关注现实的热情的方式抒情。袁可嘉称奥登是一个"有名的诗坛的顽童"①,认为"就纯从诗题材接触面的广度来说,奥登确定地超过梵乐希、里尔克和艾略特,只要一打开他的诗总集,你便得钦佩他在这方面的特殊才能",赞赏奥登"对德籍犹太人,战时难民,及被压迫者的深厚同情",明言"我们尤其不能忘怀他访问中国战场时所写的数十首十四行诗"②。

五是受到了维姆萨特的影响:维姆萨特认为,"每首真正的诗都是复杂的诗,正是靠了其复杂性,才取得艺术统一性"③、"好诗的统一性与成熟性是同一件事的两面。我们在诗中所寻找并找到的那种统一性只有通过构思的复杂性才能取得"④,"美的统一和秩序……只能靠分歧而取得——只能靠某种斗争"⑤。

(2)关于"客观联系物"的观点

袁可嘉在论及"客观联系物"时认同性地引述并引申了艾略特关于"客观联系物"的观点:"艾略特的'客观联系物'(Objective Correlstive)是说,如果你想表达一种诗思诗情,你必须避免直接的叙述或说明,而采取旁敲侧击,依靠与这种情思有密切关连的客观事物,引起丰富的暗示与联想……在平铺直叙或痛哭怒吼的抒情诗里,由于那类诗底性质的限制,我们只能经验一种感觉方式,一种情绪的熏染。'客观联系物'彻底粉碎了这种迹近自杀的狭窄圈子,吸收一切可能的相关的感觉方式,平行或甚至相反的情绪都可融在一起,假使你具有足够的'融'的能力,现代诗中所表现的现代人思想感觉的细致复杂,戏剧意味的浓厚——实际上就等于说,人性的丰富——不可比拟地超过了幼稚而天真的浪漫诗人。"⑥ 因此,

---

① 袁可嘉:《新诗戏剧化》,载袁可嘉《论新诗现代化》,生活·读书·新知三联书店1988年版,第28页。

② 袁可嘉:《从分析到综合》,载袁可嘉《论新诗现代化》,生活·读书·新知三联书店1988年版,第194页。

③ 维姆萨特:《具体普遍性》,载赵毅衡编选《"新批评"文集》,中国社会科学出版社1988年版,第264页。

④ 同上书,第265页。

⑤ 转引自赵毅衡《新批评——一种独特的形式主义文论》,中国社会科学出版社1986年版,第90页。

⑥ 袁可嘉:《论诗境的扩展与结晶》,载袁可嘉《论新诗现代化》,生活·读书·新知三联书店1988年版,第131页。

显然受到了艾略特的影响。

(3) 关于"大跨度的比喻"的观点

袁可嘉关于"大跨度的比喻"的观点实际上即艾略特所说的"最异质的意念强行拴在一起"①，袁可嘉的一些与"大跨度的比喻"密切相关的观点，如"表面极不相关而实质有类似的事物的意象或比喻"更能准确、忠实、有效地表现他们自己，"根据这个原则而产生的意象便都有惊人的离奇，新鲜和惊人的准确，丰富"，"新诗现代化后文字弹性韧性的增加实际上已早为新内容的要求所决定"② 等实际上是以艾略特、奥登、叶芝等现代西方诗人的诗歌为典范而抽绎出来的"原则"③。因此，显然受到了艾略特、奥登、叶芝等的影响。

(4) 关于"想象逻辑"的观点

袁可嘉关于"想象逻辑"的观点一是受到了艾略特的影响：袁可嘉在论及"想象逻辑"时认同性地引述了艾略特关于"想象逻辑"的观点——"为击破传统的，狭隘的，平面的结构理论，艾略特本诸经验，首先提出'想象逻辑'的名词。在他看来，作为诗的结构，常识意义的起承转合并不怎样要紧，重要的毋宁是诗的情思在通过意象连续发展后的想象的次序。"④

二是受到了瑞恰慈的影响：瑞恰慈在《想象》中阐释过"想象逻辑"，认为诗想象具有有机的综合能力，能把纷乱的、互不联系的各种冲动组织成一个单一的有条理的反应。

三是受到了柯律勒治、瑞恰慈、克罗齐、玛里丹等的影响：袁可嘉认为，"柯氏（即柯尔立奇，Coleridge，亦即柯律勒治——引者注）说：'想象如此呈现它自己：在相反的不谐的因素的平衡调和之中；在同与异，抽象与具体，观念与意象，殊相与共相，新奇与陈腐，异常的情绪激动与异常的井然秩序的结合之中'。……实际上柯氏及立恰慈（I. A. Richards）

---

① 参见孙玉石《中国现代主义诗潮史论》，北京大学出版社1999年版，第423页。
② 袁可嘉：《新诗现代化的再分析——技术诸平面的透视》，载袁可嘉《论新诗现代化》，生活·读书·新知三联书店1988年版，第18—20页。
③ 参见张松建《现代诗的再出发》，北京大学出版社2009年版，第185页。
④ 袁可嘉：《谈戏剧主义》，载袁可嘉《论新诗现代化》，生活·读书·新知三联书店1988年版，第66页。

所谓'诗想象'也即克罗齐的'直觉',法国当代哲学家玛里丹(J. Maritain)所说的'创造行为'。"①

(5) 关于"思想知觉化"的观点

袁可嘉关于"思想知觉化"的观点一是受到了艾略特的影响:艾略特认为,"最高的哲学应该是最伟大的诗人的最好的材料",诗应当"创造由理智成分和情绪成分组成的各种整体","诗给情绪以理智的认可,又把美感的认可给予思想"②。显然,袁可嘉关于"思想知觉化"的观点受到了艾略特这些观点的影响。

二是受到了奥登、里尔克、艾略特等综合的影响——袁可嘉"在《新诗戏剧化》一文里所说'融和思想成分,从事物深处、本质之中转化自己的经验'之三种可能方式:(1)把搜索自己的内心之所得,与外界的事物的本质打成一片,来自里尔克的《图像集》;(2)利用机智、聪明、语言、比喻,活泼又内敛,来自抗战时期奥登的作品;(3)诗剧方式,来自1935年前后艾略特等的诗剧创作。"③

5. "戏剧主义论"与西方影响

袁可嘉的"戏剧主义论"主要在以下几个方面受到了西方诗论(文论)、诗歌的影响:

(1) 关于"批评"的观点

袁可嘉在阐述"批评是科学,也是艺术"的观点时是以亚里士多德、拉辛、瑞恰慈、圣伯甫、安诺德、艾略特等作为例证的,因此,显然是受到了他们的影响的。

(2) 关于"戏剧主义"的观点

其一,"戏剧主义"这一术语直接源于勃克——"戏剧主义"是勃克的 *A Grammar of Motives* 一书的中心术语④,而就袁可嘉的诗论而言,"勃克的影响更是不容忽视,这位试图将新批评、马克思主义、弗洛伊德主义

---

① 袁可嘉:《谈戏剧主义》,载袁可嘉《论新诗现代化》,生活·读书·新知三联书店1988年版,第33页。
② 周煦良译:《诗与宣传》,载《新诗》1936年第1期。
③ 蓝棣之:《九叶派诗歌批评理论探源》,载蓝棣之《现代诗歌理论:渊源与走势》,清华大学出版社2002年版,第55页。
④ 参见张松建《现代诗的再出发》,北京大学出版社2009年版,第186页。

融为一体的'被奥登称为美国当代最优秀的批评家'……曾多次被袁可嘉提及"①。

其二,关于"批评标准"的观点明显地受到了艾略特的相关观点的影响——艾略特认为:一个艺术家的前进是不断地牺牲自己、不断地消灭自己的个性;诗不是放纵感情,而是逃避感情,不是表现个性,而是逃避个性,"诗人没有什么个性可以表现,只有一个特殊的工具,只是工具,不是个性,使种种印象和经验就在这个工具里用种种特别的意想不到的方式来相互结合。许多对于诗人本身是很重要的印象和经验,在他的诗里尽可以不发挥作用,而在他的诗里是很重要的呢,对于他本身和他的个性也尽可以没有多大关系"②,因此,"诚实的批评和敏感的鉴赏,并不注意诗人,而注意诗"③。

其三,关于"张力"的观点明显地受到了艾伦·退特等的相关观点的影响——艾伦·退特将逻辑术语中的"外延"(extension)和"内涵"(intension)去掉前缀,然后将之命名为"张力"(tension),进而再认为:"诗的意义就是指它的张力,即我们在诗中所能发现的全部外展和内包的有机整体","好诗就是内涵和外延的统一"④;罗伯特·潘·沃伦认为"我们能不能就诗的结构的本质作出任何概括呢?首先,这个问题涉及不同程度的抵触……",将张力视为诗歌的本质⑤;克林斯·布鲁克斯认为诗是矛盾的语言。

其四,关于"讽刺感"的观点明显地受到了瑞恰慈、艾略特等的相关观点的影响——瑞恰慈在《想象》中论及讽刺感,认为有一种诗歌是经不起用讽刺的态度来观赏的,如济慈的"你的嘴唇,滑溜的幸福",因此,容易受讽刺的诗不是最高级的诗,而最高级的诗的特点总是讽刺的。同

---

① 臧棣:《袁可嘉:40年代中国诗歌批评的一次现代主义总结》,载《文艺理论研究》1997年第4期。
② 艾略特:《传统与个人才能》,载王恩衷编译《艾略特诗学文集》,国际文化出版公司1989年版,第6页。
③ 同上书,第4页。
④ 艾伦·退特:《论诗的张力》,载赵毅衡编选《"新批评"文集》,中国社会科学出版社1988年版,第117页。
⑤ 罗伯特·佩·沃伦:《纯诗与非纯诗》,参见赵毅衡编选《"新批评"文集》,中国社会科学出版社1988年版,第181—182页。

时，艾略特的诗歌是袁可嘉关于现代诗"自嘲嘲人"特质的观点形成的主要依据之一①。

（二）中国"本土"的影响

袁可嘉的诗论不仅深受西方的影响，而且也深受中国"本土"的影响。

1. 袁可嘉的诗论与中国古代诗论（文论）、诗歌的影响

袁可嘉虽然曾坦言自己谈"新诗'现代化'"的问题的文字里"最显著的漏洞，即是至此为止我还不曾明确地指出现代化与传统的关系"②，而且，在其诗论中，大抵只有《论新诗的扩展与结晶》等少数篇章论述或论及过中国古代诗歌；但是，其诗论受西方的影响和建构终究是在中国古代和现代的背景之下进行的，而现代又只不过是古代的延续，因此，它不可避免地受到了中国古代诗论（文论）、诗歌的影响。

（1）关于"新诗现代化"的观点

在论及"新诗现代化"时，袁可嘉明确地指出："现代化"是指"时间上的成长"，"新诗之可以或必须现代化正如一件有机生长的事物已接近某一蜕变的自然程序，是向前发展而非连根拔起"③，显然，在袁可嘉的心目中，新诗及新诗的现代化均不能离开时间，两者都是处在诗歌发展的时间链条之中，都不可避免地要受到传统的影响；也就是说，关于"新诗现代化"的观点内蕴着传统的影响。

（2）关于诗"本体"的观点

中国古代文论早就有强调诗"本体"的观点，如刘勰认为："立文之道，其理有三：一曰形文，五色是也；二曰声文，五音是也；三曰情文，五性是也。"④ 袁可嘉关于诗"本体"的观点即使没有直接地受到中国古代文论这类观点的影响，也间接地受到了其影响。

（2）关于"现实"、"政治"、"政治与诗"、"现实与诗"的观点

在漫长的封建社会里，"修身齐家治国平天下"一直在灵魂深处支配

---

① 参见袁可嘉《从分析到综合——现代英诗的发展》，载袁可嘉《论新诗现代化》，生活·读书·新知三联书店1988年版。

② 袁可嘉：《谈戏剧主义》，载袁可嘉《论新诗现代化》，生活·读书·新知三联书店1988年版，第30页。

③ 参见前文的相关内容。

④ 刘勰：《文心雕龙》，浙江古籍出版社2001年版，第172页。

着中国人,不仅"现代人生"与"现代政治""变态地密切相关",而且"古代人生"与"古代政治"也"变态地密切相关"。

同时,中国古代诗学主张"诗言志"、"文以载道"、"文章合为时而著,歌诗合为事而作",认为诗具有"兴观群怨"的功能,强调文学要反映现实人生,而且,在中国文学史上,纯粹艺术性的文学基本上是不存在的,中国古代诗歌(文学)的一些主要表现手法,如"借景抒情"、"情景交融"等通常是为反映现实服务的。

显然,袁可嘉关于"现实"、"政治"、"政治与诗"、"现实与诗"的观点[1]受到了中国世代相沿的政治观、现实观及与之相关的文学观的影响。

(3) 关于"象征"的观点

"象征"是中国文学中最早被使用的手法之一,如《诗经》中不少诗歌都使用过象征的手法;中国古代诗论所说的《诗经》中的比、兴,不少都可以看作是象征,或者说含有象征的因子;《诗经》及后来的许多诗歌或营构了一些物象,如鸟兽草木,或营构了一些事象,如李白的《行路难》所营构的"行路",这些物象或事象随着时间的推移而被符号化,并被赋予特殊的含义,变成了象征物。同时,中国古典诗歌和诗论都力排浮浅,看重含蓄,强调"立象以尽意",而象征又恰好与这些要求吻合,因此,颇受青睐。袁可嘉的《论诗境的扩展与结晶》实际上以中国古代诗作为对象论述过象征,由此可见,其关于"象征"的观点[2]显然受到了中国古代诗歌、诗论的影响。

(4) 关于"诗境"的观点

袁可嘉在论及"诗境的扩展"时明确地指出:"在我国旧诗里这类方法似占有压倒优势,唐诗三百首里很少几篇不使用诗境底扩展的,虽然比起现代诗来,古人在技巧上比较原始,简单很多"[3];同时,从袁可嘉的具体论述来看,他所说的"诗境"与中国古代诗歌里的"意境"以及中国古代诗论里的"意境说"有明显的相通之处。显然,袁可嘉关于"诗

---

[1] 参见前文的相关内容。
[2] 同上。
[3] 袁可嘉:《论诗境的扩展与结晶》,载袁可嘉《论新诗现代化》,生活·读书·新知三联书店1988年版,第128页。

境"的观点受到了后者的影响。

(5) 关于"玄学"的观点①

"玄学"一词本是中国古代诗学的一个概念——魏晋时期出现了研究和解说《老子》、《庄子》和《周易》的"玄学";袁可嘉所说的"玄学"虽然从内容上来说与中国古代诗学中的"玄学"无干,但袁可嘉在赋予它以新的含义时肯定是已经知道了它在中国古代诗学中特定的含义的,因此,袁可嘉对"玄学"这一词语的使用本身就是受到了中国古代诗学的影响。

(6) 关于"诗的戏剧化论"

宋代黄庭坚认为,"作诗正如作杂剧,初时布置,临了须打诨,方是出场"②,这一观点与袁可嘉的诗的戏剧化论一致,后者虽然未必受到前者的直接影响,但也未必没受到其间接影响。

(7) 关于"客观对应物"、"最大量意识状态"等的理论

关于"客观对应物"、"最大量意识状态"的理论——前者与中国诗学"比兴"理论遥相感应,后者"与中国传统艺术精神的'中和'观念有着结构性的相似,老子讲'有无相生,难易相成,长短相形,高下相倾,音声相和,前后相随'(《老子》二章),庄子讲'一清一浊,阴阳调和'(《庄子·天运》),都与瑞恰兹诗论中的'从矛盾求统一'相似。而刘勰所谓'五色杂而成黼黻,五音比而成韶夏,五情发而为辞章'(《文心雕龙·情采》)更是所谓'最大量意识状态'"。③

此外,袁可嘉的诗论援引了不少中国古代诗歌作为例证,如曾援引了《诗经·采薇》、陈子昂的《登幽州台歌》、李白的《静夜思》、李商隐的《夜雨寄北》和《乐游原》、杜牧的《寄扬州韩绰判官》,显然,受到了中国古代诗歌的影响。

2. 袁可嘉的诗论与中国现代诗论(文论)、诗歌或诗论(文论)、诗歌的"生态环境"的影响

---

① 参见前文的相关内容。
② 吴文治:《宋诗话全编:第1册》,江苏古籍出版社1998年版,第695页。
③ 姜飞:《新批评的中国化与中国诗论的现代化》,载《钦州师范高等专科学校学报》2003年3期。

袁可嘉"首先关注的不是'文化的引进与模仿',而是如何对当下创作现象的理解和分析,是新的文学的现象激发起了理论家的思考的兴趣和解释的冲动","支撑他探讨'现代'的基础却是中国诗歌自己发生的区别于传统形态的种种现象","他引述西方新批评的诗学结论(如瑞恰慈'最大量意识状态'理论),显然立意并不在这些理论本身的完整性,而是目标明确地直接针对着中国新诗发展的最重要的现实","以此推动中国新诗的发展和变革"①;"新批评的一整套文本批评理论在袁可嘉那里很大程度上演化成了诗歌写作指导——袁可嘉以这套理论召唤在艺术品质上以艾略特、奥登为楷模而又对中国现实有所干预的现代诗","袁可嘉将矛头直接指向当时对政治运动简单服从的口号化、概念化的'政治感伤性'写作大潮,背负沉重的问题意识探索救治之途。新批评家对既存文本的'回首'由此逐一变而为袁可嘉对未来文本的'前瞻'。"②"袁可嘉的批评……侧重于在当时迫切而又不容含糊的诗歌问题上展开旗帜鲜明的论述。"③ 由此可见,袁可嘉的诗论虽然深受西方的影响,但又并非西方诗论(文论)的生搬硬套,而是也深受中国现代诗论(文论)、诗歌或诗论(文论)、诗歌的"生态环境"的影响。具体地说:

(1)袁可嘉的"新诗'现代化'"的观点与中国现代诗论(文论)、诗歌或诗论(文论)、诗歌的"生态环境"的影响

20世纪"40年代以来出现了一种'现代化'的新诗"④,它"代表新的感性的崛起"⑤,而这种"感性革命的萌芽"早在戴望舒、冯至、卞之琳、艾青等的作品中就曾出现了⑥——"读过《十年诗草》的人有充分理

---

① 李怡:《"新诗现代化"及其中国意义》,载《文学评论》2011年第5期。
② 姜飞:《新批评的中国化与中国诗论的现代化》,载《钦州师范高等专科学校学报》2003年3期。
③ 臧棣:《袁可嘉:40年代中国诗歌批评的一次现代主义总结》,载《文艺理论研究》1997年第4期。
④ 袁可嘉:《新诗现代化——新传统的寻求》,载袁可嘉《论新诗现代化》,生活·读书·新知三联书店1988年版,第3页。
⑤ 袁可嘉:《新诗现代化的再分析——技术诸平面的透视》,载袁可嘉《论新诗现代化》,生活·读书·新知三联书店1988年版,第10页。
⑥ 参见袁可嘉《新诗现代化——新传统的寻求》,载袁可嘉《论新诗现代化》,生活·读书·新知三联书店1988年版,第4页。

由相信，如几位批评者所指出的（如闻家驷先生评语）卞氏是一位感觉的诗人；感觉极度精致灵敏，感情十分纤细柔弱；但我们对他的批评并不应到此为止；为了揭示卞诗的真正价值所在，及提起模仿者的警觉，必须进一步指明；卞诗确从感觉出发，却不止于感觉；他的感情的主调，虽极纤细柔弱，但常有辽瀚的宽度及幽冥的深度，而他的诗艺最成功处确不在零碎枝节的意象，文字，节奏的优美表现，而全在感情借感觉而淋漓渗透"①，穆旦等则以其创作实践将之推向了成熟——较之徐志摩的抒情诗，"穆旦底诗分量沉重，情理交缠而挣扎着想克服对方，意象突出，节奏突兀而多变，不重氛围而求强烈的集中，即是现代化了的诗"，而前者分量轻、感情浓、意象华丽、节奏匀称，多注重情绪的重复和氛围的抒情气氛，是"浪漫的好诗"②。

但是，"现代诗的读者接触这类诗作的经验太少，象面对来历不明的敌人，一片慌乱中常常把它看作译过来的舶来品。其实许多欧化的表现形式早已是一般知识群生活的一部分，虽然来自西方却已经不是西方的原来样本……现代诗的批评者由于学养的不够，只能就这一改革的来源加以分析说明，还无法明确地指出它与传统诗的关系，因此造成一个普遍的印象，以为现代化即是西洋化。"③ 路易士甚至称新诗从一产生即是来自西洋的"移植之花"④。

同时，"新诗'现代化'"实际上是 20 世纪 40 年代中后期中国诗论界的一个热点问题——朱自清、唐湜等均论及过，如朱自清认为："我们现在在抗战，同时也在建国；建国的主要目的是现代化，也就是工业化。目前我们已经有许多制度，许多群体日在成长中。各种各样规模不等的工厂散布在大后方，都是抗战后新建设的——其中一部分是从长江下游迁来的，但也经过一番重新建设，才能工作。其次是许多工程艰巨的公路，都

---

① 袁可嘉：《诗与主题》，载袁可嘉《论新诗现代化》，生活·读书·新知三联书店 1988 年版，第 70—71 页。

② 袁可嘉：《诗与民主——五论新诗现代化》，载袁可嘉《论新诗现代化》，生活·读书·新知三联书店 1988 年版，第 48 页。

③ 袁可嘉：《新诗戏剧化》，载袁可嘉《论新诗现代化》，生活·读书·新知三联书店 1988 年版，第 22 页。

④ 路易士：《新诗之诸问题（上）》，上海《语林》1944 年第 1 卷第 1 期。

在短期中通车；而滇缅公路的工程和贡献更大……我们需要促进中国现代化的诗。有了歌咏现代化的诗，便表示我们一般生活也在现代化；那么，现代化才是一个谐和，才可加速的进展。另一方面，我们也需要中国诗的现代化，新诗的现代化；这将使新诗更富厚些"①，说"这是欧化，但不如说是现代化。'民族形式讨论'的结论不错，现代化是不可避免的。现代化是新路，比旧路短得多；要'迎头赶上'人家，非走这条新路不可"②，并以杜运燮的《滇湎公路》一诗作为他阐述"新诗'现代化'"理论的依据；唐湜认为：在当时的诗坛上存在着"一个诗的现代化运动"，即穆旦、杜运燮、绿原等参与的诗歌运动——穆旦、杜运燮等为"自觉的现代主义者"，绿原等为"不自觉的现代主义者"③。

袁可嘉是朱自清、卞之琳、冯至的学生，与戴望舒、艾青、绿原、路易士为具有相同或相似的诗歌追求的诗人，与穆旦、杜运燮、唐湜等为诗友，因而不可避免地受其影响——他曾坦言自己受到过卞之琳、冯至等的影响："1942年是很重要的一年，我的兴趣从浪漫派文学转向了现代派文学……我先后读到卞之琳的《十年诗草》和冯至的《十四行集》，很受震动，惊喜地发现诗是可以有另外不同的写法的"④。

由此可见，袁可嘉关于"新诗'现代化'"的观点明显地受到了新诗"现代化"的实践及理论的影响。

（2）袁可嘉的"诗的本体论"与中国现代诗论（文论）、诗歌或诗论（文论）、诗歌的"生态环境"的影响

①关于"诗与非诗"的观点

在新诗及中国现代诗论发展史上，不少人都论及过"纯诗"或与之相关的问题，如闻一多曾阐述过新诗的音乐美、绘画美、建筑美的问题，并曾明确地指出："艺术最高的目的，是要达到'纯形'pure form的境地"⑤；

---

① 朱自清：《诗与建国》，载《朱自清全集》第2卷，江苏教育出版社1996年版，第51页。
② 朱自清：《真诗》，载《朱自清全集》第2卷，江苏教育出版社1996年版，第386页。
③ 唐湜：《诗的新生代》，载唐湜《新意度集》，生活·读书·新知三联书店1990年版，第21页。
④ 《袁可嘉自传》，载袁可嘉《半个世纪的脚印》，人民文学出版社1994年版，第573—574页。
⑤ 闻一多：《戏剧的歧途》，载《闻一多全集》第三册，生活·读书·新知三联书店1982年版，第438页。

穆木天提出："我们的要求是'纯粹诗歌'。我们的要求是诗与散文的纯粹分界。我们要求是'诗的世界'"①；王独清认为："中国人近来做诗，也同中国人作社会事业一样，都不肯认真去做，都不肯下最苦的工夫，所以产生出的诗篇，只就 technique 上说，先是些不伦不类的劣品"，而"要治中国现在文坛审美薄弱和创作粗糙的毛病"，"有倡 Poesie Pure 的必要"；认同穆木天的"纯粹诗歌"，称穆木天所主张的"'诗的统一性'和'诗的持续性'""只有 Poesie Pure 才可以表现充足"②；戴望舒虽然认为"自由诗是不乞援于一般意义的音乐的纯诗"，但又认为"韵律诗则是一般意义的音乐成分和诗的成分并重的混合体"，"昂德莱·纪德有一句话，很可以阐明我的意思，……他说，'……句子的韵律，绝对不是在于只由铿锵的字眼之连续所形成的外表和浮面，但它却是依着那被一种微妙的交互关系所合着调子的思想之曲线而起着波纹的'"③；梁宗岱认为："所谓纯诗，便是摒除一切客观的写景，叙事，说理以至感伤的情调，而纯粹凭借那构成它底形体的原素——音乐和色彩——产生一种符咒似的暗示力，以唤起我们感官与想像底感应，而超度我们的灵魂到神游物表的光明极乐的境域。象音乐一样，它自己成为一个绝对独立，绝对自由，比现世更纯粹，更不朽的宇宙；它本身的音韵和色彩底密切混合便是它底固有的存在理由。"④；沈从文认为："诗必需是诗，征服读者不在强迫而近于自然皈依。诗可以为'民主'为'社会主义'或任何高尚人生理想作宣传，但是否一首好诗，还在那个作品本身"⑤……袁可嘉关于"诗与非诗"的观点与这些观点有明显的一致之处，加上袁可嘉本人与沈从文、闻一多为师生关系，且与沈从文很亲近，与穆木天等同为诗坛"个中人"，且都认可西方现代主义诗学——显然，袁可嘉受到了这些观点的影响。

---

① 穆木天：《谭诗——寄沫若的一封信》，载杨匡汉、刘福春编《中国现代诗论》上编，花城出版社 1985 年版，第 94 页。

② 王独清：《再谭诗——寄给木天、伯奇》，载杨匡汉、刘福春编《中国现代诗论》上编，花城出版社 1985 年版，第 106—109 页。

③ 戴望舒：《谈林庚的诗见和"四行诗"》，载《戴望舒诗全编》，浙江文艺出版社 1989 年版，第 695 页。

④ 梁宗岱：《谈诗》，载梁宗岱《诗与真·诗与真二集》，外国文学出版社 1984 年版，第 95 页。

⑤ 沈从文：《新废邮存底·十七》，载《沈从文文集》第 12 卷，花城出版社、三联书店香港分店 1984 年版，第 51 页。

②关于"诗的语言"的观点

新诗在其发轫期便重视运用日常语言;20世纪三四十年代,时代要求诗歌以明朗的风格反映更广阔的生活、接近更多的读者以更充分有效地发挥其宣传效用,新诗便更重视对日常语言的运用。于是,袁可嘉便认为"绝对肯定日常语言,会话节奏的可用性"。但新诗自发轫期便存在着过分"日常语言化"、"散文化"的倾向,因此,袁可嘉便又明确地表示绝对否定"庸俗浮浅曲解原意的'散文化'"。

③关于"新诗的'感伤'问题"的观点

20世纪20年代,闻一多、梁实秋等曾批判过新诗中的伪浪漫主义或感伤主义倾向;30年代,施蛰存注重在诗中对意象的运用、戴望舒注重在诗中对象征的运用、卞之琳注重诗的非个人化倾向和戏剧化处境的营构,都明显地带有反"情绪感伤"的性质……袁可嘉关于"新诗的'感伤'问题"的观点显然受到了闻一多、梁实秋、施蛰存、卞之琳等的诗学观或创作实践的影响。此外,袁可嘉还认为:"诗创作的过程可以称为一种象征的行为",这实际上是在反驳认为"诗能引致直接行动"[①]——对诗的迷信——的观点。

④关于"新诗的'晦涩'问题"的观点

袁可嘉关于"诗歌与晦涩"的观点与新诗发展历程中的"晦涩"现象及有关诗人、诗论家的观点不无关系——20世纪20年代,穆木天、王独清明确地把"朦胧"作为诗歌的一种自觉的艺术追求,如他们认为"诗是最忌说明,诗人也是最忌求人了解"[②],应该表现那种"在人们神经上振动的可见而不可见,可感而不可感的旋律的波,浓雾中若听见若听不见的远远的声音,夕暮里若飘动若不动的淡淡光线,若讲出若讲不出的情肠……"的"诗的世界"[③];他们所说的"朦胧"实际上是"晦涩"的一种;30年代,诗坛上崛起了一种"主智"的诗,如冯至、卞之琳的诗,

---

[①] 袁可嘉:《对于诗的迷信》,载袁可嘉《论新诗现代化》,生活·读书·新知三联书店1988年版,第64页。

[②] 王独清:《再谭诗——寄给木天、伯奇》,载杨匡汉、刘福春编《中国现代诗论》上编,花城出版社1985年版,第106页。

[③] 穆木天:《谭诗——寄沫若的一封信》,载杨匡汉、刘福春编《中国现代诗论》上编,花城出版社1985年版,第98页。

这种诗"以智为主脑"、"追求智慧的凝聚"、"以不使人动情而使人深思为特点",因此,"必然是所谓难懂的诗"①,难懂亦即晦涩的一种……这些实际上都是袁可嘉关于"诗歌与晦涩"的观点产生的背景。

(3)袁可嘉的"有机综合论"的相关观点与中国现代诗论(文论)、诗歌或诗论(文论)、诗歌的"生态环境"的影响

①关于"现实"的观点

中国传统诗论历来强调诗对现实的反映,在"现实、象征、玄学的综合"中,袁可嘉"以'现实'为第一用词",这足可见其有关"现实"的观点受到中国传统诗论的影响②。

②关于"象征"的观点

在袁可嘉之前,许多中国现代诗人或诗论家,如李金发、周作人、闻一多、梁宗岱、穆木天、王独清等都曾论及过象征③,而袁可嘉关于"象征"的观点与他们的观点有较为明显的一致性,显然,不能说与后者是毫无关系的。

③关于"玄学"的观点

如前文所述,袁可嘉关于"玄学"的观点明显地受到了艾略特的影响,而在艾略特那里,"玄学"和"机智"是等价的,且"机智"又是在"一个狭窄的学科里训练出来的"④"严肃的机智";而中国当时的诗坛浮躁之风盛行,情绪感伤和政治感伤泛滥,与"严肃的机智"背道而驰,且袁可嘉对此显然是心知肚明并深恶痛绝的——袁可嘉曾说"玄学、象征及现代诗人""十分厌恶浪漫派意象比喻的空洞含糊"⑤,因此,他的关于"玄学"观点的产生也显然与诗坛这一"时弊"密切相关。

④关于"民主的诗"或"包含的诗"的观点

---

① 金克木(柯可):《论中国新诗的新途径》,载杨匡汉、刘福春编《中国现代诗论》上编,花城出版社1985年版,第262页。
② 参见李怡《"新诗现代化"及其中国意义》,载《文学评论》2011年第5期。
③ 参见廖四平《中国现代诗论十四家》,中国文联出版社2004年版。
④ 艾略特:《玄学派诗人》,载王恩衷编译《艾略特诗学文集》,国际文化出版公司1989年版,第26页。
⑤ 袁可嘉:《新诗现代化再分析》,载袁可嘉《论新诗现代化》,生活·读书·新知三联书店1988年版,第18页。

袁可嘉关于"民主的诗"的观点强调"民主",这与沈从文、卞之琳、冯至、李广田、朱自清、杨振声等人的影响密切相关——抗战胜利后,北京大学、清华大学、南开大学复原。随各自的学校回到北平或天津后,沈从文、卞之琳、冯至、李广田、朱自清、杨振声等人就文化建国的问题进行过思考,并强调"民主"。而袁可嘉在朱光潜所主持的北京大学西语系任讲师,并协助杨振声编辑北平的《经世日报·文艺周刊》、天津的《大公报·星期文艺》;他的诗论也多发表在沈从文、朱光潜、杨振声、冯至等主编的天津的《大公报》副刊《星期文艺》、《益世报》副刊《文学周刊》、《民国日报》副刊《文艺》和北平的《经世日报》副刊《文艺周刊》、《华北日报》副刊《文学副刊》等刊物上;加上袁可嘉可以说有一种"恋师情结";因此,他显然是受到了师长们的影响的——他关于"民主的诗"的观点同样如此。

　　袁可嘉关于"包含的诗"的观点强调容纳冲突、矛盾,主张从矛盾求统一,这主要是针对中国现代诗坛上"排斥的诗"而提出的。"排斥的诗"主要有两类诗:一类是为具体的(以艺术为政争工具的说法)目的服役的诗歌,如现实主义诗歌中的部分左翼诗歌、抗战诗歌——它们为了为具体的目的服役(如以艺术为政争工具的说法),往往注重表现诗人的现实意识、时代感、历史感、政治意识,强调诗歌的社会功能,以至于或者一味地抒情而沦陷于抒情感伤性,或者一味地说教而沦陷于政治感伤性。另一类是为虚幻的目的服役的诗歌(如遵从艺术为艺术学说的诗歌),如李金发等的受以法国象征主义为首的欧陆现代主义诗歌及诗学影响的诗歌——它们为虚幻的目的服役,往往逃避现实,躲入心灵的象牙塔中歌吟,因而没有能够适应时代对它的要求,在抗日战争爆发后,不仅遭到人们普遍的遗弃,而且为一些参与者所唾弃。这两类诗都排斥现实、矛盾和冲突。袁可嘉"对诗歌所追求的'虚幻目的'与'具体目的'的批判,更来自于中国新诗发展的重要事实而与新批评的表述有异,甚至也有别西方现代主义诗歌的旨趣。"[①]

　　(4) 袁可嘉的"诗的艺术转化论"的相关观点与中国现代诗论(文

---

① 李怡:《"新诗现代化"及其中国意义》,载《文学评论》2011年第5期。

论)、诗歌或诗论(文论)、诗歌的"生态环境"的影响

①关于"政治与诗"、"现实与诗"等的观点

20世纪40年代的中国,民族矛盾、阶级矛盾先后成为社会的主要矛盾,现实生活严峻,逼迫着人们直视;政治则作为一种强势的意识形态,在社会生活中具有笼罩性的影响力,对文化的穿透随处可见,文艺不得不在高度政治化的批评空间中折冲进退;诗人们基于一种社会责任感,或一种更为深沉的民族忧患意识或生存意识,意识到应该关注现实与政治,如萧望卿的《诗与现实》①、魏蝉的《诗与现实——评何其芳的诗集〈预言〉》②、劳辛的《诗的生活与生活的诗》③、闻家驷的《诗与政治》④等文都直接以"政治"、"现实"、"生活"等词语命题,方敬则明确地说:"我意识地追求现实的意义,也明白个人的声音不过是全体当中极渺小的一份,而应该与其合致,增强其力量与声响"⑤;冯至说:"诗是时代的声音,同时也是求生意志的表现;诗人写出他的诗句,不只是证明他没有死,还要表示他要合理地去生活"⑥;陈敬容说:"现代的诗(以及一切艺术作品),首先得要扎根在现实里,但又要不给现实绑住。我们对于现代诗有太多的苛求,正因为这个时代对我们有太多的苛求。所谓诗的现代性(modernity),据我个人的理解,是强调对于现代诸般现象的深刻而实在的感受:无论是诉诸听觉的,视觉的,内在和外在生活的"⑦;《诗创造》在创刊时,臧克家主张"刊物一定要搞现实主义"⑧;林宏在以《新的起点》为正题、以《〈诗创造〉一年总结》为副题的文章中说:《诗创造》的缺点太多,这一大半还得归咎于我们主观上的懈怠和努力不够,我们需要深

---

① 萧望卿:《诗与现实》,载《新生报·语言与文学》1947年第13期。
② 魏蝉:《诗与现实——评何其芳的诗集〈预言〉》,载《国民新报·人间世》1947年12月17日。
③ 劳辛:《诗的生活与生活的诗》,载《益世报·诗与文》1948年第36期。
④ 闻家驷:《诗与政治》,载《益世报·诗与文》1948年第38期。
⑤ 参见方敬《序言》,载《声音》(诗集),桂林大地图书公司1943年版。
⑥ 冯至:《从先和现在》,载北平《北大半月刊》1948年第4期。
⑦ 默弓(陈敬容):《真诚的声音——略论郑敏、穆旦、杜运燮》,《诗创造》1948年第十二期;转引自陈旭光《永远的"哈姆莱特"——一类中国现代知识分子的矛盾心态》,载《海南师范学院学报》(社会科学版)2003年第2期。
⑧ 林宏、郝天航:《关于星群出版社与〈诗创造〉的始末》,载《新文学史料》1991年第3期。

入的毫不容情的自我检讨……我们要以最大的篇幅来刊登强烈地反映现实的作品，我们对于艺术的要求是：明快、朴素、健康、有力"，在刊物尾部的"编余小记"中写道："就本辑来说，这里面还存留着若干过去的残渣，一时没能够扫除净尽。值得向读者报道的是：已经没有了形式的追求，替代它们的是战斗热情的磅礴与生活的深入现实"①……有些曾致力于象征主义诗艺的诗人，如穆木天和何其芳转向现实主义、卞之琳写出了《慰劳信集》、戴望舒写出了《我的记忆》和《元旦祝福》等现实性较强的诗作……同时，袁可嘉也"意识到来自中国现代主义诗歌内部的逃避现实的倾向，危害着40年代人们对另一种面貌全新的现代主义的接受和认同，所以他竭力反对以往将'诗监禁在象牙之塔里'……的做法，并力图破除人们已经习惯的那种将现代主义与逃避现实拴在一起的观念。"②

由此可见，袁可嘉关于"政治与诗"、"现实与诗"等的观点显然是受到了当时的政治、现实及诗人们关于政治、现实的观点的影响。

②关于"经验与诗"的观点以及赞同艾略特的诗歌要"逃避个性"的观点

袁可嘉关于"经验与诗"的观点以及赞同艾略特的诗歌要"逃避个性"的观点首先是针对新诗的"说教"、"感伤"等毛病及相关诗学观而提出的——"一个感性敏锐，内心生活丰富的作者在任何特定时空内的感觉发展必多曲折变易，而无取于一推到底的直线运动"③，可是，"中国新诗"却对"直线运动"情有独钟："中国新诗虽还只有短短一二十年的历史，无形中却已经有了两个传统：就是说，两个极端。一个尽唱的是'梦呀，玫瑰呀，眼泪呀，'一个尽吼的是'愤怒呀，热血呀，光明呀，'结果是前者走出了人生，后者走出了艺术，把它应有的将人生和艺术综合交错起来的神圣任务，反倒搁置一旁"④——一些理论家更是推波助澜，如

---

① 转引自韦泱《从〈诗创造〉到"九叶诗派"》，载《新文学史料》2006年第4期。
② 臧棣：《袁可嘉：40年代中国诗歌批评的一次现代主义总结》，载《文艺理论研究》1997年第4期。
③ 袁可嘉：《新诗现代化的再分析——技术诸平面的透视》，载袁可嘉《论新诗现代化》，生活·读书·新知三联书店1988年版，第16页。
④ 默弓（陈敬容）：《真诚的声音——略论郑敏、穆旦、杜运燮》，载《诗创造》1948年第十二期；转引自孙玉石《中国现代主义诗潮史论》，北京大学出版社1999年版，第326页。

许洁泯认为:"与其读一百首意境朦胧的东西,还不如聆一篇感人肺腑的叫喊"①,阿垅更是以《我们今天需要政治内容,不是技巧》为题作文;前者如湖畔诗派、新月诗派的部分诗歌,后者如部分左翼诗歌以及以七月诗派的诗歌为代表的部分抗战诗歌②。

其次,受到了肇始于20世纪20年代穆木天、王独清、梁宗岱后又被30年代戴望舒、卞之琳、40年代的袁可嘉"九叶"诗友们等继承并发扬光大的诗歌理论和实践的影响——20年代的穆木天、王独清、梁宗岱等的"纯诗"理论及其实践,30年代的以戴望舒代表的"现代派"诗论及其实践,40年代的袁可嘉的"九叶"诗友的诗歌观念和实践,它们或为这些诗学观念产生的触媒,或为这些诗学观念的实证材料。

第三,受到了其他现代诗人的诗学观的影响——路易士强调"新诗"的"新"就在于其表现了前所未有的"现代的"经验:"新诗是现代人的新诗,免不了也包含了现代文明的一切在内,但这还不是它的本质上的新。在本质上,新诗之新,依然是其情绪的新。它应该是'道前人之所未道,步前人之所未步'的。现代人的生活,显然不同于前一二个世纪的。忙迫,变化,速率,骚音,丑恶,恐怖,不安定,不宁静,及其他。我们生于现代,我们有所体验,而我们的经验不同于前一二个世纪的,我们的诗,连同我们的文学,艺术,文化一般,自然也有我们这一时代的特色。我们的生活愈更复杂,我们的情绪也就愈更微妙了。"③

③关于情绪、思想等与诗的观点

沈从文认为:"诗应当是一种情绪和思想的综合,一种出于思想情绪

---

① 许洁泯:《勇于面对现实》,载《诗创造》1947年第1卷第2期;转引自张岩泉《诗人的聚合与诗坛的分化——40年代与九叶诗派有关的三次论辩述评》,载《湖北三峡学院学报》2000年第3期。

② 它们在抗战时期为诗坛力倡,如《高射炮》(征军、王亚平、戴何勿主编)的发刊诗《前奏曲》就直白地吟咏"我们的歌声要高过/敌人射出的高射炮",该刊的《编后》还概要地指出了诗歌的战斗作用:"诗歌工作应和了大时代的要求,也当立刻站起来,歌唱起来,以增强抗战的力量"(1937年8月25日),《战歌》("救亡诗歌社"编)则在"投稿规约"里明言"本刊为抗战诗歌刊物","谢绝与抗战无关的作品"(1938年8月),《新诗歌》(延安版,萧三主编,延安战歌社与山脉文学社合编)在创刊号上号召诗人"你现在不能丢炸弹,动刀枪,——/你应该写些诗歌给他们唱:/诗人,诗歌可比子弹和刺刀。"(1940年9月1日)

③ 路易士:《新诗之诸问题(中)》,载上海《语林》1945年第1卷第2期。

重铸重范原则的表现。容许大而对宇宙人生重作解释,小而对个人哀乐留个记号,外物大小不一,价格不一,而于诗则为一"①,袁可嘉一方面深受沈从文的青睐——袁可嘉曾说:沈从文和朱光潜是"当年鼓励我写作、并亲手为我发表习作的前辈著名作家"②;另一方面终身敬重沈从文——在沈从文晚年时,甚至把沈从文请到家里吃饭,并请郑敏作陪③;袁可嘉的诗论相关内容与沈从文的这些观点一致,显然受其影响。

④关于推崇"最大量意识状态"的观点

袁可嘉强调诗人自我意识与社会意识的融合、推崇"最大量意识状态"等实际上是针对20世纪30年代中国现代主义诗学对现代人的心理意识带有神秘色彩的解释以及延续到40年代的影响的——在20世纪从20年代后期象征派诗歌开始至30年代现代派诗歌的中国现代主义诗歌运动中,不少人认为现代诗与现代人的心理意识密切相关,因此,诗人应着力表现现代人的内心感受,如施蛰存认为"现代的诗"所表达的"是现代人在现代生活中所感受的现代情绪"④,苏汶认为"一个人在梦里泄漏自己的潜意识,而在诗作里泄漏隐秘的灵魂"⑤;施蛰存、杜衡等的观点实际上均受到了20世纪二三十年代出现在学界的象征主义、直觉主义、弗洛伊德主义的影响,同时也在当时的诗坛上产生了影响并延续到40年代。

⑤关于"人本位或生命本位"、"文学本位或艺术本位"及"人的文学"、"人民的文学"等的观点

20世纪40年代,中国诗坛主要有两种强势的诗学:西化色彩浓重的现代主义诗学和意识形态色彩浓重的现实主义诗学——

前者早在20世纪20年代就出现了。它是在意象主义、表现主义、象

---

① 沈从文:《新废邮存底·十七》,载《沈从文文集》第12卷,花城出版社、三联书店香港分店1984年版,第51页。
② 袁可嘉:《论新诗现代化·自序》,载袁可嘉《论新诗现代化》,生活·读书·新知三联书店1988年版,第2页。
③ 徐梅:《袁可嘉:落"叶"归根》,载《南方人物周刊》2008年第33期。
④ 施蛰存:《又关于本刊中的诗》,载王锺陵《二十世纪中国文学史文论精华·新诗卷》,河北教育出版社2000年版,第128页。
⑤ 苏汶:《〈望舒草〉序》,载陈绍伟《新诗集序跋选》,湖南文艺出版社1986年版,第237页。

征主义、未来主义等的影响下出现的，不过，受象征主义的影响最大，甚至"20世纪40年代以前，中国诗歌界有关现代主义的诗歌概念，多半是依照象征主义描画出来的。在某些极端的论战时刻，象征主义甚至经常被对等似地混同于现代主义。由于种种原因，象征主义没能适应30年代中国严峻的社会现实对它的挑战，特别是在抗日战争爆发以后，象征主义遭到诗界的普遍遗弃"[①]，"'为艺术而艺术'的'纯诗'之路越来越构成了艺术发展的阻力，20世纪30年代现代派诗歌的诗形僵死、诗思枯、未老先衰已经造成了相当的危机，以至有人发出了'要有野蛮、质朴、大胆、粗犷'的诗歌诉求"[②]，现代主义诗学也日趋式微，直到20世纪40年代，随着九叶诗人群的出现，现代主义诗学才复炽。

　　后者也早在20世纪20年代就出现了，如以文学研究会为中心形成的"人生派"诗论；20世纪30年代有了进一步的发展，如中国诗歌会的诗论；到20世纪40年代，七月诗派的胡风明确地认为："在现在，与其更多地耽心文艺本身的将来，倒不如更密切地和当前的战斗结合，因为现实主义者的第一义的任务是参加战斗，用他的文艺活动，也用他的行动全部……在战争的时代（荷马），在战争与革命的时代（高尔基），作家，战斗者，是为了服务战争而存在的，用他的文艺活动（诗歌，报告，小说，剧本，等等），更用他的全身（实践）"[③]，"第一是人生上的战士，其次才是艺术上的诗人……无条件地为人生上的战士者，才能够有条件地为艺术上的诗人"[④]。阿垅早在1943年就认为在当时现实条件下，诗歌需要的是政治内容，而不是技巧，后来又批评穆旦的诗集《旗》"没有足够吸引我的那些很强的东西"，认为"和他底诗集同名的另一个诗集（指七月派诗人孙钿的同名诗集——引者注）对比起来，他是根本缺乏孙钿底那种坚实的行动性和坚毅的乐观主义的"，诗集所表露的是"无可奈

[①] 臧棣：《袁可嘉：40年代中国诗歌批评的一次现代主义总结》，载《文艺理论研究》1997年第4期。
[②] 李怡：《"新诗现代化"及其中国意义》，载《文学评论》2011年第5期。
[③] 胡风：《论战争期间的一个战斗的文艺形式》，载《胡风全集》第2卷，湖北人民文学出版社1999年版，第515页。
[④] 胡风：《关于题材，关于"技巧"，关于接受遗产》，载《胡风全集》第3卷，湖北人民文学出版社1999年版，第82页。

何的悲观主义"、"冰冷的虚无主义"①,"我们今天需要政治内容,不是技巧"②;在朱自清提出应该警惕过于强调"人民性"时——"胜利突然而来,时代却越见沉重了,'人民性'的强调,重新紧缩了'严肃'那尺度。这'人民性'也是一种道……不过太紧缩了那尺度,恐怕会犯了宋儒'作文害道'说的错误。目下黄色和粉色刊物的风起云涌,固然是动乱时代的颓废趋势,但是正经作品若是一味讲究正经,只顾人民性,不管艺术性,死板板的长面孔教人亲近不得读者们恐怕更会躲向那些刊物里去。这是运用'严肃'的尺度的时候得平心静气算计算计的。"③——阿垅针锋相对地指出:"是的,'人民性'是严肃的。但是,严肃并不等于不许欢乐,那种乐观主义的光采,那种战斗和胜利的狂欢与光荣,那种理想和行动的春情和歌曲!严肃并且是为了欢乐的","那种'格律诗派'呀,'象征诗'派呀,在那里面,却更无从寻问什么'人民性'的;就是说,在那里面,'公众世界'是连影子也不存在的。"④ 许洁泯认为文学应该被赋予神圣的战斗任务,"一切的战斗的现实的内容,也必须是政治内容",所有的诗,无论诗体形式,"都是政治内容的","诗人应该认清现实,看明读者"⑤;臧克家认为为了激励人们的斗志,《诗创造》应该多发表战斗气息浓厚、与人民生活联系密切的作品;《诗创造》的成员劳辛认为袁可嘉《空》一诗"无论其气质和表现的手法都是与今天的战斗的时代精神不统一的"⑥……总的来看,后者强调"诗人的现实意识、时代感、历史感、政治意识,以及诗歌的社会功能的现实主义的解释","截然否定在中国进行任何意义上的现代主义诗歌写作的合法性和可能性"⑦。

---

① 阿垅:《〈旗〉片论》,转引自陈旭光《永远的"哈姆莱特"——一类中国现代知识分子的矛盾心态》,载《海南师范学院学报》(社会科学版)2003年第2期。
② 阿垅:《我们今天需要政治内容,不是技巧》;参见张岩泉《诗人的聚合与诗坛的分化——40年代与九叶诗派有关的三次论辩述评》,载《湖北三峡学院学报》2000年第3期。
③ 朱自清:《论严肃》,载《朱自清全集》第三卷,江苏教育出版社1996年版,第141页。
④ 阿垅:《〈新诗杂话〉片论》,转引自陈旭光《永远的"哈姆莱特"——一类中国现代知识分子的矛盾心态》,载《海南师范学院学报》(社会科学版)2003年第2期。
⑤ 许洁泯:《勇于面对现实》,载《诗创造》1947年第2辑。
⑥ 劳辛:《诗底粗犷美短论》,载《诗创造》1947年第4辑。
⑦ 臧棣:《袁可嘉:40年代中国诗歌批评的一次现代主义总结》,载《文艺理论研究》1997年第4期。

对前者，袁可嘉虽然坚定地相信它"要优于现实主义"，但又"依据中国现代诗人的处境和所面临的问题，对现代主义诗学进行必要的修正"，以"建立一种与现实主义诗学体系的对话基础……表明中国现代主义诗学并不排斥现实主义所萦萦系怀的诗歌问题"①——他参照的"奥登和艾略特的现代主义诗艺都浸透有对现实的强烈关注"②，并"剔除了象征主义轻视现实的诗歌因素及其神秘主义色彩"③，认为"在服役于人民的原则下我们必须坚持人的立场、生命的立场；在不歧视政治的作用下必须坚持文学的立场，艺术的立场"。④ 对后者，袁可嘉一方面认同其"确凿结论"，另一方面又"以相当篇幅就这些问题重新展开讨论，提供了一种现代主义的理解"⑤，认为："人的文学""坚持人本位或生命本位"，"坚持文学本位或艺术本位"，而"人民的文学"则"坚持人民本位或阶级本位"，"坚持工具本位或宣传本位（或斗争本位）"，一方面，"人的文学"包含"人民的文学"；另一方面，"人民的文学"是"人的文学"的一个发展。⑥ 他"折中调和'人的文学'与'人民的文学'，拒绝把两者推向现代主义或者写实主义的极端，与其是由于他的丰富的'文学史经验'，倒不如说是出自于他对无穷的历史变化和现实的复杂矛盾的一种积极的回应"⑦；同时，也因为在20世纪三四十年代，虽然"'人民'使'五四'时期所标举的'人'有了更具体、更现实的内涵"，但是，"'人民本位'的至上化与极端化却使其蜕变为民粹主义，丧失了基本的科学性、现代性。"⑧

⑥关于"民主与诗"的观点

袁可嘉关于"民主与诗"的观点实际上是对当时现实问题的回应——

---

① 臧棣：《袁可嘉：40年代中国诗歌批评的一次现代主义总结》，载《文艺理论研究》1997年第4期。
② 同上。
③ 同上。
④ 袁可嘉：《"人的文学"与"人民的文学"——从分析比较寻修正，求和谐》，载袁可嘉《论新诗现代化》，生活·读书·新知三联书店1988年版，第124页。
⑤ 臧棣：《袁可嘉：40年代中国诗歌批评的一次现代主义总结》，载《文艺理论研究》1997年第4期。
⑥ 袁可嘉：《"人的文学"与"人民的文学"》，载袁可嘉《论新诗现代化》，生活·读书·新知三联书店1988年版，第112—124页。
⑦ 张松建：《现代诗的再出发》，北京大学出版社2009年版，第176页。
⑧ 邵瑜莲、符杰祥：《论袁可嘉现代诗学体系的文化意义》，载《东方论坛》2001年第4期。

在当时，人们常常"将民主只看作是狭隘的一种政治制度，而非全面的一种文化模式或内在的一种意识状态；将诗只看作是推动政治运动的工具而非创造民主文化和认识的有机部分"，"一方面要求政治上的现代化、民主化，一方面在文学上坚持原始化，不民主化"①，"如果袁可嘉……关于'现代'诗歌艺术的建构还都是在'中外文化交流与对话'的大背景中展开的，其中国意义也是在古今中外艺术元素的比照甄别中呈现出来的，那么，他关于现代诗歌的'民主'内涵、'人民'价值的论述，则直接代表了诗家对中国'现代'问题的关注与回应。"②

（5）袁可嘉的"诗的戏剧化论"与中国现代诗论（文论）、诗歌或诗论（文论）、诗歌的"生态环境"的影响

袁可嘉关于"新诗戏剧化"的观点固然明显地受到了西方诗论的影响，但也与新诗的实践及理论不无关系——朱自清、徐志摩、闻一多、卞之琳等曾在其诗歌中运用戏剧性情节、场景、对话等手段以节制初期新诗散漫无形和过分直接的抒情方式，如在 20 世纪 20 年代，朱自清在《小舱中的现代》一诗中运用了对话，徐志摩、闻一多等在一些诗中也运用了对话，如徐志摩的《海韵》、《先生！先生！》、《叫化活该》、《谁知道》、《夜·六》等，闻一多的《西岸》、《李白之死》、《大鼓师》、《什么梦》、《罪过》等。在 30 年代，卞之琳将戏剧化作为一项重要手段引入新诗——他说自己写抒情诗倾向于"'戏剧性处境'，也可以说倾向于小说化，典型化，非个人化，甚至偶尔出现了戏拟（parody）"③，"常通过西方的'戏剧性处境'而作'戏剧性台词'"④；柯可认为："诗剧"为"中国新诗的形式方面的新方向"之一⑤；叶公超认为："惟有在诗剧里我们才可以探索活人说话的节奏，也惟有在诗剧里语言意态的转变最显明，最复杂"⑥。在

---

① 袁可嘉：《诗与民主——五论新诗现代化》，载袁可嘉《论新诗现代化》，生活·读书·新知三联书店 1988 年版，第 40—43 页。
② 李怡：《"新诗现代化"及其中国意义》，载《文学评论》2011 年第 5 期。
③ 卞之琳：《雕虫纪历·自序》，载《雕虫纪历》，人民文学出版社 1979 年版，第 3 页。
④ 同上书，第 15 页。
⑤ 柯可：《论中国新诗的新途径》，载杨匡汉、刘福春编《中国现代诗论》上编，花城出版社 1985 年版，第 267 页。
⑥ 叶公超：《论新诗》，载杨匡汉、刘福春编《中国现代诗论》上编，花城出版社 1985 年版，第 334 页。

40年代，闻一多主张"在一个小说戏剧的时代，诗得尽量采取小说戏剧的态度，利用小说戏剧的技巧，才能获得广大的读众"，"要把诗做得不像诗了。也对。说得更确切点，不像诗，而像小说戏剧，至少让它多像点小说戏剧，少像点诗。太多'诗'的诗，和所谓'纯诗'者，将来恐怕只能以一种类似解嘲与抱歉的姿态，为极少数人存在着……这是新诗之所为'新'的第一也是最主要的理由"①。新诗也有与"戏剧化"的三个"方向"相对应的"案例"，如"里尔克式"的——辛笛的《弦梦》，陈敬容的《力的前奏》，郑敏的《怅怅》、《金黄的稻束》、穆旦的《海恋》、《诗八首》、《退伍》等；"奥登式"的——杜运燮的《一个有名字的兵》、《善诉苦者》、《追物价的人》、《狗》、《闪电》等，杭约赫的《严肃的游戏》、《最后的演出》、《丑角的世界》，袁可嘉的《上海》、《南京》、《难民》；"写诗剧"——穆旦的《神魔之争》、《森林之魅》、《隐现》等。而袁可嘉又与这些人有直接或间接的联系，因此，显然是受其影响的。

不过，在朱自清等人那里，"戏剧化"只是作为"理性节制情感"②的审美原则下的一种具体写作技巧，而在袁可嘉那里，"戏剧化"则已上升为一个完整的诗歌创作理念。

(6) "戏剧主义论"与中国现代诗论（文论）、诗歌或诗论（文论）、诗歌的"生态环境"的影响

袁可嘉强调文学批评应该遵守"民主"的原则，这在很大程度上是针对20世纪40年代后期的文学批评而产生的——在当时，基于阶级斗争的政治批判逐渐压倒了基于文学创作的文学批评，文学批评往往将重点放在政治定性，对此，平津地区的一些恪守文学本位的文人予以了积极的反拨，如冯至强调批评与论战的严格区别——他从德文字源上考察批评（Kritik）和论战（Polemik）的区别，认为前者是客观地判别是非真伪，注重作品的价值估量和优点弱点的分辨，后者往往是对所攻击的对象进行主观的否定和对某一种思想进行单纯的拥护或反对。他们主张在文学批评

---

① 闻一多：《文学的历史动向》，载《闻一多全集》第一册，生活·读书·新知三联书店1982年版，第205页。
② 钱理群、温儒敏、吴福辉：《中国现代文学三十年》，北京大学出版社1998年版，第129页。

领域建立一个"民主"的空间,强调革除那种"有些批评家对与自己脾胃不和的作品,不就文论文来指摘作品缺点,而动辄以富有毒素和反动落伍的罪名来抨击摧残"的"不民主"的批评和只准一种作品存在的"独裁"观念①。袁可嘉本是主张恪守文学本位的——属平津地区恪守文学本位的文人之一,与其他文人"渊源"深广,如与沈从文、朱光潜、杨振声、卞之琳、冯至等均有师生关系,且关系至为密切——朱光潜主编的商务版《文学杂志》和沈从文主编的天津《益世报·文学周刊》都是袁可嘉经常发表诗作和评论文章的地方,因此,他的文学批评的"民主"观实际上一是与冯至等一样——是针对"不民主"的文学批评而产生的,二是受到了冯至等人的影响。

(7) 袁可嘉的诗论所受的西方影响与中国现代诗论(文论)、诗歌的"生态环境"的影响

在 20 世纪三四十年代的西南联大校园,燕卜荪所开设的《当代英诗》课,"内容充实,选材新颖"②,"从史文朋、霍甫金斯、叶慈、艾略特一直讲到 30 年代新诗人如奥登"③,"燕卜荪的课堂传授如何立竿见影地化成学生的创造实绩,虽无明显的轨迹,却也有一定的思路可以寻绎"④;"闻一多编有《现代诗钞》;朱自清著有《新诗杂话》,倡导现代主义的诗歌艺术;冯至、卞之琳等运用现代主义诗歌技巧进行创作。特别是当时在西南联大校园里的诸多文学名家们,'在介绍现代派文学方面起到了先锋作用。他们在课堂上开讲现代派课,自己通过著作、翻译和编辑活动介绍现代派作品,对在校的青年学子和后方文艺界有很大影响'"⑤;新批评理论在当时的中国虽说只是零星的介绍,但在西南联大却颇受青睐,如对艾略特的诗歌和诗论,叶公超曾积极译介和推崇,其学生赵萝蕤在 1938 年

---

① 参见冯至《批评与论战》,载《中国作家》1948 年第 1 卷第 3 期。
② 王佐良:《穆旦的由来与归宿》,载《王佐良文集》,外语教学与研究出版社 1997 年版,第 467 页。
③ 杨周翰:《外语教育往事谈——教授们的回忆》,上海外语教育出版社 1988 年版,第 134 页。
④ 姚丹:《西南联大历史情景中的文学活动》,广西师范大学出版社 2000 年版,第 245 页。
⑤ 杨绍军:《西南联大诗人群体的新诗批评理论及其外来影响——以袁可嘉、王佐良为中心的探讨》,载《昆明师范高等专科学校学报》2008 年第 2 期。

翻译了艾略特的《荒原》——赵译本《荒原》是中国最早的汉译本；奥登的诗"更好懂，他的渗和了大学才气和当代敏感的警句更容易欣赏，何况……他在政治上不同于艾略特，是一个左派，除了在西班牙内战战场上开过救护车，还来过中国抗日战场，写下了若干首颇令我们心折的十四行诗"①——也就是说，奥登的诗在当时受到了一种普遍性的欢迎……因此，袁可嘉的诗论受西方的影响与当时的中国诗论（文论）、诗歌的"生态环境"的影响颇有关系。

除受到了中西两方面的影响外，袁可嘉的诗论的产生还有袁可嘉自身方面的原因：

1. 审美趣味。早在提出"新诗'现代化'"理论之前的1942年，袁可嘉的审美趣味便由浪漫主义转向了现代主义—1942年，他读到冯至的《十四行集》，感到"好似目睹一颗彗星突现，照亮了新诗质变的天空。他用日常素材，以朴素含蓄的语言，鲜活生动的形象表达了深刻的思想和旷远的意境。这在新诗中是罕见的，是四十年代现代主义诗的一座高峰。我开始认识诗不止是激情的产物，而是生活体验的提升结晶。沉思和理性、观察和体悟在诗中有特殊作用。"②当他读到卞之琳先生的《十年诗草》时，惊叹"中国新诗竟还有这样的杰作！"③"'深觉现代敏感和古典风范的融合已到了精纯的高度，尤其其中的《慰劳信集》为我国多年来沉滞不前的政治社会抒情诗闯出了一条新路。'"④因此，其"新诗'现代化'"理论的提出，除了与中外诗歌、诗论的影响有关外，还与其自身的审美趣味的作用有关，也就是说，袁可嘉最初是从个人美学趣味出发孕育其"新诗'现代化'"理论的。

2. 知识背景。袁可嘉在西南联大所学的是英语，在校期间，除了直接阅读原版的英美诗歌、诗论外，还身受过一些外籍诗人、诗论家的濡

---

① 王佐良：《穆旦的由来与归宿》，载《王佐良文集》，外语教学与研究出版社1997年版，第466页。

② 转引自刘士杰《走向现代、现实和浪漫的三结合》，载《现代主义诗歌在中国的命运》，社会科学文献出版社2009年版，第338页。

③ 袁可嘉：《文如其人——痛悼卞之琳老师》，载《光明日报》2000年12月14日。

④ 转引自刘士杰《走向现代、现实和浪漫的三结合》，载《现代主义诗歌在中国的命运》，社会科学文献出版社2009年版，第338页。

染，如英国著名记者和诗人罗伯特·白英给袁可嘉及其同学上现代英诗的课程，袁可嘉还曾应白英的要求用英文翻译了几首徐志摩的诗，并被白英收入其所编的《当代中国诗选》。又如，燕卜逊给袁可嘉的学长穆旦等开过现代诗课程，并"在他就读的西南联大曾产生过不容忽视的影响。四十年代后期，燕卜逊重新应聘北京大学，两人几乎是同事"①。此外，瑞恰慈也曾在袁可嘉就读的西南联大任教；因此，袁可嘉在西南联大及北大时的知识背景对其"新诗'现代化'"理论的构建无疑起了重要的作用。不过，这一知识背景也制约了他对传统诗学的认识和接受，导致其诗论缺乏一种厚重的文化底蕴，也埋下了其诗论未能进一步发展的"种子"——在1949年之后，其"新诗'现代化'"理论未能进一步发展，不能完全归结于政治高压，袁可嘉本人知识背景的西化色彩偏强和传统色彩的偏弱以及由此导致的其理论传统成分偏少等也都是其重要原因。

3. 求学经历。袁可嘉在其求学经历中直接地或间接地接触过朱光潜、徐志摩、卞之琳、冯至、沈从文、闻一多、朱自清、杨振声等，他们无疑对袁可嘉及其诗论是产生了影响的，如袁可嘉在南渝中学即重庆南开中学读书时，就喜欢朱光潜的《给青年的十二封信》和《文艺心理学》，爱读与朱光潜密切相关的《中学生》杂志，后来又在朱光潜任教的西南联大就读，对朱光潜可想而知更是"心向往之"的；因此，朱光潜"人生是有机的"②的观点无疑对袁可嘉的"有机综合"的观点是产生了影响的。又如，袁可嘉早期是钟爱浪漫派诗歌的，对徐志摩是欣赏有加的——后来在论述卞之琳时，论及过徐志摩对新诗的贡献尤其是对新诗艺术方面的贡献，袁可嘉最初的译诗便是应英国诗人罗伯特·白英的要求翻译徐志摩的诗，因此，袁可嘉及其诗论无疑是受到了徐志摩的影响的——只不过不一定全是"顺向"影响而已。再如，卞之琳的《十年诗钞》和冯至的《十四行集》对袁可嘉诗歌观点和创作风格的改变更是产生了直接的影响③。至于沈从文、闻一多、

---

① 臧棣：《袁可嘉：40年代中国诗歌批评的一次现代主义总结》，载《文艺理论研究》1997年第4期。

② 朱光潜：《文艺心理学》，复旦大学出版社2009年版，第2页。

③ 袁可嘉曾说："我最初喜爱英国浪漫主义和徐志摩的诗，1942年以后接触到西方现代主义文学，卞之琳的《十年诗抄》和冯至的《十四行集》，觉得现代派诗另有天地，更贴近人的生活，兴趣就逐渐转移。"（《半个世纪的脚印》，人民文学出版社1994年版，第1页。）

朱自清、杨振声等对袁可嘉的影响,更是显而易见或者有史可稽。此外,西南联大的校园环境也对袁可嘉及其诗论也是产生了影响的——燕卜荪等外籍教师以及杨振声、赵西陆、罗常培、冯至、朱自清、孙毓棠、沈从文、卞之琳、闻家驷、李广田、闻一多等中国教师的教导,袁可嘉的西南联大诗友们如穆旦、杜运燮、郑敏等的创作,为数众多的文学刊物和诗歌团体如"南湖社"、"高原社"、"南荒社"、"冬青文艺社"、"文艺社"、"新诗社"、"耕耘社"、"布谷社"等的活动,这些对袁可嘉及其诗论无疑是产生了影响的。

4. 自己的诗歌创作与阅读实践。袁可嘉主要是在1946—1948年间提出和建构其"新诗'现代化'"理论的,他集中地创作诗歌也主要是在那段时间;而他又是先"学写诗,后来转向了理论,因此创作是他的基础。他的第一篇诗论是谈创作的,可以说是谈怎样写诗,不过不是谈自己写诗的经验,而是一些学习诗歌文本过程中的'发现',题目叫'论诗境的扩展与结晶'。第二篇谈及对当时诗坛流行倾向的一个重要观察,并概括为'政治感伤性'。接下来他谈到了诗的主题、晦涩、道路这些当时诗坛上的比较重要的问题的观感"①;因此,"他的理论主张与创作实践便形成了一种相互证实的关系。"② 同时,他的有关"新诗戏剧化"的"戏剧化"这一观念的确是来自西方,但他对诗剧的思维方式优点的肯定却是来自他个人的,对诗剧的思想观念实际上是个人阅读诗歌的总结。

5. 禀赋。在提出和建构"新诗'现代化'"时的袁可嘉既有深厚的语言功力,又有敏锐的诗感,对中国现代主义诗歌在40年代中期以前所遭遇的挫折也异常敏感。

三

总的来看,袁可嘉的诗论具有如下特点:

(一) 西化色彩强

首先,如前所述,袁可嘉的诗论在诸多具体观点上明显地受到了西方

---

① 蓝棣之:《九叶派诗歌批评理论探源》,载蓝棣之《现代诗歌理论:渊源与走势》,清华大学出版社2002年版,第50页。

② 许光锐:《袁可嘉的两首十四行诗》,载《袁可嘉诗歌创作与诗歌理论研讨会论文集》,首都师范大学中国诗歌研究中心2009年版,第17页。

诗论的影响。

其次，袁可嘉的诗论大量使用西方诗论（文论）的一些概念、范畴或术语。

中国古代诗论有一套较为完整的概念、范畴和术语，如物感、神思、情思、风骨、情采、兴寄、兴象、意象、情境、意境、气韵、滋味、兴趣、性灵、情景、神韵、味上之旨、韵外之致、言外之意、象外之象等，但这些概念、范畴或术语很少被袁可嘉的诗论使用，即使偶有被使用，也并非从古代诗论的角度而是从西方诗论的角度被使用的，如象征，在袁可嘉那里，"主要指的不是波德莱尔的以'契合'论为基础的那一套神秘主义象征学说而是后期象征主义以来的西方现代诗的一个特征"[1]；而西方诗论（文论）的一些概念、范畴或术语则被大量使用，如"客观联系物"、"戏剧化"、"文本的有机性"、"想象逻辑"、"最大量意识状态"……

第三，袁可嘉的诗论大量地引用了西方诗论（文论）家或诗人的言论或观点。

"《论新诗现代化》一书共收入26篇文章，其中完全没有引文的只有两篇（《论现代诗中的政治感伤性》和《批评漫步》），其余诸篇对于他人话语皆有引述。其中，最为袁氏借重的中外文士出现的频率分别为：艾略特73次，奥登34次，鲍特尔28次，马克思19次，立恰慈17次，叶芝15次，弗洛伊德与莎士比亚14次，里尔克12次……史本特9次，亚里士多德8次，柯尔立奇、雪莱、布洛克斯……7次……安诺德6次。"[2] 而且，被引及的多为西方现代文论家或诗人——可以说，袁可嘉的诗论与西方现代诗学保持同步对话的关系。

第四，袁可嘉的诗论论及了大量的西方诗论（文论）家或诗人。

除有言论或观点被引述的艾略特等外，还有不少西方诗论（文论）家或诗人被论及，如柏拉图、贺拉斯、维柯、史达尔夫人、圣伯甫、泰纳、赫伯特·里德、克罗齐、玛里丹、肯尼斯·勃克、乌尔班、布拉克墨尔、

---

[1] 张松建：《现代诗的再出发》，北京大学出版社2009年版，第180页。
[2] 刘金华：《袁可嘉新诗批评与艾略特的影响》，载陈飞、张宁主编《新文学》第五辑，大象出版社2006年版，第199页。

利维斯、考德威尔等。

（二）学理性强

袁可嘉的诗论具有很强的学理性——在袁可嘉的诗论问世的当时，杭约赫就指出："袁可嘉先生对现代诗与现代文学批评有过湛深的研究，读过他发表在《文学杂志》与大公报《星期文艺》上的论新诗现代化的论文的，可以想象得到他的精辟的论点与细致的分析力"①；总的来说，它不是主情而是主智，不像同为九叶诗派的诗人和诗论家（批评家）的唐湜那样往往注重个人的直觉和感悟的把握、充斥大段的抒情文字，而是颇为理性，学理性强——具体地说：

1. 注重理论体系的建构

其一，有明确的观念和一套自成一体的概念。袁可嘉的诗学观念、观点都是明确的，"并时常流溢出一种决断论的色彩"②——无论是"新诗'现代化'"的理论，还是"新诗'现代化'"理论的一些具体观点，大多如此。同时，袁可嘉的诗学有一套表达特定观念和观点的概念——"在西方文艺思想的压迫性输入之中，现代中国的文艺理论家与诗学家不得不将相当多的精力放在了应付、消化外来资源方面，由此形成了我们自身理论建设包括概念归结的严重匮乏，现代中国的几部体系完整的'诗学'——包括朱光潜、艾青等人不无贡献的诗学——都未曾在推出新的诗学概念方面做出更多的努力。虽然袁可嘉从不讳言自身诗学观念中所接受的外来痕迹，但他却总能自如地运行于所有这些外来诗学概念之上而予以新的组合和改造，并且形成自己的新的思想形式"③，并在此基础上提出了新诗现代化、现实、象征、玄学、政治感伤、情绪感伤、民主的诗、包含的诗、客观对应物、新诗戏剧化、想象逻辑、思想知觉化、戏剧主义、诗境的扩展、诗境的结晶、最大量意识状态、文本的有机性、机智、似是而非与似非而是、讽刺感、辩证性、人民的文学、人的文学等具有特定含义的诗学概念。

---

① 杭约赫：《编余小记》，载《诗创造》1948 年第 1 卷第 12 期。
② 臧棣：《袁可嘉：40 年代中国诗歌批评的一次现代主义总结》，载《文艺理论研究》1997 年第 4 期。
③ 李怡：《"新诗现代化"及其中国意义》，载《文学评论》2011 年第 5 期。

其二，袁可嘉的诗论虽是以论文的形式展开的，论文的撰写和发表也是直接针对诗坛现实的，带有很大的"随机性"——看似不成系统，但实际上并非如此——它包括"诗的本体论"、"有机综合论"、"诗的艺术转化论"、"诗的戏剧化论"、"戏剧主义论"等内容，几乎涵盖了诗论的全部问题，且彼此紧密相连，构成了一个颇为完整而又逻辑严密的诗学体系。

2. "研究重于欣赏，制度化意味甚过一时的兴会感发……立论表现出智力与明晰"[1]

在20世纪40年代的中国诗坛上，对新诗进行理论思考的人不少，如朱自清、李广田、孙毓棠、陈敬容、萧望卿、楚天阔、朱英诞、查显琳、废名、林庚、路易士、郭绍虞等，但"鼓吹现代主义最力、最值得我们注意的，首推是袁可嘉和唐湜。唐湜的新诗批评，走的是梁宗岱的印象主义批评的路子，注重个人的直觉和感悟的把握，充斥大段的抒情文字。虽然他声称'我们应该接受欧洲人科学的批评方法、精明的分析与刻骨的刻划'，但是，他在'批评究竟是一门科学还是一门艺术抑或两者兼具'这个问题上闪烁其词，所以，理性分析与诗化叙述时常混杂一处"[2]；而"袁可嘉的诗论是心平气和的学术阐释，并非论战"，如《"人的文学"与"人民的文学"》；"对于他深恶痛绝的感伤也绝不谩骂，而是指陈利害，说明感伤对文学本体的损害。(《漫谈感伤》)他的文论是从文学内部进行探究，即使争议，也属于文学内部，而并不引渡到非文学的范畴"[3]……这与胡适、朱光潜等的诗论风格一脉相承；有的则是一种新批评式的科学论文，如《从分析到综合》……总的来看，"研究重于欣赏，制度化意味甚过一时的兴会感发……立论表现出智力与明晰"[4]，颇具学理性。

（三）现实针对性强

如前文所述，袁可嘉的诗论在广受西方影响的同时，也广受中国本土

---

[1] 蓝棣之：《九叶派诗歌批评理论探源》，载蓝棣之《现代诗歌理论：渊源与走势》，清华大学出版社2002年版，第46页。

[2] 张松建：《现代诗的再出发》，北京大学出版社2009年版，第169页。

[3] 张同道：《探险的风旗》，安徽教育出版社1998年版，第392页。

[4] 蓝棣之：《九叶派诗歌批评理论探源》，载蓝棣之《现代诗歌理论：渊源与走势》，清华大学出版社2002年版，第46页。

的影响——其出发点是为了克服中国新诗的弊端、推进中国新诗的发展，不少观点更是针对一些具体的诗歌和诗论现象产生的，并根据中国的"现实"而对西方诗学进行了"斟酌损益"；新中国成立之后的不少诗论也是针对直接的现实需要而写的，如针对"'反资批修'的需要"而"在1960—1964年间撰写了几篇批判英美现代派文学的文章：《托·史·艾略特——美英帝国主义的御用文阀》，《新批评派述评》，《略论美英现代派诗歌》，《英美意识流小说述论》，《腐朽的文明，糜烂的诗歌》"[①]；又如，为《九叶集》的出版而写的《〈九叶集〉序》，为纪念穆旦、卞之琳而写的《诗人穆旦的位置——纪念穆旦逝世十周年》、《略论卞之琳对新诗艺术的贡献》等；因此，总的来说，具有强烈的现实针对性。

（四）前瞻性

袁可嘉的诗论不仅现实针对性强，而且具有"前瞻性"——无论是像"新诗'现代化'"的理论，还是像新诗（新文学）的"文化性"胜于其"文学性"等具体的诗学观，它们都在近半个世纪以后再次成为中国学界的热点问题。同时，关于"人的文学"与"人民的文学"的观点，也可以说是对新中国自成立至改革开放开始极左文学倾向的一个预警。这种前瞻性必然使其具有超前性或先锋性——这也使其在当时及随后很长一段时间不为人所理解，以至于被"埋没"。

四

袁可嘉的诗论也非尽善尽美，具体地说，大致有以下几点缺憾：

（一）它受西方诗论（文论）、诗歌的影响过强，有些观点及其表达甚至是西方诗论（文论）相关观点及其表达的移植，论据多以西方诗歌为主，词语、句式、表述欧化严重，理论的阐述受西方学院派的影响也很明显但又不够深入透彻，如"对艾略特的多个意象叠加形成象征体的探讨仅停留在体验阶段，未能深入下去，未能上升到一个更高的理论层次"[②]，因而，从整体上来看，原创性不够，"有欧化之嫌，有些地方概念混乱，

[①] 《袁可嘉自传》，载袁可嘉《半个世纪的脚印》，人民文学出版社1994年版，第578页。
[②] 李国兴：《袁可嘉诗论研究》，硕士学位论文，陕西师范大学，2010年，第42页。

逻辑不清,词语芜杂,甚至有拗口重复的毛病"①,很难超出学园而进入空间更为广阔一点的领域进行探讨;对所引入和运用的一些概念、术语,如"文本的有机性"、"最大可能量意识活动"、"想象逻辑"等,既没有从西方诗学发展史的角度厘清这些概念、术语的内涵演变及用法,又没有结合新诗的具体文本对之进行实证性阐释,也没有从新诗的内在需要和生态环境出发将之"中国化",因而使得它们既有点"面目模糊",又与中国本土诗学不是十分的"接榫"。

同时,在吸收和借鉴西方诗论时甄别和选择都不太够,一方面存在着过于宽泛和芜杂之处以及缺乏一种调整、改造和再次语境化的自觉意识;另一方面存在着"重"以新批评为代表的英美现代主义诗学而"轻"以法国象征主义为首的欧陆现代主义诗学的倾向,而"法国象征主义对于诗歌技巧的关注,与英美诗歌之于玄学、象征综合传统的建立,很难说二者之间存在某种可行性的区别"②。此外,袁可嘉的诗论虽说受新批评理论的影响较大,但袁可嘉本人并不是新批评理论研究专家,因此,对新批评理论了解并不深入、系统——他只是根据自己的经验选取和引用新批评观点的,他的那些诗论文字大抵是他自己的一些体验式的总结。

(二)它与中国古代诗学过于疏离,忽略了一份有益而又珍贵的养分——袁可嘉的诗论虽说也受到了中国古代诗歌、诗论(文论)的影响,但所受到的影响不大:《论新诗现代化》一书的26篇文章,没有一篇引述过"中国五四以前任何一位文学人物"的话语③,袁可嘉在谈及传统时所说的传统实际上是指中国现代新诗传统,而没有包含中国古代诗词,他心目中"文学该被废弃的'旧传统'也不是指中国古典文学传统,而是针对当时流行的'浪漫现实混合倾向'的陋习。他认为中国的文学道路是'向前发展而非连根拔起',由此可见袁可嘉对中国古典诗歌传统的

---

① 北塔:《斯人可嘉》,载《中国诗歌研究动态》2009年第2期。
② 龙扬志:《一个未完成的现代化方案——试论40年代袁可嘉的新诗理论建构》,载《袁可嘉诗歌创作与诗歌理论研讨会论文集》,首都师范大学中国诗歌研究中心2009年版,第164页。
③ 刘金华:《袁可嘉新诗批评与艾略特的影响》,载陈飞、张宁主编《新文学》第五辑,大象出版社2006年版,第200页。

态度：尽管包容，但同时有所忽略。"① 此外，如前文所述，袁可嘉曾坦言自己谈"新诗'现代化'"的问题的文字里"最显著的漏洞，即是至此为止我还不曾明确的指出现代化与传统的关系"，而中国古代诗学"这种深植于时代、地域和种族的文化记忆与现代化属于不同的层面，甚至它们就是现代化理想所要'再造'的对象"②。

（三）它虽然有明显的现实针对性，但又有明显的"先验性"——它在设计"新诗'现代化'"的方案时是以西方诗论（文论）、诗歌具有"真理性"和普适性为前提的；同时，在20世纪40年代的中国，没有一种"无孔不入"的现代主义文化图景，文艺是在高度政治化的空间中进行的，因此，它不可能大规模地整体推进，更不可能充分实践，于是，最终也只能成为袁可嘉（及其"同类"）的一种纯文学想象和规划；虽然具有很强的现实针对性，但很少是出自对新诗经验的概括和归纳，具体的展开则多为理论演绎加上文本分析，缺少一个文学史的脉络，也就是说，具有鲜明的价值预设性，是一种理想主义式的，与新诗创作实践也不"匹配"——不仅能够用作例证的诗歌不多，而且即使是被用作例证的诗歌，如杜运燮的《露营》，"'证据'性"也不强；虽然有矫正当时诗坛创作弊病的针对性，也有利于推进新诗汇入世界诗歌发展的潮流、有利于对新诗发展路径的探索，但又不是从新诗发展史的角度针对新诗"现代化"之生成变化的内在逻辑与外部条件展开的，加上内蕴着人性论、艺术论、超功利论的因子——"人包含'人民'；文学服役人民，也就同时服役于人；而且客观地说，把创作对象扩大到一般人民的圈子里去，正是人本位（或生命本位）所求之不得的，实现最大可能量意识活动的大好机会"，"当艺术本位与工具本位相遭遇时，在理论上也还有互相协调的余地；因为即使承认文学是政治斗争的工具，这种工具既隶属于艺术的范畴，自必通过艺术才能达到作为工具的目的，实际上也等于说'工具本位'必先达到

---

① 刘金华：《袁可嘉新诗批评与艾略特的影响》，载陈飞、张宁主编《新文学》第五辑，大象出版社2006年版，第215页。
② 龙扬志：《一个未完成的现代化方案——试论40年代袁可嘉的新诗理论建构》，载《袁可嘉诗歌创作与诗歌理论研讨会论文集》，首都师范大学中国诗歌研究中心2009年版，第164页。

'艺术本位'才有完成工具的使命的可能。"① 在 40 年之后，袁可嘉甚至明确地表示："我当时的根本立场是超阶级的'人的文学'的立场，对'人民的文学'的理论和创作都缺乏全面的理解。我不认识'人民的文学'的根本意义和重大成就，也不了解它的内部尚有正确与错误之分，在指陈流弊时，不少地方失之偏激"②，因而，缺憾显而易见，实际的作用与预想中的作用并不十分一致。同时，从整体上来看，新诗"现代化"确实是新诗发展的一个重要的路向，但也不是新诗发展的唯一或全部的路向，而对"新诗'现代化'"的理论本身缺乏必要的阐述，这又使它显得有欠"周延"。

（四）它尽管并不否定"人民的文学"、强调诗歌不能脱离现实与政治，但又显而易见地内蕴着对政治的不屑——"放眼看三十年来的新文学运动，我们不难发现构成这个运动本体的，或隐或显的二支潮流：一方面是旗帜鲜明，步伐整齐的'人民的文学'，一方面是低沉中见出深厚，零散中带着坚韧的'人的文学'；就眼前的实际的活动情形判断，前者显然是控制着文学市场的主流，后者则是默默中思索探掘的潜流"③；"现实"一词也内蕴着"非现实性"、去政治的色彩——在"新诗'现代化'"的理论中，"现实"并非仅仅是物质的、实体的生活，而是既指客观现实又指主观现实；时代发展会对现实的广度和深度产生影响：它"吸收一切复杂的因素，给它们适当的安排而求得平衡，而不在拒绝事物底复杂性，满足于简化的，单纯的统一。"④ 总之，"袁可嘉的'新诗现代化'论述是一种'纯文学'的想象和规划，他努力的目标正是要把'审美'从政治文化的空间中剥离出来，在一种理想化的'真空'状态中苦苦耕耘、大胆实验。尽管在论述'人民的文学'、'人的文学'之时，袁可嘉论及政治与

---

① 袁可嘉：《"人的文学"与"人民的文学"——从分析比较寻修正，求和谐》，载袁可嘉《论新诗现代化》，生活·读书·新知三联书店 1988 年版，第 117—119 页。

② 袁可嘉：《论新诗现代化·自序》，载袁可嘉《论新诗现代化》，生活·读书·新知三联书店 1988 年版，第 2 页。

③ 袁可嘉：《"人的文学"与"人民的文学"——从分析比较寻修正，求和谐》，载袁可嘉《论新诗现代化》，生活·读书·新知三联书店 1988 年版，第 112 页。

④ 袁可嘉：《诗与民主——五论新诗现代化》，载袁可嘉《论新诗现代化》，生活·读书·新知三联书店 1988 年版，第 49 页。

诗、文艺与宣传的议题，但他对政治和宣传的鄙视，已无需多言；尽管迫于环境的压力，他的'新诗现代化'方案也涵容了'现实'一词，但他心目中的'现实'主要是为了生成一种'新的感性'、形成'诗学新秩序'，归根结底是一种'艺术'的完成，而不是唤出一种揭示历史真理、介入现实改造的主体行为。这样看来，审美与政治在他那里是完全分裂与对抗的关系，'新诗现代化'缺乏一种历史性的思考。"[1]

（五）"从整体来看，袁可嘉对英国现代诗学的梳理基于其对文学史的深刻见解，但并非没有功用性考量，某些极具跳跃性的推论在今天看来亦有失偏颇。而往小处看，其援引的各理论观点本是存在分歧与矛盾之处的"[2]，如一方面赞同艾略特"逃避个性"的主张，另一方面又主张在现代主义倾向中"必须有独特的个性"[3]。同时，偏重于体验或现实针对性——他的不少观点因为主要是针对当时诗歌的问题提出来的，且由于急于问题的解决，而未能对自己所提出的或借鉴或引述的观点进行更进一步的探讨，如对所引述的艾略特的象征、"客观联系物"等的探讨均大抵停留在体验的层面，从而理论性不强或理论深度不大；一方面强调诗人丰富化、复杂化自己的创作方式，另一方面又对所强调的方式又有所简单化、绝对化。

（六）它过于重"现代主义"而轻"大众化"，"大众化"甚至被有意识地排斥在"新诗'现代化'"方案之外，这无疑是其一个不容忽略的缺憾——因为没有"大众化"，新诗的现代品质就无从谈起了，而且

---

[1] 张松建：《文下之文，书中之书：重识袁可嘉"新诗现代化"论述》，http：//cache.baiducontent.com/c? m = 9f65cb4a8c8507ed4fece763105392230e54f76238d586482ec3933fc239045c163bbffd707e5619d0c7616506ac4241eaf32b713c0023bc99df8f3eddb1942f2b89263f671cf100489546f1df03788 1769f4d9fac0e93b1e733e3b9a2a7c82455dd22076df0f69c5a7103bb64e76030f4d7985f645d07bb9d2713fe4 e0059882230a131fef7461910f7f2ca2d3bd42ba0766791b843c32913c504d56f0c5034b74dc11f202027914a3 08e462a73e6fc5c973d083334c74da4b8b1a19a3e9bab9926e9f0dcdc5f826196d29afc663474458b26a9ddbea 53c145274d8dda966d333cced9cbe5b9f12c06028ad2d7d386abe7ce4859826f4755b84f018f53e542c&p = 92 769a46dcaf08f808e294780e5c9420&newp = c072c64ad5c911a058eb97601c0ccc225c5bc4387ebad6147c& user = baidu&fm = sc&query = % D1% F9% BF% B4% C0% B4% 2C% C9% F3% C3% C0% D3% EB% D5% FE% D6% CE% D4% DA% CB% FB% C4% C7% C0% EF% CA% C7% CD% EA% C8% AB% B7% D6% C1% D1% D3% EB% B6% D4% BF% B9% B5% C4% B9% D8&qid = &p1 = 2。

[2] 韦珺：《袁可嘉新诗"戏剧化"诗学思想探析》，载《袁可嘉诗歌创作与诗歌理论研讨会论文集》，首都师范大学中国诗歌研究中心2009年版，第189—190页。

[3] 参见臧棣《袁可嘉：40年代中国诗歌批评的一次现代主义总结》，载《文艺理论研究》1997年第4期。

新诗本身是在不断地奔向"大众化"的进程中发展的，也就是说，新诗的"大众化"既符合历史又合乎逻辑地形成了新诗"现代化"的有机构件。

（七）它对诗歌的本质和发展趋向把握得不够准确。如"把30年代在英国崛起的现代诗剧作为诗人综合意识的最高艺术体现，显然是看走了眼。"① 又如，把经验等同于新诗的现代性，这有简单化之嫌。

（八）它的语言过于欧化，如词语、句式、表述等都欧化得有点过头，这很容易让人对它产生隔膜感。

五

袁可嘉的诗论尽管存在着一些缺憾，而且总的来说，在当时不仅被认同度不高，反而还遭到了一些非议，如阿垅的《人和诗》中的诸多篇什及胡风《略论战争以来的诗》等都对"新诗'现代化'"的理论以及与之相"匹配"的诗歌提出了批评，认为它们背离了中国诗歌的革命传统；张羽《南北才子才女大会串》认为发表与"新诗'现代化'"理论相"匹配"的诗歌的《中国新诗》的作者构成是"上海的货色"与"北平'沈从文集团'的精髓"的合流，《中国新诗》"集中国新诗中的一种歪曲倾向的大成"，"已经走向了一极端恶劣的道路"，"实在是中国新诗的恶流"②；舒波《评〈中国新诗〉第3辑》认为《中国新诗》是"无廉耻的'白相诗人'集中的大本营"，"所以，在今日开展诗歌批判运动，我们认为是非常必要的"③；劳辛在《诗底粗犷美短论》一文中用袁可嘉刊载于《文艺复兴》，第3卷第4期的《空》作为与田间、臧克家相对照的负面例子，认为"像这样的诗，无论其气质和表现的手法都是与今天的战国的时代精神不统一的"，"诗人感到沉寂和孤独于是发出心底悲鸣；这是他不敢面对现实的结果"④……但是，无论是对于中国现代诗论而言，还是对于新诗

---

① 臧棣：《袁可嘉：40年代中国诗歌批评的一次现代主义总结》，载《文艺理论研究》1997年第4期。
② 张羽：《南北才子才女大会串——评〈中国新诗〉》，载《新诗潮》1948年第7期。
③ 转引自张岩泉《诗人的聚合与诗坛的分化——40年代与九叶诗派有关的三次论辩述评》，载《湖北三峡学院学报》2000年第3期。
④ 劳辛：《诗底粗犷美短论》，载《诗创造》1947年第4期。

而言，袁可嘉的诗论都具有积极的意义：

（一）它是中国现代诗论的一种发展或完善

袁可嘉的诗论虽然深受西方诗歌、诗论的影响，具有浓重的西化色彩，以至于"人们很可能会由于袁可嘉同西方现代主义批评的关系太亲密，从而把他看成是现代主义批评（主要是新批评）的中文翻版加以贬低。就像雷纳·威勒克借着柯勒律治与德国浪漫派美学的血缘关系而贬低柯氏的重要性一样"[①]，但又不是西方诗歌的中国化理论总结和西方诗论的中文翻版；虽然深受中国新诗、诗论（文论）及现实生活的影响，具有很强的"现时"性，但又不是对新诗粗浅、简单的描述和诗论（文论）的罗列、拼凑——它立足于中国新诗及袁可嘉本人的诗歌创作，融会了中西诗论（文论），可以说是"利用全部文化，学术的成果来接近文学，了解文学"[②]、博采中外关于诗歌的观点或理论而"为我所用"，堪称中国现代诗论的一种发展或完善：

1. 袁可嘉"敏感地、富有针对性地揭示了中国现代主义诗歌在 40 年代所遇到的所有重大的理论问题，并提供了自己独到的有时是相当精辟的见解……运用现代主义的诗歌知识，发现并论述了中国现代主义诗歌发展中的一些重大课题，其中有的甚至关涉到整个中国现代新诗的发展趋向"[③]，"在有渊源、有背景的情况下，却不满足于变相编译或照抄，而处处都可见他的深入体会与独创性见解，这些体会与创见，甚至完善和完成了艾略特、瑞恰兹的理论……比如对于想象逻辑，艾、瑞二人论述比较分散，也不够具体，而袁可嘉先生加以确切具体归纳，认为所谓想象逻辑，乃只有诗情经过连续意象所得的演变的逻辑，对于诗歌十分重要，它可以结合不同经验，使意义加深、扩大、增重。他又用艾略特长诗作解，认为表现在这些诗里，是一些来无影去无踪的突兀片断，或则扩大某一行或某一意象的蕴义，或则加深某一情绪的起伏、撼荡，或者加速某一观念的辩

[①] 臧棣：《袁可嘉：40 年代中国诗歌批评的一次现代主义总结》，载《文艺理论研究》1997 年第 4 期。

[②] 袁可嘉：《我的文学观》，载袁可嘉《论新诗现代化》，生活·读书·新知三联书店 1988 年版，第 111 页。

[③] 臧棣：《袁可嘉：40 年代中国诗歌批评的一次现代主义总结》，载《文艺理论研究》1997 年第 4 期。

证引进。又比如他以瑞恰兹理论解释穆旦诗《时感》，说其中两支相反相成的思想主流在每一节都交互环锁、层层渗透，解释杜运燮《露营》和《月》二首，描述其感觉曲线，曲折变易，间接性、迂回性、暗示性，都十分精辟而富于创见。"① 再如，在瑞恰慈看来，能够实现"最大量"的"包含"的诗"通过拓宽反应而获得稳定性和条理性的经验"，"由平行发展而方向相同的几对冲动构成"②；而袁可嘉则将之联系到"人生经验的推广加深"——"'经验'一词虽说是瑞恰慈诗歌批评的关键词之一……但将'人生'连接于'经验'之上，则完全是袁可嘉的特殊命意"③；并且，他明确地把"经验"同"热情"、"说教"、"感伤"、"单纯"等"新诗的毛病"尖锐地对立起来，这可谓一个创见——"中国新诗的'经验'之论从初期白话诗歌的时代就产生了，但是直到袁可嘉那里才完全进入到了艺术本身的逻辑"④；同时，袁可嘉强调诗与意识的关系——而"把40年代中国现代主义诗歌的写作同瑞恰慈的'最大量意识状态'的心理学诗学联系起来，可以说是袁可嘉最突出的批评贡献之一"⑤……"袁可嘉对现代主义的修正，是想建立一种与现实主义诗学体系的对话基础，其理论意图旨在表明中国现代主义诗学并不排斥现实主义所萦萦系怀的诗歌问题"⑥。

2. "袁可嘉接受现代主义诗学、美学的出发点是基于'诗歌现代化'的总命题。正是从这个命题出发，袁可嘉提出了'人本位'与'文学本位'的现代文化观念，从而接续了失落于历史断层中的'五四'人学与文学的启蒙精神。同时，袁可嘉又把现代启蒙话语与'人民'、'政治'这些新语境特点做了创造性的整合……既坚持了现代启蒙立场，又给启蒙注入了新的时代内涵。从这个意义上讲，袁可嘉不仅是现代诗学建设的先

---

① 蓝棣之：《九叶派诗歌批评理论探源》，载蓝棣之《现代诗歌理论：渊源与走势》，清华大学出版社2002年版，第56—57页。
② 艾·阿·瑞恰慈：《文学批评原理》，杨自伍译，百花洲文艺出版社1992年版，第226—227页。
③ 李怡：《"新诗现代化"及其中国意义》，载《文学评论》2011年第5期。
④ 同上。
⑤ 臧棣：《袁可嘉：40年代中国诗歌批评的一次现代主义总结》，载《文艺理论研究》1997年第4期。
⑥ 同上。

锋，也是现代文化建设的先锋。"①

同时，虽然从审美与政治的分裂与对抗的角度来看，袁可嘉的"'新诗现代化'缺乏一种历史性的思考"，但总的来说，它超越了"新诗'现代化'""讨论热"中其他任何人的观点，如朱自清既没有具体地界定"新诗'现代化'"，又没有就一些具体的问题展开论述；"与唐湜相比，袁可嘉的'新诗现代化'谱系更具有一种历史感，他确认'新诗现代化'的'萌芽原非始自今日，读过戴望舒、冯至、卞之琳、艾青等诗人作品的人们应该毫无困难地想它的先例'……所以，袁可嘉的批评不仅是对'中国新诗'派的现代主义诗学的阐释，也是对整个40年代中国新诗的现代主义诗学的阐释"②；他认为不能"把'现代化'与'西洋化'混而为一"，很显然比路易士的关于新诗从一产生即是来自西洋的"移植之花"的观点要科学③……

3. 20世纪20年代末至40年代，中国现实主义诗学"将在中国的象征主义实践与逃避现实的艺术倾向联系起来，并把它作为一种本质特征，专断而巧妙地扩展定论为中国现代主义与逃避现实的艺术倾向存在着一种必然联系，企图彻底否定中国现代主义诗歌写作的合法性"④，"袁可嘉就通常被认为是现实主义才会论及的那些问题重新加以阐释，至少可以获得两种批评效果：(1)澄清现实主义对中国现代主义的狭窄的理论定位。(2)重新树立中国现代主义的诗歌形象。即申明中国现代主义诗歌同样关注社会现实问题"⑤，也就是"让人们意识到象征主义并不代表中国现代主义的全部可能性，40年代还存在一种关注现实的中国现代主义诗歌"⑥，从而矫正了现实主义诗学的偏颇。

同时，袁可嘉既坚持"诗的本体论"，又反对"为艺术而艺术"；既

---

① 邵瑜莲、符杰祥：《论袁可嘉现代诗学体系的文化意义》，载《东方论坛》2001年第4期。
② 臧棣：《袁可嘉：40年代中国诗歌批评的一次现代主义总结》，载《文艺理论研究》1997年第4期。
③ 路易士：《新诗之诸问题（上）》，载上海《语林》1944年第1卷第1期。
④ 臧棣：《袁可嘉：40年代中国诗歌批评的一次现代主义总结》，载《文艺理论研究》1997年第4期。
⑤ 同上。
⑥ 同上。

坚称诗不能脱离现实、政治,拒绝新批评派的理论把文本从社会背景和社会效果隔离开来之类的偏执,又明确地反对"诗是宣传",从属于政治,认为诗歌必须遵循"客观性与间接性"原则,即与"象征、玄学"有机地融为一体……与20世纪30年代现代主义诗学观相比,袁可嘉的这些观点强调了诗歌与现实的"密切联系",肯定文学对人生的积极意义;与20世纪三四十年代现实主义诗学观相比,它们强调了诗歌对现代主义技巧的运用;因而,比现代主义和现实主义诗学都要科学得多也要成熟得多。

4. 袁可嘉的"'现实、象征、玄学'这一三维结构及其密不可分性质的整体,形成了一个新的独特的现代诗学范畴。它以诗人强烈关注的社会的和心理的现实为生命,以多种形式的象征为营造意象和传达情绪的手段,以抽象的哲理沉思与具象的敏锐感觉呈现为诗的智性基础,在'放弃单纯的愿望'的'现代文化的复杂性和丰富性'中,建造一种新的'大踏步走向现代'的诗的世界……这一美学原则,淡化了二三十年代穆木天、梁宗岱等倡导的西方的'纯诗化'理论的性质,强化了现实的社会意识与内在的自我意识融合的成分,应该说是在一定程度上体现了当时存在的现实主义深化思考潮流的冲击所带来的对于诗的现代性美学的调整。它在整体思考与实践操作上更体现了现代主义诗歌发展中趋向于民族化的努力。'现实、象征、玄学'这一诗学范畴的产生表明,超越于戴望舒代表的30年代各种现代性诗学的探索,在进入一个新的历史阶段之后,中国现代主义诗歌原则的追求与构建的趋于成熟"[1]。

5. 袁可嘉关于"情绪感伤"、"新诗戏剧化"等的观点和赞同艾略特"逃避个性"的主张等虽然显然受到了闻一多、梁实秋、施蛰存等的相关诗学观的影响,但也显然对后者有所超越——它比后者更科学、周全、系统,如"袁可嘉的戏剧化诗表现手法的探索使20世纪以来中外诗歌的重要特点,即通过象征、暗示、曲写的诗表现手法,更加突出,同时在理论上使中国现代主义新诗发展道路更加明确。"[2] 同时,"作为现代'诗经

---

[1] 孙玉石:《中国现代主义诗潮史论》,北京大学出版社1999年版,第332页。
[2] 王芳:《论袁可嘉的现代主义诗学理论探索》,载《文艺理论研究》2008年第5期。

验'的新诗戏剧化追求,是袁可嘉第一次对它进行了全面而深刻的解剖与阐述,正是通过袁可嘉的阐述,戏剧化才根本跨越了一般技巧的层面,成为连接思想与形式又不囿于思想与形式的'思维方式',作为诗歌基本思维方式的'戏剧化'也才具有客观性、间接性、包容性以及富含张力、重视结构等基本特点……在中国现代诗学发展所有的'戏剧化'论述中,袁可嘉的思想具有更为清晰更为具体的'问题意识',也就是说,无论他借鉴了多少外来的资源,我们都不得不承认,正是这样的论述面对和回应了中国自己的问题,是对中国现代诗学建设的创造性贡献……袁可嘉不仅针对中国新诗发展的问题提出了'新诗戏剧化'的主张,而且还将努力尝试建立自己的诗学理论概念与批评方式。"①

6. 袁可嘉关于新诗的"晦涩"的观点所表现出的宽容在当时是极其难得的——当时,救亡压倒一切,通俗易懂、刚强有力是时代对诗歌的主要要求,"七月派"诗歌便较为充分地满足了这一要求,袁可嘉自己的作品——无论是创作还是批评——也并不晦涩,而且他还认为批评时要"见得到,说得出","懂得清楚,听得入耳"②,但是他却对晦涩表现出了相当的宽容,这的确是难能可贵的。

7. 袁可嘉诗论自成一体的概念组构在一起,"既与现代西方的诗学思想形成了对话,又奠基了中国自己的诗学批评概念。如果现代中国的诗家们能够有更多的袁可嘉式的自觉,那么属于我们自己的思想形式也就是大可期待的了。"③

8. 袁可嘉的诗论虽广受西方诗论(文论)和诗歌的影响,但其核心观点基本上是以瑞恰慈、艾略特、肯尼斯·勃克这三人的诗学观点为基础形成的④——袁可嘉实际上是"用新批评为代表的英美现代主义诗学取代以法国象征主义为首的欧陆现代主义诗学",也就是说,袁可嘉的诗论的出现,一方面扩大了西方诗学在中国传播的"品种",另一方面改变了中

---

① 李怡:《"新诗现代化"及其中国意义》,载《文学评论》2011 年第 5 期。
② 袁可嘉:《批评与民主》,载袁可嘉《论新诗现代化》,生活·读书·新知三联书店 1988 年版,第 167 页。
③ 李怡:《"新诗现代化"及其中国意义》,载《文学评论》2011 年第 5 期。
④ 参见臧棣《袁可嘉:40 年代中国诗歌批评的一次现代主义总结》,载《文艺理论研究》1997 年第 4 期。

国诗学发展的"路向"。

（二）它对新诗的发展具有积极的意义

1. 袁可嘉一方面反对诗歌脱离政治，另一方面反对诗歌从属于政治、反对情绪感伤与政治感伤、反对用"人民的文学"来否定"人的文学"；袁可嘉的这种诗学观念触及了诗歌的政治文化意识及其属性的问题；如果能践行，那么，对遏制或矫正中国现代诗歌发展史上长期存在的"为艺术而艺术"、"工具论"的诗学观及其实践以及克服新诗的"政治感伤性"无疑是具有积极的意义的——作为现代主义诗歌发轫的象征派诗，"它的流弊在就在于搔首弄姿，咬文嚼字，以声音的美，色彩的美，以及离奇的比喻，代替了内容，丢弃了内容"①，"李金发、穆木天、王独清等初期象征派诗人，追摹魏尔伦和波德莱尔诗风，丰富了中国新诗的艺术技巧，但是缺乏'玄学'旨趣和'现实'感觉，低徊顾影，自叹自怜"②；现代主义诗歌都有"为艺术而艺术"的倾向和晦涩之嫌，这是一个不争的事实，而"政治为中国'五四'以降的新诗提供了坚硬的现实性，使政治抒情诗这一文体抵达了一个空前的高峰。但同时，政治对诗的损伤超过其他任何一种意识形态，也是一个不争的事实"③，因此，中国新诗若是真的能做到既不脱离政治又不从属于政治的话，一定会别有一番气象。

2. 袁可嘉关于诗歌与语言及"散文化"、诗歌与主题等方面的观点，即诗歌不能迷信日常语言及"庸俗浮浅曲解原意的'散文化'"、诗歌的效果与诗的主题并无必然联系等，对中国现代诗歌回归本体、建立新的传统起到了一种拨乱反正的作用，至今仍有积极的现实意义。

3. 袁可嘉关于"新诗戏剧化"的观点强调新诗"表现上的客观性与间接性"——这与强调戏剧的间离效果的戏剧观是一致的，实际上是强调诗人既是人生戏剧的个中人，又是冷静审视、客观思考的评判者。这种观点如果能实现，那么能使新诗克服过于写实和过于虚夸的弊病——诗人在创作时如果立足于"表现上的客观性与间接性"，可以使自己"不至粘于

---

① 君培：《论新诗的内容和形式》，载重庆《世界文艺季刊》1945年第1卷第1期。
② 张松建：《现代诗的再出发》，北京大学出版社2009年版，第182页。
③ 汪剑钊：《当生命熟透为尘埃》，载《袁可嘉诗歌创作与诗歌理论研讨会论文集》，首都师范大学中国诗歌研究中心2009年版，第89页。

现实世界，而产生过度的现实写法"①，因为"过度的现实写法"，容易使诗歌流于平铺直叙和散文化；"表现上的客观性"又能使诗人避免过于张扬个性，一味地表现一己悲欢，脱离现实，缺乏理性的思考。

4. 袁可嘉的"绝对肯定诗与政治的平行密切联系，但绝对否定二者之间有任何从属关系"，"艺术与宗教、道教、科学、政治都重新建立平行的密切联系"观点实际上是强调诗歌的"独立性"、"自主性"，但这不仅没有使诗歌走进封闭的"文本"，反而还使诗歌走进了更为宽广的发展道路。

5. "袁可嘉对诗与意识的关系的强调，促进了新诗的诗歌感受力从感觉——情绪层面向经验——意识层面的更具现代性的转化"②。

6. 对中西新诗潮的交融起到了推波助澜的作用。袁可嘉的诗论"可以看成是九叶诗派的创作宣言，对九叶诗派的形成和中外诗歌艺术交流都产生了重要影响"③——20世纪"三四十年代是西方新诗潮和我国新诗潮相交融、相汇合的年代。在西方，艾略特、里尔克、瓦雷里、奥登的影响所向披靡；在我国，戴望舒、卞之琳、冯至和后来所谓九叶诗人也推动着新诗从浪漫主义经过象征主义，走向中国式现代主义。这是一个中西诗交融而产生了好诗的辉煌年代。但截止于40年代中叶，诗歌理论明显地落后于实践，对西方现代诗论虽已有所介绍，可对西方和我国新诗潮的契合点还缺乏理论上的阐明"④，袁可嘉的诗论的出现改变了这一格局——他的"新诗'现代化'"的理论实际上就是他对西方和中国新诗潮的契合点的理论阐释，并对中国新诗潮和西方新诗潮的交融起到了推波助澜的作用。

---

① 袁可嘉：《新诗戏剧化》，载袁可嘉《论新诗现代化》，生活·读书·新知三联书店1988年版，第26—28页。
② 臧棣：《袁可嘉：40年代中国诗歌批评的一次现代主义总结》，载《文艺理论研究》1997年第4期。
③ 蒋登科语，转引自许光锐《袁可嘉的两首十四行诗》，载《袁可嘉诗歌创作与诗歌理论研讨会论文集》，首都师范大学中国诗歌研究中心2009年版，第17页。
④ 袁可嘉：《半个世纪的脚印·序》，载袁可嘉《半个世纪的脚印》，人民文学出版社1994年版，第2页。

第三章

袁可嘉的诗歌

一

从1941年7月在重庆《中央日报》上发表的《死》到1988年的收笔之作《茫茫》，袁可嘉一生留存的诗歌有30多首。总的来看，就内容而言，它们主要包括以下两类：

（一）反映现实

在这里，"现实表现于对当前世界人生的紧密把握"①。袁可嘉诗歌的"反映现实"主要表现在以下几个方面：

1. 反映现实的黑暗、民生的艰辛，如《冬夜》、《进城》、《旅店》、《号外三章·三》、《号外二章·一》、《号外二章·二》、《难民》、《孕妇》等。

《冬夜》首先粗线条地勾勒了一幅战乱中的北平城②人心惶惶的图景——"冬夜的城市空虚得失去重心，／街道伸展如爪牙勉力揿定城门；／为远距离打标点，炮声砰砰，／急剧跳动如犯罪的良心"。接着，具体地描绘了北平城的一幅幅人心惶惶的图景——"谣言从四面八方赶来，／像乡下大姑娘进城赶庙会"、"狗多噩梦，人多沮丧"、"这阵子见面都叹见

---

① 袁可嘉：《新诗现代化——新传统的寻求》，载袁可嘉《论新诗现代化》，生活·读书·新知三联书店1988年版，第7页。
② 当时，北平城处在解放军的包围之中；该诗有一条注解为："当时北平守军常于深夜乱向城外发炮。"

鬼;/阿狗阿猫都像临危者抓空气,/东一把,西一把"、"聪明人却都不爱走直线;/东西两座圆城门伏地如括弧,/括尽无耻,荒唐与欺骗"、行人"一如时钟的类似,/上紧发条就滴滴答答过日子",测字先生靠骗钱度日。

《进城》勾勒了在帝国主义和中国反动政府统治下的上海的一幅幅怪异的图景,诸如"电线柱"上的"'春季廉价'的广告画"、"无线电中的歌声"、"黄浦江畔的大出丧"、"三轮车夫打量你的脚步"等,揭示了上海的空虚、荒凉、轻浮、虚假、荒唐、死气沉沉如同"沙漠"一般的现实。

《旅店》通过将旅店拟人化的方式描写了现实的动荡不安和旅客的"慌乱"、"彷徨"及其对"深夜一星灯光"的渴望:"对于贴近身边的无所祈求,/你的眼睛永远注视着远方;/风来过,雨来过,你要伸手抢救/远方的慌乱,黑夜的彷徨;//你一手接过来城市村庄,/拼拼凑凑够你编一张地图,/图形多变,不变的是深夜一星灯光,/和投奔而来的同一种痛苦;//我们惭愧总辜负你的好意,/不安像警铃响彻四方的天空,/无情的现实迫我们匆匆来去,/留下的不过是一串又一串噩梦。"

《号外三章·三》描写了劳苦大众的孤苦无告——"一种自私化生为两型无耻,我们能报效的却只是一种死"。

《号外二章·一》如闻一多的《死水》一般地描写了现实的黑暗、腐朽——"可悲的是悲剧都不配存在,/这儿可笑的实太多于可哀;/无耻的闹剧里死也失去尊贵,/'毁灭'如西北风只把我们当喇叭吹!//近地蛙噪夹远处狗叫,/黑闷夜闪亮的叶片飞落像飞刀;/海上该已有蛟腾,山中该已有狼嗥,/闷得要发芽想破窗长啸!//哭够了总不妨笑笑,/你知道,他知道,我们也知道;/有一些东西要掉,要掉,要掉;/掉的不会是雪花——只是一二把烂稻草!"也写出了人们对光明的期盼——"我们确已久久等待/沉郁夏夜的霹雳响雷;/青光扫过空星落树摧,/哗啦啦尘封的窗子一齐打开!"

《号外二章·二》描写了现实的遍地哀怨——"白昼看鹰旋,深夜听呼唤;/风起处遍地哀怨,/造物主你还留得几许空宽?"

《难民》描写了被"饥饿的疯狂""拖到城市"的难民的孤苦无依、

水深火热般的生活及其原因——"像脚下的土地,你们是必须的多余,/重重的存在只为轻轻的死去;深恨现实,你们缺乏必须的语言,/到死也说不明白这被人捉弄的苦难","死也好,活也好,都只是为了别的,/逃难却成了你们的世代专业","像脚下的土地,你们是必须的多余,/重重的存在只为轻轻的死去;深恨现实,你们缺乏必须的语言,/到死也说不明白这被人捉弄的苦难","要拯救你们必先毁灭你们,/这是实际政治的传统秘密"。

《孕妇》描写了孕妇生产的痛苦、艰难和周围环境的恶劣——"撕裂的痛苦使你在深夜惊醒,/疲劳从眼睛流向窗外的星星"、"四周升起的尽是动物的龌龊",也写出了人的无奈——"是成人,我们寄未来的希望于小孩,/是小孩,我们把过去信托给成人"。

2. 描写了大都市的"异化",如《南京》、《北平》、《上海》、《香港》等。

《南京》揭露、嘲讽了南京政权的专制、腐败及其恶果——"一梦三十年,醒来到处是敌视的眼睛,/手忙脚乱里忘了自己是真正的仇敌;/满天飞舞是大潮前红色的蜻蜓,/怪来怪去怪别人:第三期的自卑结。/总以为手中握着一支高压线/一己的喜怒便足控制人间/讨你喜欢,四面八方都负责欺骗/不骗你的便被你当作反动、叛变。//官员满街走,开会领薪俸,/乱在心中,勘在嘴上,手持的律风,/向叛逆的四方发出训令:四大皆空。"也描写了不同人的不同感受——"善良的看着你心痛,/精神病学家说你发疯,/华盛顿摸摸钱袋:好个无底洞。"

《北平》描写了作为文化中心的北平的沉沦、堕落——曾经,"你是新文化的中心,/思想的新浪潮都打从你的摇篮起身,/跟跟跄跄地大步而去,穿越紧裹的夜心,/突然飞出一脚将沉睡的大小灵魂踢醒",并且"一向是理性的旗手";但是,"如今也自困于反民主的迷信","有人说你是活着的死人"。

《上海》既描写了上海的"贪婪"、畸形发展及对生态环境的破坏——"不问多少人预言它的陆沉,/说它每年都要下陷几寸,/新的建筑仍如魔掌般上伸,/攫取属于地面的阳光、水分",又描写了上海的物价飞涨及其所造成的恶果——"而撒落魔影。贪婪在高空进行;/一场绝望的战争扯响了电话铃,/陈列窗的数字如一串错乱的神经,/散布地面的是饥馑群真空的眼睛。"既描写了上海的不平和荒淫——"到处是不平。日子可过得轻盈,/从办公房到酒吧间铺一条单轨线,/人们花十小时赚钱,花十小时荒淫",又描写了"绅士们"为大发横财而处心积虑、阴险以及政治的腐败等——"绅士们捧着大肚子走过写字间,/迎面是打字小姐红色的呵欠,/拿张报,遮住脸:等待南京的谣言。"

《香港》一方面揭露了"英帝国"的贪婪——"香港原是英帝国伸出远东的贪婪巨手","从不被处徒刑,只是罚钱,罚钱,罚钱";另一方面描写了"洋绅士"在香港的丑陋表演——"洋绅士修养有素,毫不觉汗颜,/你演说企业社会化,他则投机撒谎,/正反合,懂辩证法的都为之一唱三叹。//各有春秋,帝国绅士夸耀本港的自由,/港口无须纳税,出口不必受查检,/香港总督最懂买卖,盗窃之流"。

3. 写文化、教育界的丑陋面,如《时感》描写了一些在当时主要出现在城市的事情:在政治人物的鼓噪、操弄之下,文化贬值,文化人不崇尚文化、不追求真理、不辨是非、党同伐异——"为什么你还要在这时候伏案写作,/当汇来的稿金换不回寄去的稿纸;/人们已不再关心你在说些什么,/只问你摇着呐喊的党派的旗帜;/当异己的才能已是洗不清的罪恶,/捡起同党的唾沫恍如闪烁的珠子",知识分子不但不重知识反而"反"知识——"智识分子齐口同声的将智识咒诅;/上课的学生在课堂上疑心课本有毒,/在黑板与他们间的先生更是不可救药的书蠹;/在洋装书、线装书都像烟毒般一齐摆脱,/然后真鸭似的吞下漂亮而空洞的天书?"文化中心蜕化变质——"包围我们的是空前的耻辱","传播文化的中心竟时刻宣布学术的死讯"。

4. 描写统治者生灵涂炭、鱼肉百姓,如《号外三章·三》、《难民》,前者写统治者为了一己之私利,不惜草营人命——"多少生命倒下如泥土,/你们拿枪杆在死人身上划地图";后者写统治者的灭绝人性——"要拯救你们必先毁灭你们,/这是实际政治的传统秘密"。

总的来看,这类诗抒写了诗人的忧国忧民之情。

(二) 反映人的内心世界

袁可嘉的诗歌主要从如下几个方面"反映人的内心世界":

1. 描写母子之爱

《母亲》描写游子归家与母亲相见时的瞬间与感受，写出了母亲对儿子不带丝毫牵强、虚假的爱——"迎上门来一脸感激，／仿佛我的到来是太多的赐予；／探问旅途如顽童探问奇迹，／一双老花眼总充满疑惧。／／从不提自己，五十年谦虚，／超越恩怨，你建立绝对的良心"；也写出了儿子对母亲虔诚的敬爱及母爱的伟大——"面对你我觉得下坠的空虚，／像狂士在佛像前失去自信；／书名人名如残叶掠空而去，／见了你才恍然于根本的根本。"

2. 描写男女之爱

《走近你》描写了一场失败的情爱——相爱者虽近在咫尺，但咫尺天涯："走近你，才发现比例尺的实际距离，／旅行家的脚步从图面移回土地；／如高塔升起，你控一传统寂寞，／见了你，狭隘者始恍然身前后的幽远辽阔"；虽相爱但不相亲、虽互相尊重但互不妥协——"原始林的丰实，热带夜的蒸郁，／今夜我已无所舍弃，存在是一切；／火辣，坚定，如应付尊重次序的仇敌，／你进入方位比星座更确定，明晰"；结果不欢而散，相见成永诀——"划清相对位置便创造了真实，／星与星间一片无垠，透明而有力；／我想一绫山脉涌上来对抗明净空间，降伏于蓝色，再度接受训练；／／你站起如祷辞：无所接受亦无所拒绝，／一个圆润的独立整体，'我即是现实'；／凝视远方恰如凝视悲剧——／浪漫得美丽，你决心献身奇迹。"

3. 描写亲情

《岁暮》先写思归之切——"庭院中秃枝点黑于暮鸦，／（一点黑，一分重量）／秃枝颤颤垂下；／墙里外遍地枯叶逐风沙，／（掠过去，沙沙作响）／挂不住，有落下"，后写盼归之切——"暮霭里盏盏灯火唤归家，／（山外青山海外海）／鸟有巢，人有家；／多少张脸庞贴窗问路人：／（车破岭呢船破水？）／等远客？等雪花？"

4. 抒写自勉

《时感》写在学术面临经济政治的挤压、一场不可避免的浩劫即将来临之际，抒情主体以知识者的坚守自勉——"正因为包围我们的是空前的耻辱，／传播文化的中心竟时刻宣布学术的死讯，／在普遍的沉沦里总得有人奋力振作，／击溃愚昧者对于愚昧万能的迷信，／突破合围而来的时代的黑色地狱，/持一星微光，伫候劫后人类智慧的大黎明。"

5. 抒写哲思

《沉钟》借对沉钟的描写抒写了诗人对生命的体验、感受、感悟：道先将"我"喻为"沉钟"——"锈绿"的昔日的古寺洪钟，通过写沉钟"沉默于时空"、"负驮三千载沉重，听窗外风雨匆匆"写出了"我"对生命的沉重感、孤寂感。接着将"我"等同于"沉钟"——"我是沉寂的洪钟"，写洪钟沉寂的情态——"沉寂如蓝色凝冻"：洪钟再也不能响彻于大海与天空了，于是，"把波澜掷给大海，把无垠还诸苍穹"：由此，写出了"我"的超脱感。最后进一步地将"我"等同于"沉钟"，写"沉钟"即"我"对生命的感悟——"生命脱蒂于苦痛，/苦痛任死寂煎烘，/我是锈绿的洪钟，/收容八方的野风"：由此，写出了"我"的崇高的精神和博大的胸怀。

《归来》写"我"关于"年龄"与"成熟"的思考——"我带着闪耀的青春归来，/家里人却说我老了，/老了——因为我的梦都说尽了"："我的梦都说尽了"意味着"我"成熟了。但是，成熟又并不意味着衰老——有时，"青春"、"梦"等"却像密集而来的风暴，/摇撼我如顶黑夜载风雨的秃树，/痛楚地辨认残枝枯叶的呼叫"。

《穿空唉空穿!》抒写了人生宿命般的悲剧性和"我"对人生的悲剧感——人生既像"载一列失眠，虚幻，鬼火"、"蟒蛇般翻过岭来爬过河"、走过许多座桥梁的"夜火车"，虽历尽千难万险，但结果却是如"噩梦初醒"，"穿山甲迂回于迂回，/原来只是从泥灰穿到砖灰，/人迹到处未必是路，/怕只是一串高坡拾低坡"；又像"夜航船"——"天似海，海似天，你都不必管，/反正你只是穿空唉空穿!"但"我"对人生并不悲观——因为人生里毕竟还有美的风景："独木桥引你到海边，/小贝壳含泪讨风景片，/小贝壳，谁能如你纤尘不染，/浪花波纹也自成图案。"

《空》先将"我"等同于海边的小贝壳，被海水、垂柳、微风簇拥——舒适而又惬意，但又对这种生存境界心存狐疑——"水包我用一片柔，/湿淋淋浑身浸透，/垂枝吻我风来搂，/我底船呢，旗呢，我底手?"进而对"我"的存在进行了思索："我底手能掌握多少潮涌，/学小贝壳水磨得玲珑？/晨潮晚汐穿一犀灵空，/好收容海啸山崩？"最后，表达了"我"的人生感悟——人终究不能超越现实、超越自我,不能摆脱人世的烦扰:"小贝壳取形于波纹,/铸空灵为透明,/我乃自溺在无色的深沉,/夜惊于尘世自己底足音。"

《墓碑》写"我"对"生"与"死"的思考,反映了"我"达观的人生态度,也写出了"我"作为一个诗人与通常的"非诗人"的不同——"我"最终把自己人生的一切交付于名字,把它写在墓碑上,让它守护坟墓,而自己则与海相伴:"愿这诗是我底墓碑/当生命熟透为尘埃;/当名字收拾起全存在/独自看墓上花开花落;//说这人自远处走来,/这儿他来过不只一回;/刚才卷一包山水,/去死底窗口望海!"

《出航》描写了不同的人——"出航者"、"送行者","年轻人"、"老年人"、"小孩子"——对"出航"的不同心理,表达了诗人对人生离别的问题,如来与去、离开与返回、送行与追踪之间的矛盾与尴尬等的思考:"航行者离开陆地而怀念陆地,/送行的视线如纤线在后追踪,/人们恐怕从来都不曾想起,/一个多奇妙的时刻,分散又集中。//年轻的闭上眼描摹远方的面孔,/远行的开始担心身边的积蓄;/老年人不安地看着钟,听听风,/普遍泛滥的是绿得像海的忧郁;//只有小孩们了解大海的欢跃,/破坏以驯顺对抗风浪的嘱咐,/船像摇篮,喜悦得令人惶惑;//大海迎接人们以不安的国度:/像被移植空中的断枝残叶,/航行者夜夜梦着绿色的泥土。"

《无题》抒写了诗人对自己寂静心境的思考:"我的心竟这般寂静,/如冰霜融于黄昏;/幽冥里睁大了眼睛,/看树影儿移远移近。//倒真是自溺于古井,/想漂白三千载风尘;/我虽爱狂风暴雨,/尤爱风暴后海蓝天青。"

《断章》抒写了诗人对人生的思考与感悟:"我是哭着来的,/我将笑着归去。//我是糊里糊涂地来的,/我将明明白白地归去。""灯塔的光是为远方的船照亮的,/灯塔下的海岸只能永远是黑暗的。"

《街头小演奏家》借对美国北卡罗来纳州恰普尔山市一个街头卖艺儿童的描写,抒写了诗人对人与人之间的陌生、隔阂以及由此造成的个体生命的孤寂、悲哀等的思考——"观众对他充满好奇心,/却不知道他心底起伏的波澜。/倒是我这异国来的诗人,/深深为他的寂寞感叹",所传达的是一种"知我者,谓我心忧;不知我者,谓我何求"的悲凉情感。

《茫茫》以"雨也茫茫,/海也茫茫,/天地玄黄,/我将何往?"开头,以"何处我来,/何处我往,/青山绿水,/皆我故乡"终结,表达了诗人对生命的感悟——人仅仅是地球上的一种动物,以他这种族群的特殊方式生活着,来去都是自然的演绎,因此,何不洒脱地穿越,做到"青山绿水,皆我故乡"。

总的来看,这类诗抒写了诗人的私密情思。

此外,袁可嘉的诗歌还有一些,如《我歌唱,在黎明金色的边缘上》,兼有反映现实生活和反映诗人的内心世界,抒写了大我之情。

二

袁可嘉集诗人与诗论家于一身,他的诗歌表现出相当的理论自觉性——袁可嘉的诗论主要包括"诗的本体论"、"有机综合论"、"诗的艺术转化论"、"诗的戏剧化论"[①] 等,其诗歌基本上是遵循这些理论而创作出来的,并表现出"对应性"的特点。

(一)满足了"诗歌作为艺术"的"特定的要求"

袁可嘉诗的"本体论"即关于诗的"本体"的理论——"诗歌作为艺术也自有其特定的要求"[②],即不能把诗与科学、哲学、宗教、伦理学、传记、历史、传单等混为一谈,否则便"远离诗的本体"[③];"绝对承认诗有各种不同的诗,有其不同的价值与意义,但绝对否认好诗坏诗,是诗非诗的不可分……取舍评价的最后标准是:'文学作品的伟大与否非纯粹的文学标准所可决定,但它是否为文学作品则可诉之于纯粹的文学标准'"[④]。这种"纯粹的文学标准",对于诗歌而言,即"特定的要求",

---

① 袁可嘉:《欧美现代派文学概论》,广西师范大学出版社 2003 年版,第 86 页;另参见常文昌《中国现代诗歌理论批评史》,人民文学出版社 2004 年版,第十六章。
② 袁可嘉:《新诗现代化——新传统的寻求》,载袁可嘉《论新诗现代化》,生活·读书·新知三联书店 1988 年版,第 5 页。
③ 参见袁可嘉《诗与意义》,载袁可嘉《论新诗现代化》,生活·读书·新知三联书店 1988 年版,第 85—86 页。
④ 袁可嘉:《新诗现代化——新传统的寻求》,载袁可嘉《论新诗现代化》,生活·读书·新知三联书店 1988 年版,第 7 页。

其中，最为显在的是分行与韵律。

一般来说，文字作品，虽然分行未必就是诗，但不分行——即用散文的形式写成的——则一定为"非诗"；而且有些文字作品，分行即为诗、不分行则为"非诗"，如"昨天在七号公路上／一辆汽车／时速为一百公里时猛撞／在一棵法国梧桐上／车上四人全部／死亡"和"我吃了／放在冰箱里的／梅子／它们／大概是你留着／早餐吃的／请原谅／它们太可口了／那么甜／又那么凉"①，如果不分行，那么，前者为新闻报道，后者为便条。

韵律，主要包括音调、节奏、押韵等。无论是中国传统诗论还是现代诗论，都强调诗歌要有韵律，如传统诗论认为"有韵者为诗，无韵者为文"②，现代诗论认为"诗是具有音律的纯文学"③。就中国文学作品而言，虽然有韵律未必就是诗，如骈文，但无韵律则一定不是诗——即使是无韵诗也有韵律。

袁可嘉的诗充分地满足了诗歌的这两点"特定的要求"：

其一，分行且诗行"均齐"，但又不呆板。对袁可嘉的诗歌而言，分行颇为重要，如《上海》的第一节——"不问多少人预言它的陆沉，／说它每年都要下陷几寸，／新的建筑仍如魔掌般上伸／，攫取属于地面的阳光、水分"；《南京》中的第四节——"糊涂虫看着你觉得心疼，／精神病学家断定你发了疯，／华盛顿摸摸钱袋：好个无底洞！"倘若不分行便成了散文。又如，将《上海》的第三四节不分行并稍稍变动诗行的字、词或标点，即将第三节变为："虽然到处是不平，但人们日子可过得轻盈——从办公房到酒吧间铺一条单轨线，花十小时赚钱，花十小时荒淫"，将第四节变为："绅士们捧着大肚子走进写字间，迎面是打字小姐红色的呵欠，拿张报，遮住脸：等待南京的谣言"，也便成了散文。

袁可嘉的诗歌不仅分行，而且注意行的"均齐"，如《上海》、《南京》、《香港》等各行的字数大致相等；但是，每行诗字数的多寡均根据诗情表达的需要而定，从而没有呆板之嫌。

---

① 参见张隆溪《二十世纪西方文论述评》，生活·读书·新知三联书店1986年版，第117—118页。
② 常文昌：《中国现代诗歌理论批评史》，人民文学出版社2004年版，第152页。
③ 朱光潜：《诗与散文》，《朱光潜全集》第3卷，安徽教育出版社1987年版，第112页。

其二，有韵律且韵律自然而又优美。袁可嘉的诗歌均有韵律，但其韵律又并非像旧体格律诗那样往往是刻意为之，过于雕琢，而是自然而又优美。如《上海》，各节的诗句及其音节的设定均有规律——第一二节均为四句，第三四节均为三句；第一四节各句的音节均为五个左右，第二节各句的音节均为六个左右，第三节各句的音节均为七个左右；从而形式颇为规整但又不呆板。第一二四节分别句句押韵，第三节只有一句不押韵，从而使整首诗韵味十足；韵脚均为鼻音（前鼻音或后鼻音），既不太响亮，又不太沉闷，如第一节的韵脚为"沉"、"寸"、"伸"、"分"，第二节的韵脚为"行"、"铃"、"经"、"睛"，第三节的韵脚为"盈"、"淫"，第四节的韵脚为"间"、"欠"、"言"，这些韵律安排和声学效果又与其所表现的内容融合得天衣无缝。其他一些诗，如《南京》、《香港》等，韵律的设计也大抵如此，自然而又优美。

（二）"追求一个现实、象征、玄学的综合传统"

袁可嘉诗的"有机综合论"即关于新诗要做到"现实、象征、玄学的综合"的理论——袁可嘉认为："现代诗的主潮是追求一个现实、象征、玄学的综合传统"[①]，"现实表现于对当前世界人生的紧密把握，象征表现于暗示含蓄，玄学则表现于敏感多思、感情、意志的强烈结合及机智的不时流露"[②]；其诗歌也"追求一个现实、象征、玄学的综合传统"：

首先，注重反映现实。

袁可嘉虽然总生活在校园——尤其是在其集约性地创作诗歌的年代，但也总关注校园之外，其诗歌尤其是那些反映现实的诗歌，如《冬夜》、《进城》、《上海》、《南京》、《香港》、《北平》、《时感》、《旅店》、《难民》等均"紧密把握"了"当前世界人生"——反映了20世纪40年代中国动荡、黑暗的现实。

其次，注重运用象征，即重暗示、含蓄，亦即注重运用"客观对应物"来表情达意。

[①] 袁可嘉：《新诗戏剧化》，载袁可嘉《论新诗现代化》，生活·读书·新知三联书店1988年版，第28页。

[②] 袁可嘉：《新诗现代化——新传统的寻求》，载袁可嘉《论新诗现代化》，生活·读书·新知三联书店1988年版，第7页。

"客观对应物"或曰"客观联系物"、"客观关联物"、"客观相关物",它是指诗歌中"与思想感觉相当的具体事物",包括具有可感性的一切物象,如人、事、物、景、状态——传统诗学的意象实际上即"客观对应物";注重运用象征或"客观对应物"来表情达意,即注重"以与思想感觉相当的具体事物来代替貌似坦白而试图掩饰的直接说明","为自己的情思下个定义","间接的标明情绪的性质",表现"感觉曲线的优美有致"①。

袁可嘉的诗歌注重运用象征,如《走近你》虽然是一首爱情诗,但没有一个表达爱情的字眼——而是通过一些"客观对应物"来表达的,具有丰富的意蕴;写两人之间的距离,没有使用遥远、思念、如隔三秋之类的字眼,而是使用了"旅行家的脚步从图画移回土地"的诗句——在这里,"旅行家"即抒情主人公投射的对象,图画上的距离是想象之中的,而土地上的距离是实际存在的;所以,"从图画移回土地"的意思是抒情主人公确确实实感到了两人之间的距离:这样就把诗人的感受非常生动、丰盈地表达了出来,使之在热情的抒发中夹杂着自觉的理性思考。《母亲》通过一系列"客观对应物"来歌赞母亲——先是游子归来、母亲探问旅途,营构了游子与母亲的这对"客观对应物";接着以"全人类的母亲"这一"客观对应物"来补叙特定母亲的伟大,使其形象进一步地丰满;最后将儿子比作狂士、将母亲比作佛,以狂士在佛前失去自信的意象进一步地彰显母亲的高尚与神圣。《空》通过天空和贝壳这两个"客观对应物"来状写诗人的阔大情怀和"空灵而透明"的心胸。《岁暮》营构了思归和盼归两个场景——"客观对应物"——来抒写亲情之爱……

再次,注重追求诗的"玄学性",即注重诗的"敏感多思、感情、意志的强烈结合及机智的不时流露"和对"英国17世纪的玄学派诗人约翰·多恩、乔治·赫伯特、安德鲁·马维尔等人开创的以机智(wit)、奇喻(conceit)、反讽(irony)、悖论(paradox)、思想知觉化为

---

① 袁可嘉:《新诗现代化的再分析——技术诸平面的透视》,载袁可嘉《论新诗现代化》,生活·读书·新知三联书店1988年版,第16—17页。

基础的一路诗风"① 的追求——《上海》、《南京》运用了"机智",即"幽默、讽刺或自嘲"②:前者将现实的败相与现代发明或科学术语相连以构成讽刺,如"饥馑群"、"真空的眼睛"与"电话铃"、涂着口红的打字小姐所打的红色呵欠;后者直接对反动当局及最高统治者进行冷嘲热讽。《进城》运用了"奇喻":将城市说成沙漠;空虚的窟窿明明是虚无,竟"比喧哗更响";人群熙熙攘攘,竟"挤得荒凉";无线电里的歌声"空洞乏味";逝者竟然会"心伤"。《空》运用了反讽:第一节末句的设问与前三行的肯定式陈述造成对照,形成了具有强烈反差的反讽;前两节中的疑问句式与末节的肯定的陈述句式构成全诗的反讽;末节的每两行一组的句式及各自的意义相互比照,形成了又一种反讽。《难民》运用了悖论:"要拯救你们必先毁灭你们,／这是实际政治的传统秘密","重重的存在只为轻轻的死去,／深恨现实,你们缺乏必需的语言,／到死也说不明白这被人捉弄的苦难"……从而形成了诗的玄学性。

最后,注重"现实、象征、玄学"的"综合"。如《墓碑》中的"墓碑"既是"现实"的——现实中的墓碑,又是象征的——象征着死亡,还是玄学的——能引起人们关于生死的思考,诗歌也因此而实现了"现实、象征、玄学"的"有机综合"。《时感》相当逼真地描写了荒诞、混乱的现实,但又是通过一些荒诞的事情,如"汇来的稿金换不回寄去的稿纸"、"人们已不再关心你在说些什么,只问你摇着呐喊的党派的旗帜"、"传播文化的中心竟时刻宣布学术的死讯"等来象征的;同时,"机智""不时流露","奇喻"、"反讽"、"悖论"等不着痕迹地被运用——"当汇来的稿金换不回寄去的稿纸"的时候,"你还要在这时候伏案写字","当智识分子齐口同声的将智识咒诅"的时候,"你还要在这时候埋头苦读","上课的学生在课堂上疑心课本有毒,／在黑板与他们间的先生更是

---

① 张松建:《现代诗的再出发》,北京大学出版社 2009 年版,第 179 页。"玄学"与魏晋南北朝时期的谈玄论道不同;袁可嘉 2001 年 8 月 4 日改定于纽约的《我与现代派》一文中,将"玄学"改为"玄思";在引述孙玉石在《中国现代主义诗潮史论》中有关"新诗现代化"的美学突破的一段话时,他说:"我感谢孙玉石先生的鼓励,过去用'玄学'一词容易引起误会,本文中改为'玄思'。"(袁可嘉:《我与现代派》,载《诗探索》2001 年第 Z2 期。)

② 袁可嘉:《谈戏剧主义——四论新诗现代化》,载袁可嘉《论新诗现代化》,生活·读书·新知三联书店 1988 年版,第 38 页。

不可救药的书蠹;/在洋装书、线装书都像烟毒般一齐摆脱,/然后填鸭似的吞下漂亮而空洞的天书?"

(三)"艺术转化"到位

袁可嘉诗的"艺术转化论"即关于诗的"生成"的理论——袁可嘉认为:"诗的重要处不在它说了什么,而在它做了什么;它的'真'表现于使人感动,它的'哲理'必须被情绪地传达,它的'信仰'依赖诗的说明,它的'教诲'必须通过诗的效果,它的'悦目赏心'是艺术完成后的自然收获,它的'革命号召'更全部凭借诗篇对于读者的强烈震撼,及随震撼而来的精神上的刷新"①,新诗"多数失败的原因——不在出发的起点,因为起点并无弊病,也不在终点,因为诗篇在最终总给我们极确定明白的印象,够强烈而有时不免太清楚,而在把意志或情感化作诗经验的过程"②,即在于"艺术转化"不到位。袁可嘉的诗注重并相当好地处理了"艺术转化"的问题——"艺术转化"相当到位,其最为突出的表现有两点:

1. 注重选用诗体

袁可嘉的诗或采用自由体,或采用"十四行"体,但都是根据其内容的需要而选用的,如《我歌唱,在黎明金色的边缘上》,诗情奔放,"浪漫性"很强,便采用了自由体;而《上海》、《南京》、《出航》等诗情沉重、内敛,便采用了"十四行"体。其中,对"十四行"体的采用犹有特色:

"十四行"体即闻一多所说的"商籁体"。袁可嘉曾明言:"也就是在1942年,我先后读到卞之琳的《十年诗草》和冯至的《十四行集》,很受震动,惊喜地发现诗是可以有另外不同的写法的"③——显然,这里所说的"写法"既包括诗歌所使用的一些具体手法、手段,又包括诗歌对"十四行"体的采用;袁可嘉还曾坦言:"我在奥登《在战时中国》的启

---

① 袁可嘉:《诗与意义》,载袁可嘉《论新诗现代化》,生活·读书·新知三联书店1988年版,第86页。

② 袁可嘉:《新诗戏剧化》,载袁可嘉《论新诗现代化》,生活·读书·新知三联书店1988年版,第24页。

③ 《袁可嘉自传》,载袁可嘉《半个世纪的脚印》,人民文学出版社1994年版,第574页。

迪下，用并不十分严格的十四行体，描绘上海、南京和北平几个大城市的外貌和实质，力求用形象突出它们各自的特点。"① 不过，袁可嘉的诗所采用的并非严格意义上的"十四行"体，即"以前八行为一段，后六行为一段；八行中又以每四行为一小段，六行中或以每三行为一小段，或以前四行为一小段，末二行为一小段。总计全篇的四小段，第一段起，第二承，第三转，第四合"②，而是一种变体的十四行体，即未严守十四行体诗的格律，如《南京》各行的字数和音组（顿）数均不一：少则十个字，如"官员满街走，开会领薪俸"，多则十五个字，如"一梦三十年，醒来到处是敌视的眼睛"，音组（顿）数为：66555565466445，韵式为：abacddddeeeeee；《上海》各行的字数和音组（顿）数也均不一，音组（顿）数是：45555555556555，韵式是 ababcccccdcddd。同时，《南京》、《上海》虽采用了"十四行"体，但其风格与传统的"十四行"体诗的风格迥异——后者多为深邃沉思型的，而《南京》、《上海》则冷嘲热讽、嬉笑怒骂，了无深邃沉思之痕……

另外，袁可嘉的诗也有一些虽不止"十四行"，但又采用了"十四行"体诗的写法，如《走近你》不止十四行——一共十六句，但明显地采用十四诗起承转合的结构方式，相当自然妥帖地表达"我""爱"的"徘徊"和对女性的态度——第一个四句以"比例尺的实际距离"引起"一传统寂寞"，第二个四句"承"上以进一步地说明有情人成为互尊重次序的仇敌，第三个四句用"划清相对位置便创造了真实"来"转"向实际的现实，第四个四句以"她"的独立，用悲剧的浪漫"合"着结束全诗。《空》虽然采用了地道的中国自由体诗的体式，但颇有"十四行"体诗重格律之风——全诗共分三节，每节四行；各节用韵不同，但一韵到底：韵脚的排列为 aaaa，bbbb，cccc；诗形的整饬是通过每两行运用相同的音步来实现的；而在每两行诗的相同音步中，异行音步错开穿插，语气虚词机智应用，巧妙地避免了诗形的绝对整饬可能造成的雷同和使人产生

---

① 袁可嘉：《半个世纪的脚印·自序》，载袁可嘉《半个世纪的脚印》，人民文学出版社 1994 年版，第 1 页。
② 闻一多：《律诗底格律》，载《闻一多全集》第 2 卷，湖北人民出版社 1993 年版，第 168 页。

听觉疲劳。

2. 注重选用语言

总的来看，袁可嘉的诗注重选用语言——所使用的都是一些经过精心锤炼、诗性很强的语言。具体地说：

（1）简洁、明了而又意蕴深沉。在袁可嘉看来，一方面，"诗是感情的语言"，但又并非"把感情全盘托出即足以成诗"，"一首诗在胚胎期的情绪模式与它最终的表现可能有极大的差异；最普遍的情形是，它从简单走向复杂，从直觉到立体的结构，从浮泛朦胧的情思的晃动到鲜明准确的刻画，从单纯的热情呼唤，历经心智的批评，选择，综合，安排而发展为表面光滑实质深厚的有机组织"[①]；另一方面，诗歌应该注重使用加工、提炼过的民间语言与日常语言——"民间语言与日常语言的好处都在他们储藏丰富，弹性大，变化多，与生活密切相关而产生的生动，戏剧意味浓"，但"民间语言往往有强烈的地方色彩"，"如果毫无保留地采用各地的民间语言来写作，我们所得的怕不会是全国性的文学作品而是割据性的地方文学"[②]，因此，要对民间语言与日常语言进行加工、提炼。袁可嘉的诗歌便是遵循这种理念来使用语言的，从而简洁、明了而又意蕴深沉，如《空中的表》，前两节写两岁半的孩子高兴地看"我"的表，然后听见北京站的钟声响起来了，最后以"那是什么"、"天上的表"一问一答作结——简洁、明了而又意蕴深沉：清楚而又含蓄地表达了诗人的人世沧桑之感；《冬夜》中的"身边天边确都无以安慰，/这阵子人见面都叹见鬼；/阿狗阿猫都像临危者抓空气，/东一把，西一把，却越抓越稀"、"'我只是看看'，读书人沉得住气"、"走过半条街，这几文钱简直用不出去"，《号外二章·一》中的"你知道，他知道，我们也知道；/有一些东西要掉，要掉，要掉，/掉的不是雪花——只是一二把烂稻草"，《上海》中的"到处是不平"、"拿张报，遮住脸"，《南京》中的"官员满街走，开会领薪俸"、"华盛顿摸摸钱袋：好个无底洞"等诗句也颇简洁、明了而又意蕴深沉。

[①] 袁可嘉：《对于诗的迷信》，载袁可嘉《论新诗现代化》，生活·读书·新知三联书店1988年版，第60—61页。

[②] 同上书，第67页。

（2）规范但不刻板、陈旧，且能产生"陌生化"的效果，如《上海》，诗句虽既符合语法，又符合逻辑——没有因为内容表达的需要而"活用"语序或词语，但能给人一种相当"陌生化"的感觉：开篇的"不问"，完全是一个口语词，但放在"不问多少人预言它的陆沉"，却别有意蕴：凸显了"它"（"上海"）的"一意孤行"或"我行我素"，从而把本无生命的"它"写得生气活现。"新的建筑仍如魔掌般上伸，/攫取属于地面的阳光、水分"让人感觉"新的建筑"既具有"生命"——能向上"伸"、占有"阳光、水分"，又很"凶恶"——"如魔掌"、"攫取"；从而写出了"新的建筑"给人的一种非"吉祥"的感觉。"一场绝望的战争扯响了电话铃，/陈列窗的数字如一串错乱的神经，/散布地面的是饥馑群真空的眼睛"写出了上海在特殊年代的状况——战争引起人们的恐慌、物价飞涨、饥民成群，给人一种上海处在"风雨飘摇"之中的感觉……从而产生了一种"陌生化"的效果。《南京》中的"官员满街走，开会领薪俸，/乱在自己，戳向人家，手持德律风，/向叛逆的四方发出训令：四大皆空"，《香港》中的"在无路的海上你铺出一条路，破船片向来视你为避风港"，"各有春秋，帝国绅士夸耀本港的自由，/港口无须纳税，出口不必受查检，/香港总督最懂买卖，盗窃之流"，"从不被处徒刑，只是罚钱，罚钱，罚钱，/拆穿西洋镜，委实也吭啥希罕，/香港原是英帝国伸手远东的贪婪巨手"，《旅店》中的"你一手接过来城市村庄，/拼拼凑凑够你编一张地图"，《难民》中的"要拯救你们必先毁灭你们，/这是实际政治的传统秘密"等诗句，也都规范但又不刻板、陈旧，且能产生"陌生化"的效果。

（3）诙谐。如《冬夜》中的"说忧伤也真忧伤，/狗多噩梦，人多沮丧，/想多了，人就若痴若呆地张望，/活像开在三层楼上的玻璃窗"，写出了人的忧伤、沮丧——狗与人并列，当人"想多了"时便变成"开在三层楼上的玻璃窗"，在这里，玻璃窗被比喻为痴呆张望的眼睛，这是一种"冷"幽默，带有深层次的哀伤，是极度痛苦之后对忧伤的"冷却"与"凝结"；"阿狗阿猫都像临危者抓空气/东一把，西一把，却越抓越稀"，写出了人们的紧张不安与急于求助的心情，把类似一个溺水者抓稻草的急迫心情生动地表现出来；"这儿争时间无异争空间，/聪明人却都不爱走直线；/东西两座圆城门伏地如括弧，/括尽无耻，荒唐与欺骗"是由圆形城门的外形引发的联想；"测字摊要为我定终身，/十字架决定于方向夹时辰；/老先生，我真感动于你的天真，/测人者怎不曾测准自己的命运？//商店伙计的手势拥一海距离，/'我只是看看'，读书人沉得住气；/十分自谦里倒也真觉得稀奇，/走过半条街，这几文钱简直用不出去"：在那种战乱的年代里，谁能够自己决定自己的命运？测来测去仍然还是在动乱中奔波，不知道明天到底会怎样；物价飞涨，以至于老百姓"走过半条街，这几文钱简直用不出去"……这些诙谐的语言，将当时北平的动乱时局写得十分真切，同时也对之予以了辛辣的嘲讽与怒斥。

（四）注重"戏剧化"

袁可嘉诗的"戏剧化论"即关于诗创作要借用戏剧创作的方法、诗要吸收戏剧的元素的理论——袁可嘉认为："人生经验的本身是戏剧的（即是充满从矛盾求统一的辩证性的），诗动力的想象也有综合矛盾因素的能力，而诗的语言又有象征性、行动性，那么所谓诗岂不是彻头彻尾的戏剧行为吗？……诗所起用的素材是戏剧的，诗的动力是戏剧的，而诗的媒介又如此富有戏剧性，那么诗作形成后的模式岂能不是戏剧的吗？"[①]"热情可以借惊叹号而表现得痛快淋漓，复杂的现代经验却决非捶胸顿足所能道其万一的。诗底必须戏剧化因此便成为现代诗人的课题。"[②]

袁可嘉的诗歌与这种观念相一致——注重"戏剧化"，如《空》以"我"与贝壳相比，形成物的叠化和戏剧性；《出航》在描写"大海迎接人们以不安的国度"时这样写道：

年轻的闭上眼描摹远方的面孔，/远行的开始担心身边的积蓄；/老年人不安地看着钟，听听风，/普遍泛滥的是绿得像海的忧郁；

只有小孩们了解大海的欢跃，/破坏以驯顺对抗风浪的嘱咐，/船像摇篮，喜悦得令人惶惑；

[①] 袁可嘉：《谈戏剧主义》，载袁可嘉《论新诗现代化》，生活·读书·新知三联书店1988年版，第34页。

[②] 袁可嘉：《诗与民主》，载袁可嘉《论新诗现代化》，生活·读书·新知三联书店1988年版，第47页。

大海迎接人们以不安的国度：/像被移植空中的断枝残叶，/航行者夜夜梦着绿色的泥土。

——诗歌以年轻人、远行者、老人和小孩在船出航的那一时刻的不同行为表现各自的不安心理，如同一幕幕戏剧。而这种不安又被对应为"绿得像海的忧郁"、"像被移植空中的断枝残叶"、"夜夜梦着绿色的泥土"，呈现出一种间离性的抒情效果。

大致地说，袁可嘉的诗歌主要采用了两种戏剧化的诗式：

其一，里尔克的诗式，即"努力探索自己的心，而把思想感觉的波动借对于客观事物的精神的认识而得到表现"①，如《沉钟》、《空》等。

其二，奥登的诗式，即"通过心理的了解把诗作的对象搬上纸面，利用诗人的机智，聪明及运用文字的特殊才能把他们写得栩栩如生"②，如《南京》、《上海》、《香港》等。

袁可嘉的诗歌主要采用了三种戏剧化的方法：

其一，使用戏剧的手法。

所谓"使用戏剧的手法"就是设置戏剧性的矛盾冲突、情境、结构、独白与对白，并使诗中的戏剧性的矛盾冲突达到平衡和解决。③

袁可嘉的诗歌注重使用戏剧的手法，如《沉钟》、《难民》等均注重设置戏剧性矛盾冲突：

《沉钟》既写了"我"关于生命的沉重感、孤寂感、沉痛感——"让我沉默于时空，/如古寺锈绿的洪钟，/负驮三千载沉重，/听窗外风雨匆匆"，"我是沉寂的洪钟，/沉寂如蓝色凝冻"、"生命脱蒂于苦痛，/苦痛任死寂煎烘"；又写出了"我"的超脱感——"我是锈绿的洪钟，/收容八方的野风"，"把波澜掷给大海，/把无垠还诸苍穹"。《难民》中的"要拯救你们必先毁灭你们，/这是实际政治的传统秘密"：写反动当局及其贪

---

① 袁可嘉：《新诗戏剧化》，载袁可嘉《论新诗现代化》，生活·读书·新知三联书店1988年版，第26—28页。
② 同上书，第26页。
③ 参见袁可嘉《谈戏剧主义》，载袁可嘉《论新诗现代化》，生活·读书·新知三联书店1988年版，第39页。

官污吏为了搜刮民财，总是先以暴政使民众陷于灭顶，然后，以救济难民为名进行"二度搜刮"，从而既沽名钓誉，又中饱私囊；"像脚下的土地，你们是必需的多余，/重重的存在只为轻轻的死去"中的"必需"与"多余"、"重重的存在"与"轻轻的死去"词义相反，相互矛盾，构成了一个戏剧性的冲突，揭露了现实的黑暗和不公：难民原本是社会财富的创造者，是社会所必需的，因而是"重重的存在"，但沦为难民后又成了社会的"多余"，得"轻轻的死去"；"深恨现实，你们缺乏必需的语言，到死也说不明白这被人捉弄的苦难"中的"必需"与"缺乏"、"苦难"与"说不明白"悖反，构成矛盾冲突，写出了难民的不幸……

　　袁可嘉的诗歌也注重设置戏剧性情境，如《冬夜》的每一节都设置了一个戏剧性情境，《母亲》的第一三节都设置了戏剧性情境；或注重设置戏剧性结构，如《名字》虽短小——只有五行，但使用了多重矛盾转折——"大街—小巷—黑墙"，构成了戏剧性结构。

　　其二，使用"大跨度的比喻"。

　　所谓"大跨度的比喻"，实际上即"英国玄学派诗人常用的被艾略特称为将'最异质的意念强行拴在一起'（约翰逊语），或'素材某种程度上的异质可以通过诗人的思想而强行结成一体'构成意象的方法，或者如朱自清借用传统概念说的象征派诗人常用的'远取譬'的方法"[①]，袁可嘉的诗歌注重使用"大跨度的比喻"[②]，如《冬夜》中的"冬夜的城市空虚得失去重心，/街道伸展如爪牙勉力捺定城门；/为远距离打标点，炮声硁硁，/急剧跳动如犯罪的良心"、"谣言从四面八方赶来，/像乡下大姑娘进城赶庙会"、"说忧伤也真忧伤，/狗多噩梦，人多沮丧，/想多了，人就若痴若呆地张望，/活像开在三层楼上的玻璃窗"、"起初觉得来往的行人个个

---

　　① 孙玉石：《中国现代主义诗潮史论》，北京大学出版社1999年版，第423页。另参见袁可嘉《西方现代派诗与九叶诗人》，载袁可嘉《现代派论·英美诗论》，中国社会科学出版社1985年版，第374页。

　　② 袁可嘉在1994年给张同道的信中写道："我自己作品中的现代性表现为：（一）从大部分作品的思想内容看，我反映兵荒马乱年代知识分子的苦闷心情，写旧社会大都市没落形态。在艺术手法上，强调象征和联想，使用大跨度比喻，矛盾对比的语言（如《进城》一首把城市比作沙漠），有较强的知性因素，接受过意象派和奥登等人的影响（如《上海》、《南京》。）"转引自张同道《探险的风旗》，安徽教育出版社1998年版，第390页。

不同，/像每一户人家墙上的时辰钟；/猛然发现他们竟一如时钟的类似，/上紧发条就滴滴答答过日子"，《上海》中的"新的建筑仍如魔掌般上伸"、"陈列窗的数字如一串错乱的神经"，《南京》中的"满天飞舞是大潮前红色的蜻蜓"、"总以为手中握着一支高压线"，《进城》中的"无线电里歌声升起又升起，/叫人想起黄浦滩畔的大出丧，/空洞乏味如官定纪念烈士的假期，/滑稽得一样令逝者心伤"等，都是"大跨度的比喻"的使用。

其三，思想知觉化。

袁可嘉的诗歌注重思想知觉化，即"充分发挥形象的力量，并把官能感觉的形象和抽象的观点、炽烈的情绪密切结合在一起，成为一个孪生体"①，形成了"肉感中有思辨，抽象中有具体"② 即知性与感性的融合以及含蓄、理智、冷峻的诗风，如《母亲》通过母亲的形象、儿子的观感来抒写了母亲对儿子的关爱及儿子对母亲的敬爱，歌颂了母爱，但又没有采用直接抒情的方式，也没有使用情、爱之类的字眼——"迎上门来一脸感激，/仿佛我的到来是太多的赐予；/探问旅途如顽童探问奇迹，/一双老花眼总充满疑惧"：状写了母亲见到阔别的儿子时惊喜、兴奋的神情和举止，感激、顽童、疑惧等字眼也表现了母亲对儿子的殷切思念；"从不提自己，五十年谦虚，/超越恩怨，你建立绝对的良心；/多少次我担心你在这人世寂寞，/紧挨你的却是全人类的母亲"：回顾了50年来母亲的忘我奉献以及儿子对母亲的牵挂、对母爱的领悟；"面对你我觉得下坠的空虚，/像狂士在佛像前失去自信；/书名人名如残叶掠空而去，/见了你才恍然于根本的根本"：状写了母爱的伟大及母亲对儿子的启迪——相比于母亲，儿子实在太渺小、太空虚。又如，《走近你》通篇没有一个爱字，但众多的意象铺排了一对情人在相聚时的情感发展，使爱可感、可触，但又不张扬——需要思索才能体味得到。其他诗，如《穿空唉空穿!》、《难民》、《空》、《进城》等也颇注重思想知觉化。

不过，袁可嘉的诗歌并没有"亦步亦趋"地遵循其诗论，如袁可嘉认为：诗剧也应是"新诗戏剧化"的诗式之一，但袁可嘉的诗歌中没有采用"诗剧"

---

① 袁可嘉：《九叶集·序》，载辛笛、袁可嘉等《九叶集》，作家出版社2000年版，第13页。
② 袁可嘉：《西方现代派诗与九叶诗人》，载袁可嘉《现代派论·英美诗论》，中国社会科学出版社1985年版，第377—378页。

体式的；也不只有与其诗论相对应的特点，如《我歌唱，在黎明金色的边缘上》、《北平》、《号外二章》以及《无题》中的"我虽爱狂风暴雨，/尤爱风暴后海蓝天青"等诗句所使用的是直抒胸臆的写法，这超逸了其诗论。

三

袁可嘉集诗人、学者、翻译家于一身，其诗特点的形成除了与他作为一个诗人的独特个性和创造性的行为直接相关外，还与他作为学者、翻译家的"职业行为"直接相关——作为一个学者，他除了自觉不自觉地研习过中国古典文学作品外，还自觉地研究了西方文学作品特别是西方浪漫主义和现代主义文学作品，并著有《论新诗现代化》、《欧美现代派文学概论》、《现代派论·英美诗论》等论著，编辑了《外国现代派作品选》（主编，与董衡巽、郑克鲁合作）、《欧美现代十大流派诗选》（主编，与绿原合作）、《外国名诗选》（主编）、《现代英美资产阶级文学理论文选》（主编）、《现代主义文学研究》（主编，与叶廷芳等合作）等；这些"职业行为"无疑使他能便利地广收博取，并对其诗歌特点的形成产生了直接影响——比较其诗与诗研究、翻译，可以看出，其诗特点的形成明显地受到了其研究和翻译对象的影响。具体地说：

（一）明显地受到了新批评理论的影响

"新批评"发端于20世纪20年代的英国，30年代传到美国，四五十年代在美国文学中占据主导地位；其代表人物主要有瑞恰慈、艾略特、燕卜荪和兰色姆等。其中，瑞恰慈、燕卜荪曾在清华、燕京、西南联大等校任教，他们"在现代主义以及英美新批评派的美学文论等方面给予袁可嘉先生深刻的影响"[①]，"燕卜荪在西南联大任教期间，在其讲课中向学生灌输了艾略特的诗论（'非个性化'，'客观对应物'，对17世纪玄学诗的重新评价）、瑞恰兹的诗论（关注文本，'包含的诗'，即'包含冲突和矛盾，像戏剧一样止于更高的调和'）以及他个人的诗论（语义分析批评、朦胧）等等，致使西南联大的年轻的诗人们冷落了浪漫主义而独钟于西方

[①] 刘士杰：《走向现代、现实和浪漫的三结合》，载《现代主义诗歌在中国的命运》，社会科学文献出版社2009年版，第339页。

现代派诗"①，袁可嘉便是当时"冷落了浪漫主义而独钟于西方现代派诗"的"西南联大的年轻的诗人们"中的一个代表——他不仅聆听了燕卜荪的授课，研习过"新批评理论"，而且自觉地接受其影响——袁可嘉的诗论几乎对应性地受到了新批评相关理论的影响，并直接论及艾略特73次、瑞恰慈17次、布洛克斯7次。② 而袁可嘉的诗歌又"对应性"地受到了其诗论的影响，甚至可以说是其诗论的实践或"实验品"，因此，也显然受到了新批评理论的影响，像诙谐机智、运用"客观联系物"、使用"大跨度的比喻"等受新批评理论的影响尤为明显。

（二）明显地受到了西方诗歌的影响

袁可嘉曾对西方浪漫主义诗歌颇为钟情：他在西南联大上大学时，常常诵读拜伦、雪莱、济慈、华兹华斯等人的诗作，并对深受西方浪漫主义诗歌影响的徐志摩的诗歌非常喜爱——他曾明言自己最初喜爱英国浪漫主义和徐志摩的诗；③ 因而，其最初的诗歌受到了西方浪漫主义诗歌的影响，如《我歌唱，在黎明金色的边缘上》、《号外三章》等均呈现出浓郁的浪漫主义诗风：

前者中的诗句，如"听，我们的马蹄／——我们新中国轻骑兵的马蹄／清脆地敲响着黎明金色的边缘。／／我们——新中国的轻骑兵沉重地驮载着世纪的灾难／曾久久抑郁在霉烂的叹息里在惨白的默默里／罪恶的黑手，骄纵地／为我们增订一页页痛楚的记忆／多少年，我们躁急地等待第一声出击／／终于有一天／（那在历史上嵌稳了不朽的日子）／一支复仇的火令闪过北国七月的蓝空／我们狂笑中噙着眼泪／向风暴，催动我们骁勇的桃花骑……"等，后者中的诗句，如"我们确已久久等待／沉郁夏夜的霹雳响雷；青光扫过空星落树摧，／哗啦啦尘封的窗子一齐打开！／／可悲的是悲剧都不配存在，／这儿可笑的实太多于可哀；／无耻的闹剧里死也失去尊贵……闷得要发芽想破窗长啸""白昼看鹰旋，／深夜

---

① 吴学先：《燕卜荪早期诗学与新批》，高等教育出版社2002年版，第112页。
② 参见刘金华《袁可嘉新诗批评与艾略特的影响》，载陈飞、张宁主编《新文学》第五辑，大象出版社2006年版，第199页。
③ 参见袁可嘉《半个世纪的脚印·序》，载袁可嘉《半个世纪的脚印》，人民文学出版社1994年版，第1页。

听呼唤；/风起处遍地哀怨，/造物主你还留得几许空宽？"等，均音节洪亮、节奏鲜明，流丽爽朗；同时，就整首诗而言，两者均激情澎湃，格调高昂……浪漫主义诗风相当浓郁。

不过，袁可嘉的诗歌更明显地受到了西方现代主义诗歌的影响：

其一，袁可嘉的诗歌注重追求诗的"玄学性"，不少诙谐机智，充溢着"哲思"，这除了与新批评理论的影响有关外，也与西方现代主义诗歌的影响有关——"17世纪英国玄学派诗人约翰·多恩以奇想和巧智赢得读者，他用哲学的辩论和说理的方式写诗，常将当时的科学发明作比喻入诗。这种从科学、哲学、神学中摄取意象的特点对学院派出身的'九叶'诗人同样颇有吸引力。袁可嘉在这个阶段中的作品中借鉴这些特点写出表现中国现实的现代诗。"[①] 如《冬夜》——袁可嘉曾明言该诗"借鉴西方现代派的艺术特点是：一、多处运用大跨度的比喻；二、突出机智和讽刺的笔法；三、运用强烈的对照，有时用正相反的词语来渲染气氛。'这是英国玄学派诗人创造的手法，后来为现代派诗人所承袭和发展。我在四十年代的作品里有意识地做过类似的试验'"[②]。

其二，袁可嘉曾坦言："我在奥顿《在战时中国》的启迪下，用并不十分严格的十四行体，描绘上海、南京和北平几个大城市的外貌和实质，力求用形象突出它们各自的特点"[③]，王佐良也曾回忆说："当时我们都喜欢艾略特——除了《荒原》等诗，他的文论和他所主编的《标准》季刊也对我们有影响。但是我们更喜欢奥登。原因是他的诗更好懂，他的那些掺和了大学才气和当代敏感的警句更容易欣赏，何况我们又知道，他在政治上也不同于艾略特，是一个左派，曾在西班牙内战战场上开过救护车，还来过中国抗日战场，写下了若干首令我们心折的十四行诗。"[④] "穆、郑

[①] 王圣思：《悼念袁可嘉先生的一封信》，载《袁可嘉诗歌创作与诗歌理论研讨会论文集》，首都师范大学中国诗歌研究中心2009年版，第33页。

[②] 袁可嘉：《〈冬夜〉鉴赏》，载公木主编《新诗鉴赏辞典》，上海辞书出版社1991年版，第613页。

[③] 参见袁可嘉《半个世纪的脚印·序》，载袁可嘉《半个世纪的脚印》，人民文学出版社1994年版，第1页。

[④] 王佐良：《穆旦：由来与归宿》，载《一个民族已经起来》，江苏人民出版社1987年版，第2页。

二人接受了奥顿底沉思的一面，而袁可嘉则接受了他写实的一面"①，如《冬夜》、《进城》、《上海》、《南京》、《北平》、《号外二章》、《难民》等。《沉钟》、《母亲》、《孕妇》等像里尔克的《画像集》一样，具有"深沉的、静止的、雕塑的美"②，显然，受到了后者的影响。而《走近你》则与叶芝的《当你老了》颇有神似之处：

《当你老了》是叶芝在 29 岁时写给爱尔兰民族自治活动的领导人之一、著名的女演员毛特·冈的爱情诗——叶芝早年对她一见钟情，并忠贞不渝，但又一直为之拒绝；后来，她嫁给了与她并肩战斗的少校约翰·迈克布莱德；约翰·迈克布莱德因参与都柏林复活节起义被处死③后，叶芝再次向她求婚，但仍为之拒绝。在叶芝的眼中，毛特·冈是美丽而独立的，因而，他虽然没有被她接受，但尊重她，并一如既往地爱着她——

    当你老了，头白了，睡意昏沉，
    炉火旁打盹，请取下这部诗歌，
    慢慢读，回想你过去眼神的柔和，
    回想它们昔日浓重的阴影；

    多少人爱你青春欢畅的时辰，
    爱慕你的美丽，假意或真心，
    只有一个人爱你那朝圣者的灵魂，
    爱你衰老了的脸上痛苦的皱纹；

    垂下头来，在红光闪耀的炉子旁，
    凄然地轻轻诉说那爱情的消逝，
    在头顶的山上它缓缓踱着步子，

---

① 张曼仪语，转引自《"九叶诗人"评论资料选》，华东师范大学出版社 1996 年版，第 305 页。

② 袁可嘉：《新诗戏剧化》，载袁可嘉《论新诗现代化》，生活·读书·新知三联书店 1988 年版，第 26 页。

③ 参见潞潞主编《倾诉并且言说——外国著名诗人书信、日记》，北京出版社 2003 年版，第 354 页。

在一群星星中间隐藏着脸庞。

袁可嘉的《走近你》中的"我"也没有被其意中人接受,同时也尊重她——

你站起如祷辞,无所接受亦无所拒绝,
一个圆润的独立整体,"我即是现实",
凝视远方如凝视悲剧——
浪漫得美丽,你决心献身奇迹。

袁可嘉对《当你老了》有独到而又深刻的感受和理解,并予以了创造性的翻译,显然,《走近你》受到了《当你老了》的影响。

其三,西方现代派诗,如艾略特的《普鲁弗洛克的情歌》把天空比喻成"被麻醉的病人",把街道比作"讨厌的争议",把黄色的烟雾比作小猫……都是"大跨度的比喻"的运用。袁可嘉对艾略特情有独钟,[①] 其诗对"大跨度的比喻"的运用,如《冬夜》中的那些"大跨度的比喻",明显地受到了艾略特的诗歌的影响。

其四,在袁可嘉那里,"'现实'还有一层含义,也是容易被人忽略的,即现代诗人把握现实的能力主要表现为否定现实、批判现实的能力"[②],他的诗注重以西方现代派诗的手法来描写严峻的社会现实,揭露现代文明的衰败,始终贯穿着一种深刻的危机意识和冷峻的批判精神,如《冬夜》、《进城》等。《冬夜》中的"冬夜的城市虚空得失去重心"、《进城》中的"走进城就走进了沙漠,空虚比喧嚣更响;每一声叫卖后有窟窿飞落,熙熙攘攘真挤的荒凉"等承载的意蕴与艾略特的《荒原》的主题非常神似。

其五,孤独、寂寞是西方现代派诗歌所表达的主题之一。袁可嘉的诗

[①] 袁可嘉:《论新诗现代化》一书共收入26篇文章,论及艾略特的73次,参见刘金华《袁可嘉新诗批评与艾略特的影响》,载陈飞、张宁主编《新文学》第五辑,大象出版社2006年版,第199页。

[②] 臧棣:《袁可嘉:40年代中国诗歌批评的一次现代主义总结》,载《文艺理论研究》1997年第4期。

歌不少都表现了强烈的孤独、寂寞意识，如《沉钟》，该诗开头即写道："让我沉默于时空，如古寺锈绿的洪钟，负驮三千载沉重，听窗外风雨匆匆"——所表达的抒情主体的孤独、寂寞感赫然显现；同时，全诗十二行中有十一行都以"ong"音为韵脚，而且行中还夹杂着不少"ong"音，给人一种凝重沉郁的感觉，反衬了这种孤独、寂寞。《岁暮》也表现了强烈的孤独、寂寞意识——诗的最后连续打上了三个问号："车破岭呢船破水？/等远客？等雪花？"便明示了这一点……这些显然受到了西方现代派诗歌的影响。而《墓碑》所受西方现代派诗歌的影响尤为明显——"这首诗的内容很现代，诗人以诗为墓碑，作为墓碑的主人，却'独自看墓上花落花开'，并且又以当事者转化为旁观者，由'我'转变为'他'：'说这人自远处走来，/这儿他只来过一回'，'去死底窗口望海'。由自我转化为他者，再来反观审视自我，正是现代主义的特征之一。其孤独寂寞的情调，以及这种表达方式，也是与现代主义相吻合的。"①

四

袁可嘉的诗歌虽然明显地受到了新批评理论和西方诗歌的影响，但又毕竟是"中国诗"，因此，也明显地受到中国本土的影响。具体地说：

（一）明显地受到了中国现代诗的影响

袁可嘉的诗歌受闻一多、徐志摩、冯至、卞之琳等人的影响明显——袁可嘉曾明言："我最初喜爱英国浪漫主义和徐志摩的诗，1942年以后接触到西方现代主义文学，卞之琳的《十年诗钞》和冯至的《十四行集》，觉得现代派诗另有天地，更切近现代人的生活，兴趣就逐渐转移。我学习他们的象征手法和机智笔触，力求把现实、象征和机智三种因素结合起来，使诗篇带上硬朗的理性色彩。"② 如《沉钟》诗句的整饬、凝练、韵律整齐、节奏分明、形式感强等受闻一多所倡导的新格律诗以及闻一多、徐志摩等创作的新格律诗的影响明显，其沉思、思辨、沉寂、寂寞、静谧

---

① 刘士杰：《现实土壤上的现代诗花——论袁可嘉的诗》，载《信阳师范学院学报》（哲学社会科学版）2010年第5期。

② 参见袁可嘉《半个世纪的脚印·序》，载袁可嘉《半个世纪的脚印》，人民文学出版社1994年版，第1页。

等及"十四行"体的采用则受冯至的诗的影响明显。不过,总的来说,袁可嘉的诗歌受卞之琳的影响最大——很多地方与卞之琳的诗差不多形成了"一一对应"的关系,如《沉钟》,其"把波涛掷给大海/把无垠还诸苍穹"等与卞之琳的《白螺壳》的"黄色还诸小鸡雏/青色还诸小碧梧/玫瑰色还诸玫瑰"等句式相同。又如《空》,受卞之琳的《白螺壳》影响十分明显,尤其是在所表达的"空灵"以及句式、意象、意境等方面——《空》:"水包我用一片柔,/湿淋淋浑身浸透",《白螺壳》:"请看这一湖烟雨/水一样把我浸透";《空》:"我底手能掌握多少潮涌,/学小贝壳水磨得玲珑",《白螺壳》:"掌心里波涛汹涌,/我感叹你的神工";《空》:"小贝壳取形于波纹,/铸空灵为透明",《白螺壳》:"空灵的白螺壳,你,/空眼里不留纤尘。"袁可嘉曾明言自己如痴如醉地喜欢过卞诗,加上当时他自己因感情的失落而产生了落寞的心情,于是,在写诗时,他不知不觉地受到了卞诗的影响,形成了卞诗的风格。① 《穿空唉空穿!》、《岁暮》等也像《空》一样,明显地都受了卞诗的影响——"卞之琳在《白螺壳》中喜欢用'穿'字达六处之多,而袁先生则'青出于蓝',不仅在诗中用,还径直用在了诗题中即《穿空唉空穿!》。袁先生还学用卞老喜欢的一些特殊行式。如分割式诗行。卞诗《圆宝盒》云:是桥——是桥!可是桥……珍珠——宝石?——星?袁诗《空》云:我的船呢,旗呢,我的手?《穿空唉空穿!》云:载一列失眠,虚幻,鬼火……天似海,海似天,你都不必管。再如,卞诗《无题》云:'水有愁,水自哀……'袁诗《岁暮》云:'鸟有巢,人有家。'还如卞诗《无题二》云:杨柳枝招人,春水面笑人。莺飞,鱼跃;青山青,白云白。袁诗《岁暮》则云:'山外青山海外海。'两人间极为类似的命意、行式、意象和措辞等方面的例子举不胜举"②。《冬夜》、《进城》、《上海》、《南京》、《北平》、《号外二章》、《难民》等政治抒情性强,实为受到了卞之琳《慰劳信集》的诗的影响。③ 不过,袁

---

① 参见刘士杰《现实土壤上的现代诗花——论袁可嘉的诗》,载《信阳师范学院学报》(哲学社会科学版)2010年第5期。
② 北塔:《模仿的顺便与超越的艰难》,载《诗探索》2001年第Z2期。
③ 参见袁可嘉《略论卞之琳对新诗艺术的贡献》,载袁可嘉《半个世纪的脚印》,人民文学出版社1994年版。

可嘉对卞之琳又"并非刻意模仿,而是因为当年他的青春失落感(爱情幻灭,写作无门),与卞先生早年诗作所表现的情感、心绪颇为相近,而那时他正耽读卞先生的诗作,深受熏陶,潜意识中就浮现一些感伤情调和空灵形象"①。

除了受闻一多、徐志摩、冯至、卞之琳等人的影响外,袁可嘉还受到其他诗人,如他的同学"联大三星"——穆旦、杜运燮和郑敏的影响。②

(二)明显地受到了中国传统诗学、诗歌的影响

袁可嘉虽然没有像研究西方浪漫主义、现代主义文学作品和文学理论那样研究过中国传统诗学、诗歌,但是,中国诗文化传统博大精深、无处不在,因而受其濡染也在所难免——袁可嘉在其诗论中引述了《诗经·采薇》、陈子昂的《登幽州台歌》、李白的《静夜思》、李商隐的《夜雨寄北》和《乐游原》、杜牧的《寄扬州韩绰判官》等作为论据便是明证,他的诗歌也受到了中国传统诗学、诗歌的影响:

其一,受到了中国传统诗学观点的影响。袁可嘉虽然从未投身于政治,更不曾置身于政治,但其诗注重反映现实人生,不少甚至还具有强烈的政治色彩,如《南京》、《上海》等,究其原因,除了他是一个原始语义上的爱国者及因其个人的文化教养而具有朴素的人道情怀等外,显然,还应该与修身齐家治国平天下、"诗言志"、"惟歌生民病,愿得天子知"、"文以载道"、"文章合为时而著,歌诗合为事而作"等传统诗学观的影响有关。

其二,受到了中国传统诗歌的影响。袁可嘉的诗歌虽然明显地受到了西方诗歌的影响,但也受到了中国传统诗歌的影响,如《沉钟》,无论是作为全诗中心意象的"古寺锈绿的洪钟",还是借"古寺锈绿的洪钟"等意象来咏志,显然都受到了中国古典咏物诗的影响;又如,《岁暮》,无论是句式还是意象、诗味均受到了中国传统诗歌的影响——前者:"庭院中秃枝点黑于暮鸦,/(一点黑,一分重量)/秃枝颤颤垂下;墙里外遍地枯叶逐风沙,/(掠过去,沙沙作响)/挂不住,有落下;//暮霭里盏盏灯火唤归家,/(山外青山海外海)/鸟有巢,人有家;/多少张脸庞贴窗问

---

① 刘士杰:《走向现代、现实和浪漫的三结合》,载《现代主义诗歌在中国的命运》,社会科学文献出版社 2009 年版,第 338 页。

② 同上。

路人：/（车破岭呢船破水？）/等远客？等雪花？"后者如马致远的《天净沙·秋思》——"枯藤老树昏鸦，/小桥流水人家。/古道西风瘦马，/夕阳西下，/断肠人在天涯。"同时，袁可嘉诗歌的重知性、议论、散文化等总体特色，则与宋诗有一种远距离的契合，因而，也应该是受到了宋诗的影响的——只不过所受的影响是相当隐蔽、间接罢了。

五

袁可嘉的诗歌虽然也存在着一些缺憾，如《沉钟》、《北平》等基本上"一韵到底"，有点单调；《穿空唉空穿！》、《岁暮》、《空》等过于模仿卞之琳的诗歌……但是，总的来说，优长远远多于缺憾，虽然诗歌总数不多但大多很精致，较为鲜明地体现了"学人之诗"的特点；无论是就其本身而言，还是从中国现代诗歌发展的角度而言，它都具有独特的意义和价值：

其一，它不仅是袁可嘉遵循其"新诗现代化"理论创作出来的诗歌，而且总的来说，也是新诗发展史上最为成功地遵循一种诗论创作出来的新诗。

在中国现代文学史上，像袁可嘉一样同时在诗论和诗歌两方面有所建树、且能在诗歌创作上自觉地实践其诗论的不少，如胡适、郭沫若、闻一多、戴望舒、艾青、臧克家等。但是，像袁可嘉一样在诗歌创作上成功地实践了其诗论的则不多甚至没有：

①胡适、闻一多等在诗歌创作上虽然都能像袁可嘉一样自觉地实践其诗论，但是，由于其诗论本身具有"不成功性"，因此，他们实践其诗论的诗歌也并不"成功"，如胡适的"诗体的大解放"理论——主张新诗要打破各种约束，实现诗体的大解放——主要是关于诗歌形式的理论，遵循它所创作出来的诗歌往往在实现诗体的大解放的同时，又"非诗"化了。闻一多的"新格律诗"理论——主张新诗要有"音乐美"、"绘画美"、"建筑美"的理论，虽然"导致"了一些优秀新诗，如闻一多的《死水》以及新月诗派其他优秀诗歌[①]的产生；但是，由于"新格律诗"理论完全

[①] 徐志摩曾说：闻一多是"最有兴味探讨诗的理论和艺术的一个人。我想这五六年来我们几个写诗的朋友多少都受到《死水》的作者的影响"。参见徐志摩《猛虎集·序文》，新月书店1931年版。

是关于新诗形式的理论,且理论本身有点"逼仄"、"机械",因而导致了按照这一理论所创作的新格律诗最终走向"豆腐干"化。

与胡适的"诗体的大解放"理论、闻一多的"新格律诗"理论相比,袁可嘉的"新诗现代化"理论要"成功"得多:它不仅内涵要丰富得多——既论及了诗歌的形式又论及了诗歌的内容,既论及了诗歌本体又论及了诗歌创作;而且要"科学"得多——不像胡适的"诗体的大解放"理论那样最终将新诗引向"非诗"化的道路,也不像闻一多的"新格律诗"理论最终导致新诗的"豆腐干"化,而是将新诗引向"现代化"的道路:袁可嘉遵循其"新诗现代化"理论创作出来的诗歌不仅是"纯诗"而且是"非诗",而且是"与时俱进"的"现代化"新诗:其内容具有"当下性"——注重反映现实,其创作过程和具体的方法既具有普泛性又是"恒新"的;从而既相当成功地实践了"新诗现代化"理论,又为新诗提供了新的"增长点"。

②郭沫若、戴望舒、艾青、臧克家等的诗论多是其诗歌创作经验或体会的记录或"整理",因而是一种"后发性"而不是具有"指导性"的理论;同时,其"可操作性"不强,如郭沫若的"自我表现说"和"自然流露说"——强调诗歌对诗人自我的表现和对诗人情感的自然流露,戴望舒的"自由体"理论——认为新诗是一种"介于韵文和散文之间,有半透明的意境而又有半音乐性"、"顺乎自然的节奏,和按照体型而加剪裁的自由体"①,艾青、臧克家各自的"真、善、美"理论——强调诗歌的"真、善、美"……均可以说只是一种诗学原则,虽然对诗人的创作观念能有所"指导",但很难对诗人的诗歌创作有具体的指导。因此,诗人是很难遵循其诗论创作诗歌的,他们即使遵循其诗论创作过诗歌,所创作的诗歌在其诗歌总体中所占的比重也不会太大——事实也的确如此;而且,他们的一些优秀诗歌,如郭沫若的《天狗》、《晨安》、《凤凰涅槃》,戴望舒的《雨巷》、《我用残损的手掌》、《偶成》,艾青的《大堰河——我的保姆》、《雪落在中国的土地上》、《手推车》、《我爱这土地》,臧克家的

---

① 林海音主编:《中国近代作家与作品·我所知道的戴望舒及现代派》,转引自龙泉明《中国新诗流变论》,人民文学出版社 1999 年版,第 307 页。

《老马》、《星星》等,并不是或并不完全是遵循诗人的诗论创作出来的。

而袁可嘉的"新诗现代化"理论是他在学习英语的过程接触了英语诗歌、诗论后形成的,[①] 既包含一些具有普泛意义的诗学原则,如"本体论"、"有机综合论"、"艺术转化论"、"戏剧化论"等;又包括一些具体的诗歌创作方法,如营构"客观对应物"、"大跨度的比喻"、"思想知觉化"等;因此,对其诗歌创作不仅具有"指导性",而且具有"可操作性"——袁可嘉的诗歌的绝大多数,尤其是那些"确定"袁可嘉诗人身份的优秀诗歌都是遵循其诗论创作出来的。

其二,具有独特的审美价值。

袁可嘉的诗歌多立意高远、意蕴丰厚、意境空阔、诗味精美,是"社会性与个人性的统一,感性与智性的融合"[②];那些通常被左翼诗歌或七月派诗歌写得倒人胃口的宣传说教式的现实题材,被它以意象表达出来后,便具有了一种新鲜的活力,从而,使过于迫近现实政治的内容在不失去当下意义的前提下,获得艺术本体的充足实在性;"《沉钟》、《进城》、《走近你》、《难民》、《母亲》等,即便跻身于冯至、卞之琳、穆旦等人的作品中也毫不逊色,它们激情内敛、意象新奇、诗思隽永,且已初具20世纪90年代诗人大量运用的'叙事性'、'戏剧化'的质素,堪称是'从分析到综合'的新探索"[③],具有独特的审美价值;《南京》、《北平》、《上海》、《香港》等描写了大都市的诗,即"都市"题材诗歌,更是达到了"政治性"与"诗性"的完美结合。

其三,对中国现代诗歌的正常发展起到了积极的推动作用。

总的来说,中国现代诗歌在其发展过程中存在着两种毛病:过于注重内容和过于注重形式。前者或偏于说教,即观念的直白表达,如胡适的《人力车夫》、《他》、《黄克强先生哀辞》、《老鸦》,刘半农的《游香山纪事诗》、《沸热》、《民国八年的国庆》,殷夫的《让死的死去吧》、《我们是青年的布尔塞维克》等,或偏于感伤,如过分地宣泄个人情绪的湖畔诗

---

① 笔者另有专文论述。
② 游友基:《九叶诗派研究》,福建教育出版社1997年版,第271页。
③ 汪剑钊:《当生命熟透为尘埃》,载《袁可嘉诗歌创作与诗歌理论研讨会论文集》,首都师范大学中国诗歌研究中心2009年版,第90页。

人的部分诗歌、殷夫的《白花》、《我们初次相见》、《花瓶》等，或过分地宣泄政治情绪的部分左翼诗歌、抗战诗歌。后者偏于学习借鉴西方现代主义诗歌的形式技巧，如李金发、王独清、穆木天、冯乃超、戴望舒等的部分诗歌。对于前者，袁可嘉一方面强调诗歌要回归本体、要注重艺术转化、要通过戏剧化的方式等来实现"现实、象征、玄学"的"有机综合"，试图以此来指导诗歌克服这一毛病；另一方面又在诗歌创作中有意识地遵循这些诗学主张。[1] 对于后者，袁可嘉一方面"依据中国现代诗人的处境和所面临的问题，对现代主义诗学进行必要的修正"[2]——强调诗对现实的反映或表现；另一方面在其诗歌中注重反映或表现现实。[3] 这显然是对中国现代诗歌的正常发展的一个积极推动。

其四，在中国现代诗歌发展史上起着承前启后的作用。

"新诗现代化"既是20世纪中国诗坛上的一个重要"主题"，又是袁可嘉的诗歌创作的一个重要"主题"——他曾坦陈自己五十多年的写作生涯是以新诗现代化为中心目标的。[4] 他的诗作灌注着"人的文学"的基本理念，熔铸了中外诗歌的艺术优长，"使我国的现代诗在与世界的现代诗接轨的同时仍然保持我们民族和时代的特色"[5]，因而，既是"新诗现代化"的活生生的例证，又是"新诗现代化"过程重要的一环，在新诗发展史上起着承前启后的重要作用。

其五，对中国当代诗歌产生了积极的影响。

中国当代文学尤其是新时期文学开始后，西方诗歌尤其是西方浪漫主义、现代主义诗歌在中国诗坛产生了很大的影响，但"九叶诗人"的诗也在中国诗坛产生了很大的影响——中国当代诗人尤其是新时期文学开始后的"朦胧诗人"、"后朦胧诗人"虽然在创作诗歌时有意识地取法于西方诗歌尤其是西方浪漫主义、现代主义诗歌，但事实上也取法于"九叶诗

---

[1] 参见前文的相关内容。
[2] 臧棣：《袁可嘉：40年代中国诗歌批评的一次现代主义总结》，载《文艺理论研究》1997年第4期。
[3] 参见前文的相关内容。
[4] 上海教育出版社、上海社会科学院文学研究所编：《中国作家自述》，上海教育出版社1998年版，第462页。
[5] 同上。

人"的诗，他们——如舒婷、顾城、北岛、食指等——在诗歌中注重运用象征、意象来抒写内心情怀，既注重抒情，又注重抒写哲思，注重将感性与智性的结合但又偏重于智性，诗风含蓄、理智、冷峻……这些虽然未必是有意识地学习借鉴了袁可嘉的诗歌，但是在实际上又与袁可嘉的诗歌有着某种程度的"契合"——《沉钟》、《进城》、《走近你》、《难民》、《母亲》等与20世纪90年代诗歌的"叙事性"、"戏剧化"等，北岛《回答》中的"卑鄙是卑鄙者的通行证，/高尚是高尚者的墓志铭，/看吧，在那镀金的天空中，/飘满了死者弯曲的倒影"与袁可嘉《冬夜》中的"哭笑不得想学无线电撒谎，/但撒谎者有撒谎者的哀伤；/夜深心沉，也就不再想说什么，/恍惚听见隔池的青蛙叫得真寂寞"，《走近你》中的"走近你，才发现比例尺的实际距离，/旅行家的脚步从图面移回土地"与顾城的《远和近》——"你，/一会看我，/一会看云。//我觉得，/你看我时很远，/你看云时很近"，《出航》中的"航行者离开陆地而怀念陆地，/送行的视线如纤线在后追踪"与舒婷的《双桅船》"岸啊，心爱的岸/昨天刚刚和你告别/今天你又在这里/明天我们将在/另一个纬度相遇……你在我的航程上/我在你的视线里"等都有明显的"契合"，而"契合"又往往意味着"受影响"，也就是说，不能完全排除他们受到了袁可嘉的诗歌的影响。同时，"他的十四行诗和其他诗体作品，对于音乐性和形式美方面的讲究仍然可以为今天的新诗写作提供有效的参照"[1]，"十四行诗《上海》相当典型地反映了四十年代中后期的那批十四行诗人所作的新的追求，也相当典型地反映了中国的十四行诗发展到四十年代中后期所出现的新的流变"，"从卞之琳、冯至直至袁可嘉等人的十四行诗创作中，我们都可以清楚地看到一种'不循故道、要走新路'的创造精神"[2]。对中国今后的诗人创作诗歌所提供的也将是一个有益的参照。

其六，某些内容具有一定的社会学价值。

《上海》、《南京》、《香港》、《北平》、《时感》等既描写了某一特定时代、特定事象的"真相"，又对后世具有一定程度的预警性——它们所

---

[1] 谢冕语，参见龙扬志《纪念一座沉寂的洪钟》，载《中国诗歌研究动态》2009年第2期。
[2] 钱光培语，转引自许光锐《袁可嘉的两首十四行诗》，载《袁可嘉诗歌创作与诗歌理论研讨会论文集》，首都师范大学中国诗歌研究中心2009年版，第17页。

描写的某些内容,如《上海》中的"新的建筑仍如魔掌般上伸,/攫取属于地面的阳光、水分//而撒落魔影。贪婪在高空进行;/一场绝望的战争扯响了电话铃,/陈列窗的数字如一串错乱的神经……从办公房到酒吧间铺一条单轨线,/人们花十小时赚钱,花十小时荒淫。//绅士们捧着大肚子走过写字间,/迎面是打字小姐红色的呵欠,/拿张报,遮住脸",《南京》中的"官员满街走,开会领薪俸",《香港》中的"只是罚钱,罚钱,罚钱",《北平》中的"不过你一旦沉醉,酣睡沉沉,也着实让人担心,/一向是理性的旗手,如今也自困于反智的迷信"以及《时感》中的"为什么你还要在这时候伏案写作,/当汇来的稿金换不回寄去的稿纸;/当人们已不再关心你在说些什么,/只问你摇着呐喊的党派的旗帜;/当异己的才能已是洗不清的罪恶,/捡起同党的唾沫恍如闪烁的珠子?//为什么你还要在这时候埋头苦读,/当智识分子齐口同声的将智识咒诅;/上课的学生在课堂上疑心课本有毒,/在黑板与他们间的先生更是不可救药的书蠹;/在洋装书、线装书都像烟毒般一齐摆脱,/然后填鸭似的吞下漂亮而空洞的天书?//正因为包围我们的是空前的耻辱,/传播文化的中心竟时刻宣布学术的死讯"等诗句所描写的内容实际上是对后世的预警——这些诗句所指涉的事情后来都不幸再次发生过,甚至在当下正在再次发生或以后还将会再次发生!

第四章

袁可嘉的外国诗歌翻译

一

袁可嘉在西南联合大学读书期间便开始了翻译工作——当时，他应英国著名的记者、诗人罗伯特·白英教授的要求用英语翻译了徐志摩的几首诗歌；① 但专门从事翻译则始自 1950 年夏——那时，他调入中共中央宣传部《毛泽东选集》英译室任译校员，参加《毛泽东选集》部分文章的翻译、修改和校订工作；而正式开始英美文学的翻译工作则始自 1957 年——那时，他调入中国科学院哲学社会科学部文学研究所西方文学组担任助理研究员。虽然总的来看，在袁可嘉的全部翻译中，译诗并没有占据主要地位，但也为数不少——主要有《布莱克诗选·天真之歌》、《米列诗选》、《彭斯诗钞》、《英国宪章派诗选》、《美国歌谣选》等；此外，袁可嘉还翻译阿尔弗雷德·丁尼生（1809—1892）、罗伯特·布朗宁（1812—1889）、威廉·林顿（1812—1897）、艾内斯特·琼斯（1819—1869）、托麦斯·哈代（1840—1928）、叶芝（1865—1939）、里尔克（1875—1926）、威·威廉斯（1883—1963）、戴维·劳伦斯（1885—1930）、兰斯顿·休斯（1902—1967）、燕卜荪（1906—1984）、罗伯特·罗厄尔（1917—1977）、塔特·休斯（1930—1998）、埃利蒂斯（1911—

---

① 它们后被收入罗伯特·白英于 1947 年编辑并在英国出版的《当代中国诗选》。有关《当代中国诗选》一书，参见李章斌《罗伯特·白英〈当代中国诗选〉的编撰与翻译》，载《中国现代文学研究丛刊》2012 年第 3 期。

1996)、希内（1939—）、罗宾逊（生平不详）、包勃·狄兰（生平不详）等人的一些诗歌，它们或收在《外国现代派作品选》、《欧美现代十大流派诗选》、《外国名诗选》、《世界抒情诗选》、《外国情诗选》、《诺贝尔文学奖获得者诗选》、《世界爱情诗选》、《英国诗选》、《世界爱情诗荟萃》、《世界名诗鉴赏词典》等书籍中，或发表在《译文》、《世界文学》、《北京文艺》、《春风》、《滇池》、《现代外国文艺》、《诗刊》、《美国文学丛刊》、《外国文艺》、《星星诗刊》、《外国文学》、《译林》、《国际诗坛》等刊物上。同时，袁可嘉的译诗质量甚高，像《茵纳斯弗利岛》等甚至堪称英诗汉译中的绝唱。因此，袁可嘉也被公认为"译诗名家"——他的译诗集《驶向拜占庭》被列入《中国翻译名家自选集》系列中，该书由中国工人出版社于1995年出版。

大致地说，袁可嘉的外国诗歌翻译主要具有如下特点：

（一）译材范围广泛，但前期译材的选取受意识形态的影响比较大，后期译材的选取受其内在艺术性的影响比较大。

袁可嘉所翻译的外国诗歌，从地域的角度来看，涵盖了英、美、爱尔兰、奥地利等多个国家——属于英国的有彭斯、哈代、塔特·休斯等人的诗歌，属于美国的有燕卜荪、兰斯顿·休斯、威·威廉斯等人的诗歌，属于爱尔兰的有叶芝的诗歌，属于奥地利的有里尔克的诗歌。从时间的角度来看，涵盖了18世纪、19世纪、20世纪等多个世纪——彭斯、布莱克等的诗歌属于18世纪，丁尼生、布朗宁、林顿、琼斯、哈代、叶芝、里尔克、威·威廉斯、劳伦斯等的诗歌属于19世纪，燕卜荪、罗伯特·罗厄尔、米列、休斯、埃利蒂斯、希内等的诗歌属于20世纪。从流派的角度来看，涵盖了欧美多个流派——属浪漫主义的有布莱克的《牧童》、《羔羊》、《摇篮曲》、《四天神》等，属后期象征主义的有英国叶芝的《驶向拜占庭》、《茵纳斯弗利岛》、《当你老了》、《柯尔庄园的野天鹅》、《基督重临》，里尔克的《"我们得想到"》等，属意象派或黑山派或垮掉派的有威·威廉斯的《劝世诗》、《红色手推车》、《公牛》等，属英国宪章派的有爱·维的《给劳动中的儿女》、艾·夫的《万众一心》、地·西的《压迫》等。从题材的角度来看，涵盖了多种题材——彭斯的诗歌主要反映农村生活、农民的思想感情，属农村题材，而其中的《一朵红红的玫瑰》等又属于爱情题材；《英国宪章派诗选》中的诗歌具有鲜明的政治色彩，属政治题材。从诗体的角度来看，涵盖了多种诗体——彭斯的诗歌、《美国歌谣选》中的诗歌属于歌谣体，丁尼生、布朗宁、哈代、叶芝、里尔克、燕卜荪、罗伯特·罗厄尔等人的诗歌多属于自由体。

　　袁可嘉的外国诗歌翻译以"文化大革命"结束为分界，可分为前后两个时期。无论是在前期还是在后期，袁可嘉都是从中国文坛的实际需要和为中国文学发展提供可资借鉴的经验的角度来选择所要翻译的外国诗歌。但是，前期诗歌即译材的选择受意识形态的影响比较大——政治许可度往往是袁可嘉考量和选取译材的首要因素：布莱克、彭斯等人的诗歌，或揭露、批判了"腐朽"的社会制度、黑暗的社会现实，揭示了社会底层民众的生活情状，表达了诗人对他们的同情，如布莱克的《失去了的小孩》、《寻到了的小孩》、《黑小孩》和《扫烟囱的孩子》等；或揭示了社会底层民众的优秀品质、理想、追求，表达了诗人对他们的赞美，如彭斯的《两只狗》；或与当时官方主倡的文学思潮相符，如《彭斯诗钞》中的诗……它们都是与当时的时代风尚一致、为当时的政治所许可的。米列及英国宪章派的诗则反映了英美无产阶级的斗争——《米列诗选》中的 21 首反映了美国无产阶级反对战争、种族歧视等，《英国宪章派诗选》的诗反映了英国无产阶级的斗争和生活；两者都具有鲜明的倾向性和强烈的战斗性，与当时的政治要求相吻合。同时，袁可嘉所翻译的这些诗歌往往具有英雄主义或理想主义或乐观主义色彩，如布莱克的诗歌——在袁可嘉看来，他所翻译的那些诗歌都具有人民性、革命性、浪漫主义色彩，布莱克由此而是一个具有革命浪漫主义色彩的诗人。[①] 不过，前期译材的选择也并非完全没有考虑到译材本身的艺术性，如《彭斯诗钞》中的诗不仅在思想内容方面与当时的主流意识形态相符，并顺应了"新民歌"的诗潮，而且其本身是具有很高的艺术性的，在英国文学史上乃至英语文学世界中占有很高地位；《英国宪章派诗选》中的有些作品也具有较高的艺术性——它们至少是符合了"政治标准第一，艺术标准第二"这一原则即具有一定的"艺术性"才被选取的，在英国文学史上也占有一席之地。后期译材的选

[①] 参见袁可嘉《布莱克的诗》，载《文学研究》1957 年第 4 期。

取受其内在艺术性的影响比较大——袁可嘉主要是从译材本身的艺术性及中国文学发展的需要出发来取舍的,如叶芝等人的诗歌一是本身具有相当高的艺术性,二是与中国固有的文学传统迥异,可以为中国文学的发展提供新的借鉴,所以被选取了。

(二) "形神兼备"

1. 保持了原诗的形貌神采

如:

(1) 叶芝的《当你老了》,原诗为:

> When You Are Old
>
> When you are old and grey and full of sleep
> And nodding by the fire, take down this book,
> And slowly read, and dream of the soft look
> Your eyes had once, and of their shadows deep;
>
> How many loved your moments of glad grace,
> And loved your beauty with love false or true;
> But one man loved the pilgrim soul in you,
> And loved the sorrows of your changing face;
>
> And bending down beside the glowing bars,
> Murmur, a little sadly, how love fled
> And paced upon the mountains overhead,
> And hid his face amid a crowd of stars. ①

袁可嘉的译诗为:

> 当你老了,头白了,睡意昏沉,

---

① 袁可嘉译:《叶芝诗选》,外语教学与研究出版社 2012 年版,第 22 页。

炉火旁打盹，请取下这部诗歌，
慢慢读，回想你过去眼神的柔和，
回想它们昔日浓重的阴影；

多少人爱你青春欢畅的时辰，
爱慕你的美丽，假意或真心，
只有一个人爱你那朝圣者的灵魂，
爱你衰老了的脸上痛苦的皱纹；

垂下头来，在红光闪耀的炉子旁，
凄然地轻轻诉说那爱情的消逝，
在头顶的山上它缓缓踱着步子，
在一群星星中间隐藏着脸庞。①

比较原诗与译诗，可以看出，译诗基本上保持了原诗的形貌神采：原诗各诗行的字数、各诗节的行数都基本相同——各诗行的字数都在十个字左右、各诗节都是四行，译诗与原诗对应的诗行的字数、对应诗节的行数也大致相同。原诗为抑扬格五音步诗，译诗很好地保持了原诗的抑扬顿挫，如"当你/老了，/头白了，/睡意/昏沉，//炉火旁/打盹，/请取下/这部/诗歌，//慢慢读，/回想/你过去/眼神的/柔和，/回想/它们/昔日/浓重的/阴影//"。原诗的押韵格式是"abbacddceffe"，译诗的押韵为："沉、歌、和、影，辰、心、魂、纹，旁、逝、子、庞"，虽然不是"一一对应"的，但又是大体一致的。同时，译诗的措辞十分准确地将原诗对应词语的原意传达了出来，但又毫无雕琢扭曲之感，如第二节中的"青春"、"美丽"、"朝圣者的灵魂"、"皱纹"等十分准确地将原诗对应词语的原意翻译了出来，但又都是一些常见、通俗的词，而不是像"韶华时光"、"楚楚动人"或"倾城倾国"、"圣洁的灵魂"、"洗尽铅华，伤逝红颜"等之类给人以雕琢之感的词语；节奏、意象也与原诗基本相当。

---

① 袁可嘉主编：《外国名诗选》，中国青年出版社1997年版，第30页。

(2) 塔特·休斯的《乌鸦最后的据点》

原诗为：

Crow's Last Stand

Burning
burning
burning
there was finally something
The sun could not burn, that it had rendered
Everything down to – a final obstacle
Against which it raged and charred

And rages and chars

Limpid among the glaring furnace clinkers
The pulsing blue tongues and the red and the yellow
The green lickings of the conflaguration

Limpid and black –
Crow's eye – pupil, in the tower of its scorched fort. ①

袁可嘉的译诗为：

烧呀
烧呀
烧呀
最后有些东西

---

① Ted Hughes, Collected Poems. New York: Farrar, Straus and Giroux, 2003, p. 210.

太阳是烧不了的，在它把
一切摧毁——只剩下一个最后障碍
它咆哮着，燃烧着

咆哮着，燃烧着

水灵灵地在耀眼的炉渣之间
在蹦跳着的蓝火舌、红火舌、黄火舌
在大伙的绿火舌窜动之间

水灵灵，黑晶晶——
是那乌鸦的瞳仁，守着它那烧糊了的堡垒的塔楼。①

原诗状写了乌鸦面对灼热的太阳所做的挣扎——太阳强烈的热像火焰一样围绕着乌鸦，但乌鸦睁着"水灵灵，黑晶晶"的眼睛"守着它那烧糊了的/堡垒的塔楼"；从形式上看，各节诗行长短不一，各诗行数多少不等，三个"burning"在开头成阶梯状。译诗不仅保持了原诗的意蕴，而且保持了原诗形式——全诗的诗节、各诗节的诗行、三个"燃烧"的排列形式与原诗一致，各诗行的字数也大致与原诗一致。

（3）威·威廉斯的《公牛》
原诗为：

The Bull
It is in captivity —
ringed, haltered, chained
to a drag
the bull is godlike

---

① 袁可嘉主编：《外国名诗选》，中国青年出版社1997年版，第1012页。

unlike the cows
he lives alone, nozzles
the sweet grass gingerly
to pass the time away

He kneels, lies down
and stretching out
a foreleg licks himself
about the hoof

then stays
with half – closed eyes,
Olympian commentary on
The bright passage of days.

—— The round sun
smooth his lacquer
through
the glossy pinetrees

his substance hard
as ivory or glass —
through which the wind
yet plays —
milkless
he nods
the hair between his horns
and eyes matted

with hyacinthine curls①

袁可嘉的译诗为：

　　它给逮住了——
　　圈起来，套上笼头
　　拴在一个大耙上
　　那公牛天神一般

　　不像母牛们
　　它独个儿生活，小心地
　　用鼻子闻闻芳香的草
　　来打发时光

　　它跪下，卧倒
　　伸出前腿舐舐
　　自己蹄子的周围

　　然后停住
　　双眼半闭着
　　对大好时光的消逝
　　作高傲的评论

　　——那圆太阳
　　透过
　　光亮的松树林
　　把它的漆皮毛弄平正

---

① Williams, William Carlos. The Collected Poems Vol I& II. New York: New Directions Publishing Corporations, 1986, p.240.

　　　　它躯体硬朗
　　　　如象牙或玻璃——
　　　　风还在
　　　　中间嬉戏——
　　　　没有奶

　　　　它摆动
　　　　两角之间的毛
　　　　风信子的鬈须
　　　　罩住了它的双眼①

原诗形式独特：使用的多为简单的句子和词组；每一行都有暂停，然后由另一行去完成；动词放在句尾，而它的宾语在下一行的开头。译诗完全保持了这些特点。同时，译诗也很好地传达了原诗的神采——"逮"、"圈"、"套"、"拴"给人以"力度"与"速度"之感，传神地写出了公牛的雄健，再现了公牛"天神一般"的神采。

（4）叶芝的《为吾女祈祷》

《为吾女祈祷》是叶芝的一首著名长篇。诗作于1919年6月，在他女儿克里斯汀·安妮·巴勒特出生（生于1919年2月26日）之后约四个月，是一首在一场风暴的激发下创作出来的富有象征意味的诗，表达了诗人对自己的女儿真挚的祝福及对女人的美貌和品德的态度。译诗不仅在整体上很忠实于原诗的诗形，而且在"细节"方面也很忠实于原诗的诗形，如其中的一节，原诗为：

　　　　Once more the storm is howling, and half hid
　　　　Under this cradle – hood and coverlid
　　　　My child sleeps on. There is no obstacle②

---

① 袁可嘉主编：《外国名诗选》，中国青年出版社1997年版，第560—562页。
② 袁可嘉译：《叶芝诗选》，外语教学与研究出版社2012年版，第102页。

袁可嘉的译诗为：

  又一次风在怒吼，半隐
  摇篮棚顶下，床单盖上身，
  我孩子睡着。没有别的阻拦。①

  第一行从城堡外恶劣的天气写起，诗的跨行连续很明显——正常顺序应该是"My child sleeps on, half hid under this cradle-hood and coverlid"。
  译诗直译原诗，并保持了原诗的语法结构——如果按照中文的表达，原诗应该是这样的："我的孩子睡着，半隐在摇篮蓬顶下，床单盖上身。"译诗虽然读起来并不流畅，但节奏更接近于原文，而周遭环境的恶劣给人的印象很深刻。
  袁可嘉的译诗还有许多都保持了原诗的形貌神采，如塔特·休斯的《云雀》②，该诗是一首自由诗，状写了云雀面对沉郁悲惨的命运时顽强不屈的精神；诗歌一共七章，各章长短不一，各章诗句的长短也不尽相同，但长短交错，韵律感颇强；词的重复加强了语气，突出了语义，使整首诗的情绪被高度调动起来。译诗保持了原诗的形式，且逐行对应地翻译，对原诗中重复出现的语词也用重复的语词翻译出来——而没有随意地整合或者省略这些重复的部分，从而既保持了原诗自然生动而又流畅的节奏韵律，又保持了原诗的味道。
  又如，塔特·休斯的《三月的河》③，译诗保持了原诗的形式，并逐句逐词翻译；同时，也保持了原诗的句法结构。其中，诗歌最后的两节，原诗的第一行由两个完整的句子组成，第三行由两个名词词组组成，最后一行为整首诗的最后一个诗节；这样的句子安排避免了诗歌形式的单调乏味和结构的松散，并增添了乐感。译诗也很好地保持了这些特点。

---

 ① 袁可嘉译：《叶芝诗选》，外语教学与研究出版社2012年版，第103页。
 ② 原诗见 Critical Quarterly Volume 8 Issue 3 pp. 200—202，译诗见袁可嘉主编《外国名诗选》，中国青年出版社1997年版，第1006—1012页。
 ③ 原诗见 Ted Hughes, Collected Poems. New York: Farrar, Straus and Giroux, 2003, p. 308. 译诗见《袁可嘉译诗展》，http://www.poemlife.com/thread-380479-1-1.html。

再如，塔特·休斯的《她的丈夫》原诗第一节从开头至最后一行，没有一个标点符号，实为一个复杂句。译诗依照原句法的形式直译。最后一行"The stubborn character of money"原诗采用了拟人手法，译诗也按原诗直译为"钱的顽固性格"。

2. 准确地传达出了原诗的"原汁原味"

诗歌是文学中的文学——其语言不仅得具有诗意，而且就是诗本身；所以，翻译的难度极大，而要保持原诗的"原汁原味"，更是难上加难。因此，美国诗人弗罗斯特说："诗在翻译中丢失"；也有人说，诗歌翻译"只分坏和次坏两种"。但袁可嘉的许多译诗却很少丢失原诗的"汁味"，有的还保持了原诗的"原汁原味"——

（1）保持了原诗的意旨

例如：

①叶芝的《驶向拜占庭》原诗为：

Sailing to Byzantium

That is no country for old men. The young
In one another's arms, birds in the trees
— Those dying generations – at their song,
The salmon – falls, the mackerel – crowded seas,
Fish, flesh, or fowl, commend all summer long
Whatever is begotten, born, and dies.
Caught in that sensual music all neglect
Monuments of unageing intellect.

An aged man is but a paltry thing,
A tattered coat upon a stick, unless
Soul clap its hands and sing, and louder sing
For every tatter in its mortal dress,
Nor is there singing school but studying

Monuments of its own magnificence;
And therefore I have sailed the seas and come
To the holy city of Byzantium.

O sages standing in God's holy fire
As in the gold mosaic of a wall,
Come from the holy fire, perne in a gyre,
And be the singing – masters of my soul.
Consume my heart away; sick with desire
And fastened to a dying animal
It knows not what it is; and gather me
Into the artifice of eternity.

Once out of nature I shall never take
My bodily form from any natural thing,
But such a form as Grecian goldsmiths make
Of hammered gold and gold enamelling
To keep a drowsy Emperor awake;
Or set upon a golden bough to sing
To lords and ladies of Byzantium
Of what is past, or passing, or to come. [①]

袁可嘉的译诗为：

一

那地方可不是老人们待的。青年人
互相拥抱着，树上的鸟类
——那些垂死的世代——在歌吟。

---

① 袁可嘉译：《叶芝诗选》，外语教学与研究出版社2012年版，第111页。

有鲑鱼的瀑布，有鲭鱼的大海，
鱼肉禽整个夏天都赞扬个不停
一切被养育、降生和死亡者。
他们都迷恋于种种肉感的音乐，
忽视了不朽的理性的杰作。

二

一个老年人不过是卑微的物品，
披在一根拐杖上的破衣裳，
除非是他那颗心灵拍手来歌吟，
为人世衣衫的破烂而大唱；
世界上没什么音乐院校不诵吟
自己辉煌的里程碑作品，
因此上我驶过汪洋和大海万顷，
来到了这一个圣城拜占庭。

三

啊，上帝圣火中站立的圣徒们，
如墙上金色的镶嵌砖所显示，
请走出圣火来，参加旋体的运行，
成为教我灵魂歌唱的老师。
销毁掉我的心，它执迷于六欲七情，
捆绑在垂死的动物身上而不知
它自己的本性；请求你把我收进
那永恒不朽的手工艺精品。

四

一旦我超脱了自然，我再也不要
从任何自然物取得体形，
而是要古希腊时代金匠所铸造
镀金的和锻金那样的体型，
使那个昏昏欲睡的皇帝清醒；
或把我放在那金枝上唱吟，

歌唱那过去和未来或者是当今，
唱给拜占庭的老爷太太听。①

《驶向拜占庭》是叶芝的名作，全诗一共 4 节 32 行，中心意象是拜占庭——东罗马帝国的首都和东正教中心，也指东罗马帝国；"叶芝认为公元 6 世纪查士丁尼皇帝统治下的拜占庭王朝（527—565）是贵族文化的代表，那时精神与物质、文艺与政教、个人与社会得到了和谐的统一"②，它是叶芝向往的理想世界，是精神、理性和艺术三不朽的圣地。在英国贝尔法斯特的一次 BBC 广播节目中，叶芝说："我打算写写自己的灵魂，因为叩问灵魂正是一位老者的分内之事，关于这个话题的一些想法我写进了《驶向拜占庭》中。……拜占庭曾经是欧洲文明的中心及其精神哲学永不衰竭的源泉，我把朝向这座城市的旅程作为追寻精神生活的象征。"③《驶向拜占庭》也确实写了诗人"自己的灵魂"：诗歌通过"人"、"鸟"、"鱼"等富有生命力的生物与"理性和杰作"两组意象的象征，表达了诗人对灵与肉、永恒与生命之间矛盾对立的独特领悟，对现代文明的厌恶和对古代文明的向往：生命、物欲和自然是有限的——青年只不过是易于消逝的东西，老人与没用的东西别无二致，就像一件破大衣，一切都将成为过眼云烟，而作为"理性和杰作"即艺术集中体现的"拜占庭"则是"不朽"的；人只有超脱世俗的羁绊即抛弃"七情六欲"——艺术家"为人世衣衫的破烂而大唱"即为其途径之一，到"理性和杰作"的殿堂中寻找永恒的精神存在，实现灵魂的不朽，才能摆脱人生的痛苦，进入"永恒不朽"。

比较原诗与译诗，可以看出，译诗很好地保存了原诗的意旨，用"上帝"、"圣火"、"圣徒"等与中国传统文化的词语翻译相应的英文单词；在第三节中，原诗中的"fire"、"gyre"、"desire"是押韵的，"me"、"eternity"也是押韵的；译诗中的"示"，"知"和"师"是押韵的，"进"和"品"也是押韵的。

---

① 袁可嘉主编：《外国名诗选》，中国青年出版社 1997 年版，第 33—35 页。
② 同上书，第 33 页。
③ 转引自王毅主编《西方现代文学名作选读》，长江文艺出版社 2006 年版，第 80 页。

②叶芝的《茵纳斯弗利岛》

原诗为：The Lake Isle of Innisfree

  I will arise and go now, and go to Innisfree,
  And a small cabin build there,
  of clay and wattles made;
  Nine bean–rows will I have there,
  a hive for the honey–bee,
  And live alone in the bee–loud glade.

  And I shall have some peace there,
  for peace comes dropping slow
  Dropping from the veils of the morning to where the cricket sings;
  There midnight's all a glimmer,
  and noon a purple glow,
  And evening full of the linnet's wings.

  I will arise and go now,
  for always night and day,
  I hear the lake water lapping with low sounds by the shore;
  While I stand on the roadway,
  or on the pavements grey,
  I hear it in the deep heart's core. [1]

袁可嘉的译诗为：

  我就要动身走了，去茵纳斯弗利岛，
  搭起一个小屋子，筑起泥笆房；

---

[1] 袁可嘉译：《叶芝诗选》，外语教学与研究出版社2012年版，第20页。

支起九行云豆架,一排蜜蜂巢,
独个儿住着,荫阴下听蜂群歌唱。

我就会得到安宁,因它徐徐下降,
从朝雾落到蟋蟀歌唱的地方;
午夜是一片闪亮,正午是一片紫光
傍晚到处飞舞着红雀的翅膀。

我就要动身走了,因为我听到
那水声日日夜夜轻拍着湖滨;
不管我站在车行道或灰暗的人行道,
都在我心灵的深处听见这声音。①

比较原诗与译诗,可以看出,译诗很好地保存了原诗所表达的那种陶渊明田园诗似的意旨:逃离"车行道或灰暗的人行道"——当下生活,追寻有"小屋子"、"泥笆房"、"云豆架"、"蜜蜂巢"、"荫阴"、"蜂群"、"朝雾"、"蟋蟀"、"闪亮"、"紫光"、"红雀的翅膀"、"水声日日夜夜轻拍着湖滨"等的地方;其中,"茵纳斯弗利岛"这个名字很接近"原始状态",不仅仅是一个地名,同时也内含着一种"桃花源"的意蕴;第一节的第一行"I will arise and go now, and go to Innisfree",原诗所用的基本上是单音节单词——简洁有力,表达了一种斩钉截铁的决心和毅力,其中,两个"go"的重复凸现了诗人渴望去自己心目中的那个天堂的心理;译诗所用的也基本上是单音节单词,很好地保持了原诗所表达的那种斩钉截铁的决心和毅力,两个"去"的重复,将原诗中所表现的诗人渴望去自己心目中的那个天堂的心理很好地翻译了出来;第二节的最后一行"And evening full of the linnet's wings"本也可译为"傍晚红雀成群,漫天飞翔",但袁可嘉却认为:"从诗的整体上考虑,'linnet's wings'这一意象最好能

---

① 袁可嘉、董衡巽、郑克鲁选编:《外国现代派作品选》第一册(上),上海文艺出版社1980年版,第60—61页。

在译文中直接显现出来,若采用意译法将其间接地表现,便不能达到原诗的艺术效果",于是,"'linnet's wings'被原封未动地直译成'红雀的翅膀',结合全诗,达到了很好的意象效果"①。第三节的最后一行"I hear it in the deep heart's core"译成"在我心灵的深处听见这声音"更凸现了"逃离当下生活"与"追寻世外桃源"的意旨。

③布莱克的《小男孩的迷失》

原诗为:The Little Boy Lost

'Father, father, where are you going?
Oh, do not walk so fast!
Speak, father, speak to your little boy,
Or else I shall be lost.'

The night was dark, no father was there,
The child was wet with dew;
The mire was deep, and the child did weep,
And away the vapour flew. ②

袁可嘉的译诗为:

"爸爸,爸爸,你上哪儿?
啊,别走那么快吧!
爸爸,说呀,跟你孩子说话,
不然我就要迷路啦!"

漆黑的夜里,不见了爸爸,
露水淋湿了小孩;

---

① 参见彭予《驶向拜占庭》,载《诗探索》2001年第Z2期。
② 袁可嘉:《布莱克诗选》,查良铮译,外语教学与研究出版社2012年版,第90页。

泥沼又深，小孩流泪，
夜雾向四处飞散开来。①

原诗通过急切的呼唤，表现出孩子失去爸爸后的焦急和迷茫；译诗很好地保存了原诗的这一题旨：再现了一个孩子在黑夜的泥沼里深一脚浅一脚地跑着找爸爸的情景，并通过"露水"、"夜雾"等词，写出了其焦急和迷茫的心理。

袁可嘉像这种保持了原诗意旨的译诗还有不少，如罗伯特·罗厄尔的《为联邦而死难者》，②该诗中的联邦死难者即在美国南北战争中牺牲的战士。为了纪念他们，美国人在波士顿修建了一座纪念碑，并为其中的上校Shaw塑了一座雕像。1964年在纪念碑附近修建了一座汽车库。诗人见证汽车库的修建以及相关建筑的被毁坏，于是有感而发写下了这首诗。原诗以南波士顿水族馆被毁的状态为开头，以街道上排排小汽车的景象为结尾，状写了汽车库与雕像之间所存在的矛盾——汽车库与小汽车所代表的现代文明与雕像所象征的那段历史之间的矛盾，表达了诗人对它的沉思。译诗很好地译出了原诗的意旨：汽车所代表的现代文明取代了纪念碑所代表的历史——"一种野蛮的屈服/涂满滑润油溜了过去"，令人扼腕。

又如，彭斯的《两只狗》，③原诗借一贫一富两家各自所养的狗——凯撒（Caesar）与罗斯（Luath）——所看到的人的世界，状写了两种生活：富人荒淫无耻、吃喝无度，穷人在田中劳作、食不果腹、劳役无尽；不过，穷人虽耕作及劳动辛苦，但又同甘苦、共欢乐地聚在一起；同时，两只狗虽分属于贫富悬殊的两家，但能够融洽相处，友爱互助，轻松愉快，相互开玩笑，也开别人的玩笑，成为人类不公平生活的鲜明对照；表达了诗人对穷人美好品德的赞赏、对贵族堕落的批判。比较原诗与译诗，可以看出，译诗很好地保存了原诗的这些意蕴。第一节状写了穷人们的生

---

① 查良铮、袁可嘉、宋雪亭等译：《布莱克诗选》，人民文学出版社1957年版，第49页。
② 原诗见姜涛主编《美国诗歌赏析》，新华出版社2006年版，第250页；译诗见袁可嘉主编《外国名诗选》，中国青年出版社1997年版，第598—602页。
③ 原诗见王佐良译《彭斯诗选》，外语教学与研究出版社2012年版，第168、170页；译诗见袁可嘉译《我爱人像红红的玫瑰》，人民文学出版社2008年版，第39—51页。

活：他们生活很艰辛，但真诚的友谊和阶级情感使他们紧紧相依；译诗用"传去又递来"来翻译"Are handed round wi' right guid will"，很好地状写了穷人的生活境况以及彼此间真诚的关心。第二节表达了诗人对看似值得尊敬的贵族的不齿；译诗用"随他们的吩咐唯唯诺诺"来翻译"An' saying aye or no's they bid him"，相当忠实原诗的文本。

（2）保持了原诗的风格

例如：

①彭斯的《一朵红红的玫瑰》，原诗为：

> A Red, Red Rose
>
> O my Luve's like a red, red rose,
> That's newly sprung in June;
> O my Luve's like the melodie
> That's sweetly play'd in tune.
>
> As fair art thou, my bonnie lass,
> So deep in luve am I;
> And I will luve thee still, my dear,
> Till a' the seas gang dry.
>
> Till a' the seas gang dry, my dear,
> And the rocks melt wi' the sun;
> And I will luve thee still, my dear,
> While the sands o' life shall run.
>
> And fare-thee-weel, my only luve!
> And fare-thee-weel a while!
> And I will come again, my luve,

Tho twere ten thousand mile.①

袁可嘉的译诗为：

啊，我爱人像一朵红红的玫瑰，
它在六月里初开，
啊，我爱人像一支乐曲，
它美妙地演奏起来。

你是那么漂亮，美丽的姑娘，
我爱你是那么深切；
我会永远爱你，亲爱的，
一直到四海枯竭。

一直到四海枯竭，亲爱的，
到太阳把岩石烧化；
我会一直爱你，亲爱的，
只要生命之流不绝。

再见吧，我唯一的爱人，
让我和你小别片刻；
我会回来的，亲爱的，
即使我们万里相隔！②

彭斯是英国18世纪的一位农民诗人，所创作的诗歌很朴实——《一朵红红的玫瑰》便如此：日常的词语，简单的诗句，匀齐的诗行，自然的节奏，自由的诗体，鲜活的比喻，多重的反复，通俗的意象，明了的意

---

① 王佐良译：《彭斯诗选》，外语教学与研究出版社2012年版，第96页。
② 袁可嘉主编：《外国名诗选》，中国青年出版社1997年版，第893—894页。

旨，浓烈的情感，不失阳刚的柔美……袁可嘉的译诗译出了原诗的这些特点，如"Till a' the seas gang dry"和"And the rocks melt wi' the sun"这两个比喻，本可以"海枯石烂"这一成语译出，但译诗并没有这样，而是译成"一直到四海枯竭，亲爱的，到太阳把岩石烧化"，这样的语句一是相当口语化且朴实、简练，节奏自然；二是没有因使用"海枯石烂"这一成语而中国化——也俗套化，从而，保存了原诗语言中的陌生性和鲜活性，具有诗味诗美。而总的来看，译诗的分行及诗行的长短也颇忠实于原诗。

②叶芝的《当你老了》：该诗是一首爱情诗，是叶芝于29岁时所写的。1889年，叶芝遇见了爱尔兰民族自治运动的领导人之一、著名的女演员毛特·冈，叶芝对她一见钟情，并忠贞不渝，但又一直被她拒绝；1903年2月21日，毛特·冈嫁给了与她并肩战斗的少校约翰·迈克布莱德。婚后，两人的生活并不幸福，毛特·冈要求离婚。1916年5月5日，约翰·迈克布莱德因参与都柏林复活节起义被处死。① 之后，叶芝再次向她求婚，但仍为之拒绝。显然，叶芝在感情生活上是很痛苦的，但又无怨无悔，因而，在诗中并没有表达痛苦，相反，表达了自己对毛特·冈专一、执着的爱，具有受浪漫主义、唯美主义、象征主义等混合影响的诗风——浪漫、抒情、唯美、注重营构意象来表情达意。袁可嘉的译诗具有这些特点：语调优雅舒缓，在流动和飘逸中透出一抹淡淡的哀伤，但又温柔、亲切；从而，真切地将诗人向其佳人平静而真挚的倾诉传达了出来。

《一朵红红的玫瑰》和《当你老了》分属两个不同时代、不同诗人，原诗风格的差异也十分明显——前者具有鲜明的浪漫主义诗风，后者则具有浪漫主义、唯美主义、象征主义的混合诗风。袁可嘉所译的这两首诗不仅各自保存了其原诗的风格，而且保存了其原诗风格的差异性——各自具有独特的风格。

袁可嘉的其他许多译诗也都做到了既保留原作的风格，又具有自己的"风格"，如彭斯的《吹起口哨我就来，我的郎》，② 原诗撰写了年轻人之

---

① 参见潞潞主编《倾诉并且言说——外国著名诗人书信、日记》，北京出版社2003年版，第354页。

② 原诗见王佐良译《彭斯诗选》，外语教学与研究出版社2012年版，第88、90页，译诗见袁可嘉译《我爱人像红红的玫瑰》，人民文学出版社2008年版，第109—110页。

间纯洁的爱情，使用的语言是简单的苏格兰方言，轻快流利，韵律和美。译诗几乎全保持了这些特色——开头一节用口语化的语言将一个火热、大胆而又有一点狡黠、幽默的苏格兰农村少女状写了出来；随后的三节采用了民歌常常采用的形式规整的顺口溜形式，使用了"要"、"别"、"把我找"和"夺去"等口语；与原诗风格颇为一致。

又如，威·威廉斯的《红色手推车》，[①] 该诗描绘了一幅农家院落雨之后初晴的画面：鲜红的手推车、淋在手推车上的雨珠、手推车旁的白鸡，给人以一种恬然静美之感。原诗将"手推车"、"雨水"、"白鸡"等意象并置，语言很凝练；同时，意象及语言都很质朴，有很浓的乡土色彩。译诗很好地保留了原诗这些特点，从而，颇有马致远的《天净沙·秋思》的神韵。

再如，美国黑人歌谣《情歌一束·六》，原诗是歌谣；译诗[②]便采用了歌谣常用的直白语言、整饬的形式，每节都押"ang"韵，这样读起来朗朗上口，亦有民谣的通俗、明快之感，逼真地保存了原诗的风格。《种谷歌》为印第安奥萨奇人的歌谣，"采用一面吟唱、一面播种的方式，叙述玉米从下种到收获、食用的全过程，富有质朴的情趣"，译文采用相应的体式和语言，原作的风格就大致出来了——

> 一个脚印踩出来，神圣印记踩出来，
> 一个脚印踩出来，玉米芽儿长起来，
> 一个脚印踩出来，玉米芽儿放光采，
> 一个脚印踩出来，玉米芽儿迎风吹，
> 一个脚印踩出来，玉米穗子相依偎，
> 一个脚印踩出来，拉下秆儿瓣棒棒，
> 一个脚印踩出来，灰白米花绽绽开，
> 一个脚印踩出来，我家升起炊烟来。[③]

[①] 原诗见 http://www.poets.org/viewmedia.php/prmMID/15537，译诗见袁可嘉主编《外国名诗选》，中国青年出版社1997年版，第560页。
[②] 袁可嘉编译：《美国歌谣选》，外国文学出版社1985年版，第57—58页。
[③] 袁可嘉：《关于英诗汉译的几点随想》，载《中国翻译》1989年第5期。

总之，袁可嘉的译诗很好地处理了"风格"的问题，"有的以意象和用语上的特点为主，如威廉斯的《春天及一切》；有的以激情和力量为主，如休斯的动物诗《云雀》或劳伦斯的《布尔乔亚，真他妈的》；有的以节奏和语气为重点，如威廉斯的'说话诗'"，这些都得到了很好的传达，做到了"对不同性质的诗……有不同的着重点……保住主要的东西"[①]。

（三）不仅是一种译作，而且是一种创作

袁可嘉的译诗不仅注重对原诗"形神兼备"的传达，而且超越了原诗——具有一些"仅仅"属于袁可嘉的元素。

例如：

1. 《当你老了》

该诗的中译版本在十个以上，其中，裘小龙、杨牧、傅浩的译诗也不错，但袁可嘉的译诗流传得最广、也最受读者喜爱，之所以如此，除了具有原诗固有的"形神"外，还具有一种独特的诗味，如对"But one man loved the pilgrim soul in you, and loved the sorrows of your changing face"一句，裘小龙译为"但有一个人爱你那朝圣者的灵魂，也爱你那衰老了的脸上的哀伤"；杨牧译为"有一个人爱你朝圣的灵魂内心，爱你变化的面容有那些怔忡错愕"；傅浩译为"但唯有一人爱你灵魂的挚诚，爱你渐衰的脸上愁苦的风霜"；袁可嘉译为"只有一个人爱你那朝圣者的灵魂，爱你衰老了的脸上痛苦的皱纹"……这几种译法都能为中国读者所接受，但相较而言，袁可嘉将"sorrow"译为"痛苦的皱纹"，更多地保持了原诗的神韵，也更为中国读者所接受——作为一个英语"科班"出身，且既从事英美文学翻译又从事英美文学研究的学者，袁可嘉并非不知"sorrow"意为"哀伤"，他之所以译为"痛苦的皱纹"，是因为在此语境中用"痛苦的皱纹"比用"哀伤"更准确地传达了"sorrow"所承载的含义，"痛苦的皱纹"比"哀伤"更具意象美，堪称一种再创作；而就整首诗而言，袁可嘉的译诗具有柔、韧、隽永、深邃等"味道"——这也是一种创作。

[①] 袁可嘉：《关于英诗汉译的几点随想》，载《中国翻译》1989年第5期。

2. 《茵纳斯弗利岛》

比较原诗与译诗，可以看出，一方面，译诗忠实于原诗——保持了原诗的意旨，保持了原诗整饬的诗形。另一方面，译诗又没有完全拘泥于原诗——原诗一共三节、每节六行、每行的长短大致相同，但单词数或音节数不太相同，译诗一共三节、每节四行、每行字为 12 个左右；原诗的押韵格式不太严格，译诗则按"ababcdcdefef"的格式押韵；重读音节与非重读音节相间；"岛"和"巢"、"滨"和"音"、"荫阴"和"日日夜夜"等充满着音乐美感；"And live alone in the bee－loud glade"本是一个省略了主语、由一个作谓语的动词和作状语的介词短语构成的比较简单的句子，译诗中的诗句"独个儿住着，荫阴下听蜂群歌唱"却为由两个简单句子组成的复句，同时，内蕴着一种颇强的节奏；为了使诗更加生动，译诗增加了"搭"、"筑"、"支"、"听"、"飞舞"等动词，强化了对原诗所描写的情景的传达；"bean"、"glade"等词的翻译非常有创意——据中国农业出版社出版的《英汉农业大词典》，"bean"一词有三种含义：①菜豆尾、②豆、③豆科植物，而译诗却将其译为"云豆"，即豆科植物中的一种，这样，一个即使从未听说过或见过"云豆"的人，也会由此词获得一种视觉上和听觉上的美感；"glade"一词的意思是"林中空地"，袁可嘉却将它译成"荫阴下"，这更富有诗意，也更符合中国人的审美习惯[①]……

3. 叶芝的《柯尔庄园的野天鹅》

原诗为：

The Wild Swans At Coole

The trees are in their autumn beauty,
The woodland paths are dry,
Under the October twilight the water
Mirrors a still sky;
Upon the brimming water among the stones

[①] 参见彭予《驶向拜占庭》，载《诗探索》2001 年第 Z2 期。

Are nine – and – fifty swans.
The nineteenth autumn has come upon me
Since I first made my count;
I saw, before I had well finished,
All suddenly mount
And scatter wheeling in great broken rings
Upon their clamorous wings.

I have looked upon those brilliant creatures,
And now my heart is sore.
All's changed since I, hearing at twilight,
The first time on this shore,
The bell – beat of their wings above my head,
Trod with a lighter tread.

Unwearied still, lover by lover,
They paddle in the cold
Companionable streams or climb the air;
Their hearts have not grown old;
Passion or conquest, wander where they will,
Attend upon them still.

But now they drift on the still water,
Mysterious, beautiful;
Among what rushes will they build,
By what lake's edge or pool
Delight men's eyes when I awake some day
To find they have flown away?[①]

[①] 袁可嘉译:《叶芝诗选》,外语教学与研究出版社 2012 年版,第 66 页。

袁可嘉的译诗为：

　　树林里一片秋天的美景，
　　林中的小径很干燥，
　　十月的黄昏笼罩的流水
　　把寂静的天空映照；
　　盈盈的流水间隔着石头，
　　五十九只天鹅浮游。

　　自从我最初为它们计数，
　　这是第十九个秋天，
　　我发现，计数还不曾结束，
　　猛一下飞上了天边，
　　大声地拍打着翅膀盘旋，
　　勾画出大而碎的圆圈。

　　我见过这群光辉的天鹅，
　　如今却叫我真疼心，
　　全变了，自从第一次在池边，
　　也是个黄昏的时分，
　　我听见头上翅膀拍打声，
　　我那时脚步还轻盈。

　　还没有厌倦，一对对情侣，
　　友好的冰水中行进，
　　或者向天空奋力地飞升，
　　它们的心灵还年轻，
　　也不管它们上哪儿浮行，
　　总有着激情和雄心。

> 它们在静寂的水上浮游,
> 何等的神秘和美丽!
> 有一天醒来,它们已飞去,
> 在哪个芦苇丛筑居?
> 哪一个池边,哪一个湖滨,
> 取悦于人们的眼睛?①

柯尔庄园是诗人的好友、剧作家奥古斯塔·葛拉高雷夫人的私人庄园,1897年夏天,叶芝拜访了这一庄园;1916年,叶芝重访该庄园时得知它即将被强行收归国有,颇为感伤,便写下了这首诗。柯尔庄园拥有美丽的风物——树、天、水、光、天鹅,是一种古老而高贵的文明价值的象征,它的"易主"在诗人心目中实际上象征着一种高贵的事物的消逝;天鹅"光辉"、"心灵还年轻"、"总有着激情和雄心",实际上是一个具有永恒之美的事物的代名词,与天鹅相比,"我"只是个微不足道的看客罢了——虽然有凝神观望的时刻,但终究还会回过神来,还得离去;天鹅最终"飞去"了,这也很能引起人对人生岁月流逝的感叹。比较原诗与译诗,可以看出,译诗很好地译出了原诗的这些意蕴,但又不仅仅具有这些:其一,译诗并没有对原诗"亦步亦趋":原诗打乱了词语的顺序以追求诗意,如最后一节的第二句"Mysterious, beautiful"单独成行以达到强调的效果;但译诗并没有严格地遵循原诗诗行词语的排列形式,而是调整了词语的顺序,并将问题放在最后以引起读者的注意——也就是说,译诗在形式上与原诗并不完全对等,而是根据需要做了适当的改变。其二,译诗内蕴着中国传统诗美——天鹅的"飞去",内蕴着"旧时王谢堂前燕,飞入寻常百姓家"、"此地空余黄鹤楼"的味道。由此可见,译诗实际上也是一种创作。

在袁可嘉所翻译的诗歌中,像《当你老了》、《茵纳斯弗利岛》等一样,不仅忠实于原诗,而且超越了原诗的还有不少,如彭斯的《致鼹鼠》,②该诗是一首关于冬天里老鼠的悲惨遭遇的诗。1785年11月,彭斯

---

① 袁可嘉译:《叶芝诗选》,外语教学与研究出版社2012年版,第66—69页。
② 原诗见王佐良译《彭斯诗选》,外语教学与研究出版社2012年版,第152、154页;译诗见袁可嘉译《我爱人像红红的玫瑰》,人民文学出版社2008年版,第75—77页。

犁地时，正好犁到了一个老鼠窝，老鼠惊慌失措、四处逃逸。彭斯有感而发，写了这首诗。在诗歌中，抒情主人公称自己是老鼠的"可怜的朋友，又同是生物"，呼叫"光滑，猥琐，胆小的小东西，你不用慌张的逃逸，我不想拿着凶残的犁追你"，表达了诗人对与人一样也是一种动物的老鼠的同情以及自己的诸多内疚。同时，对老鼠的偷窃行为予以了谅解——老鼠与人一样，都得为生活而奋斗，其偷窃行为也是为生活所迫。译诗很好地译出了这些内涵，并且在形式、语词等方面做了很好的处理，如用"小窠"、"安乐窝"、"新居"指老鼠们居住的地方，义同而词不同，原诗的意义得到了很好的传达，但又不使译诗单调、乏味，"惨淡"、"刺骨"、"尖利"、"残忍"、"荒芜"、"空沉"、"闷静"等形容词生动地描绘出了一幅冬天沉寂凄凉的景象以及老鼠们的悲惨命运；将"That wee bit heap o'leaves an'stibble"译成了"那一小堆断梗残叶"，"断梗残叶"简洁而又具有美感；善于利用具有丰富的含义的小词——"Has cost thee mony a weary nibble"被译成了"你辛苦拖来，一点一滴，/费了好大的劲"，动词"拖"和短语"一点一滴"十分精确地传达了"nibble"这个小词的内涵……从而超越了原诗。

其他的译作，如美国黑人的歌谣《情歌一束》，彭斯的《新年早晨老农向老马麦琪致辞》、《一朵红红的玫瑰》、《我的心呀在高原》、《旧日的时光》、《致詹姆斯·史密斯的诗简》，埃利蒂斯的《疯狂的石榴树》，叶芝的《驶向拜占庭》，布莱克的《扫烟囱的人》，W. C. 威廉斯的《红色手推车》，罗伯特·洛威尔的《为联邦而死难者》，休斯的《马群》……也大抵如此——美国黑人的歌谣《情歌一束·六》用"土"、"沙"、"地"翻译同一个单词，在传达原义的基础上，增加了诗行的律动美。《新年早晨老农向老马麦琪致辞》中"老马的奉献与晚年憔悴形象，以及老农的体贴入微和感恩之情，在中文译诗里同样跃然而出"[①]。《我的心呀在高原》将"Farewell to the Highlands, farewell to the North"翻译为"别了啊高原，别了啊北国"，《我的父亲是农民》将"I live today as well's I may, regardless of tomorrow, O."翻译为"我不管明天，做一天和尚撞一天钟啊"，

---

① 参见蒋洪新《诗人翻译家袁可嘉》，载《诗歌月刊》2009 年第 6 期。

《致詹姆斯·史密斯的诗简》将"Shot o'contra wit"翻译为"它让我这土才子的聪明/偶尔射出光芒",《扫烟囱的人》将"that thousands of sweepers, Dick, Joe, Ned & Jack"翻译为"阿狗阿猫上万个扫烟囱的小孩"等都是一种创作……

二

袁可嘉的译诗特点的形成,主要有两个方面的原因:

(一)袁可嘉自身方面的原因

1. 袁可嘉具有深厚的学养

第一,袁可嘉是一位研究西方文学的大家:他研究西方文学的时间长——如果从他在大学期间开始研究叶芝算起,[①] 他研究西方文学的时间前后有60年左右;范围广——他几乎涉猎了西方从古希腊罗马文学[②]一直到后现代主义文学各个时段的作品,并重点研究了西方现代主义文学;同时,他还是中国第一个译介世界上最早的工人运动——宪章运动——的文学作品的人,[③] 是译介、研究彭斯、叶芝最为投入的人之一;所取得的成果大、所产生的影响也大——他既有像《现代派论·英美诗论》这样的学术品位相当高的论文集,又有像《欧美现代派文学概论》这样具有开风气性的专著,还有像《现代美英资产阶级文学理论文选》、《外国现代派作品选》、《现代主义文学研究》等这样具有集大成性的编著,"它们影响了整整一代人和整个中国文学的新时期"[④]……因此,他能先将西方文学囊括在自己的学术视野之内,然后,精挑细选自己认为最宜翻译的文学作品;从而保证了所翻译的西方诗歌的广博性、"时代适宜性"。

同时,袁可嘉注重翻译与研究的结合——他曾说:"我总是把翻译和

[①] 袁可嘉在大学期间就开始了外国文学的研究,并在1946年毕业时用英文撰写了其平生中的第一篇研究外国文学的论文——《论叶芝的诗》。

[②] 袁可嘉的《论新诗现代化》论及了不少古希腊、罗马作家、学者及其作品或文学观点,如荷马、亚里士多德等。

[③] 1960年,袁可嘉将苏联学者编的英文本《英国宪章派诗选》翻译成中文,并撰写了长篇"译者序言"《英国工人阶级的第一曲战歌》、请友人陈次园从俄文译出了苏联学者尤·考伐莱夫的俄译本序言《论宪章派文学》作为附录。

[④] 谢冕语,转引自龙扬志《纪念一座沉寂的洪钟》,载《中国诗歌研究动态》2009年第2期。

研究密切结合起来,研究什么也就翻译什么,翻译什么也就研究什么"①;在翻译彭斯、布莱克、叶芝等人的诗歌时,也对之进行了相当深入透彻的研究,并撰写了与之相关的论文;从而增强了对原诗的理解,进而保证了译诗能做到"神形兼备"。

此外,袁可嘉对现代汉语有一种"敏感",即熟谙现代汉语及其背后的历史与文化,"在明了现代汉语的现实,即明了现代汉语(确切地说,是当代汉语)的优点与薄弱环节的前提下作出恰如其分的判断和把握,主要是发挥优势和克服弱势"②。所以,他的译诗不仅是一种译作,而且是一种创作。

第二,总的来说,袁可嘉是一位智性诗人——一方面,他具有诗人特有的敏感,即葆有诗情,对诗与非诗有一种敏锐的分辨力;另一方面,他又具有一个一般诗人通常所没有的理性分析能力,因此,他虽然一生深为政治所累,但又基本上能对政治做出准确的判断,并自觉地顺应政治的规范,从而选择能为政治所容许的诗歌来翻译,比如,在浪漫主义诗歌颇受时代"青睐"之际翻译布莱克的《天真之歌》,在美国嚣张地反对新中国之际翻译美国具有叛逆性、处于弱势地位且对新中国具有同情感或好感的黑人诗人玛莎·米列的诗歌,在"大跃进"期间民歌成为时代文学的"宠儿"之际翻译彭斯的民歌味很浓的诗歌,在政治标准第一的文学观念盛行之际翻译英国宪章派诗歌,在改革开放年代西方现代派文学在中国对许多人具有强烈的吸引力之际翻译西方现代派诗歌,如叶芝的诗歌……同时,他还创作过不少诗,有切实而又丰富的创作经验。因此,他对诗别有一种体味,能较为准确地选择一些真正具有诗性、值得翻译的诗歌。

第三,袁可嘉是一个建构了一套完整的诗歌理论的诗论家——袁可嘉的诗歌理论即关于"新诗现代化"的理论,主要包括诗的本体论、有机综合论、诗的艺术转化论、诗的戏剧化论、戏剧主义论等内容。袁可嘉的外国诗歌翻译明显地受到了其诗歌理论的影响——袁可嘉曾明确地说:"我研读中外的现代诗,创作现代诗,提出新诗现代化的理论,翻译和评论西

---

① 转引自彭予《驶向拜占庭》,载《诗探索》2001 年第 Z2 期。
② 黄灿然:《译诗中的现代敏感》,载《读书》1998 年第 5 期。

方现代派诗和文学，评价冯至、卞之琳、穆旦、陈敬容等诗人的作品，目的都在于推进新诗现代化，使我国的现代诗在与世界的现代诗接轨的同时仍然保持我们民族和时代的特色。"① 也就是说，袁可嘉不是为翻译外国诗歌而翻译外国诗歌的，而是为了推进新诗现代化而翻译外国诗歌的，而且，无论是在前期还是在后期，袁可嘉在选择所翻译的外国诗歌时，都是看重其诗性的——那些诗歌也都确实对新诗现代化具有一定的借鉴意义。

第四，袁可嘉是一个具有独到眼光的批评家——他在西南联合大学读二年级时，一读到卞之琳的《十年诗草》和冯至的《十四行集》，便发现了它们与拜伦等人的浪漫主义诗歌的不同之处；对布莱克、米列、彭斯、叶芝、布朗宁、里尔克、洛威尔、威·威廉斯、劳伦斯等人的诗歌及英国宪章派诗、美国歌谣，他都有独到的发现——从他的一系列相关文字，如《玛莎·米列的诗》、《布莱克的诗》、《罗伯特·彭斯——苏格兰的伟大农民诗人》、《彭斯的诗歌》、《彭斯与民间歌谣》、《叶芝的道路》、《威廉斯与美国新诗风》等可以清楚地看到这一点。因此，他既能恰到好处地选取所需翻译的外国诗歌，又能按照独特的批评标准来翻译自己所选取的外国诗歌，从而使自己的译诗不仅形神兼备，而且超越原诗，成为新诗的一个组成部分，如他所翻译的叶芝的《茵纳斯弗利岛》简直是一首现代版的陶渊明诗。

2. 袁可嘉具有正确的诗歌翻译观

关于诗歌翻译，袁可嘉主要有如下观点：

（1）译诗"并没有什么特定的原则和标准，简单地说，就是忠实地把原文的精神、风格、内容传达过来"②，"译诗存在种种局限，在此前提下，努力追随原作的风格、神韵、意象、用语和节奏，这是译者能做、所应做的事情"③，"不强求形式上的亦步亦趋，而力求传出神韵，念来有味，但也不主张脱离原诗体式，随意乱译"④。

---

① 上海教育出版社、上海社会科学院文学研究所编：《中国作家自述》，上海教育出版社1998年版，第462页。

② 转引自蒋洪新《诗人翻译家袁可嘉》，载《诗歌月刊》2009年第6期。

③ 袁可嘉：《译诗点滴谈》，转引自刘晰《袁可嘉译诗观初探》，载《合肥学院学报》（社会科学版）2013年第1期。

④ 转引自蒋洪新《青山绿水，皆我故乡——追思诗人翻译家袁可嘉先生》，载《中国诗歌研究动态》2009年第2期。

(2)"译诗是一种艺术,不是一种技术。你对原作的总体(从内容到形式)有了透彻的理解,然后尽自己的本事用另一种文字将它还原为一个艺术整体,使它尽量接近本体。这里'整体观念'非常重要,因为一首诗本身就是一个艺术品,靠整体产生效果"①,"首先要明白是艺术性的翻译,不是技术性的,所以不是逐字逐句地译过来就算"②。

(3)译诗"比较明智的办法是宽严有度,不作绝对化的追求,在影响译文流畅或风格表现时,宁可在形式上做点让步"。要避免因"强调风格的不可译性"而"不顾原作风格特点,套用旧诗词语言或陈腔滥调","只顾译文雅洁或念得上口,不管原作风格是说话调还是吟诵调","要在民族语言规范化许可的情况下,尽力追随原作的洋味道、洋风格"③。

(4)"翻译诗歌不是一种不可能的传达方式,而是一种不完美的传达方式而已,翻译工作者和文艺工作者一样,所追求的是要超越那不完美的境界。"④

正是在这种观点的影响下,袁可嘉的译诗才既注重在内容和形式上都忠实于原诗,又没有对原诗的"亦步亦趋",从而,不仅实现了对原诗"形神兼备"的传达,而且超越了原诗而成为一种创作。

3. 袁可嘉具备"一个好的文学翻译家"的素质

袁可嘉认为:"文学翻译是一种很特殊的行业。就语言说,它要求熟谙本国语母语和外国语外语以及它们背后的不同民族的历史和文化,这就涉及广泛的文化修养。在文学内部,翻译又居于创作与研究之间,既要有创作家的创作性,又不可离开原作;既要有研究家的深入理解,又不能故弄玄虚。它经常处于创造与模仿,本能与规律的张力之间。要在这些矛盾之间保持平衡,掌握分寸,是相当困难的事。有些译者做得较好,全仗他们的悟性和功夫。悟性部分是天生的,同样需要通过治学来培养,功夫则全赖勤奋刻苦。一个好的文学翻译家应当是通晓母语和外语,熟悉中外历史文化,有较高创造才能和研究功夫的作家兼学者"⑤;他本人就是"一

---

① 转引彭予《驶向拜占庭》,载《诗探索》2001年第Z2期。
② 转引自蒋洪新《诗人翻译家袁可嘉》,载《诗歌月刊》2009年第6期。
③ 袁可嘉:《关于英诗汉译的几点随想》,载《中国翻译》1989年第5期。
④ 转引自蒋洪新《诗人翻译家袁可嘉》,载《诗歌月刊》2009年第6期。
⑤ 袁可嘉:《译事漫忆》,载《驶向拜占庭》,中国工人出版社1995年版,第11页。

个好的文学翻译家"——一方面,袁可嘉出生于一个富商之家,自小就蒙受了既有商业头脑又有较高的文化素养的父亲的教导和濡染,并蒙受了先后在光华大学、南开大学、清华大学读书的长兄袁可尚的教诲,阅读了袁可尚从上海、北京带回家的新旧书刊,如《申报》、《大公报》、《西游记》、《寄小读者》等。另一方面,袁可嘉在小学时代便跟从袁可尚学英语,并对英语产生了浓厚的兴趣;在初中时代常常给袁可尚写英文信,袁可尚则不厌其烦地对他进行精心的指点,由此,袁可嘉奠定了英语的最初基础;在高中时代先是在特别注重英语课的教学的青年会中学学习,并从课本上读到一些英国文学作品原著,后是在南渝中学即重庆南开中学学习,受到了像柳无忌教授夫人那样的英语教师的指点,而他在西南联合大学所学的专业便是英语。因此,袁可嘉堪称"通晓母语和外语,熟悉中外历史文化"。同时,如上所述,袁可嘉是一位研究西方文学的大家、一位智性诗人、一个建构了一套完整的诗歌理论的诗论家、一个具有独到眼光的批评家。

(二)时代方面的原因

关于翻译,译界有多种观点,其中,文化学派和操纵派都认为翻译受时代的影响很大,如文化学派的代表人物勒菲弗尔认为:"翻译不是发生在真空里,译者是在一个特定的时间、特定的文化里发挥作用的。他们理解自己本身以及自己文化的方式就是影响他们翻译方式的因素之一。"[1]操纵派认为:"翻译就是译者在译入语国家的主流意识形态和诗学操纵下所进行的一种改写活动。而这些因素在特定的社会历史时期,可以表现出更强烈的干预性。如由权力机构调动翻译和出版资源,选择、翻译和出版满足主流政治意识形态的作品。这种情况下,译者主体性实际上就等同于权利主体性,政治意识形态对译者主体性实行全面操控翻译实践也就同时代政治紧密联系在一起。"[2] 就新中国成立后的翻译来看,翻译受时代的影响的确很大——新中国成立以后,巩固政权和维护社会秩序是最主要的

---

[1] Andre Lefevere. Translation, History, Culture: A Source Book. Shanghai: Shanghai Foreign Language Education Press, 2004:14. 转引自刘晰《"文化转向"视域下袁可嘉"十七年"(1949—1966)英诗汉译》,载《合肥学院学报》(社会科学版)2012年第4期。

[2] 刘晰:《"文化转向"视域下袁可嘉"十七年"(1949—1966)英诗汉译》,载《合肥学院学报》(社会科学版)2012年第4期。

时代要求，政治成为压倒一切甚至可以代替一切的意识形态，因此，包括文学、艺术、学术在内的一切文化活动都被纳入到满足政治需要的轨道中，翻译便自然而然地被赋予了政治的意义，文学翻译也自然而然地被看作一种政治行为；被翻译的文学作品首先受重视的则是其思想内容的政治性而不是其艺术性，即是按照"政治标准第一，艺术标准第二"来要求的——袁可嘉与卞之琳、叶水夫、陈燊等共同撰写的《十年来的外国文学翻译和研究工作》一文中写道："为了批判接受，为了借鉴，我们对于外国文学遗产，特别要首先看清楚其中这一部分或那一部分的思想究竟怎样，也应该如此。外国当代作品的思想面目，我们还比较容易看得分明；加上了时代距离的过去作品就需要我们花更多的工夫才能在思想意义上加以识别。我们从今日的高度看这些作品，本着'政治标准第一'的精神，首先分析其中的思想倾向，也就成为我们的特别迫切的课题。"[1] 袁可嘉前期的外国诗歌翻译也与此一致——其译材的选取直接受到了主流意识形态的影响，如前所述，袁可嘉选择翻译布莱克、玛莎·米列、彭斯等人的诗以及英国宪章派诗等，显然直接与当时的主流意识形态有关，即深受时代的影响；同时，袁可嘉往往在集约性地翻译一些诗歌后，总会写一些关于那些诗歌的文字，而那些文字无论是就其承载的意义来说还是就其风格来说，也都与当时的主流意识形态一致，如分别为《布莱克诗选》、《米列诗选》、《英国宪章派诗选》、《彭斯诗钞》写的序《布莱克的诗》、《玛莎·米列的诗》、《英国工人阶级的第一曲战歌》、《罗伯特·彭斯——苏格兰的伟大农民诗人》等，在翻译彭斯的诗后所写的《彭斯的诗歌》、《彭斯与民间歌谣》等文章，在《彭斯与民间歌谣》一文中更是坦言："我国内文艺界正在热烈地讨论新诗与民歌的关系问题，这时来讨论一下彭斯怎样吸取歌谣中的精华，丰富了自己的诗歌创作，而这些诗歌创作中的优秀部分后来又回到民间，反过来丰富了歌谣传统，这无疑是有趣又有益的事情。"[2] 当然，袁可嘉这么做既是一种智慧的选择，也是一种无奈的选择——假如袁可嘉不

---

[1] 卞之琳、叶水夫、袁可嘉、陈燊：《十年来的外国文学翻译和研究工作》，载《文学评论》1959年第5期。

[2] 袁可嘉：《彭斯与民间歌谣》，载袁可嘉《现代派论·英美诗论》，中国社会科学出版社1985年版，第195页。

选择那些译材、不写那样的文字，那么，他的译诗及他所写的那些文字在当时是不可能或者很难见之于世的。袁可嘉后期的外国诗歌翻译与此也有一致之处——改革开放开始之后，袁可嘉翻译叶芝、里尔克、威·威廉斯、洛威尔、休斯等人的诗，虽然与译材本身的文学性大有关系，但与当时的主流意识形态也密切相关：当时，改革开放的思想是一种具有笼罩性的思想，袁可嘉翻译叶芝等人的诗，实际上是一种文学和文学翻译的"改革"行为，即是对改革开放思想的一种呼应。

三

袁可嘉的外国诗歌翻译具有多方面的意义和价值：

首先，它为中国翻译尤其是中国文学翻译提供宝贵的经验和教训。

其一，袁可嘉的不少译诗，如袁可嘉所翻译的布莱克、彭斯、叶芝、米列、威·威廉斯、罗·洛威尔、塔特·休斯等人的诗及英国宪章派诗，都是各自中译版中的"筚路蓝缕"之作，而且也是中译作品尤其是中译文学作品中的精品，它们的"形神兼备"、"创造性"等，既为中译文学作品提供了范例，又为中译文学作品树立了一个"标高"，是中国翻译尤其是中国文学翻译宝贵"经验"的"感性显现"。

其二，中国自外国文学翻译开始之日起，为了使译作适应中国读者既有的阅读心理和习惯，中译作品往往尽量消除原作固有的特性，将形式和内容都"中国化"，即尽量将译作转译成与大众读者既有的阅读心理和习惯相符的形式和内容，如林纾翻译的小说、鲁迅在《为了忘却的记念》中所引的裴多菲的《自由与爱情》——五言绝句译诗、[①] 王力以旧体诗的格式翻译的波特莱尔的《恶之花》——鲁迅当年提倡硬译实际上是不太认同这种单一化的格局的；新中国成立之后的较长一段时间内，文学翻译一仍此例。对此，袁可嘉实际上是不太认同的，于是，主张在翻译外国文学作品时要注意保持原作的风格，并在翻译外国诗歌时注重对原诗"原汁原味"的传达——他的这种尝试和努力对中国的文学翻译而言无疑是具有积极意义的。

[①] 译诗为："生命诚可贵，爱情价更高；若为自由故，二者皆可抛！"

其三，如前所述，袁可嘉对译材尤其是前期对译材的选取受意识形态的影响较大，因此，相对来说，其艺术性不是太强，如比起乔叟、拜伦、雪莱、华兹华斯、柯勒律治、惠特曼、艾略特等人的诗歌来，米列的诗及英国宪章派诗的艺术性是要稍逊一筹或逊色不少的；而以袁可嘉的文学素养和翻译水平来看，袁可嘉是完全可以选择乔叟、拜伦、雪莱、华兹华斯、柯勒律治、惠特曼、艾略特等人的诗歌作为翻译的对象的，而且也是完全可以达到像他所翻译的叶芝的诗的那种水平的——事实上，袁可嘉本也是想翻译这些诗人的诗歌的，如他在"文化大革命"结束后拟翻译雪莱的诗，后因得知译友江枫也拟翻译雪莱的诗，便放弃了翻译雪莱的诗歌；①他晚年很想翻译惠特曼的《草叶集》，而且觉得自己可以译好②——如果袁可嘉在20世纪五六十年代就能不受意识形态的影响而根据自己的兴趣、爱好翻译雪莱的诗歌，就不存在与江枫"撞车"之事了……因此，袁可嘉没有翻译更多叶芝之类诗人的诗，对袁可嘉本人而言，是一件非常可惜的事情；对中国翻译及文学翻译而言，是一种损失；对中国文学而言，是一个教训——文学及文学活动不能一味地顺应意识形态，否则，一定会受到其负面的影响。

其次，对中国文学的发展产生了深刻的影响。

新中国成立之后，出于巩固政权和维护社会秩序的需要，文学的发展一度受到了相当严厉的管控——西方文学，只有那些与主流意识形态一致的才被允许译介和研究；而在极端时期，则不论是否与主流意识形态一致、不论是古典作品还是现代派作品，都一概地不被允许译介和研究。"文化大革命"结束、改革开放开始之后，外国文学的译介和研究随之再度展开；不过，最初的展开幅度是有限的，如西方现代派文学，虽然没有明文将之列为被禁止翻译的对象，但又被视为"颓废"、"没落"的文学，无论是在官方还是在民间，人们普遍对它持相当谨慎的态度；学界虽然较早地意识到了应该对它进行译介和研究，但客观条件有限——"老一辈学者缺乏勇气，新一辈学者则没有底气。既有勇气又有底气的就是袁可嘉，

---

① 据江枫本人在袁可嘉追思会上的自述。
② 陈安：《沉寂的洪钟》，载《袁可嘉诗歌创作与诗歌理论研讨会论文集》，首都师范大学中国诗歌研究中心2009年版，第53页。

因此他扮演的是一个不可替代的角色"[1]，他"以沉稳的作风、扎实的学风、低调的姿态全面推动西方诗歌译介……他编选的作品集和个人创作的理论作品，几乎就是现代主义的启蒙式作品……它们影响了整整一代人和整个中国文学的新时期"[2]；他所翻译的包括诗在内的西方现代派文学作品，为中国作家和诗人的创作提供了新的参照。同时，袁可嘉的译诗也推进了中国文学的发展——《当你老了》、《茵纳斯弗利岛》等优秀的译诗，一方面，保留了原诗的原汁原味，为中国读者提供了一种能获得新的审美体验的文本；另一方面又为中国文学增添了新的"元素"——它们在很大程度上已经被许多中国读者像阅读中国文学作品一样阅读，也就是说，它们已经成为构筑中国人文精神的一个有机组成部分；为中国当代文学的发展提供了参照——新时期文学受外国现代派文学的影响无疑是很大的，而袁可嘉又是译介和研究外国现代派文学最早、成果最多、影响最大的学者之一……

再次，对外国文学研究产生了积极的影响。

袁可嘉所翻译的外国诗歌，大多保留了原诗的原汁原味，保持了原诗的本真面貌，为对原作进行准确、深入、透彻的研究提供了一种可靠的凭借，进而对外国文学研究产生了积极的影响。

最后，对中西文化的交流、中国文化的繁荣等产生了积极的影响。

中国人对罗伯特·彭斯、威廉·布莱克、玛莎·米列、阿尔弗雷德·丁尼生、罗伯特·布朗宁、威廉·林顿、艾内斯特·琼斯、托麦斯·哈代、威廉·勃特勒·叶芝、莱纳·马利亚·里尔克、威·威廉斯、戴维·劳伦斯、兰斯顿·休斯、威廉·燕卜荪、罗伯特·罗厄尔、塔特·休斯、埃利蒂斯、希内、罗宾逊、包勃·狄兰等人的诗歌及英国宪章派诗的认识或较为透彻的认识，可以说，在一定程度上或相当大的程度上得益于袁可嘉的译诗——不少人正是通过袁可嘉的那些"形神兼备"的译作才知晓布莱克的诗、英国宪章派的诗等，或了解到那些与中国传统诗歌迥异、也与中国传统的诗学观念不太相符的诗歌如叶芝的诗的；而袁可嘉的译诗又是

---

[1] 叶廷芳语，转引自龙扬志《纪念一座沉寂的洪钟》，载《中国诗歌研究动态》2009年第2期。

[2] 谢冕语，转引自龙扬志《纪念一座沉寂的洪钟》，载《中国诗歌研究动态》2009年第2期。

输入到中国的外国文化的一个有机组成部分,因此,它对中国人认识外国文化、接受外国文化产生了积极的影响——彭斯的诗及美国歌谣,直接影响了中国人对外国风土人情的认识;米列的诗及英国宪章派诗促进或强化了外国无产阶级文学及文学观念在中国的传播;西方现代派诗人如威廉·勃特勒·叶芝、威·威廉斯、罗·洛威尔、塔特·休斯等人的诗,则对当时中国人的思想解放起到了积极的作用……这些译诗在相当大的程度上改变了人们对西方现代派文学的看法——它们对西方现代派文学不再或不再总是被当作"颓废"、"没落"文学的代名词及西方现代文化不再或不再总是被视作文化糟粕等都产生了积极的影响。同时,它们对更多外国文学作品被译介到中国来及中国文学作品和文化典籍被译介到国外去等都起到了一定的引导、示范或"刺激"作用。

第五章

袁可嘉的外国文学研究

一

作为一个外国文学研究专家，袁可嘉主要从事欧美文学研究，其标志性的成果主要有论文集《现代派论·英美诗论》、专著《欧美现代派文学概论》以及收在《半个世纪的脚印——袁可嘉诗文选》、《论新诗现代化》中的部分文章或文字。此外，还有《外国现代派作品选》、《现代美英资产阶级文学理论文选》（上、下）、《现代主义文学研究》（上、下）等编著以及《彭斯诗钞》等译著。总的来看，袁可嘉的外国文学研究主要包括如下内容：

（一）英国18、19世纪文学研究

1. 彭斯研究

对彭斯，袁可嘉除编译了《彭斯诗钞》——该书实际上也是一部对彭斯的研究之作——外，还重点从两个方面进行了研究：其一，重点研究彭斯的生平及其诗歌，并撰写了《罗伯特·彭斯——苏格兰伟大的农民诗人》[①]、《彭斯的诗歌》[②]；其二，重点研究彭斯的诗歌与苏格兰民间歌谣之间的关系，并撰写了《彭斯与民间歌谣》[③]。

[①] 袁可嘉：《罗伯特·彭斯——苏格兰伟大的农民诗人》，载《彭斯诗钞》，新文艺出版社1959年版。
[②] 袁可嘉：《彭斯的诗歌》，《文学知识》1959年4月。
[③] 袁可嘉：《彭斯与民间歌谣》，《文学评论》1959年第4期。

袁可嘉认为：彭斯一生的作品可分为两部分，一部分是讽刺诗，一部分是抒情诗；彭斯善于吸取民间歌谣的精华，用以丰富自己的诗歌创作；同时，他的诗歌创作又回到民间，丰富了民间歌谣的传统，如《要我屈从》"这首抒情诗在主题上继承了旧歌谣是明显的。同样明显的是他提高了那首歌谣的艺术质量"①。彭斯在促进诗歌与民间歌谣相辅相成方面的突出表现是在主题思想和艺术手法两方面吸取了民间歌谣的优秀因素，从而丰富了自己抒情诗歌的创作——其抒情诗歌中的优秀部分保留了歌谣体的特色，同时又有旧的曲子相配，因而很快又回到民间，为群众所吟唱，成为新的歌谣，于是丰富了苏格兰的歌谣传统。彭斯"对苏格兰歌谣规律的用心研究，以及由此得来的一些结论——歌谣必须单纯、富于音乐性、表现民族风格；充分利用歌谣的重唱句和合唱句，学习现实主义的描写手法等等——更大有参考价值，他在吸收歌谣精华丰富自己创作方面的卓越成就对我国今天的工作者更有鼓舞和借鉴的作用"②。

2. 威廉·布莱克研究

对布莱克，袁可嘉除翻译了他的《天真之歌》外，③还重点研究了其诗歌，撰写了《布莱克的诗》④——该文重点论述了布莱克的包括《爱德华三世》、《法兰西大革命》、《自由之路》、《亚美利加》、《欧罗巴》、《罗斯歌》、《先知书》、《铁律尔》、《由立生书》、《经验之歌》、《四天神》等在内的诸多重要诗歌。袁可嘉认为：布莱克有神秘主义和宗教幻想的一面，但也有"进步的革命的一面"，两者是有联系和变化的，⑤ "《法兰西大革命》一诗描写了法国人民的一段真实生活，表现了诗人对革命的巨大同情，在英国诗歌中还是第一篇直接歌颂法国革命的诗章"⑥，表达了布

---

① 袁可嘉：《彭斯与民间歌谣》，载袁可嘉《现代派论·英美诗论》，中国社会科学出版社1985年版，第209页。
② 同上书，第222页。
③ 袁可嘉翻译的《天真之歌》被收入与查良铮等合译并由人民文学出版社于1957年出版的《布莱克诗选》中。
④ 该文发表于《文学研究》1957年第4期上。
⑤ 参见袁可嘉《〈现代派论·英美诗论〉序》，载袁可嘉《现代派论·英美诗论》，中国社会科学出版社1985年版，第2页。
⑥ 袁可嘉：《布莱克的诗》，载袁可嘉《现代派论·英美诗论》，中国社会科学出版社1985年版，第249页。

莱克对侵略战争、殖民主义、教会压迫、礼教束缚、种族歧视和贫困剥削的反对，对个性解放、自由、平等、博爱的赞颂，对美国的反殖民主义战争的称颂，对英国丑恶现实的抨击和对世界大同的美好理想的讴歌；"布莱克的进步诗歌到《四天神》算是登峰造极了。这部伟大的经验史诗概括了布莱克全部思想，表现了他对人类发展和人民生活的深刻理解"①……

3. 拜伦研究

对拜伦，袁可嘉进行了综合性的研究，并撰写了《拜伦和拜伦式英雄》②——该文结合拜伦的一些重要作品，如《哈罗尔德游记》、《唐璜》、《东方叙事诗》等论述了拜伦及拜伦式英雄的问题，认为：拜伦的进步思想和个人主义是有区别的，应该肯定前者批判后者；"拜伦在塑造他的英雄人物时，往往只是极少量地、极不完全地把自己性格中的积极因素赋予他们……却更多地、大量地赋予了他们以消极的因素"，"拜伦和他的人物不是等同的，而且这些人物也并非铁板一块，一成不变"③……

4. 雪莱研究

对雪莱，袁可嘉主要研究了其生平及诗歌，并重点研究了其诗歌《西风颂》。袁可嘉认为："雪莱的抒情诗有两大类：一类以鲜明的政论性为特色，诗句简明有力，如《给英国人民的歌》等作品。另一类以辉煌的想象和优美的情致取胜，如《云》、《云雀》等篇章。它们富有想象的魅力和奇异的色彩。《西风颂》兼有两类的长处，诗人的想象上天入海，但并不过分渲染；所用形象具体明确，而且前后连贯，不象《云》中的形象丰富得叫人眼花缭乱。诗人的想象虽然与流云、碧涛一同驰骋，他的脚跟却是牢牢地站在现实的土地上的。"④

---

① 袁可嘉：《布莱克的诗》，载袁可嘉《现代派论·英美诗论》，中国社会科学出版社1985年版，第279页。
② 袁可嘉：《拜伦和拜伦式英雄》，《光明日报》1964年7月12日。
③ 袁可嘉：《拜伦和拜伦式英雄》，载袁可嘉《现代派论·英美诗论》，中国社会科学出版社1985年版，第286—287页。
④ 袁可嘉：《读雪莱的〈西风颂〉》，载袁可嘉《现代派论·英美诗论》，中国社会科学出版社1985年版，第301页。

5. 英国宪章派诗研究

对英国宪章派诗，袁可嘉不仅编译了《英国宪章派诗选》，① 而且在对之进行全面研究的基础上撰写了《英国工人阶级的第一曲战歌》——《英国宪章派诗选·译者序言》；在该文中，袁可嘉结合英国社会历史、文学史、文学研究史等对英国宪章派诗进行了颇为全面、细致的论述，认为："在英国文学史上，19 世纪 40 年代的英国宪章派文学是重要的和有成就的一章……它产生了象艾内斯特·琼斯、威廉·林顿、基洛德·马西这样的卓越作家和为数不少的富有战斗气息和艺术成就的优秀作品"，"这个流派的文学因为直接为工人阶级的斗争服务，密切联系了当前的革命实践和工人群众，因此具有鲜明的倾向性、战斗性和群众性"，"宪章派诗人正是以诗歌作为讽刺的匕首来攻击敌人的"，"宪章派诗歌反映了广阔的社会生活，但也不是没有抒写个人情感的作品"，"宪章派的一部分作品具有短小精悍的警句式风格"，"宪章派诗歌是以现实主义为基调的诗歌，但它的早期却是以浪漫主义为特色的"② ……

（二）欧美 20 世纪文学研究

1. "英美新批评派"研究

何谓"英美新批评派"？袁可嘉认为："英美新批评派""发轫于二十年代，极盛行于四五十年代。其基本理论认为作品是独立的、客观的象征物，是自足的有机体（有机形式主义），批评的任务是进行文字分析。"③ 其主要代表人物是艾略特和瑞恰慈。袁可嘉对"英美新批评派"的研究主要集中在对艾略特和瑞恰慈的研究上。

对艾略特，袁可嘉重点研究了其《传统与个人才能》、《论玄学派诗人》等论著，并认可其关于"思想知觉化"、"机智"、"经验"、"文学作品的评价标准"、"晦涩"等观点，如认为："新诗现代化的要求完全植基于现代人最大量意识状态的心理认识，接受以艾略特为核心的现代西洋诗的影响"④，

---

① 该书由上海译文出版社于 1960 年出版，后经修订后，由上海译文出版社于 1984 年再版。
② 袁可嘉：《英国工人阶级的第一曲战歌（译者序言）》，载袁可嘉译《英国宪章派诗选》，上海译文出版社 1984 年版，第 1—15 页。
③ 袁可嘉：《结构主义文学理论述评》，载袁可嘉《现代派论·英美诗论》，中国社会科学出版社 1985 年版，第 116 页。
④ 袁可嘉：《新诗现代化再分析》，载袁可嘉《论新诗现代化》，生活·读书·新知三联书店 1988 年版，第 10 页。

"我们取舍评价的最后标准是：'文学作品的伟大与否非纯粹的文学标准所可决定，但它是否为文学作品则可诉之于纯粹的文学标准'（艾略特）"[1]；现代诗的晦涩或源于"现代诗人所处的厄境"与"传统价值的解体"，或源于"现代诗人的一种偏爱：想从奇异的复杂获得奇异的丰富"[2]——这与艾略特的相关观点一致："就我们文明目前的状况而言，诗人很可能不得不变得艰涩。我们的文明涵容着如此巨大的多样性和复杂性，而这种多样性和复杂性，作用于精细的感受力，必然会产生多样而复杂的结果。诗人必然会变得越来越具涵容性，暗示性和间接性，以便可以强使——如果需要可以打乱——语言以适合自己的意思"[3]……袁可嘉的"《新诗现代化再分析》一文在论述新'新传统'在技巧方面几点做法时所说的'思想感觉'和'情感思想强烈结合'，均来自艾略特。艾略特在《玄学派诗人》（1921）里说，玄学派诗歌是伊丽莎白时代英诗的逻辑发展，应是英诗的主流。他指出玄学派诗歌特点是：形象化的描述极为丰富和具体鲜明，所使用的比喻既具有物体的，也具有理性的含义，因此能够巧妙地把思想、感情和感觉三个因素结合成一体。这个统一体，17世纪诗人称之为'机智'（wit），机智是能够使'无联系的经验'集合在一起的敏锐的智力。这个诗歌传统具有一种'感觉的机制'，如像熔炉，把思想熔化成为感情的反应"[4]。

对瑞恰慈，袁可嘉主要研究了其诗歌理论。具体地说，袁可嘉一是研究了瑞恰慈有关"最大量意识形态"的理论。

袁可嘉认为："能调和最大量，最优秀的冲动的心神状态必是人生最可贵的境界了。这就是……'最大量意识状态'"[5]，袁可嘉的"最大量意识状态"的观念即来自对瑞恰兹诗论的研究——"瑞恰兹在《想象》一

---

[1] 袁可嘉：《新诗现代化——新传统的寻求》，载袁可嘉《论新诗现代化》，生活·读书·新知三联书店1988年版，第7页。

[2] 袁可嘉：《诗与晦涩》，载袁可嘉《论新诗现代化》，生活·读书·新知三联书店1988年版，第91—94页。

[3] 艾略特：《玄学派诗人》，载王恩衷编译《艾略特诗学文集》，国际文化出版公司1989年版，第32页。

[4] 蓝棣之：《九叶派诗歌批评理论探源》，载蓝棣之《现代诗歌理论：渊源与走势》，清华大学出版社2002年版，第54页。

[5] 袁可嘉：《谈戏剧主义》，载袁可嘉《论新诗现代化》，生活·读书·新知三联书店1988年版，第32页。

文里说，人生价值的高低，完全由它协调不同质量的冲动的能力而决定。冲动协调后的状态，他称之为态度，实际即是心神状态。能调和最大量、最优秀的冲动的心神状态，是人生至境，这就是瑞恰兹所谓'最大量意识状态'的含义，他认为艺术或诗的创造都具有这种功能。"①

二是研究了瑞恰慈有关"讽刺的诗"的理论。

袁可嘉认为："讽刺感"指作者"在指陈自己的态度时，同时希望有其他相反相成的态度而使之明朗化的欲望与心情；它与机智不同：机智只是消极地承认异己的存在，而讽刺感则积极地争取异己，使自己得到反衬烘托而更为清晰明朗"②，"讽刺感"的观点即来自对瑞恰慈诗论的研究——"瑞恰兹在《想象》一文里说，有一种诗歌是经不起用讽刺的态度来观赏的，如济慈的'你的嘴唇，滑溜的幸福'。这里所说的讽刺是把对立的补充的冲动引进来。这就是为什么容易受讽刺的诗不是最高级的诗，而最高级的诗的特点总是讽刺的。"③

三是研究了瑞恰慈有关"包含的诗"（inclusive poetry）与"排斥的诗"（exclusive poetry）的理论。

袁可嘉认为：瑞恰慈"把古今中外的诗分成'包含的诗'与'排斥的诗'……在这个划分里，现代的批评家们显然将较高的价值赋予前者。在他们看来，唯情的19世纪的浪漫诗和唯理的18世纪的假古典诗都是'排斥的诗'，即是只能容纳一种单纯的，往往也是极端的，人生态度的诗，结果一则感伤，一则说教，诗品都不算高……只有莎翁的悲剧、多恩的玄学诗及艾略特以来的现代诗才称得上是'包含的诗'；它们都包含冲突，矛盾，而像悲剧一样地终止于更高的调和。它们都有从矛盾求统一的辩证性格"④。显然，袁可嘉的这些观点来自对瑞恰慈有关"包含的诗"

----

① 蓝棣之：《九叶派诗歌批评理论探源》，载蓝棣之《现代诗歌理论：渊源与走势》，清华大学出版社2002年版，第55页。
② 袁可嘉：《谈戏剧主义》，载袁可嘉《论新诗现代化》，生活·读书·新知三联书店1988年版，第38—39页。
③ 蓝棣之：《九叶派诗歌批评理论探源》，载蓝棣之《现代诗歌理论：渊源与走势》，清华大学出版社2002年版，第55页。
④ 袁可嘉：《谈戏剧主义》，载袁可嘉《论新诗现代化》，生活·读书·新知三联书店1988年版，第35—36页。

(inclusive poetry)与"排斥的诗"(exclusive poetry)理论的研究。

2. 西方现代派文学研究

西方现代派文学即西方现代主义文学。"现代主义文学是1890—1950年间西方主要资本主义国家间流行的一个国际文学思潮,它是一个包括象征主义、未来主义、意象主义、表现主义、意识流和超现实主义文学六个文学流派的总称。"① 对西方现代派文学,袁可嘉进行了全面、深入的研究,撰写了《略论西方现代派文学》、《欧美现代派文学创作及理论》等一系列论文和专著《欧美现代派文学概论》。总的来看,袁可嘉的西方现代派文学研究主要涵盖了如下内容:

1."概论"

所谓"概论"即对西方现代派文学进行概括性、综合性、总体性的研究,其主要成果大致包括《外国现代派作品选·前言》(后略作修改后改题为"略论西方现代派文学")、《我所认识的西方现代派文学》、《欧美现代派文学创作及理论》、《欧美现代派文学漫议》、《欧美现代派文学概述》、《西方现代派文学三题》、《关于西方现代主义文学的三个问题》等论文以及《欧美现代派文学概论》中的《欧美现代主义文学的边界线》、《欧美现代主义文学的产生和发展》、《欧美现代主义文学的成就、局限和问题》等章;它们从"发生"、"发展"、"思想特征"、"艺术特征"、"社会背景和思想根源"、"成就"、"局限"、"意义"等方面论述了西方现代派文学。

袁可嘉认为:西方现代派文学确立于20世纪20年代,但"早在19世纪中叶的唯美主义文学就已萌芽","就社会根源说,它是西方垄断资本主义时代的产物"——20世纪20年代,"欧洲经历过第一次世界大战和十月社会主义革命,劳资冲突尖锐,社会矛盾深化。各种现代主义流派应运而生,后期象征主义由法国遍及欧美,以德国为中心的表现主义,以意大利为中心的未来主义,以法国为中心的超现实主义和以英国为中心的意识流文学,几乎是同时兴起的现代派文学的新品种。他们共同的倾向是对资本主义文明的怀疑和否定,对内心世界和无意识领域的开掘,在艺术上

---

① 袁可嘉:《欧美现代派文学概论》,广西师范大学出版社2003年版,第5页。

进行了广泛的实验","现代派在思想内容方面的典型特征是它在四种基本关系上所表现出来的全面的扭曲和严重的异化……在人与社会、人与人、人与自然……人与自我四种关系上的尖锐矛盾和畸形脱节，以及由之产生的精神创伤和变态心理，悲观绝望的情绪和虚无主义的思想","从总体艺术方法来看，现代派采用表现法，而非描写法","自由联想也是现代派作家一条重要的创作方法","在语言形式方面，现代派广泛运用意象比喻、不同文体、标点符号甚至是拼写方法和排列形式来暗示人物在某一瞬间的感觉、印象和精神状态","现代反理性主义的种种哲学思潮和社会思潮"也"直接对现代派文学的形成起了重大作用"①；现代派文学的"严重的局限"主要有"唯心主义的世界观"、"个人主义的人生观"、"形式主义的美学观"等。②

2. 流派研究

对现代派文学的各个流派，袁可嘉重点研究了象征主义、未来主义、意象主义、表现主义、意识流和超现实主义等。

（1）象征主义

对象征主义，袁可嘉既从总体上进行了研究，又对它的一些具有代表性的诗人，如波特莱尔、魏尔伦、兰波、马拉美、瓦雷里、里尔克、叶芝、艾略特等及其诗歌进行了研究，认为：象征主义诗歌是"欧美现代派文学中出现最早、影响最大的派别"③，"象征主义者在题材上侧重写个人幻景和内心感受，除少数例外，较少涉及广阔的社会题材；在艺术方法上，否定空泛的修辞和生硬的说教，强调用有质感的形象……通过暗示、烘托、对比、联想的方法来表现"④。"在近代文学史上，象征主义诗歌是浪漫主义诗歌向现代派诗歌转变的过渡阶段。它继承了浪漫主义者对主体、想象和音乐性的强调，使之向内心意识的方向发展，着重细微的感觉和抽象的思维而扬弃了浪漫主义者喜欢直接表现感情的倾泻式的抒情方法。比起浪

---

① 袁可嘉：《外国现代派作品选·前言》，载袁可嘉、董衡巽、郑克鲁选编《外国现代派作品选》第一册（上），上海文艺出版社1980年版，第1—22页。
② 袁可嘉：《欧美现代派文学概论》，广西师范大学出版社2003年版，第57—59页。
③ 同上书，第95页。
④ 同上书，第95—96页。

漫派,它缺乏对现实生活的极大关注、宏大的气势和澎湃的激情,但它有浪漫派没有的深刻、精巧和抽象性。它往往不拘泥于一事一地而有很大的延伸性。"① "波特莱尔是西方公认的现代派文学的远祖和象征派诗歌的先驱"②,其诗歌"突破了浪漫派用滥了的夜莺、玫瑰那一套……作者运思中的知性因素和象征因素……把浪漫主义诗歌向现代主义方向推进了一步"③。魏尔伦的诗作"亲切自然,韵律美妙而又往往有弦外之音"④。兰波"特别强调诗歌创作中直觉和梦幻的因素,因此常常被称为超现实主义诗歌的先驱"⑤。马拉美"把诗与散文的语言截然分开;创作上强调诗的象征性、音乐美,刻意追求形式上的工整和音韵上的和谐,加强了象征主义本来就有的形式主义倾向"⑥。保尔·瓦雷里"继承马拉美纯诗的传统,注重抒写内心的意识活动以及感性与理性、行动与冥思、生与死、变化与永恒等对立统一关系的哲理问题,讲究严实的结构和美妙的音韵"⑦。里尔克"早期注重主观的抒情,有新浪漫主义朦胧的特征。20世纪初他从罗丹的雕塑得到启发,开始力求客观地表现事物的内在精神"⑧。"五十年代以来,叶芝的声誉已超过和他同时代的艾略特,而成为20世纪英语世界数一数二的大诗人"⑨,叶芝的诗歌创作立足于爱尔兰的民族传统和现实生活,不断吸收本国和外国的优秀诗艺,刷新和丰富自己的创作手法,感性与理性融为一体,象征手法和写实手法巧妙地结合;叶芝和诗友们"一方面企图通过文学、音乐、民歌、语言创造出一个民族实体的形象,另一方面也带有唯美主义的色彩,表现出世纪末的悲哀和逃避现实的倾向,他本人的作品也有这两种不同表现"⑩。叶芝的晚年诗歌回到了直率

---

① 袁可嘉:《欧美现代派文学概论》,广西师范大学出版社2003年版,第97页。
② 袁可嘉:《现代派论·英美诗论》,中国社会科学出版社1985年版,第103页。
③ 袁可嘉:《欧美现代派文学概论》,广西师范大学出版社2003年版,第100页。
④ 袁可嘉:《现代派论·英美诗论》,中国社会科学出版社1985年版,第101页。
⑤ 袁可嘉:《欧美现代派文学概论》,广西师范大学出版社2003年版,第103页。
⑥ 袁可嘉:《象征派诗歌·意识流小说·荒诞派戏剧——欧美现代派文学述评》,载袁可嘉《现代派论·英美诗论》,中国社会科学出版社1985年版,第105页。
⑦ 袁可嘉:《欧美现代派文学概论》,广西师范大学出版社2003年版,第113页。
⑧ 同上书,第121页。
⑨ 袁可嘉:《叶芝的道路》,载袁可嘉《现代派论·英美诗论》,中国社会科学出版社1985年版,第176页。
⑩ 同上书,第176—177页。

粗犷的歌谣体和雄辩豪放的现代风格；在诗艺的开拓上，叶芝"历经曲折，在生命的最后几年里他摆脱了象征主义的繁复，转而向歌谣的单纯学习，终于登上了返璞归真的更高境界。"① 艾略特的《窗前晨景》"表达作者（一个英国天主教徒）对现代城市世俗生活的卑微不胜轻蔑的思想……艾略特在法国后象征派诗人儒尔·拉福格启迪下，写出了嘲弄事态的短篇《阿·普鲁弗洛克的情歌》和《一个女地主的画像》……《荒原》……在反映现实生活的广度上、深度上以及艺术创新上都不愧是英美现代派诗的里程碑……《四个四重奏》……以高度抽象的手法表达了他对暂时与永恒之间的对立统一观点和皈依天主教的思想"②……

（2）未来主义

对未来主义，袁可嘉主要研究了马里内蒂、阿波里奈尔、马雅可夫斯基等及其诗歌、诗论，认为：马里内蒂"是欧洲和意大利未来主义文学的领导者和主要代表人物"③，其诗歌具有除旧布新的特点；马里内蒂等发表的《未来主义合成戏剧宣言》、《未来主义电影宣言》等"标志着未来主义运动向文学艺术领域的扩展"④。"由于时代的急剧改变，19世纪的时空已经过时……他们在《未来主义宣言》中宣告，新的美——速度之美，斗争之美——已经在世界上诞生……这个宣言提出了赞扬速度、机械、暴力、技术为主的横扫一切传统文化的纲领，既有反映新时代风貌的一面，也带有严重的反理性的虚无主义色彩。"⑤ 阿波里奈尔"是法国立体未来主义的代表诗人。他是在毕加索的立体派画和马里内蒂的感召下走向立体未来主义的……阿波里奈尔的主要诗集《酒精集》（1913）具有鲜明的意象、自然的节奏，表达出含蓄婉转的感情，特别在书写形式方面别开生面，开创了楼梯式诗歌"⑥；马雅可夫斯基的诗歌"在彻底反传统、反文化和力主创新词这两方面，早期与意大利未来主义者马里

---

① 袁可嘉：《叶芝的道路》，载袁可嘉《现代派论·英美诗论》，中国社会科学出版社1985年版，第187页。
② 袁可嘉：《欧美现代派文学概论》，广西师范大学出版社2003年版，第139—144页。
③ 同上书，第162页。
④ 同上书，第156页。
⑤ 同上书，第158—159页。
⑥ 同上书，第168—169页。

内蒂是相同的，要到十月社会主义革命后，马雅可夫斯基才显示出它的特色"①……

(3) 意象主义

对意象主义，袁可嘉重点研究了休姆、庞德、杜利特尔、阿尔丁顿、弗来契、罗厄尔和威廉斯等及其诗歌，认为：休姆"是意象派的先驱"②，他一生虽然"只写过六首小诗，但这些诗确有特色"，如《秋》一诗"语调的自然、散文化的节奏、用词的简洁，都与旧的浪漫派格律诗有区别"③；庞德"是英美现代主义运动中居于重要地位的理论家、创作家和组织家。他的文艺思想影响了20世纪英美文坛"④，他"对中国以儒家为代表的古典文化是崇尚备至的，毕生做了许多译述工作……他从中国的象形文字和古诗感悟到意象和含蓄、浓缩的重要性"⑤，其"早期诗歌富有意象新颖、语调自然的特色"⑥，之后转向写作了《诗章》、《休·赛尔温·莫伯利》等现代派诗；《休·赛尔温·莫伯利》是一首典型的现代派诗——"一种现实、象征和玄学三类传统相综合的诗。用的是洗练的生活语言，写的是实际感受，但又有象征的含义、机智的比喻、讽刺的语调"⑦；杜立特尔"是美国最重要的意象派女诗人"⑧，其诗歌"多以古希腊神话为题材，但手法却是现代的"⑨，如《奥丽特》；阿尔丁顿的诗歌"分量单薄，往往只是一个单纯的没有展开的意象"⑩，如《意象》里的一组小诗；弗来契的诗歌"意象纷繁，不像别人那么单一集中"⑪；罗厄尔的短诗《中午》、《秋雾》等虽然"单薄，却显示了意象派的特点"⑫；威廉斯主张"以美国人自己的语言写本乡本土的生活，强调地方性题材和感性经验，侧重诗与

---

① 袁可嘉：《欧美现代派文学概论》，广西师范大学出版社2003年版，第171页。
② 同上书，第182页。
③ 同上。
④ 同上书，第183页。
⑤ 同上书，第183—184页。
⑥ 同上书，第185页。
⑦ 同上书，第193页。
⑧ 同上书，第196页。
⑨ 同上。
⑩ 同上书，第198页。
⑪ 同上书，第200页。
⑫ 同上书，第202页。

生活的联系,诗与群众、与大自然的沟通"①……

除对休姆、庞德等人的诗歌进行了个案性研究外,袁可嘉还从英美诗歌流变的角度对意象派进行了研究,认为:"它是英美现代派诗的第一章,它所倡导的诗学原则(如采用日常口语、强调精练凝缩、以片语节奏代替轻重音节拍、构造意象的特殊手法)不仅对英美现代诗有指导意义,还产生了国际性影响。"②

(4)表现主义

对表现主义,袁可嘉一是研究了表现主义剧作——具体地说,主要研究了以下剧作家的作品:

①瑞典剧作家斯特林堡

对斯特林堡,袁可嘉对其《走向大马士革》、《一出梦剧》、《鬼魂奏鸣曲》等代表作进行了研究,认为:《走向大马士革》是"欧洲最早的具有表现主义特点的戏剧"③,"斯特林堡为《一出梦剧》(1902)所作的前言,可以看作表现主义的宣言"④;《走向大马士革》、《一出梦剧》、《鬼魂奏鸣曲》"这三出戏突破了传统戏剧的模式,三一律不再适用了,地点时间都可随时变化;人物不再有个性,而是一种类型式品质的符号;剧情淡化甚至不再有重要性,也无所谓严密的戏剧结构。一种富有象征主义色彩、强调表现主义精神(包括观念、激情、直觉、幻想)的新戏剧在欧洲出现了"⑤。

②德国剧作家托勒和凯撒

对托勒,袁可嘉在对其《转变》、《群众与人》等作品进行研究的基础上指出:托勒的戏剧中多采用电报式风格,在戏剧语言上体现了地道的表现主义戏剧语言的特征;"表现主义戏剧注重表现激情或观念,因此经常采用慷慨激昂的诗歌语言或短促有力的电报式风格,与一般戏剧台词是很不同的。托勒尤其精于此道。"⑥

---

① 袁可嘉:《欧美现代派文学概论》,广西师范大学出版社2003年版,第204页。
② 同上书,第179页。
③ 同上书,第211页。
④ 同上书,第212页。
⑤ 同上书,第213页。
⑥ 同上书,第216页。

对凯撒，袁可嘉在对其《从清晨到午夜》、《煤气》等进行研究的基础上指出："作为表现主义剧作家，凯撒做了许多实验。通过身份变更来表示人的新生，采用内心独白来揭示深层心理，设置梦境幻景以增强立体感，引进电影和声光效果等等，都是卓有成效的；加上他讲求结构严谨，语言简练，风格多样，使德国表现主义戏剧得到巨大发展而成为欧洲历史上第一个享有国际威望的德国戏剧品种，影响了整个欧洲剧坛。"①

③美国剧作家奥尼尔和赖思

对奥尼尔，袁可嘉重点研究了其《琼斯皇帝》、《毛猿》、《大神布朗》等作品，在此基础上指出："比起欧洲的同类作品来，奥尼尔的戏显示了更多的现代心理学的影响。他以现实主义和表现主义结合的非凡成就使美国戏剧第一次在国际上崭露头角，取得了显著地位。"②

对赖思，袁可嘉认为其著名的代表作《加数器》展示了作者彻底离开客观真实、采用象征浓缩的手段来表现的特征，"赖思在本剧中所用的种种手法，突破了实际生活中的真实可能性，目的在于突出主题思想，揭露资本主义文明对人的压迫。实践证明，这类表现主义戏剧是有其他戏剧所没有的特长的"③。

④捷克剧作家恰佩克

对恰佩克，袁可嘉认为：恰佩克的《万能机器人》是"欧洲20年代表现主义戏剧中一出寓意深刻、有强大表现力的作品"④。该作通过虚构的剧情和粗犷的呐喊表达了作者以人道主义反对机器统治人类的思想，体现了表现主义所强调的明白有力的特点。

二是研究了表现主义诗歌——袁可嘉主要研究了贝歇尔、贝恩、施塔特勒等的诗歌。对贝歇尔，袁可嘉重点研究了其诗歌《崩溃和胜利》与《绝望的岛屿》，认为这两首诗打破了常规的语法结构，采用了奇特的比喻和怪诞的形象。对贝恩、施塔特勒，袁可嘉重点研究了贝恩的《夫妻经过癌病房》、施塔特勒的《夜过科隆莱茵桥》等，并在此基础上指出："用

---

① 袁可嘉：《欧美现代派文学概论》，广西师范大学出版社2003年版，第219页。
② 同上书，第223页。
③ 同上书，第225页。
④ 同上。

强有力的语言，不惜破坏语法、铸造新词，不惜废弃逻辑，而以突兀的节奏、惊奇的意象来表达对现实的鞭挞、对幻景的追求，这是表现主义诗歌的总体特征。"①

三是研究了表现主义小说——袁可嘉重点分析了奥地利小说家卡夫卡。在研究了卡夫卡的《诉讼》、《城堡》、《变形记》、《地洞》、《绝食艺术表演家》等小说的基础上，袁可嘉指出：卡夫卡所刻画的人物是可悲的，所表现的世界是没有希望的，而这些正是与他所处的时代、他个人经历的病痛等不幸遭遇和他的存在主义思想相联系的；卡夫卡所表现的西方人的充满幻灭感的现代意识正是其文学价值所在；并认同性地引述了奥登的话："就作家与其所处时代的关系而论，当代能与但丁、莎士比亚和歌德相提并论的第一人是卡夫卡……卡夫卡对我们至关重要，因为他的困境就是现代人的困境。"②

（5）意识流

对意识流小说，袁可嘉重点研究了普鲁斯特、乔伊斯、伍尔夫、福克纳等作家的小说，认为："普鲁斯特的小说以明确的逻辑推理抒写回忆之流；乔伊斯深入到潜意识和梦幻意识，走得最远；伍尔夫用诗的笔触写细腻的感性生活，较少写到潜意识；福克纳主要以写错乱意识（白痴、自杀者）见长"③，乔伊斯的小说"把意识流技巧发挥尽致，以致可以说达到前无古人、后无来者的程度"④……

（6）超现实主义

对超现实主义，袁可嘉主要研究了法国的苏波、艾吕雅、阿拉贡、布勒东等以及英国的盖斯科因、托马斯等的作品，认为：超现实主义者大都持有"普爱人类的观点"⑤；苏波的诗"以自然流畅清新著称"⑥；艾吕雅是超现实主义者中最著名的"爱情歌手"⑦；阿拉贡"喜欢用歌谣的调子

---

① 袁可嘉：《欧美现代派文学概论》，广西师范大学出版社 2003 年版，第 230 页。
② 同上书，第 242 页。
③ 同上书，第 288—289 页。
④ 同上书，第 264 页。
⑤ 同上书，第 309 页。
⑥ 同上书，第 307 页。
⑦ 同上书，第 309 页。

来讽刺或歌颂"①；布勒东"强调意象不受思想引导，而是引发思想，意象在诗中起'照明'的作用，而不是'阐明'的作用"②，他的《自由结合》"通过自由罗列客观形象表达诗人的感受"③；盖斯科因的诗"读起来像意识流松弛或做白昼梦时看到的纷乱意象的描写"④；托马斯的诗"从民间神话、基督教义获取题材，又深受弗洛伊德主义的熏陶，常用复杂的象征描写死亡、梦幻和下意识活动，富有雄辩的风格，适宜于朗诵"⑤……

3. 西方"后""现代派文学"研究

所谓"西方'后''现代派文学'"即西方"现代派文学"之后的文学。对西方"后""现代派文学"，袁可嘉一是进行了概括性的研究，并撰写了《关于"后现代主义"思潮》；二是重点研究了"结构主义文学理论"，并撰写了《结构主义文学理论述评》；三是重点研究美国20世纪50年代之后的文学，并撰写了《威廉斯与战后美国新诗风》、《从艾略特到威廉斯——略谈战后美国新诗学》、《六十年代以来的美国诗歌》等。袁可嘉认为："'后现代主义'，作为一个评价六十年代以来美国和西方某些文化、文学倾向的总概念，显然还有待充实和定型化。但它不是无中生有的一个空洞名词；它是针对一些与正统现代主义有明显不同的现象的……它在正统现实主义之后，与它又有一定的承继关系。"⑥ 结构主义文学理论"继英美新批评派和法国现象学派而成为当代西方文学理论界的第三大思潮"⑦，但是，"他们既不像新批评派那样强调作品的狭隘的'客观存在'，也不像现象学那样突出'主观感受'。他们既不像新批评学派那样只看到个别作品，而是注重大的系统；他们不像现象学派那样凭主观的意识运动行事，反对任何固定的分析方法，而是着重分析，找规律。在视野的广阔以及系统和规律的分析方面，结构主义者显示出他

---

① 袁可嘉：《欧美现代派文学概论》，广西师范大学出版社2003年版，第312页。
② 同上书，第314页。
③ 同上书，第315页。
④ 同上书，第328页。
⑤ 同上书，第331页。
⑥ 袁可嘉：《关于"后现代主义"思潮》，载袁可嘉《现代派论·英美诗论》，中国社会科学出版社1985年版，第144页。
⑦ 袁可嘉：《结构主义文学理论述评》，载袁可嘉《现代派论·英美诗论》，中国社会科学出版社1985年版，第116页。

们的长处"①,"在五十年代中期,美国诗坛有了显著的变化。着重生活体验和语言节奏的威廉斯的一派通过自白派、垮掉派和放射派的活动而大为活跃起来,到目前已被认为代替学院派成为美国诗歌的主流了"②,"战后三十多年来,美国诗坛并没有产生足以与叶芝、艾略特和奥登比肩的大诗人,看来总的水平是不如二十、三十年代的。但是它还是表现出了活力。在摆脱了学院派的禁锢以后,美国诗歌又有接近现实生活的倾向,在表现方法上也显得自由灵活一些,特别是好懂一些,这应该说是一种健康的动向"③。威廉斯在创作诗歌时"特别突出美国的乡土色彩……他走出了一条与庞德、艾略特不同的路子,使战后美国诗歌摆脱学院派的桎梏,向生活和群众靠拢了一大步,是做了一件大好事"④,"是威廉斯帮助后起的诗人们摆脱了学院派的禁锢,使战后美国诗坛重新出现接近现实生活,广泛表达生活情趣,比较明朗易懂的倾向"⑤,"威廉斯和奥尔生都强调美国口语和诗的自然节奏,重视写'此时此地'的具体感受。它促进了六十年代以来诗朗诵的开展……威廉斯和奥尔生的创作路线也带来了一些问题。由于强调描写一切生活经验,不分重要与否,诗的题材是扩大了,但也变得浮泛了。不少诗作处理的是渺不足道的小事情,作者又缺乏提炼这些素材的能力,不能给人留下深刻的印象。由于提倡自然流露,即兴创作和快速写作,有些诗篇就显得粗制滥造,艺术上不见功力。由于提倡兴之所至的开放体,形式存在于可有可无之间,也就难以发挥它对内容加深开掘的反作用"⑥……

(三)美、英民间歌谣研究

1. 美国民间歌谣研究

袁可嘉对美国民间歌谣进行了颇为全面的研究——所研究的歌谣,

---

① 袁可嘉:《结构主义文学理论述评》,载袁可嘉《现代派论:英美诗论》,中国社会科学出版社 1985 年版,第 134 页。

② 袁可嘉:《六十年代以来的美国诗歌》,载袁可嘉《现代派论·英美诗论》,中国社会科学出版社 1985 年版,第 145—146 页。

③ 同上书,第 155 页。

④ 袁可嘉:《威廉斯与战后美国新诗风》,载袁可嘉《现代派论·英美诗论》,中国社会科学出版社 1985 年版,第 158 页。

⑤ 同上书,第 166 页。

⑥ 袁可嘉:《从艾略特到威廉斯——略谈战后美国新诗学》,载袁可嘉《现代派论·英美诗论》,中国社会科学出版社 1985 年版,第 174 页。

从时间上来看，涵盖从古代（17世纪之前）到20世纪60年代的歌谣；从题材来看，包括印第安人歌谣、黑人歌谣、兵士歌谣、农民歌谣、工人歌谣等；并撰写了《略论美国民间歌谣》。袁可嘉认为："美国现存民间歌谣六万余首是美国人民文化中的宝库之一，其中的优秀作品反映了美国人民卓越的革命传统、广阔的生活图景、高尚的思想情操和豪爽幽默的风趣，并且具有丰富多彩的艺术风格"，"神话与革命，幻想与现实的结合"是印第安人歌谣的一个主要特色；"黑人歌谣相当充分地表达出黑人争取自由解放的强烈愿望"；兵士歌谣是以独立战争和南北战争为起点的——在这两次战争期间，"美国人民写出了威武雄壮的革命歌谣"，到19世纪末时，美国兵士"唱的均是讽刺军官腐败，嘲笑优势破产，哀叹军中生活痛苦的歌谣"，"农牧民歌谣讲的都是日常生活，有浓厚的生活气息和人情味"，"现代工人作者有较高的文化水平，又接受了英美进步诗歌的影响，所作歌谣在艺术形式上有较多的变化，表现力也比较丰富"[①]……

2. 英国民间歌谣研究

对英国民间歌谣，袁可嘉也进行了颇为全面的研究——所研究的歌谣包括从5世纪到20世纪60年代的歌谣；并撰写了《略谈英国民歌》。袁可嘉认为："至迟在第5世纪盎格鲁·撒克逊人征服不列颠的时候，英国人民就有了自己的歌谣"，英国歌谣的一个强音便是"反抗阶级压迫和民族压迫的呼声"，"不论歌与谣，一般都开门见山，平铺直叙。但这并不妨碍民歌章法上的另外两个似乎与之矛盾的特点：细节上的省略和情节上的突变。不少歌谣中的对话并不标明是谁说的，而由读者自己去领会，故事发展中按照常理需要交待的细节，往往一跳而过。"但是，"在艺术方面有些歌谣大同小异，单纯有余，变化不足，朴素有余，丰富不足。歌谣作者由于文艺修养和体裁本身的限制，往往无力处理博大宏深的题材"[②]。

---

① 袁可嘉：《略论美国民间歌谣》，载袁可嘉《现代派论·英美诗论》，中国社会科学出版社1985年版，第322—349页。

② 袁可嘉：《略谈英国民歌》，载袁可嘉《现代派论·英美诗论》，中国社会科学出版社1985年版，第351—361页。

二

总的来看，袁可嘉的外国文学研究主要具有如下特点：

（一）涵盖面广，内容丰富

从时间的角度来看，袁可嘉外国文学研究的对象至少始自5世纪——袁可嘉在研究英国民间歌谣时论及了5世纪盎格鲁·撒克逊人征服不列颠时英国人自己的歌谣；① 至少终于20世纪80年代——在论述"欧美现代主义文学的边界线"时，袁可嘉区分了"现代主义文学"和"后现代主义文学"，认为：后现代主义文学是"1950—1980年间在英美法三国兴起的存在主义、荒诞戏剧、新小说、黑色幽默、后现代诗五个流派的统称"②。

从空间的角度来看，袁可嘉外国文学研究的对象包括法国、德国、英国、美国、瑞典、捷克、意大利、苏联等国家的作家、作品、文学思潮等——所论及的文学作品数量之多、内容之广，在袁可嘉同代人中罕有人能与他相比。

从"类别"的角度来看，袁可嘉外国文学研究的对象包括现实主义、浪漫主义、现代主义、后现代主义，诗歌、小说、戏剧、文学理论、文学批评……

（二）"与时俱进"性

袁可嘉的外国文学研究不仅涵盖面广，内容丰富，而且还能紧扣时代脉搏、满足时代的需要，从而在总体上呈现"与时俱进"的特点——在20世纪五六十年代，为了鼓舞参加集体劳动的民众，新中国的主要领导人和政府部门力挺、力倡民歌，袁可嘉便研究与民歌密切相关的彭斯的诗歌以及英美歌谣；20世纪50—70年代，国际、国内都十分注重意识形态，袁可嘉便选取布莱克的诗歌、英国宪章派诗歌等与国内主流意识形态一致的文学作品进行研究；20世纪80年代，国家实施改革开放的国策，需要文化、文学多样化、多元化，袁可嘉便研究中国文学界、思想界、文化界

---

① 参见袁可嘉《略谈英国民歌》，载袁可嘉《现代派论·英美诗论》，中国社会科学出版社1985年版，第351页。

② 袁可嘉：《欧美现代派文学概论》，广西师范大学出版社2003年版，第5页。

都很迫切需要的欧美现代派、后现代派文学思潮。同时,袁可嘉的外国文学研究所使用的语言也带有鲜明的时代性,如"彭斯抒情诗歌主题思想上的第一个特点是它的鲜明的战斗性"[①]。"从彭斯的作品来看,诗人是很关心国内外的政治斗争和宗教斗争的,而且一贯站在进步力量方面以诗歌作武器来进行歌颂或抨击。"[②] 印第安人的神话"在什么是创造世界历史的动力这个问题上,它以神明代替人民,以神的力量代替生产斗争、阶级斗争和科学实验。这是一种唯心史观"[③] ……

(三)"学理"性强

袁可嘉的外国文学研究虽然很"与时俱进",但又不是仅仅配合"时代需要"的宣传行为或"应景"行为,而是一种地地道道的学术行为,具有很强的"学理"性:

其一,袁可嘉所选择的对象本身具有对之进行学术研究的价值,如彭斯、布莱克、拜伦、雪莱、叶芝、艾略特及其作品,英美民间歌谣,欧美现代派文学……都是西方文学史上一些重要的文学现象,蕴含着丰厚的文学性,值得研究;英国宪章派诗歌虽然政治性很强,但也有一些相当优秀的作品,如艾内斯特·琼斯、威廉·林顿、基洛德·马西等的诗歌,而且从文学发展史的角度来看,具有不容忽视的意义和价值,因此,也值得研究。

其二,袁可嘉在对对象进行研究时,往往不是"就事论事",而是既紧扣对象进行分析,又注重理论阐释,从而研究得相当深入、透彻。如在论述英国民间歌谣等时,袁可嘉在具体论述了《罗宾汉的金奖》、《无畏的玛丽》、《梅·考尔文》等作品之后,进而从普泛意义上论述了民间歌谣,指出:"民间歌谣是广大人民集体创作的、有曲调相配、为群众吟唱的口头文学。这种民间性、集体性和音乐性规定了歌谣在语言上、结构上和表现方法上的艺术特色。歌谣采用自然朴素的日用口语,以简洁明朗见

---

① 袁可嘉:《彭斯与民间歌谣》,载袁可嘉《现代派论·英美诗论》,中国社会科学出版社1985年版,第206页。

② 袁可嘉:《罗伯特·彭斯——苏格兰伟大的农民诗人》,载袁可嘉《现代派论·英美诗论》,中国社会科学出版社1985年版,第225页。

③ 袁可嘉:《略论美国民间歌谣》,载袁可嘉《现代派论·英美诗论》,中国社会科学出版社1985年版,第331页。

胜，很少咬文嚼字，也很少有纠缠不清或装腔作势的毛病……"① ——论述得相当深入、透彻。

其三，袁可嘉在研究作品时，注重文本分析，如对叶芝的《驶向拜占庭》，袁可嘉是这样分析的："它所运用的主要象征体——拜占庭——具有丰富的含义……至于次要的象征体，如第一段中的各种生物（鸟类、青年、鲑鱼、鲭鱼）象征物欲和暂存的世界，第二段以老年人歌吟人世破烂的衣裳（有限的生命）与音乐院校诵吟里程碑作品（不朽的艺术）相对照，第三段以教堂镶嵌砖上圣徒的形象（不朽的人物和艺术）与自己'迷于六欲七情'的心灵相烘托，第四段总结全诗，提出超脱自然，臻于不朽的愿望（金鸟），都明确而硬朗，而且含义深远，不是浪漫派末流中那样虚无缥缈，松散模糊的形象。诗歌的语言同样是洗练的，没有什么徒具华饰的字句。"② 对施塔特勒的诗歌《夜过科隆莱茵桥》，袁可嘉是这样分析的："读这首诗，我们感到有一种强有力的运动感推动我们像快车一样进入黑夜底层，感觉孤独、迷惘，然后突然被掀起，飞向河上夜空，如火炬迅跑、繁星灿烂。最后车已过河，我们又进入宁静的黑夜。这时句型立刻缩短，一词一个句点，直到终篇。节奏快慢的变化是与运动的速度相适应的。思想和意象都在快速地变化。这里，诗的美学原则是接近未来主义的。它同样表现出速度、运动和力量。"③ 在论述"彭斯在将歌谣改编为抒情诗的过程中，对原作品艺术性的提高"这一问题时，袁可嘉以《红红的玫瑰》的"旧歌词"、"新歌词"为例进行了这样的分析："我们对照着读一遍就会感到经过彭斯的改编，这首歌成了完整的艺术品……他采用了旧作的抒情主题和主要的比喻、节奏。第一节他保留了有重要作用的'玫瑰'意象，添上'红红'二字突出玫瑰的芬芳和艳丽。原作第一行中'她的双颊'来得太突兀，不如改为'我的爱人'自然。第三行改得极妙：把情人比作乐器而且是新配弦的乐器未免令人难堪，改成

---

① 袁可嘉：《略谈英国民歌》，载袁可嘉《现代派论·英美诗论》，中国社会科学出版社1985年版，第358页。
② 袁可嘉：《叶芝的道路》，载袁可嘉《现代派论·英美诗论》，中国社会科学出版社1985年版，第186页。
③ 袁可嘉：《欧美现代派文学概论》，广西师范大学出版社2003年版，第232页。

'乐曲'无疑妥帖得多……"① 对艾略特的《荒原》，袁可嘉更是接近于细读②……

其四，学术含量大——袁可嘉对某一问题的研究往往并不仅仅局限在某一问题上，而是在广阔的背景上、开放式地进行的，学术含量相当大，如研究彭斯的《罗伯特·彭斯——苏格兰伟大的农民诗人》、《彭斯与民间歌谣》，研究英、美民间歌谣的《略谈英国民歌》、《略论美国民间歌谣》等均含有一部专著的内容。

（四）具有系统性

袁可嘉的外国文学研究虽然涵盖面广，内容丰富，但又不是"杂乱无章"的——而是具有系统性的：

大致地说，袁可嘉的外国文学研究大致包括三个"序列"："现代派论"、"英美诗论"、"比较文论"，每个"序列"又自成一体，其中，"现代派论"更是具有体系性：对欧美现代派文学的"边界线"、"产生和发展"、成就、局限和问题、派别、流传等的研究构成了一个相当完整的体系。

（五）具有"原创性"

袁可嘉的外国文学研究具有"原创性"，其最突出的表现一是所采用的多为"原始材料"，如对彭斯及欧美现代派文学作品的研究，不少是对"原文"的直接采用；二是就某一对象而言，袁可嘉是最早进行研究或最早进行系统的研究的——如彭斯、布莱克、英国宪章派诗歌及欧美现代派文学等；三是提出了一些被普遍认可的观点，如袁可嘉认为："现代派在思想内容方面的典型特征是它在四种基本关系上所表现出来的全面的扭曲和严重的异化……在人与社会、人与人、人与自然……人与自我四种关系上的尖锐矛盾和畸形脱节，以及由之产生的精神创伤和变态心理，悲观绝望的情绪和虚无主义的思想"③，袁可嘉的这一观点被学界普遍认可——

---

① 袁可嘉：《彭斯与民间歌谣》，载袁可嘉《现代派论·英美诗论》，中国社会科学出版社1985年版，第220—221页。
② 参见袁可嘉《欧美现代派文学概论》，广西师范大学出版社2003年版，第140—144页。
③ 袁可嘉：《外国现代派作品选·前言》，载袁可嘉、董衡巽、郑克鲁选编《外国现代派作品选》第一册（上），上海文艺出版社1980年版，第5页。

"20世纪80年代至今概述'西方现代派'时最常见的方式，就是用这'四种基本关系'来总结'西方现代派'文学的思想特征。"①

（六）观点精辟而又平实

袁可嘉的外国文学研究往往在深入、透彻、系统地研究对象的基础上提出精辟的观点，如在论述叶芝时，袁可嘉指出："在诗艺的开拓上，他历经曲折，在生命的最后几年里他摆脱了象征主义的繁复，转而向歌谣的单纯学习，终于登上了返璞归真的更高境界。但那是现代化的歌谣，而非中古时代的牧歌了……文学史上的一般规律是：诗人年事愈高，精力愈衰，诗艺愈弱；叶芝则反之，愈老迈愈爱生活，愈加颂扬人情世俗，诗歌风格愈简洁粗放，语言愈斩钉截铁。"② 在论述卡夫卡的小说《城堡》和《诉讼》时，袁可嘉指出："《城堡》和《诉讼》一样，既是现实生活的折射，又富有寓言的象征意味。就现实一面说，它用夸大的手法把奥匈帝国末期的布拉格社会中官僚体制的腐朽作了深刻的揭露，就象征的层面说，《诉讼》喻'法'门不可入，《城堡》喻'权'门不可近；它们又可以暗示宗教徒对'神'的追求之不可得，人对真理的探索之不可知，存在主义者所谓世界的荒谬和人生的孤独等等……"③ 在论述乔伊斯的《尤利西斯》中的内心独白、心理分析等技巧时，袁可嘉指出："乔伊斯的突出贡献不在这些意识流理论和方法的'独创'上，而在它们的深入化、丰富化，使它们获得强大的生命力、成为后来者取之不尽的艺术源泉上……"④ 在论述威廉斯的《红色手推车》时，袁可嘉指出："这是意象派小品。重要之点在于它为我们观察极其普通的事物提供了一个新的角度，把红色车子、晶亮雨水、白色鸡群并置对称，构成一幅画面（这是平时我们容易忽略的），而且出之于一种惊喜的口吻（'那么多东西/依仗……'），好像发现了什么奇迹。其实是他无意中发现了一种常人视而不见的美……"⑤ 在论述勒维托夫的诗歌

---

① 李建立：《20世纪80年代"西方现代派"知识形态简论》，载《当代文坛》2010年第1期。
② 袁可嘉：《叶芝的道路》，载袁可嘉《现代派论·英美诗论》，中国社会科学出版社1985年版，第187页。
③ 袁可嘉：《欧美现代派文学概论》，广西师范大学出版社2003年版，第240页。
④ 同上书，第269页。
⑤ 袁可嘉：《威廉斯与战后美国新诗风》，载袁可嘉《现代派论·英美诗论》，中国社会科学出版社1985年版，第159页。

《啊，尝一尝，可以看》时，指出，该诗"充满对生命的喜悦，认为生活的意义就在于用舌头去尝，用眼睛去看，把生活的酸甜苦辣都转化为自己的营养。这种乐观的调子在美国当代诗歌中还是比较少见的"①……

袁可嘉的外国文学研究虽然许多观点都很精辟，但又并不"走偏锋"——观点往往又是很平实的，如在论述马雅可夫斯基时，认为："在彻底反传统、反文化和力主创新词这两方面，早期的马雅可夫斯基与意大利的未来主义者马里内蒂是相通的，要到十月社会主义革命以后，马雅可夫斯基才显出他的特色。"② 这一观点非常平实——没有不切实际地抑或扬马雅可夫斯基。又如，在论述战后美国新诗学时，指出："近二十年来，美国的诗路是开阔多了，也产生了一批反映现实生活的优秀作品和诗人，但似乎还没有出现任何足以代表一个时代的大诗人和大作品。"③ ……

（七）语言通俗、易懂而又富有文采

袁可嘉的外国文学研究虽然研究的都是一些纯正的学术问题，有些问题在当时来说相当前卫，如现代主义文学、后现代主义文学，比较晦涩难懂；但是，它的语言却又通俗易懂——总的来看，它没有诘屈聱牙之处，也没有晦涩难懂之处；而且，它的不少语言还富有文采，如"用这种奇特的联想来表达人物的灰溜溜的畏缩、猜疑的心情，正是艾略特的典型手法之一"④，"但这位银发满头、年逾七旬的老诗人却不顾一切生和死的考验，作出了百米跑路者最终二十米的冲刺，像一轮冉冉下坠的太阳放出了告别地球的最后一抹灿烂光辉"⑤。"百余年来，它们像一块宝石沉浸在资产阶级偏见的海洋里黯然无光。"⑥ "诵读英国的民间歌谣，仿佛听见了几

---

① 袁可嘉：《六十年代以来的美国诗歌》，载袁可嘉《现代派论·英美诗论》，中国社会科学出版社1985年版，第187页。

② 袁可嘉：《欧美现代派文学概论》，广西师范大学出版社2003年版，第171页。

③ 袁可嘉：《从艾略特到威廉斯——略谈战后美国新诗学》，载袁可嘉《现代派论·英美诗论》，中国社会科学出版社1985年版，第175页。

④ 袁可嘉：《象征派诗歌·意识流小说·荒诞派戏剧——欧美现代派文学述评》，载袁可嘉《现代派论·英美诗论》，中国社会科学出版社1985年版，第106页。

⑤ 袁可嘉：《叶芝的道路》，载袁可嘉《现代派论·英美诗论》，中国社会科学出版社1985年版，第187页。

⑥ 袁可嘉：《英国工人阶级的第一曲战歌（译者序言）》，载袁可嘉译《英国宪章派诗选》，上海译文出版社1984年版，第1页。

万里以外英国人民的心声。"① "民歌像一道清澈明净的溪水,而不像浩瀚壮阔的大河;它是一支牧歌,而不是一支交响曲。"② "卡夫卡这里所说的'悬浮状态'是对官僚制度形象和本质的极妙比喻:它像悬于空中的球体一样,你从左边击去它向右倾侧一下,不久它又会摆回来,取得平衡,它是永世不会倒的'不倒翁'。"③ ……引文也多富文采,如"长夜漫漫的封建时代结束了,民主的早晨来临"④。"太阳不过是一滴汗水/一声钟响/一颗红珍珠从垂直的针上落下""巴黎新鲜如一只鸡蛋"⑤……此外,还全文引用一些优美之作,如全文引用了叶芝的诸多作品、兰波的《晨曦》⑥……

(八)具有"拾遗补缺"性

袁可嘉的外国文学研究所选取的对象不少都是很重要但又被学界忽略或重视不够的文学现象,如对布莱克及其作品,杨周翰等主编的《欧洲文学史》仅花了二百多字予以评介,而时下的几部被列为大学教材的《外国文学史》则均对之"忽略不计";又如,对美、英民间歌谣,无论何种"外国文学史",均忽略或基本忽略了。因此,袁可嘉的相关研究对国内的外国文学研究来说,无疑具有"拾遗补缺"性。

(九)方法多样

总的来看,袁可嘉的外国文学研究所运用的方法可谓多种多样。具体地说,它主要运用以下方法:

1."历时性"与"共时性"相结合

袁可嘉在研究外国文学时,注重"历时性"与"共时性"的结合——他在外国文学演变的历史过程中,常常抓住一些重要的人物、事件及其所构成的特定系统,考察其演变过程中的相互继承关系,揭示其对当时文学

---

① 袁可嘉:《略谈英国民歌》,载袁可嘉《现代派论·英美诗论》,中国社会科学出版社1985年版,第353页。
② 同上书,第361页。
③ 袁可嘉:《欧美现代派文学概论》,广西师范大学出版社2003年版,第234页。
④ 袁可嘉:《布莱克的诗》,载袁可嘉《现代派论·英美诗论》,中国社会科学出版社1985年版,第246页。
⑤ 袁可嘉:《欧美现代派文学概论》,广西师范大学出版社2003年版,第314页。
⑥ 同上书,第107页。

思潮所产生的影响，如在研究欧美现代派文学时，袁可嘉先按现代主义文学的发展过程将之划分为四个阶段——孕育期（1840—1890），肇始期（1890—1910），鼎盛期（1910—1930），衰退期（1930—1950）；然后，就各个阶段"共时"性的文学现象进行研究；并注重把同时期某一流派的代表人物"聚集"在一起进行对比分析——在研究未来主义文学时，袁可嘉把马里内蒂、阿波里奈尔和马雅可夫斯基等"聚集"在一起，研究未来主义在意大利、法国和俄国的影响，从共时性的角度阐释未来主义的内在本质……又如，在研究象征主义文学时，袁可嘉从其先驱者艾德加·爱伦·坡和波特莱尔入手，指出坡"为后来的象征主义诗人开了先声"①，然后论及前期象征主义代表魏尔伦、兰波、马拉美等，再后论及后期象征主义代表瓦雷里、里尔克、叶芝、艾略特等，从而论述了这些作家在象征主义文学的发展中的承前启后和不断创新以及该流派的演变历程及其与整体的关系。

2. 实证、考证

袁可嘉的外国文学研究在研究某一文学现象时，注重使用实证、考证等方法——无论是论述何种问题，袁可嘉都很注重举例论证，如在论述彭斯、布莱克、艾略特等时都大量地列举了其诗歌。同时，无论论述何种问题，袁可嘉都很注重追根溯源、考真辨伪，如论述欧美现代主义文学时，袁可嘉一方面对"现代主义文学"这个概念进行了界定、考证，②并征引了一些学者的"考证"成果或一些典籍的材料；另一方面"从西方近百年来的历史社会的演变、科技革命和文化思潮、文学艺术趋势以及现代派作家的阶级地位、世界观和艺术观来阐明现代主义文学产生的渊源"③，认为：现代主义文学是西方进入垄断资本主义时代以来的产物——自科技革命以来，社会生产力的极大发展引起社会政治制度、军事制度的极大变革和"人与社会、人与人、人与自然……人与自我四种关系上的尖锐矛盾和畸形脱节，以及由之产生的精神创伤和变态心理，悲观绝望的情绪和虚

---

① 袁可嘉：《欧美现代派文学概论》，广西师范大学出版社2003年版，第97页。
② 参见袁可嘉《关于西方现代主义文学的三个问题》，载袁可嘉《现代派论·英美诗论》，中国社会科学出版社1985年版，第90页。
③ 袁可嘉：《欧美现代派文学概论》，广西师范大学出版社2003年版，第2页。

无主义的思想"①，一些追求思想和文化层面上的现代化的知识分子在彻底告别了旧的器物和制度的同时，追求新的表达方式，于是，现代主义文学便随之产生了。在论述结构主义时，袁可嘉详细地考证、考察了其起源。② 在论述后现代主义时，详细地考证了后现代主义的起源、发展、流播等。③ 在论述美国诗人威廉斯及其诗歌时，袁可嘉从其生平经历入手，指出：威廉斯"一生与一个小镇上的市民打交道"④；作为一个医生，他"要接触各色各样的病人，总得有点群众观点，关心人们的疾苦；看病要从实际病情的观察考查入手……加上威廉斯性格开朗，对身边的一草一木、人事变迁都极感兴趣，在文学渊源上又师承惠特曼，要用美国本地话写美国本乡本土的生活"⑤。于是，挣脱"学院派"的桎梏，崇尚自由、善于捕捉生活细节的诗风便顺理成章地形成了。在论述"欧美现代主义文学在中国"时，袁可嘉进行了大量的考证，甚至纠正了鲁迅文章中征引史料时的错误问题⑥……

3. 比较

袁可嘉的外国文学研究注重对比较这一研究方法的运用——既注重宏观比较，如对英、法、美、德等欧美国家之间的文学以及中外文学进行比较，又注重微观比较，如对乔伊斯与弗洛贝尔、王尔德、马拉美等人的有关内心独白、心理分析等进行比较，⑦ 比较新旧版本的《要我屈从》以论述彭斯"在利用旧题材的基础上丰富了自己抒情诗的思想内容，提高了它的艺术效果"⑧ 这一问题；既注重"一般性"的比较，如"象征主义靠暗

---

① 袁可嘉：《外国现代派作品选·前言》，载袁可嘉、董衡巽、郑克鲁选编《外国现代派作品选》第一册（上），上海文艺出版社1980年版，第5页。
② 参见袁可嘉《结构主义文学理论述评》，载袁可嘉《现代派论·英美诗论》，中国社会科学出版社1985年版，第116—120页。
③ 参见袁可嘉《关于"后现代主义"思潮》，载袁可嘉《现代派论·英美诗论》，中国社会科学出版社1985年版，第136—144页。
④ 袁可嘉：《威廉斯与战后美国新诗风》，载袁可嘉《现代派论·英美诗论》，中国社会科学出版社1985年版，第157页。
⑤ 同上。
⑥ 袁可嘉：《欧美现代派文学概论》，广西师范大学出版社2003年版，第73页。
⑦ 同上书，第269页。
⑧ 袁可嘉：《彭斯与民间歌谣》，载袁可嘉《现代派论·英美诗论》，中国社会科学出版社1985年版，第207—209页。

示,表现主义靠呐喊,一个强调隐约含蓄,另一个强调明白有力,它们构成了现代主义艺术的两极"①,"现代派怀疑世界的真实性,是认识论的问题;后现代派根本否认有什么'真实性',则是本体性问题;现代派说'上帝死了',后现代派说'人死了';现代派提倡'纯艺术',力图以精致的艺术来保护自己,后现代派实行'反艺术',以随意拼贴来嘲弄自己和世界"②,"学院派对现世生活和群众一般讲是冷漠的、鄙视的;乡土派则是热情的,关注的。在诗学上,学院派宗奉象征主义的'非人格化说',主张诗人把情思掩盖起来,用外界相当的事物来暗示,这样诗人的感情是含蓄的、封闭的,而客观事物只是工具,没有独立价值。乡土派信奉威廉斯关于直接呈现感官生活和具体经验的'客观主义诗学',对广大世界采取开放的态度,承认一切事物都有自己的美学价值,并且常用夫子自道的方式……"③,同时又注重"具体"的比较,如比较卡夫卡的《城堡》与《诉讼》④ 以及苏利—普吕多姆与弗·斯·弗林特、威·勃·叶芝各自的以"天鹅"为题的诗歌⑤……

4."一分为二"

袁可嘉的外国文学研究中始终贯穿着对"一分为二"方法的运用——袁可嘉总是从正反两个方面对所研究的对象进行研究,如对欧美现代派文学,袁可嘉既充分地指出了其"显著的成就",又指出其"严重的局限"⑥。对英国宪章派诗歌,袁可嘉在充分地肯定其优长之后,又指出:"和资产阶级妥协的论调,以和平方式进行改革的幻想,敌我不分的人道主义、博爱主义,以及对耶稣基督的盲目依赖——这些思想上的弱点不能不在宪章派诗歌中得到反映。"⑦ 即使对一些自己高度认可的对象,如彭斯,袁可嘉也指出了其局限性或缺憾,认为:"像十八世纪苏格兰大多数

---

① 袁可嘉:《欧美现代派文学概论》,广西师范大学出版社2003年版,第226页。
② 同上书,第32页。
③ 袁可嘉:《威廉斯与战后美国新诗风》,载袁可嘉《现代派论·英美诗论》,中国社会科学出版社1985年版,第165页。
④ 参见袁可嘉《欧美现代派文学概论》,广西师范大学出版社2003年版,第237—238页。
⑤ 同上书,第22—27页。
⑥ 同上书,第47—60页。
⑦ 袁可嘉:《英国工人阶级的第一曲战歌(译者序言)》,载袁可嘉译《英国宪章派诗选》,上海译文出版社1984年版,第14页。

的农民一样,彭斯有明显的阶级情感,但是还没有明确的阶级意识。彭斯的作品一方面表达了农民对贵族的切齿痛恨,一方面却宣传了'知足常乐'的保守思想和'及时行乐'的庸俗人生观。这些冲淡了彭斯一部分诗歌的战斗性……"①

三

大致地说,袁可嘉对外国文学的研究主要具有以下几个方面的意义和价值:

其一,促进了外国文学研究的深化。

如前所述,袁可嘉的外国文学研究"涵盖面广,内容丰富",具有"学理性"、"原创性"、系统性、"拾遗补缺"性,采用了实证、考证、比较等方法……这无疑促进了外国文学研究的深化——推进了既有的相关研究的深化,如对彭斯、布莱克,对美、英民间歌谣及欧美现代派文学,袁可嘉虽然并不是第一个开展研究的,但是是第一个开展全面、系统、深入的研究的——与杨周翰等主编的《欧洲文学史》中有关彭斯、布莱克的内容相比,袁可嘉的彭斯研究、布莱克研究要全面、深入、系统得多;与既有的有关叶芝的研究相比,袁可嘉的叶芝研究更基于叶芝的原作,并与对叶芝诗歌的翻译"扭结"在一起,因而更"具体可感";在袁可嘉之前和与之同时代的外国文学研究中,有关欧美现代派文学的研究多为介绍性或评介性,而袁可嘉则不仅撰写了像《略论西方现代派文学》、《关于"后现代主义"思潮》等具有开创性、学术含量大的论文,而且还撰写了具有系统性、达到了相当的学术深度和具有相当大的学术含量的专著《欧美现代派文学概论》……"与30、40年代零散作战的情况不同,西方现代派文学研究这门学科今天已在中国正式建立起来了"②,然而,对西方现代派文学研究这门学科的建立贡献最大的当数袁可嘉!

其二,促进了中国现当代文学的发展。

---

① 袁可嘉:《罗伯特·彭斯——苏格兰伟大的农民诗人》,载袁可嘉《现代派论·英美诗论》,中国社会科学出版社1985年版,第231—232页。
② 袁可嘉:《欧美现代派文学概论》,广西师范大学出版社2003年版,第90页。

中国现当代文学发轫于西方文学——"我国的新文学运动一开始就受到西方文学的影响"[①]，中国现代为数众多的作家受到了西方文学的影响——可以说，中国现当代文学发展史上一些稍有成就的作家均受到了西方文学的影响。[②]

一方面，袁可嘉自觉地接受了西方文学的影响，如最初自觉地接受西方浪漫主义的影响，创作了《我歌唱，在黎明金色的边缘上》[③]之类的诗歌；后来又自觉地接受西方现代派文学的影响——袁可嘉曾说："1942年是很重要的一年，我的兴趣从浪漫派文学转向了现代派文学"[④]，创作了《沉钟》、《走近你》、《上海》、《南京》、《香港》之类的诗歌。另一方面，袁可嘉又通过自己的外国文学研究影响了中国现当代文学的发展——袁可嘉是九叶诗派的理论家，他的诗论对九叶诗人及20世纪80年代的诗人均产生了影响，但是，他的诗论又深受他所情有独钟并有过深入、系统研究的艾略特、瑞恰慈等的影响；同时，他对欧美现代派文学的研究不仅促进了"西方现代派文学研究"这一学科的建立，而且直接诞生了"中国式现代主义文学"[⑤]这一名称——这一名称是袁可嘉首先正式提出的，并促进了"中国式现代主义文学"的发展——"中国式现代主义文学"在20世纪80年代是受打压的，如"朦胧诗"受批判、格非、余华、马原、莫言等在西方现代派文学影响下创作的一些作品不被或不太被认可……袁可嘉的西方现代派文学研究（包括他编辑的《外国现代派作品选》）让国人对西方现代派文学有了一个全面、系统的了解，也对之有了一个客观、科学的态度，于是，深受其影响的作品也能或较能为国人所接受……可以说，"中国式现代主义文学"之所以最终能被国人认可、接受和不再受打压或非议，袁可嘉是功不可没的！

---

① 袁可嘉：《外国现代派作品选·前言》，载袁可嘉、董衡巽、郑克鲁选编《外国现代派作品选》第一册（上），上海文艺出版社1980年版，第26页。
② 参见袁可嘉《欧美现代派文学概论》（广西师范大学出版社2003年版），曾小逸主编：《走向世界文学·中国现代作家与外国文学》（湖南人民出版社1985年版）。
③ 最初发表在1943年7月7日的香港《大公报》上，后来又由冯至发表在昆明的《生活周报》副刊上。
④ 《袁可嘉自传》，载袁可嘉《半个世纪的脚印》，人民文学出版社1994年版，第573页。
⑤ 袁可嘉：《欧美现代派文学概论》，广西师范大学出版社2003年版，第90页。

其三，促进了中国现当代文学研究的深化。

袁可嘉的外国文学研究往往是自觉或不自觉地与中国现当代文学研究联系在一起的——袁可嘉研究外国文学从根本上来说是为了中国文学，他在研究西方文学过程中也往往以中国现当代文学为参照或潜在参照，并撰写了《西方现代派诗与中国新诗》、《西方现代派诗与九叶诗人》等论文，在《欧美现代派文学概论》中专辟《欧美现代主义文学在中国》一章……这对便是对中国现代文学研究的一种直接深化；他对一些对中国现当代文学产生了影响的一些外国文学现象的研究，则既开阔了中国现当代文学研究的视野，又为中国现当代文学研究提供了参照或"启迪"。

其四，促进了中国的思想解放运动。

袁可嘉关于西方现代派文学的研究对中国在 20 世纪 80 年代及以后的思想解放运动产生了积极的影响——当时，主流意识形态领域对西方现代派文学是持相当谨慎的态度的，甚至将之视为"清污"的对象；[①] 在不少国人的心目中，西方现代派文学是"颓废"的、"没落"的；即使是在学界，也有人对西方现代派文学在中国的引进与传播并不持肯定态度，一位外国文学界的权威甚至在出版家李景端面前贬抑过袁可嘉的西方现代派文学研究："袁可嘉现在到处卖现代派的狗皮膏药。"[②]

然而，袁可嘉以像竹"咬定青山不放松"一样的态度，持之以恒地研究西方现代派文学——既发表论文，又出版专著，并曾作为专家被邀请在许多重要的场合就西方现代派文学作学术报告，如在 1983 年 7 月，袁可嘉"应邀去秦皇岛，为全国高校外国文学研究会年会讲现代派问题。8 月，在京参加中美学者比较文学会议，宣读论文《西方现代派诗与九叶诗人》。9 月，又为中国西葡拉美文学研究会讲《现代派文学的三个问题》"[③]。《欧美现代派文学概论》一版再版；袁可嘉的一些重要观点被普遍引用，如关于"现代派在思想内容方面的典型特征是它在

[①] 参见袁可嘉《袁可嘉自传》，载袁可嘉《半个世纪的脚印》，人民文学出版社 1994 年版，第 584 页。

[②] 李景端：《告慰袁可嘉》，载《袁可嘉诗歌创作与诗歌理论研讨会论文集》，首都师范大学中国诗歌研究中心 2009 年版，第 22 页。

[③] 袁可嘉：《袁可嘉自传》，载袁可嘉《半个世纪的脚印》，人民文学出版社 1994 年版，第 584 页。

四种基本关系上所表现出来的全面的扭曲和严重的异化"的观点……正是袁可嘉的西方现代派文学研究——当然，也包括其他学者的同类研究及时代的发展等多方面的原因——西方现代派文学才在中国最终不再被视为"清污"的对象，不再被视为"颓废"、"没落"的文学而受歧视。

第六章

袁可嘉研究之研究

一

迄今为止，有关袁可嘉的研究论著可谓为数不少了——仅中国知网所收录的关于袁可嘉的论文就在一百篇以上；论及过袁可嘉的论文更多——差不多凡是论述或论及 20 世纪 40 年代诗潮的论文都论及过袁可嘉；论及过袁可嘉的著作也很多——各类中国现代文学史、新诗史以及论述或论及过 20 世纪 40 年代诗潮的专著都论述或论及过袁可嘉……总的来看，这些论著涵盖了关于袁可嘉的诗论、诗歌、外国文学翻译、外国文学研究、生平材料、袁可嘉研究等方面的内容，有些论著则综合性地论述或论及几个方面。

（一）关于袁可嘉诗论的研究

在袁可嘉研究中，有关袁可嘉诗论的研究最为突出：它开始的时间很早——至少始自《论新诗现代化》一书的编辑出版；成果最多——仅论文就有三四十篇，差不多占研究袁可嘉的所有论文的三分之一；质量最高——虽然有论者认为：就论文而言，"很多篇在内容上大同小异，有的几乎完全照搬了袁氏在 20 世纪 40 年代提出的一系列诸如'新诗现代化'、'新诗戏剧化'等诗学理论"，但也正如同一论者所言，"并非绝无好文"[①]，如蓝棣之的《九叶派诗歌批评理论探源》[②]、李怡的《"新

[①] 芮逸敏：《袁可嘉研究综述》，载《中国诗歌研究动态》2009 年第 2 期。
[②] 蓝棣之：《九叶派诗歌批评理论探源》，载蓝棣之《现代诗歌理论：渊源与走势》，清华大学出版社 2002 年版，第 45 页。

诗现代化"及其中国意义——重温袁可嘉的"新诗现代化"思想》①、臧棣的《袁可嘉：40年代中国诗歌批评的一次现代主义总结》② 等文的学术含量都相当大，品位也都相当高；其他论文也差不多每一篇都有独到之处；影响最大——除了它对中国现代诗论、诗歌、文艺思潮等的研究都产生了很大的影响外，对当代诗歌的创作也产生了影响，如20世纪90年代，欧阳江河、王家新、西川等人的诗歌中存在着一种注重运用"戏剧化"手法的倾向，这虽然有多方面的原因，但显然与袁可嘉的新诗戏剧化的主张被诗学界关注颇有关系——欧阳江河、王家新、西川等人都认可"戏剧化"手法的表述③……大致地说，有关袁可嘉诗论的研究主要包括两类：

1. 梳理性研究

"梳理性研究"重在"梳理"，即着眼于弄清袁可嘉的诗论"是什么"的问题。在论及袁可嘉的诗论时，它们主要是"大量地复述"袁可嘉的"观点与原话"，并对之作"分门别类的阐述"，而很少插入自己的评价④。这类研究的重要成果主要有游友基的《九叶诗派研究》⑤ 中的《新诗现代化的诗学体系——袁可嘉的诗论》，潘颂德的《中国现代诗论40家》⑥ 中的《袁可嘉的诗论》、《中国现代新诗理论批评史》⑦ 中的《袁可嘉》、常文昌的《中国现代诗歌理论批评史》⑧ 中的《袁可嘉 唐湜》以及《袁可嘉的诗论》⑨、许霆的《袁可嘉：精心构建新诗现代化的理论——中国现代诗学批评家评述之七》⑩、廖四平的《"新诗现代化"：袁可嘉的诗论》⑪ 等。

---

① 李怡：《"新诗现代化"及其中国意义——重温袁可嘉的"新诗现代化"思想》，《文学评论》2011年第5期。
② 臧棣：《袁可嘉：40年代中国诗歌批评的一次现代主义总结》，《文艺理论研究》1997年第4期。
③ 参见张桃洲《论新诗在40年代和90年代的对应性特征》，载《现代汉语的诗性空间》，北京大学出版社2005年版，第52—53页。
④ 游友基：《九叶诗派研究》，福建教育出版社1997年版，第79—80页。
⑤ 同上。
⑥ 潘颂德：《中国现代诗论40家》，重庆出版社1991年版。
⑦ 《中国现代新诗理论批评史》，学林出版社2002年版。
⑧ 常文昌：《中国现代诗歌理论批评史》，人民文学出版社2004年版。
⑨ 《袁可嘉的诗论》，《辽宁教育行政学院学报》1990年第3期。
⑩ 许霆：《袁可嘉：精心构建新诗现代化的理论——中国现代诗学批评家评述之七》，《常熟理工学院学报》2009年第1期。
⑪ 廖四平：《"新诗现代化"：袁可嘉的诗论》，《诗探索》2001年第Z2期。

其中，《九叶诗派研究》中的《新诗现代化的诗学体系——袁可嘉的诗论》从八个方面论及了袁可嘉的诗论：①"诗学体系的逻辑起点：'人的文学'"。②"诗学体系的长远目标：新诗现代化"。③"实现新诗现代化的途径：新诗戏剧化及其他"。④"诗坛现状：纠偏与反拨"。⑤"理论依据：西方现代派诗学与社会学文学观"。⑥"参照系：欧美现代派诗人及英国30年代粉红色诗人群"。⑦"中国现代诗：现状与流向的考察与评介"。⑧"诗学批评：建立批评规范"。这八个部分"次第展开"、"有始有终"、"环环相扣"，揭示了袁可嘉诗论鲜明的体系性特征——"诗学体系的逻辑起点：'人的文学'"是关于诗歌本体的问题，"诗学批评：建立批评规范"是关于诗歌批评的问题的，两者分别关涉诗歌一头（创作）一尾（批评）这两个"终极"性问题；"诗学体系的长远目标：新诗现代化"是关于诗歌发展目标的问题的，"实现新诗现代化的途径：新诗戏剧化及其他"是关于诗歌发展目标实现的手段的问题的，"诗坛现状：纠偏与反拨"是关于诗歌发展目标实现的过程中应该避免的问题的，"理论依据：西方现代派诗学与社会学文学观"、"参照系：欧美现代派诗人及英国30年代粉红色诗人群"与"中国现代诗：现状与流向的考察与评介"是关于诗歌发展目标实现的中外两方面的依据问题的。

《中国现代诗论40家》中的《袁可嘉的诗论》将袁可嘉的诗论归纳为"'返回本体'的理论主张"、"中心议题是新诗现代化"、"'表现上的客观性与间接性'"等内容，认为："袁可嘉在英美新批评派的先驱瑞恰慈、艾略特的文学本体论的影响下，提出了诗歌必须'返回本体'的理论主张"；"袁可嘉四十年代诗论的中心议题是新诗现代化，也就是'新传统的寻求'"；袁可嘉主张"为了达到现代诗的综合性，即实现新诗的现代化，诗人应当采用间接引发的方法"，做到"'表现上的客观性与间接性'"①。

《中国现代新诗理论批评史》中的《袁可嘉》与《中国现代诗论40家》中的《袁可嘉的诗论》内容大体相同。

《中国现代诗歌理论批评史》中的《袁可嘉 唐湜》将袁可嘉的诗论

---

① 参见潘颂德《中国现代诗论40家》，重庆出版社1991年版，第412—418页。

归纳为"诗的本体论"、"有机综合论"、"诗的艺术转化原则"、"新诗戏剧化"等内容:"袁可嘉所谓诗的本体就是艺术本位原则,就是承认诗的相对独立的美学价值。诗,必须首先是诗,然后才能谈得上其他的功能。重视诗作为文学作品的本体,是九叶诗派的一个特点,也是贯穿《论新诗现代化》的主要观点之一";"把一首诗看做一个有机的综合整体,从全体求意义,这是贯穿于《论新诗现代化》的又一主要观点";"诗的艺术转化原则"主要包括"诗所传达的经验,不是生活中的人生经验的复制,而是经过了艺术的处理"、"对人的情绪与艺术情绪关系的看法"、"诗所遵循的是想象逻辑,而非概念逻辑"等内容;"诗的戏剧化要求诗非直接的,而是客观的,间接的;非单纯的,排斥的,而是矛盾的,包容的;非支离破碎的,而是富于张力的整体的;非概念的,口号的,而是象征的,行动的;非直线的,而是曲线的;非逻辑结构,而是想象结构"①。

《袁可嘉的诗论》的内容与《中国现代诗歌理论批评史》中的《袁可嘉 唐湜》有关袁可嘉的内容大体一致。

《袁可嘉:精心构建新诗现代化的理论——中国现代诗学批评家评述之七》将袁可嘉的诗论归纳概括为"现代诗是'包含的诗'"、"现代式的新的综合传统"、"现代诗必须'返回主体'"、"现代诗是戏剧的"等内容,并大量地援引袁可嘉的诗论原文予以阐释。

《"新诗现代化":袁可嘉的诗论》将袁可嘉的诗论归纳概括为"对诗歌本体的确认:'新诗现代化'的原则"、"'现实、象征、玄学的新的综合传统':新诗现代化的旨归"、"'新诗戏剧化':'新诗现代化'的途径"等内容,并大量地援引袁可嘉诗论的原文予以阐释。

2. 探究性研究

"探究性研究"重在"探究",即就袁可嘉的诗论展开深入的探讨、阐释或评价的研究;这类研究又大致可分为"综合性研究"和"专题性研究"两类:

(1) 综合性研究

综合性研究即从总体上研究袁可嘉的诗论,具有综合性;不过,各具

---

① 常文昌:《中国现代诗歌理论批评史》,人民文学出版社 2004 年版,第 198—212 页。

体的研究又各有侧重点——

　　臧棣的《袁可嘉：40年代中国诗歌批评的一次现代主义总结》从20世纪40年代中国诗歌批评史的格局中透视袁可嘉的诗学观点，认为：袁可嘉是20世纪40年代"中国最重要的现代主义诗歌批评家"，其诗歌批评"标志着40年代中国诗歌批评现代主义向度上所达到的最高水准"；与同属于"九叶诗人"的唐湜的"着眼于细部解读的批评倾向不同，袁可嘉的批评则侧重于在当时迫切而又不容含糊的诗歌问题上展开旗帜鲜明的论述"，"他的批评在方法上显得更加系统，在现代主义在中国的发展趋向的洞察上，还显示出一种总体性的历史眼光……他敏感地、富有针对性地揭示了中国现代主义诗歌在40年代所遇到的所有重大的理论问题，并提供了自己独到的有时是相当精辟的见解……他运用现代主义的诗歌知识，发现并论述了中国现代主义诗歌发展中的一些重大课题，其中有的甚至关涉到整个中国现代新诗的发展趋向"；袁可嘉的批评"一方面是针对当时意识形态色彩浓重的现实主义诗歌观念"——对它所关涉的一些问题重新展开讨论，提供了一种现代主义的理解，并"依据中国现代诗人的处境和所面临的问题，对现代主义诗学进行必要的修正"，"袁可嘉对现代主义的修正，是想建立一种与现实主义诗学体系的对话基础，其理论意图旨在表明中国现代主义诗学并不排斥现实主义所萦萦系怀的诗歌问题"；"第二种针对性，是用新批评为代表的英美现代主义诗学取代以法国象征主义为首的欧陆现代主义诗学"，袁可嘉试图"从理论上指出，完全存在一种比中国象征主义更具包容性的中国现代主义诗歌的写作的可能性"，"袁可嘉对现代诗的本质所持的根本看法无不借镜理查兹的学说"，如有关"包含的诗"、"最大量意识状态"、"诗是经验的传达"等的观点；"中国新诗与现代文明、现代文化的关系"是在袁可嘉的批评中"第一次全面而自觉地建立起来的"，袁可嘉的现代主义批评具有强烈的社会学批评色彩，这是受了"理查兹、艾略特、勃克这样一些同新批评派有关的人物的影响"，"袁可嘉现代主义批评对现实因素的强调，与艾略特诗学和奥登作品中对现实的强烈关注有承续关系，也与他所接受的崛起于'红色三十年代'的左翼社会学批评的影响（比如他曾以赞赏的口吻提及30年代英国杰出的马克思主义批评家考德威尔）有关外，也流露出一种强烈的历史针对性"，即针对"中国现代主义诗歌内部的逃避现实的倾向";袁可嘉的观点也有龃龉之处,如一方面赞同艾略特"逃避个性"的主张,另一方面又主张在现代主义倾向中"必须有独特的个性"[①]。

李怡的《"新诗现代化"及其中国意义——重温袁可嘉的"新诗现代化"思想》论述了袁可嘉的"新诗现代化"思想及其中国意义,认为:"新诗现代化"是袁可嘉重要的诗学思想——袁可嘉的"现代"追求的内涵就是面对当下社会生活的实际形态,不粉饰、不回避,直面问题,解决问题,正视复杂,呈现复杂,无论就中国诗歌需要变革的古典形态而言,还是就现代诗歌中借"中西交融"之路重返古典诗境的现实而言,袁可嘉所理解和呼唤的"现代"都十分深刻;他关于现代诗歌的"民主"内涵、"人民"价值的论述,直接代表了诗家对中国"现代"问题的关注与回应;引发袁可嘉"新诗现代化"思想的是中国新诗自身发展的事实,而不是对西方文化的"引进与模仿"——他对诗歌所追求的"虚幻目的"与"具体目的"的批判与新批评的表述有异,甚至也有别于西方现代主义诗歌的旨趣;在艺术本身的层面上建构诗歌的"经验"理论,以及新诗戏剧化思想的完善,这是袁可嘉之于中国现代诗学的突出贡献。[②]

张松建的《文下之文,书中之书:重识袁可嘉"新诗现代化"论述》包括"引言"、"'新诗现代化':一个诗学方案的草创"、"'诗还是诗':文学本体论的思考"、"'现实、象征与玄学的综合':新感性的寻求"、"辩驳'感伤':对抒情主义的再检讨"、"余论:一个未完成的方案"等部分,着重"探访袁可嘉的文字述作,描述、分析和评断他如何以'现代主义'尺度诊断中国新诗现状,他的理论的意涵、渊源与影响以及他如何出于本土需要和个人目的而进行创造性转化的用心"[③];认为:袁可嘉的诗论"广征博引西方现代诗学(主要是英美新批评)的最新成果,在综合概括的基础上诊断中国新诗的缺失;而且,袁可嘉还试图对'西学'进

---

① 参见臧棣《袁可嘉:40 年代中国诗歌批评的一次现代主义总结》,载《文艺理论研究》1997 年第 4 期。
② 参见李怡《"新诗现代化"及其中国意义》,载《文学评论》2011 年第 5 期。
③ 张松建:《文下之文,书中之书:重识袁可嘉"新诗现代化"论述》,载《袁可嘉诗歌创作与诗歌理论研讨会论文集》,首都师范大学中国诗歌研究中心 2009 年版,第 136 页。

行斟酌损益,发展具有本土关怀和个人创见的学说";袁可嘉把文学上的"现代化"(modernization)与"现代主义"(modernism)等同视之,同时,在把现代西洋诗作为参照框架、支援意识和背景知识的基础上,洞察到以穆旦、杜运燮为代表的新世代诗人的艺术实践与"五四"以来的主流新诗迥不相侔,而正符合西洋现代诗的趋势,并名之为"现代化"的新诗;袁可嘉明确地反对"诗是宣传"的庸俗社会学论调,主张艺术本体的关怀,同时又拒绝新批评派理论的偏执,注意到诗与社会、政治、文化的有机关联,有时还采用语境化策略评析诗歌现象,综合互补,发展出"中国版现代主义诗学";袁可嘉所提出的"现实、象征与玄学"的原则不只是对穆旦等诗人的诗风概括,而且在一定程度上为中国新诗指示出一条崭新的路径;袁可嘉论述了弥漫诗坛的"感伤"习气如何腐蚀了新诗的健康成长——袁可嘉是把"感伤"划入病态美学范畴而进行卓有成效的理论分析的第一人,因此,在规划新诗现代化方案时,他首先想到的是对西方典范的挪借——"传统"之于袁可嘉还没有成为"被意识到的"历史内容。[①]

孙玉石的《新诗现代化理论遮蔽的严肃思考——读袁可嘉诗论史料札记》着重从新诗现代化理论的被"遮蔽"之处即深层对之进行探析,认为:"袁可嘉思考新诗现代化理论,背后的更深驱动力,是关于五四以来整个新文学发展,包括新诗发展中,比那些属于文学革新的观念、技术、操作层面问题,更深潜更带整体性的一些问题。强调文学创造者主体重视'文化性'与'文学性'的区分,坚守新文学与新诗的文学特性和内在价值,就是其中之一","袁可嘉文学思想中的这种与社会实际政治斗争保持一定'距离'的文学独立价值的自觉意识,显然不是短时冲动的标新立异,而是深思熟虑的必然选择"[②]。

赵凌河的《新文学诗歌理论的现代性综合建构——重读袁可嘉〈论新诗现代化〉》从中国现代主义诗歌发展的时空的角度,对袁可嘉的诗论予

[①] 参见张松建《文下之文,书中之书:重识袁可嘉"新诗现代化"论述》,载《袁可嘉诗歌创作与诗歌理论研讨会论文集》,首都师范大学中国诗歌研究中心2009年版,第135—155页。

[②] 参见孙玉石《新诗现代化理论遮蔽的严肃思考——读袁可嘉诗论史料札记》,载《新文学史料》2011年第1期。

以了探讨，认为：袁可嘉的诗论既是中国新文学现代主义诗歌30年历程的顺势积累，又是横向时空中现实主义、现代主义、浪漫主义多种元素的会和交融，还是中国现代文学史中启蒙现代性的历史升华、审美现代性的日臻成熟及两者的综合互补。①

贺昌的《"现实—象征—玄学"：汉语象征诗学的内在结构——论袁可嘉的"新诗现代化"问题》着重从汉语象征诗学的内在结构的角度探讨了袁可嘉的"新诗现代化"理论，认为：20世纪40年代，袁可嘉所建构的"现实—象征—玄学"相结合的诗学形态，在一定程度上揭示了象征艺术的真正本性。袁可嘉通过对"诗的现实性"的深广度的拓展，使诗走向了"敏感多思、感情、意志的强烈结合及机智的不时流露"的"玄学"的沉思；以"戏剧化"这样一种独特的形态使诗终于回到了"想象"的"本位"，也使"象征"回到了"符号与隐喻"的"本位"；他对于汉语象征诗学所做的设想，始终传达着一种渴望与世界文化同步行动的内在诉求，但这种诉求与早期诗学探索中的那种追赶世界新潮的急切欲望又有着显著的区别——他的立足点是自身民族文化建设的现实性问题，他的诗学也因此而不是凌驾于现实之上某种虚饰的姿态或自我陶醉的空想，而是走出了以往的借鉴、模仿、回归、高蹈等的误区，或者那种"解诗"式的单纯寻求"象征意义"的批评模式，从而使"象征"真正成了连接"个我的现实之在"与"整体的人类之在"的中介性桥梁，而不再仅仅是某种文学表现的手段了；他借助于"象征"最终确立起了一种全新的诗学批评范式，这一新的诗学批评范式，既是对此前汉语象征诗学探索成果的有效吸纳和补充，又在一定程度上与世界诗学潮流构成了某种呼应——汉语象征诗学发展至此，才真正显示出了其成熟的形态；同时，由先驱者们所开创的不同诗学向路也在此走向了汇合，汉语象征诗学在艰难的探索中终于走向了更高也更博大的前途。②

龙扬志的《一个未完成的现代化方案——试论40年代袁可嘉的新诗理论建构》着重从袁可嘉所设计的新诗现代化方案的未完成性的角度论述

---

① 参见赵凌河《新文学诗歌理论的现代性综合建构》，载《诗探索》2010年第1期。
② 参见贺昌《"现实—象征—玄学"：汉语象征诗学的内在结构——论袁可嘉的"新诗现代化"问题》，载《江汉论坛》2004年第5期。

了袁可嘉的诗论，认为：袁可嘉新诗现代化的理论为中国新诗描绘了一幅理想蓝图，但由于"建国"的时代难题以及袁可嘉这一理论作为知识谱系的封闭性、单一性、"学院性"、"价值预设性"等原因，袁可嘉所建构的新诗现代化理论便成了新诗现代化的一个未完成的方案。①

荆云波、冯歌的《袁可嘉诗歌批评的现代主义特性》从现代主义特性的角度论述了袁可嘉的诗歌批评，认为：袁可嘉论述了中国现代主义诗歌发展过程中的一些重大理论课题，提出了一些见解独到的观点，在诗歌实现本体艺术完美与关注社会人生的融合上、在继承中国新诗传统和吸收西方最新诗潮上，做出了可贵的探寻，为中国现代新诗创作和批评纳入与世界文学同步发展的轨道做出了独到的理论贡献。②

王芳的《袁可嘉与九叶诗派的诗歌表现策略》着重从诗美原则、诗性人生、表现策略三方面阐述了袁可嘉对九叶诗派的艺术探索所作的理论总结及其对于中国现代主义诗歌发展的意义，认为：20世纪40年代出现的"九叶诗派"以开拓"中国式现代主义"诗学道路为己任，袁可嘉是该诗派审美原则的总结者——他将"九叶派诗人创作中体现的新的诗学观念、新的诗思方式和审美范式清晰地以理论形式呈现出来，并固定了下来"；袁可嘉"根据九叶诗人的创作所呈现出的突入现实又升华现实、突入人生又升华人生的倾向，指出九叶诗派的创作'绝对强调人与社会、人与人、个体生命中诸种因子的相对相成，有机综合'……从而把'对当前世界人生的紧密把握'作为综合传统的第一要义"，"九叶派诗人擅于把瞬间的或流动的情感，以智性诗化或把经验感性化的方式，使新诗获得戏剧化表现，呈现出客观化和间接性的效果，这可以说是中国新诗在诗歌表现策略上一次现代化创新"，袁可嘉的新诗戏剧化便是这种"创新"的总结。③

蒋登科的《论袁可嘉新诗现代化的诗学体系》、邵瑜莲、符杰祥的《论袁可嘉现代诗学体系的文化意义》、邹爱芳的《浅论袁可嘉对中国现

---

① 参见龙扬志《一个未完成的现代化方案——试论40年代袁可嘉的新诗理论建构》，载《袁可嘉诗歌创作与诗歌理论研讨会论文集》，首都师范大学中国诗歌研究中心2009年版，第156—164页。

② 参见荆云波、冯歌《袁可嘉诗歌批评的现代主义特性》，载《洛阳师范学院学报》2003年第4期。

③ 参见王芳《袁可嘉与九叶诗派的诗歌表现策略》，载《浙江工商大学学报》2006年第6期。

代诗学体系的建构》、王芳的《袁可嘉诗学体系的现代性追求》、《论袁可嘉的现代主义诗学理论探索》、《论袁可嘉中国式现代主义诗学理论的建构》等从诗学体系的角度论述了袁可嘉的诗论——

其中,《论袁可嘉新诗现代化的诗学体系》认为:袁可嘉在全面考察当时诗坛现状的情况下提出了新诗现代化的主张,并对之进行了多方面探讨;袁可嘉诗学理论的逻辑起点是"人的文学"和艺术本体理论;袁可嘉所谓的现代化新诗是以传统、象征、玄学等因素共同构成的具有综合性特征的诗歌;在袁可嘉看来,实现新诗现代化的基本途径是新诗戏剧化,戏剧化诗歌的基本特征是具有间接性、迂回性、暗示性[①]。

《论袁可嘉现代诗学体系的文化意义》认为:袁可嘉现代诗学理论主要有两重内涵:"新诗现代化"理论原则与"新诗戏剧化"美学策略;两重理论内涵又可概括为诗本位、人本位这样两种现代性的文化命题。这两种文化命题既是现代知识分子对被战火一度阻隔的五四启蒙精神的承继,又是在新的文化语境下的一种新的阐释与发扬。袁可嘉诗学体系所表现出的对现代文化探求的先锋意义因为历史的超前性,必然伴随着对当时文化状况的痛苦省察与沉重反思。[②]

《浅论袁可嘉对中国现代诗学体系的建构》认为:袁可嘉借鉴西方现代派诗学理论,用"包含的诗"修正了象征主义纯诗疏离现实的倾向,从而拓展了新诗的表现内容;他对人生经验与诗经验的关系、艺术的象征性、诗歌的玄学性等的论述,纠正了新诗大众化后偏离诗的本体发展的倾向。[③]

《袁可嘉诗学体系的现代性追求》将袁可嘉的诗论归纳为一个由"诗学观:独立的艺术生命"、"诗歌观念:有机综合的整体"、"诗歌表现策略:戏剧化原则和方法"、"诗歌批评:包容辨证"等组成的诗学体系,并论述了其现代性的特质;认为:袁可嘉诗学理论的诗本体论科学地维护了现代诗歌的作为艺术的相对独立性,诗的有机综合论科学地阐明了现代

---

① 蒋登科:《论袁可嘉新诗现代化的诗学体系》,载《常熟高专学报》2001年第5期。
② 邵瑜莲、符杰祥:《论袁可嘉现代诗学体系的文化意义》,载《东方论坛》2001年第4期。
③ 邹爱芳:《浅论袁可嘉对中国现代诗学体系的建构》,载《浙江社会科学》2009年第11期。

新诗的基本形态和最高"范式","新诗戏剧化"理论科学地阐明了中国新诗现代化的途径,包容辨证的批评观为中国现代诗歌营造了一个创作和批评的和谐环境;袁可嘉的诗学理论完善了 20 世纪二三十年代以来中国现代主义诗学体系,为中国现代主义诗学确立了新的品质,也为中国现代新诗创作指出了新方向。①

《论袁可嘉的现代主义诗学理论探索》从袁可嘉的诗评文字出发,从"'开放综合':诗现实的开阔视野"、"'有机综合':诗本质内涵的新概括"、"'戏剧化':诗表现的新探索"、"'人'的文学:和谐人文环境的新追求"四个方面分析探讨了袁可嘉对中国现代主义诗学建设和理论完善所做出的贡献;认为:袁可嘉在传承前辈理论家所创建的"纯诗"理论、"现代派"诗歌理论、"京派"理论精髓基础上,在与中国诗学理论另一流派——现实主义诗学的论争过程中,针对当时文坛流行的政治感伤和情绪感伤的诗歌创作倾向,以诗评文字的形式,对中国现代主义诗学理论的发展进行了有益的探索。②

《论袁可嘉中国式现代主义诗学理论的建构》从"'中国式现代主义'诗学的西方语境探析"和"西方话语的'中国化'阐释及探索"这两个方面探讨了袁可嘉的诗学理论,认为"袁可嘉的诗学观及批评观的形成主要是以瑞恰兹、艾略特、奥登、里尔克等人的诗学观和批评观为基础的","袁可嘉中国式现代主义的独创性在于他对西方现代主义的修正,更在于他对西方现代主义诗学所作的'中国化'探索和本土化阐释"③。

李国兴的《袁可嘉诗论研究》从历时与共时的角度论述了袁可嘉的诗论,认为:袁可嘉的诗论分为前期和后期——前期为 20 世纪 40 年代,后期为新中国成立之后:前期诗论受西方后期象征派对前期象征派修正的启发,针对诗坛的种种现象,提出了系统化的"新诗现代化"理论;而作为其柱子的"现实"、"象征"和"玄学",又深深地植根于中国传统之中:

---

① 参见王芳《袁可嘉诗学体系的现代性追求》,载《西南大学学报》(人文社会科学版)2011 年第 5 期。
② 参见王芳《论袁可嘉的现代主义诗学理论探索》,载《文艺理论研究》2008 年第 5 期。
③ 参见王芳《论袁可嘉中国式现代主义诗学理论的建构》,载《南昌大学学报》(人文社会科学版)2009 年第 5 期。

"现实"既与中国传统诗学中的"诗言志"、"功能论"紧密相连，又与新诗发展中的"纯诗化"和"散文化"的经验教训有关；"象征"植根于中国的象征文化母体之中，传统的"象征"手法需要现代性的重铸和运用；"玄学"常常被"误读"，——它实际上与中国传统文学中的"玄学"哲学没有关系，而是继承了中国传统诗学中的"严肃和机智"；前期诗论急切有力，立论建构意识明显，但偏重于参照或征引西方诗学观点或诗艺特点，重个人体验，对相关理论的探讨不够深入，在强调诗人丰富化、复杂化自己作诗方式的同时，也将这种作诗方式简单化、绝对化了。后期诗论吸取了马克思主义历史唯物论和辩证法的观点，在坚持"新诗现代化"理论的基础上，扩展了实现新诗现代化的途径——在前期新诗"戏剧化"理论的基础上，又对"歌谣化"、"口语化"、"大众化"作出了有价值的探索，注意到了叶芝等现代诗人在诗中既不废弃现代主义手法，又能融合现实主义手法的技巧，从而达到了更高意义上的"综合"，而且较前期诗论视野要更开阔一些、对一些诗学问题也探讨得更深入一些，因此，可以说是对前期诗论的发展和完善。在研究的方法上，"综合"的倾向贯穿前后两期。[①]

（2）专题性研究

①探究袁可嘉诗论的渊源

这方面的研究着重探讨了袁可嘉的诗论与西方诗潮的关系：

蓝棣之的《九叶派诗歌批评理论探源》实际上即"袁可嘉诗歌批评理论探源"，该文"集中讨论1946—1948年间，袁可嘉诗论之渊源"，认为"袁可嘉诗论五个基本问题……皆来自艾略特与瑞恰兹的代表性论著"，其中"现实、象征、玄学的综合传统"来自艾略特的诗剧和《传统与个人才能》，"'思想感觉'和'情感思想强烈结合'，均来自艾略特……《玄学派诗人》"，"想象逻辑"来自艾略特的《传统与个人才能》和瑞恰慈的《想象》、《诗的经验》，"'融和思想成分，从事物深处、本质之中转化自己的经验'之三种可能方式……来自1935年前后艾略特等的诗剧创作"，"戏剧主义批评理论"的三个核心术语来自艾略特和瑞恰慈——"最大量的意

[①] 李国兴：《袁可嘉诗论研究》，硕士学位论文，陕西师范大学，2010年。

识状态"来自瑞恰慈的《想象》,"机智"来自艾略特的《玄学派诗人》、瑞恰慈的《想象》和《诗的经验》,"讽刺感"来自瑞恰慈的《想象》。①

刘金华的《袁可嘉新诗批评与艾略特的影响》着重论述了袁可嘉的新诗批评所受的艾略特的影响,认为:"袁可嘉《论新诗现代化》的理论核心所在:现实,象征,玄学体现的综合传统以及新诗戏剧化的灵感其实更多来自艾略特的早期论文","他的诗论应是以对中外诗学的双重关注为落脚点,在艾略特为核心的英美现代派理论基础上,对中国新诗发展做出的一种系统性现代化理论尝试。其内容为:引进其客观对应物及最大量意识形态理论以促进中国诗歌本体观念现代化,非个性诗歌理论以促进诗歌创作方法现代化,想象逻辑和语言的晦涩理论以促进中国诗歌语言现代化,引进其传统观念理论以促进新诗批评现代化,在诗歌建设中追求一个现实,象征,玄学的综合传统"②。

徐兆武的《九叶诗派对英美新批评理论的接受与扬弃》重点探讨了袁可嘉的诗论对英美新批评理论的接受与扬弃,认为:"袁可嘉不仅借鉴英美新批评的诗学观念,提出了一整套'新诗现代化'理论,而且还在批评实践层面对英美新批评理论进行了本土化的改造,使自己的新诗创作既不脱离时代又达到了个人经验与社会经验、个人情感与普遍情绪之间的和谐统一。"③

马永波的《袁可嘉诗学思想探源》"比照西方现代主义诗学诸要素"对袁可嘉的诗学观念进行了考察,梳理了西方诗学观念在中国的传播、接受与变异,认为:袁可嘉的诗学观念深受西方现代主义诗学观念的影响。④

杨绍军的《西南联大诗人群体的新诗批评理论及其外来影响》重点探讨了袁可嘉、王佐良等的新诗批评理论及其所受的外来影响,认为:在西南联合大学就读时的袁可嘉和王佐良以西方现代主义诗歌理论为指导,结合中国新诗创作实际,概括出自己的诗学理论,对中国现代主义诗歌的发

---

① 参见蓝棣之《九叶派诗歌批评理论探源》,载蓝棣之《现代诗歌理论:渊源与走势》,清华大学出版社 2002 年版,第 45—56 页。

② 参见刘金华《袁可嘉新诗批评与艾略特的影响》,载陈飞、张宁主编《新文学》第五辑,大象出版社 2006 年版,第 206—217 页。

③ 参见徐兆武《九叶诗派对英美新批评理论的接受与扬弃》,载《巢湖学院学报》2010 年第 1 期。

④ 参见马永波《袁可嘉诗学思想探源》,载《江汉大学学报》(人文科学版)2008 年第 1 期。

展做出了重要的贡献；他们对20世纪40年代中国新诗的研究深受T. S. 艾略特的"有机综合论"、"艺术转化论"等理论和W. H. 奥登的机智、反讽等才能的影响。①

邵朝杨的《论新批评理论与袁可嘉新诗现代化理论》从袁可嘉的新诗现代化理论和新批评理论两者都包含的本体论、有机综合论、戏剧化论三方面，探讨袁可嘉的新诗现代化理论与新批评的关系，考察了英美文学理论与中国新诗结合的可能；认为：新诗现代化理论吸收新批评的本体论、有机综合论、戏剧化论等方面的合理成分，与中国实际情况相结合，对纠正当时说教和感伤的倾向起到了一定的作用；同时，发展了中国传统诗歌理论和新诗中的相关主张，其理论建构方式，对于今天中国现代诗歌的建设仍然具有启发性。②

姜飞的《新批评的中国化与中国诗论的现代化》以袁可嘉的诗论为对象论述了新批评的中国化与中国诗论的现代化的问题，认为：在袁可嘉的诗论中，新批评家向诗"辐凑"的避难取向在袁可嘉那里转而为诗向外不断"辐射"出改造社会之光——袁可嘉深入地探求作者的意图，探求作者的内心与文本的"最大量意识状态"，探求存在于作者的内心与文本深处的"经验性"；英美新批评的一整套文本批评理论被成功地"改装"为诗歌创作理论——召唤在艺术品质上以艾略特、奥登为楷模而又对中国现实有所干预的现代诗；同时，深刻地透出20世纪40年代中国的时代气息，并在一定程度上体现了袁可嘉本人的主动性和创造性。因此，可以说，袁可嘉推动了当时流行于英语世界中的新批评理论的中国化，并以此为支点，大大地推动了中国诗论的现代化进程。③

周晓秋的《浅谈〈新诗戏剧化〉和英美新批评的影响》先从《新诗戏剧化》的生成背景、作者的知识构成入手分析它接受英美新批评影响的可能，然后从整体批评观念的转换及诗歌创作的具体技术层面，剖析以艾

---

① 参见杨绍军《西南联大诗人群体的新诗批评理论及其外来影响》，载《昆明师范高等专科学校学报》2008年第2期。

② 参见邵朝杨《论新批评理论与袁可嘉新诗现代化理论》，载《四川教育学院学报》2008年第6期。

③ 参见姜飞《新批评的中国化与中国诗论的现代化》，载《钦州师范高等专科学校学报》2003年第3期。

略特等为代表的英美新批评对它的影响；认为：英美新批评对《新诗戏剧化》的影响主要表现在两个方面：其一，在整体批评观念的转换上——袁可嘉把新诗的时代弊病产生的原因归结为艺术转化过程的缺失，这显然受艾略特的"诚实的批评和敏感的鉴赏，并不注意诗人，而注意诗"的影响；其二，在运用艾略特早期诗学思想论述"新诗戏剧化"上——有关"新诗戏剧化"的观点显然受到艾略特的《传统与个人才能》、《哈姆雷特》、《玄学派诗人》等中的诗学思想的影响。[①]

周小娉的《袁可嘉对艾略特的接受历程》对比性地论述了艾略特和袁可嘉的诗论以及袁可嘉对艾略特的接受历程，认为：袁可嘉的诗论对艾略特的诗论有所借鉴和创新，袁可嘉对艾略特的接受过程包括借鉴、批判、反思和创新；在整个过程中，作为一名中国的外国文学研究者，袁可嘉所具有的本土意识支配着他对艾略特诗歌和诗论的批评立场。[②]

②探究袁可嘉诗论的某一特点或内容

王士强的《"复杂性"：观照袁可嘉"新诗现代化"理论的一个视角》论述了袁可嘉诗论的"复杂性"，认为：袁可嘉的"新诗现代化"理论强调的是新诗的"现代化"，这种"现代化"从另外的角度讲，是对于新诗"复杂性"的追求，这种"复杂性"一方面是针对现代社会变幻莫测、错综暧昧的外部现实的，另一方面则是针对现代人纠缠莫辨、混沌交织的内心处境和心理现实的；面对变化了的现实状况，古典主义的"简单"、"单纯"已经很难担负起表达现代人的内心的任务，而只有多元、复杂、歧异、暧昧、混沌、反讽、悖论、荒诞等才能更为贴近现代人的生存，才更富有"及物性"和表现力；这是现代主义诗歌发生的内在根源，也是袁可嘉"新诗现代化"理论的出发点和内在动力——"新诗现代化"理论的一些观点，如关于晦涩、民主、现代化、戏剧化等都与新诗的"复杂性"问题密切相关。[③]

---

① 参见周晓秋《浅谈〈新诗戏剧化〉和英美新批评的影响》，载《袁可嘉诗歌创作与诗歌理论研讨会论文集》，首都师范大学中国诗歌研究中心 2009 年版，第 182—185 页。
② 参见周小娉《袁可嘉对艾略特的接受历程》，载《作家》2009 年第 20 期。
③ 参见王士强《"复杂性"：观照袁可嘉"新诗现代化"理论的一个视角》，载《袁可嘉诗歌创作与诗歌理论研讨会论文集》，首都师范大学中国诗歌研究中心 2009 年版，第 172—177 页。

段美乔的《"民主文化":袁可嘉"新诗现代化"体系的民主国家内涵》论述了袁可嘉诗论的"民主文化"问题,认为:"'民主文化'是'新诗现代化'诗论体系的终极理想:所谓'新综合传统'、'新诗戏剧化'是'民主文化'在文学创作上的投影,构成了'民主文化'的文学形态……通过'新综合传统'、'新诗戏剧化'完成'现代化的文学',这一过程本身就是'民主文化'的建设过程,通过内在的意识形态层面的'民主文化',最终在政治体制层面实现一个'民主政治'。'新诗现代化'理论体系中关于'民主'与'诗歌'的关系的论述可以说是其在纯粹理论意义上的有关国家民族未来的构想,并成为1945年抗战胜利后社会政治环境中有关文化建国问题讨论的诸多声音中的一种。"①

张立群的《现代派的"现实"认同——从袁可嘉现代诗理论中的"政治感伤性"谈起》着重论述了袁可嘉诗论的"现实"观,认为:"袁可嘉关于'政治的感伤性'从一开始就体现了对现代诗本质的坚守","从袁可嘉对现代诗中'政治感伤性'的指责,可以感受其对当时诗坛现状的忧虑与不满。显然,集诗人、理论家于一身的袁可嘉强调的是诗歌自然、真实与深刻的表达。这一现象的提出,使袁可嘉的现代诗理论从一开始就触及诗歌的政治文化意识及其属性式的问题。但正如政治文化绝非一般意义上狭窄的'政治',这反过来映衬袁可嘉理论在诗歌重视主题、诗质直露、透明直至产生叫喊的氛围下,独树一帜,发人深思。""袁可嘉在分析40年代诗坛现状时,基本采取了横断面式的分析,即他并未过多涉及当时社会、时代和思想本身的性质和'政治感伤'的社会根源。他更多的是从诗歌本身寻找克服这一泛滥的公式化现象"。②

樊宝英的《袁可嘉:中国新诗审美规范的探索者》着重从中国新诗审美规范的角度论述了袁可嘉的诗论,认为:袁可嘉有关新诗现代化的理论主张对当时的诗坛具有纠偏化弊的作用;袁可嘉从文化的角度,对新诗的现代性问题予以了深刻的反思,从而坚持了文学的本身价值和独立传统;

---

① 参见段美乔《"民主文化":袁可嘉"新诗现代化"体系的民主国家内涵》,载《诗探索》2010年第1期。
② 参见张立群《现代派的"现实"认同——从袁可嘉现代诗理论中的"政治感伤性"谈起》,载《海南师范大学学报》(社会科学版)2010年第5期。

这种对审美现代性的执着追求，无论对当今主流意识形态给予文学的压抑，还是大众文化给予文学的冲击，都具有某种反抗和颠覆作用。①

孙玉石的《袁可嘉：新"综合"传统探索中的解诗》探讨袁可嘉在探索"写实、象征、玄学"新的综合传统中的"解诗"问题，认为：袁可嘉"是在文本关注中对于如何保持文本整体性与尝试文本分析之间的平衡的追求"，"他原则上是反对对于诗的'直截了当的说明'，因为'用散文来阐释'这种诗的特质的'可能性'是很小。要了解这些诗，需要读者根据诗篇的'感觉曲线'进行创造性的思索，而不要让过于呆板的解释，损害了原作所可能激发的读者自己的想象或欣赏"，他"从观念到实践都特别注重实现与读者对话细部的进入，即诗学批评中的文本解读"，"在袁可嘉，对于具有现代化倾向的现代诗的文本批评实践，是对于这些作品复杂性隐藏的创造力与美的扣问与追寻，也是引导读者的理解力、欣赏力对于'极度复杂奥妙的有机过程'的接近与认知"，"吸收新批评文本分析方法的精髓又不流于刻意剖析的琐碎，有循序的诗意阐释又含领悟式的评点，这是袁可嘉的现代解诗学实践之特色之所在"，"袁可嘉解诗学思想中的另一个重要观念是现代性作品中诗人的'感觉渗透'或'情绪渗透'"，"在袁可嘉的现代解诗学思想中，还包含着这样否定性的两个方面：一是反对散文式的将诗的意义'抽出来'的阐释；二是反对'过度阐释'"，"与袁可嘉关于现代解诗学思想确立的深层思考有密切联系的，是他对于如何协调与建构一种作家（包括诗人）、批评家与读者这三者之间的互动和谐关系的理想图景"。②

王淑萍的《作为方法的"最大量意识状态"——袁可嘉"新诗现代化"方法阐释》着重论述了袁可嘉诗论中"最大量意识状态"的问题，认为：作为一种方法，"最大量意识状态"的"理论视域非常开阔，主要来源于瑞恰慈、T. S. 艾略特和里尔克诗论；英语诗人艾略特与德语诗人里尔克在各自的诗学文化背景中都强调'诗是经验'的理论，却有着内化与否的区别。袁可嘉以此为基础找出了他们之间的共通之处，并把他们的

---

① 参见樊宝英《袁可嘉：中国新诗审美规范的探索者》，载《江汉论坛》2003年第9期。
② 参见孙玉石《袁可嘉：新"综合"传统探索中的解诗》，载《中国新诗一百年国际研讨会论文集》2005年10月。

理论与瑞恰慈的心理学诗学融合在一起,把'最大量意识状态'作为综合现实、象征、玄学的新诗学的根本方法,为中国新诗确立了新的规则。"①

孙玉石的《中国现代主义诗潮史论》中的"'间接性'原则与'客观对应物'"、"'新诗戏剧化'的理论与实践"等的部分内容分别论述了袁可嘉诗论的"间接性"、"客观对应物"、"新诗戏剧化"等问题,认为:"在阐明'现实、象征、玄学'的现代性新的综合传统寻求的时候,袁可嘉由'认识原则'的说明迅速进入关于实现这种新诗现代性操作过程中'技术诸平面的透视'。其中首先提出的,就是关于抒情诗的'客观对应物'原则","在表现手法操作上,就是诗篇所控制的'间接性,迂回性,暗示性'","诗的戏剧性是'客观对应物'追求的一个必然结果","'诗的戏剧化'的提出,表现了新诗现代化观念的突破和发展"②。

阮佳佳的《袁可嘉的新诗戏剧化理论探析》、韦珺的《袁可嘉新诗"戏剧化"诗学思想探析》、霍俊明的《并非圭臬:"新诗戏剧化"的历史意义与现实反思》、徐婧的《袁可嘉新诗戏剧化理论探析》等着重论述了袁可嘉的新诗戏剧化理论——

其中,《袁可嘉的新诗戏剧化理论探析》认为:袁可嘉的新诗戏剧化主要包含两个方面的内容:一是取"戏剧"的间接、客观之义,二是取戏剧的矛盾冲突性之意;袁可嘉的理论阐述与九叶诗人的诗歌创作是相互补充、相互推进的——创作彰显了理论并使之具体化,理论使创作拥有了内在的理性的指引。③

《袁可嘉新诗"戏剧化"诗学思想探析》认为:袁可嘉的"新诗戏剧化"最初是一种为解决具体问题而提出的操作性指导意见,后来才发展成一种的理论;它的提出为"新诗现代化"提供了具体的手段,其系统性的发展则对"新诗现代化"理论体系的建立起到了极大的推动作用。④

---

① 王淑萍:《作为方法的"最大量意识状态"——袁可嘉"新诗现代化"方法阐释》,载《河南大学学报》(社会科学版) 2011 年第 4 期。
② 孙玉石:《中国现代主义诗潮史论》,北京大学出版社 1999 年版,第 418—433 页。
③ 参见阮佳佳《袁可嘉的新诗戏剧化理论探析》,载《浙江师范大学学报》(社会科学版) 2003 年第 S1 期。
④ 参见韦珺《袁可嘉新诗"戏剧化"诗学思想探析》,载《袁可嘉诗歌创作与诗歌理论研讨会论文集》,首都师范大学中国诗歌研究中心 2009 年版,第 186—191 页。

《并非圭臬:"新诗戏剧化"的历史意义与现实反思》认为:袁可嘉的新诗现代化尤其是新诗戏剧化的提出显然是反拨了当时的题材决定论和文学工具论,搁置了诗歌的社会和政治文化而强调诗歌艺术的转化和生成过程,强调诗歌的本体性和艺术品质。但是,当我们在看到袁可嘉当年倡导"新诗戏剧化"的历史价值和当时的现实意义的同时,应该提醒在一个普泛的对诗歌写作的抒情性"不齿"的时代,必须重估"叙事性"和"抒情性",在看到新诗戏剧化在 20 世纪 90 年代的诗歌写作意义的同时,也要洞察二元对立情绪的危害性——当新诗的戏剧化尤其是"叙事性"成为 20 世纪 90 年代以来诗歌写作的口号甚至是唯一的圭臬的时候,诗人和评论者实际上已经忽略了袁可嘉当年的新诗戏剧化主张的时代意义和诗学价值;袁可嘉的新诗现代化和新诗戏剧化主张很容易让人对诗歌的抒情性和诗人的个体主体性在诗歌中的张扬报以嗤之以鼻的不屑与偏颇——事实上,以抒情为主和以客观、间接的戏剧化为主都会生成出优异的诗歌文本。①

《袁可嘉新诗戏剧化理论探析》以理论梳理与具体的诗歌文本细读相结合的方法,从戏剧矛盾冲突、戏剧化客观呈现、戏剧化的展示向度三个方面来探讨袁可嘉的新诗戏剧化理论;认为:在袁可嘉的一系列诗歌批评理论中,"新诗戏剧化"理论是具有核心地位的,是他"新诗现代化"理想的具体实现途径,而九叶派诗人在创作中实践着这一理论原则;袁可嘉所提出的新诗戏剧化这一理论受到了英美新批评派的艾略特、瑞恰慈等的影响,同时,也受到了闻一多、卞之琳等人诗歌创作中对"戏剧化"手法运用的影响;但袁可嘉的"戏剧化"理论是建立在他对诗歌与现实关系的认识的基础上的,是作为他"新诗现代化"理想的具体实现途径提出来的,并将闻一多、卞之琳作为一种具体的诗歌写作技巧的"戏剧化"而上升到作为一种诗学理论的戏剧化。②

(二) 关于袁可嘉诗歌的研究

在袁可嘉研究中,有关袁可嘉诗歌的研究所占的比重虽然不是很

---

① 参见霍俊明《并非圭臬:"新诗戏剧化"的历史意义与现实反思》,载《袁可嘉诗歌创作与诗歌理论研讨会论文集》,首都师范大学中国诗歌研究中心 2009 年版,第 178—181 页。
② 参见徐婧《袁可嘉新诗戏剧化理论探析》,硕士学位论文,华中师范大学,2009 年。

大，但仍有一些值得关注的地方：其一，论文和著作都有；其二，为数不少——论及过袁可嘉诗歌的论文和著作总数在三十篇（部）以上；其三，有一些有较大学术含量之作，如游友基的《九叶诗派研究》中的《袁可嘉：新诗现代化的躬行者》、张同道的《探险的风旗——论20世纪中国现代主义诗潮》中的《手持法尺的诗人：袁可嘉》等。总的来看，它大致可以分为两类：综论和个案研究。

1. 综论

有关袁可嘉诗歌研究的综论主要有北塔的《模仿的顺便与超越的艰难——论袁可嘉的诗》、刘士杰的《现实土壤上的现代诗花——论袁可嘉的诗》、《走向现代、现实和浪漫的三结合——九叶诗人袁可嘉先生如是说》、裴高的《论九叶诗派》、李光荣的《袁可嘉先生的"海"》、廖四平的《论袁可嘉的诗歌》、游友基的《九叶诗派研究》中的《袁可嘉：新诗现代化的躬行者》、张同道的《探险的风旗——论20世纪中国现代主义诗潮》中的《手持法尺的诗人：袁可嘉》等。

《模仿的顺便与超越的艰难》从历时的角度论述了袁可嘉的诗歌，认为：袁可嘉的诗歌"正式发表的仅有6首，其余都是手稿"；其诗歌创作可分成三个时期——第一期为1946—1947年，第二期为1947—1948年，第三期为1958—1994年。第一期的诗歌虽在立意、布局、"调子"等方面明显地模仿了戴望舒、穆木天、王独清、卞之琳等人的诗歌，但思考深刻，意象颇有质感；第二时期的诗歌除仍深受卞之琳的影响外，也受到了英国现代诗人奥登的影响，"转向大众和社会，写起了政治抒情诗"，"所写的沉思之作中已很少脱空的高蹈的玄思，而更多的是以现实为基座的有感而发。个体对命运的探索与对社会的思索结合起来了"；第三时期的诗歌"数量提不上来不说，诗作本身的局面也太小，里面还夹杂着许多散文语句"①。

《现实土壤上的现代诗花——论袁可嘉的诗》在简介袁可嘉以及简介并简析了袁可嘉的诗论之后，论述了袁可嘉的诗，认为：袁可嘉的诗"早期曾受到徐志摩、冯至、卞之琳的影响，多是沉思型的"，如《沉钟》、

---

① 参见北塔《模仿的顺便与超越的艰难》，载《诗探索》2001年第Z2期。

《空》;"《岁暮》一诗,写得很精致优美,且有古典诗歌的韵味,倘要归类,则无疑可归入'新月派'的新格律诗";与《岁暮》类似的还有《墓碑》、《无题》等,"这类诗表现了袁可嘉诗的一种婉约的风格,他的诗的风格还有另一面,那就是豪放和冷峻",如《我歌唱,在黎明金色的边缘上》;《上海》、《南京》、《旅店》、《难民》、《冬夜》等"则表现了冷峻、讥讽的风格";《北平》"采取拟人化的手法,把北平写成'我'可以倾诉的对象。因为是倾吐心声,所以写得真情流露,较为平易澄明";"袁可嘉的诗歌主张在他的诗歌创作中得到体现。他的诗在内容上切近社会现实,真实反映了反动统治的黑暗腐败,以及民众的悲惨生活;在艺术上,则借鉴了西方现代主义象征、通感等手法,追求多层次的含义;其诗的语言机智、冷隽、幽默……袁可嘉虽然诗歌作品不多,但是这些作品都堪称上乘之作"[1]。

《走向现代、现实和浪漫的三结合——九叶诗人袁可嘉先生如是说》虽然是一篇回忆性散文,但也论及了袁可嘉的诗歌所受的影响。[2]

《论九叶诗派》虽然不是一篇专门论述袁可嘉诗歌的论文,但是其中的第三部分"纪念九叶诗人袁可嘉"重点论述了袁可嘉的诗歌,认为:"就袁可嘉的创作实践来看,诗歌忠实于现实生活和艺术关注人生达成了统一,关注社会生活、批判现实人生成为贯穿他的作品的第一内容","他是要以诗歌表现'对于当前世界人生的紧密把握'……而首先是把底层社会大众生活当作他诗歌三棱镜的观照焦点",如《难民》;他的诗歌所抒写的"对于40年代中后期社会生活万象亦有深切独特的感受",如《冬夜》、《进城》等;"观照人生,进行哲理思考是诗人作品表现人生的又一方面",如《墓碑》、《沉钟》、《母亲》;"整体象征化是其重要的创作手段,也就是依靠客体事物主体化(思想化)形成象征,形成意义上的流动感与朦胧感",如《上海》;"注重将感性与知性结合,以偏重知性的操作让高度的悟性统领诗篇,形成含蓄、理智、冷峻的诗风",如《进城》;

---

[1] 参见刘士杰《现实土壤上的现代诗花——论袁可嘉的诗》,载《信阳师范学院学报》(哲学社会科学版)2010年第5期。

[2] 参见刘士杰《走向现代、现实和浪漫的三结合》,载《袁可嘉诗歌创作与诗歌理论研讨会论文集》,首都师范大学中国诗歌研究中心2009年版,第210—212页。

"诗人善于运用戏剧化手段形成冲突张力",如《空》等。①

《袁可嘉先生的"海"》认为:袁可嘉爱海,海是他心灵的故乡,是他的向往、追求与慰藉,是生命的依托;对海的思念,是他挥之不去的情感因素——用现代心理学的术语来说便是"情结";并结合《空》、《穿空唉空穿》、《无题》、《岁暮》、《多岛海》、《夜航机》、《沉钟》、《墓碑》等诗歌进行了具体的分析。②

《论袁可嘉的诗歌》包括四个部分:第一部分论述了袁可嘉诗歌的主要内容,第二部分论述了袁可嘉诗歌的主要艺术特色,第三部分论述了袁可嘉诗歌特点形成所受的影响,第四部分论述了袁可嘉诗歌的意义和价值;认为:袁可嘉的诗歌主要抒写了战争与苦难、情爱、哲思,具有"宋诗化"、采用"十四行"体、语言雅俗共赏、"中西合璧"等特点,其特点的形成明显地受到了英美新批评理论、西方浪漫主义诗歌和现代主义诗歌、中国古典诗歌等的影响,具有独特的审美价值,在中国现代诗歌发展史上起着承前启后的作用,为中国当代诗人的诗歌创作提供了一定的借鉴。③

游友基的《九叶诗派研究》中的《袁可嘉:新诗现代化的躬行者》一共包括三个部分:第一部分论述袁可嘉诗歌的思想内容,第二部分论述袁可嘉诗歌的艺术性,第三部分论述袁可嘉的诗歌所受的影响即与中外诗潮的关系;认为:"袁的诗作可分为二大类:其一,偏向于内心思索的;其二,偏向于揭露现实的。偏向于内心思索的,主要有生命沉思诗与人生哲理诗……袁氏的诗几乎没有对生命欢乐的体验,充溢他心中的是寂寞、苦痛、愤怒……袁可嘉的生命沉思、人生哲理诗……有浓重的玄思色彩,却始终根植于现实,是对现实的玄思……偏向于揭露现实的诗其现实性就更强烈了。其中,以现代都市诗写得最为精彩出色。"④ 袁可嘉新诗的戏剧化与闻一多、徐志摩、卞之琳等人新诗的戏剧化不太一样,后者"更多地将戏剧化表现为运用戏剧性独白、对白……袁可嘉的新诗戏剧化有

---

① 参见裴高《论九叶诗派》,载《上海大学学报》(社会科学版)2009年第3期。
② 参见李光荣《袁可嘉先生的"海"》,电子稿。
③ 廖四平:《论袁可嘉的诗歌》,载《诗探索》2010年第1期。
④ 游友基:《九叶诗派研究》,福建教育出版社1997年版,第256—258页。

两个要点：一是诗要表现戏剧性的矛盾冲突使之达到平衡、解决；二是要造成抒情的客观性、间接性……表现的客观性、间接性，尽管有许多途径方式……最根本的是注重意象艺术……袁诗的意象虽密集，但意象间的跳跃性不大，也不存在意象之间关系联络的奇特，故而，他尽管在理论上认为现代诗避免不了晦涩，而他实际创作的诗并不晦涩"。①

张同道的《探险的风旗——论20世纪中国现代主义诗潮》中的《手持法尺的诗人：袁可嘉》阐述了袁可嘉与卞之琳在创作实践中的亲缘关系以及袁可嘉在1947年的现代主义转型，并引述了袁可嘉给张同道的亲笔信："从大部分作品的思想内容看，我反映兵荒马乱年代知识分子的苦闷心情，写旧社会大都市的没落形态……在艺术手法上，强调象征和联想，使用大跨度比喻，矛盾对比的语言……有较强的知性因素，接受过意象派和奥登等人的影响。"同时，也指出了袁可嘉在1949年之后的诗歌"与现代主义无缘"②。

2. 个案研究

有关袁可嘉诗歌研究的个案研究主要有邵燕祥的《读袁可嘉一九四八年〈诗三首〉》、周棉的《浪漫得美丽——袁可嘉〈走近你〉鉴赏》、谢伟民的《袁可嘉诗二首欣赏》、许光锐的《袁可嘉的两首十四行诗》，公木主编的《新诗鉴赏辞典》中关于《冬夜》、《出航》、《上海》、《母亲》的赏析，陈敬容主编的《中外现代抒情名诗鉴赏辞典》中关于《冬夜》、《母亲》、《旅店》三首诗的赏析，辛笛主编的《20世纪中国新诗辞典》中关于《上海》、《旅店》、《出航》、《走近你》等的分析等，吴奔星主编的《中国新诗鉴赏大辞典》中关于《沉钟》等的赏析，唐祈主编的《中国新诗名篇鉴赏辞典》③关于《上海》、《南京》、《走近你》的赏析。

《读袁可嘉一九四八年〈诗三首〉》分析了袁可嘉发表于1948年10月2日《新路周刊》第1卷第21期上的《诗三首》——《香港》、《北平》、《时感》；认为：《香港》中的"远来客人中有革命家，暴发户"、

---

① 游友基：《九叶诗派研究》，福建教育出版社1997年版，第263—266页。
② 张同道：《探险的风旗》，安徽教育出版社1998年版，第390—391页。
③ 唐祈主编：《中国新诗名篇鉴赏辞典》，四川辞书出版社1990年版。

"破船片向来视你为避风港"、"明日的风暴正在避风港酝酿"等很可能有感于时事而写，如"明日的风暴正在避风港酝酿"可能是有感于"中共南方局文委在香港主办并向内地秘密发行的'大众文艺丛刊'……在批判胡风及其文学友人的同时，又发表郭沫若的时文《斥反动文艺》，点名沈从文、朱光潜、萧乾等""'左倾'盲动和关门主义"行为而写。《时感》寄托着袁可嘉"对时世由衷的忧患之感"；"袁可嘉一介文人，从来没有投身于政治，更不曾置身于革命队伍。但他是一个原始语义上的爱国者，又因其个人的文化教养，具有朴素的人道情怀，因此，他是反对内战的，无论内战的责任谁属"；诗中所"描述的场景，经历过二三十年后那场文化浩劫的人们并不陌生：不是追求真理和知识，而是拉帮结派，党同伐异，以人划线，先有所谓'立场'，由之派生观点；在文化领域大反'封资修'，不问青红皂白，一概彻底反对，而灌输以某种教条。当时二十岁上下的青年，在革命战争的狂飙中，有类似后来红卫兵式的表现，不足怪，可以理解。而面对这些激情压倒理性和常识的年轻学生，袁可嘉无奈地发出嗟叹，就像是重复胡适当年说的，不要让马克思牛克思牵着鼻子走，不也是可以理解的吗？""不仅由于学术面临经济和政治的挤压，他分明预感到一场不可避免的浩劫，但他却以知识者的坚守自勉：'总得有人奋力振作'，'伫候劫后人类智慧的大黎明'"。《北平》"歌颂傅作义为'将军队里的将军'"，"就诗论诗，袁可嘉是扯来傅作义作一个比喻：比喻古城北平，比喻热爱北平的文化和文化北平的人，能像傅作义守城一样坚守文化和理性。当然，在这里，诗人是把守护北平及其文化遗产的安全对傅作义寄予厚望的，因为他认为傅是'将军队里的将军'。"①

《浪漫得美丽——袁可嘉〈走近你〉鉴赏》专门赏析了《走近你》一诗——该诗是袁可嘉发表的唯一一首情诗，袁可嘉和傅浩都曾对此诗有过详细的解读，且"思维模式大致相同，即遵循诗歌的内在逻辑，将隐晦的诗句结合情感发展脉络逐步表达明晰……'诗人描写他青年时代感性生活中的一次强烈体验'……隐没在玄妙意境中的个人经历幸得袁氏坦言，才

---

① 参见邵燕祥《读袁可嘉一九四八年〈诗三首〉》，载《新文学史料》2010 年第 3 期。

让这首颇令人费解的诗不至于被完全误读……'这样的情诗，全首没有一个表达爱情的字'……通篇设象，显出不落窠臼的现代气质。"① 但该文的解读更详细——诗中的一字一词，词与词、句与句、前后文等之间，诗的意境等，都得到了详细的分析；认为：该诗表达了诗人内心对生命的歌颂和精神世界里对命运的理解和思索，在一定程度上是诗人内心世界的表述和陈说；"你"是一种"我"所向往的精神境界，"你"让"我"膜拜和崇敬，不惜用"最深邃悠远"的词语来形容"你"，"我"愿意为了"你"，接受一切的磨炼，愿意一切都重新来过。"无所接受也无所拒绝"是指心灵追求的超脱和可以海涵一切的宽阔和容纳意识；"我"既可以指现实，又可以指实体的诗人本身，与其他的形容词和表达相联系，哲学的意味就很明显了；诗歌构思方式独特，用词新鲜，表述方式新奇，一改了赞美诗或者颂诗惯有的无聊和浅薄。②

谢伟民的《袁可嘉诗二首欣赏》赏析了袁可嘉的《空》、《沉钟》两首诗，认为：袁可嘉善于以明晰具体的语言熔造生动的诗歌意象。那种通常被左联或七月派诗人弄成倒人胃口的宣传说教式的现实题材，经过他的意象铸炼，便具有了一种新鲜的活力，一些过于迫近政治现实的内容在不失去当代意义的前提下，获得艺术本体的充足实在性。而《空》这首诗却是一个例外——该诗从形式上来看，是一首自由体式的中国诗歌，但颇具西方格律诗的特点；从内容来看，极为空灵抽象，情绪飘曳不定，题旨并不附着于形象，几乎难以把捉它的实在意义——由于超越了具象，缺乏一目了然的实在性，造成一个意义空筐，它可以被理解为自我沉溺之后的自谴自警；诗人提出了环境对人的异化的现代主题，从而表现了工业文明社会中人类感受到的普遍的困扰。《沉钟》所具的特征一是一韵到底的"钟"韵的运用（除二段首句），二是意象繁复，三是运用象征的手法——沉钟是中国的象征或理想的时代战士的象征。③

《袁可嘉的两首十四行诗》分析了袁可嘉的十四行诗《上海》、《南京》，认为它们"是变体十四行诗，不严守十四行诗的格律。每行的字数和音组

---

① 芮逸敏：《袁可嘉研究综述》，载《中国诗歌研究动态》2009 年第 2 期。
② 参见周棉《浪漫得美丽——袁可嘉〈走近你〉鉴赏》，载《名作欣赏》1992 年第 1 期。
③ 参见谢伟民《袁可嘉诗二首欣赏》，载《名作欣赏》1990 年第 4 期。

（顿）数都不整齐。字数最少的十个字：'官员满街走，开会领薪俸'，字数最多的是十五个字：'一梦三十年，醒来到处是敌视的眼睛'。《上海》的音组（顿）数是：45555555556555，韵式是 ababccccdcddd。《南京》的音组（顿）数是：66555565466445，韵式是：abacdddeeeeee"，它们"有两个特点：一是口语入诗，明白如话。如'到处是不平'、'拿张报，遮住脸'、'官员满街走，开会领薪俸'、'华盛顿摸摸钱袋：好个无底洞'。二是比喻奇妙，令人叹绝。如'魔掌般上伸'、'错乱的神经'、'真空的眼睛'、'红色的呵欠'、'红色的蜻蜓'、'一支高压线'、'好个无底洞'"，"要看懂这两首诗，先要了解当时的时代背景。那是蒋家王朝即将灭亡、新中国即将诞生的时期"，诗歌"把'陈列窗的数字'比作'一串错乱的神经'，把'解放'比作'大潮'，把'盼望解放的人民'比作'红色的蜻蜓'……'红色'暗示'共产党'。'到处是不平'，揭示了旧中国阶级矛盾的本质。'官员满街走，开会领薪俸'，是对国民党官僚人浮于事、无所事事的生动写照"……①

公木主编的《新诗鉴赏辞典》中关于《冬夜》、《出航》、《上海》、《母亲》的鉴赏为袁可嘉本人撰写，大抵都是先介绍写作背景，然后分析思想内容和艺术表现方面的特征；在分析作品的思想内涵时，由于一是作者有"亲历"感，二是紧扣文本"细读"，因此，分析颇能令人信服，如在关于《母亲》一诗的鉴赏中这样写道："这诗作于 1948 年，实际上写的却是 1946 年的事。那年我从昆明西南联大毕业，回到了阔别八年的故乡。见到了日夜思念中的母亲。母亲已是五十多岁的老人，她关切地问及我八年在外的生活，特别是旅途上的种种艰险，像顽童探问奇迹一样，老花眼里充满疑惧之色。我在诗里把老母比作顽童，似乎有点出格，其实不过是为了突出她那万分关切、急于知道一切的心态。至于说她'感激'我的到来，则是用侧面手法表现中国农村妇女的谦虚诚恳，在不识字的母亲眼里，儿子大学毕业回来探亲，反倒是一种'恩宠'"②；在分析作品的艺术表现时，由于作者也是一位诗论家、学者，在创作时可能确实有明确、清

---

① 参见许光锐《袁可嘉的两首十四行诗》，载《袁可嘉诗歌创作与诗歌理论研讨会论文集》，首都师范大学中国诗歌研究中心 2009 年版，第 16—21 页。

② 公木主编：《新诗鉴赏辞典》，上海辞书出版社 1991 年版，第 617 页。

醒的理性思考，并按照自己的诗学观点进行创作，所以分析时基本上是采用了自己的诗论用语或"套用"了自己的诗学观点，且语言简练、平实，如在关于《母亲》一诗的鉴赏中这样写道："我这时期写的诗，知性的成分比较重，但我努力通过生动新颖的形象比喻来表达思想和感情，通过'客观对应物'来表达主观的感情，这样就可以避免生硬地说教的毛病。在运用比喻上，又力求创新，不落俗套。"① 在关于《冬夜》一诗的鉴赏中直陈道："这首诗……受西方现代派诗的影响有这样几点：一、多处运用大跨度的比喻；二、突出机智和讽刺的笔法；三、运用强烈的对照，有时用正相反的词语来渲染气氛……这是英国玄学派诗人创造的手法，后来为现代派诗人所承袭和发展。"②

其他一些关于袁可嘉诗歌的赏析或分析多为一些行家里手撰写，均有独到之处，如尹在勤所撰写的关于《沉钟》等的赏析文章认为："负驮三千载沉重，听窗外风雨匆匆"实际上是袁可嘉所主张的"思想知觉化"的实践化，"既是那被锈绿的洪钟形象的幻化，又是诗人情绪寄托于那幻化的形象的外溢"③，"沉钟"在整首诗中属于诗人情绪的"对等物"，"把波澜掷给大海，把无垠还诸苍穹""都不是沉钟实体的切实映现，而是对沉钟实体有意扭曲的表现"④，这些见解虽然没有多少标新立异之处，但与诗歌的精神契合，相当准确。吴怀斌对《冬夜》、《母亲》、《旅店》的分析偏重于对作品思想内容做传统社会学的阐释："诗人笔下北平的冬夜其实是中国冬夜的缩影。然冬夜者，寒冷黑暗的现实也"⑤，"《母亲》，包含着对五千年中华文化性格的批判与忧思"⑥，"诗人对'旅店'的歌唱又是和对'无情的现实'的揭露同时并行的"⑦；这些观点虽然有可商榷之处，但也不失为一家之言。不过，也有一些过度阐释，如游友基对《沉钟》一诗的解读："'因而这沉钟生命永远不灭！诗人在苦痛、死寂与超

---

① 公木主编：《新诗鉴赏辞典》，上海辞书出版社1991年版，第617页。
② 同上书，第613页。
③ 吴奔星主编：《中国新诗鉴赏大辞典》，江苏文艺出版社1988年版，第840页。
④ 同上书，第841页。
⑤ 陈敬容主编：《中外现代抒情名诗鉴赏辞典》，学苑出版社1989年版，第579页。
⑥ 同上书，第580页。
⑦ 同上书，第581页。

脱、宽广中寻求到平衡。对于历史沉钟与个体生命的体验融为一体，使诗取得更深层的含义——忍受痛苦、承受历史传统重压、沉默宽厚、超越一切乃中华民族的精神品格'……平心而论，一首意味蕴藉的短诗恐怕难以承载那么宏大深厚的历史精神。"①

（三）关于袁可嘉翻译的研究

在袁可嘉的全部著译中，翻译所占的比重很大——差不多占三分之一②，在袁可嘉手拟的四卷本《袁可嘉文集》目录中，仅译诗集就独占一卷③；然而，在袁可嘉研究中，有关袁可嘉翻译的研究所占的比重并不大，值得关注的主要有彭予的《驶向拜占庭——袁可嘉和他的诗歌翻译》、蒋洪新的《半个世纪的脚印——记袁可嘉先生翻译生涯》、刘晰的《"文化转向"视域下袁可嘉"十七年"（1949—1966）英诗汉译》、刘晰的《袁可嘉译诗观初探》、廖四平等的《袁可嘉的外国诗歌翻译》、秦中书的《袁可嘉诗歌翻译研究》④ 等。

《驶向拜占庭——袁可嘉和他的诗歌翻译》既是一篇富含感情的忆人散文，又是一篇富含学术性的学术文章——作者为袁可嘉的入室弟子，学养深厚，且与袁可嘉有深度的接触，因此，对袁可嘉的翻译尤其是诗歌翻译有独到的体味和见解，如认为：袁可嘉的"译诗是一种艺术，不是一种技术。你对原作的总体（从内容到形式）有了透彻的理解，然后尽自己的本事用另一种文字将它还原为一个艺术整体，使它尽量接近本体。这里'整体观念'非常重要，因为一首诗本身就是一个艺术品，靠整体产生效果"⑤，这种观点堪称译诗的高明之言；袁可嘉对英诗"有着惊人的悟性，而且对翻译的尺度把握得也很好"⑥，他将叶芝写的《茵纳斯弗利岛》中

---

① 芮逸敏：《袁可嘉研究综述》，载《中国诗歌研究动态》2009 年第 2 期。
② 据袁可嘉的《半个世纪的脚印·附录二》，至 1991 年底，袁可嘉编译的单行本近 20 种，英汉互译的零星篇章有五十多篇；另外，袁可嘉编译的书还有：《外国名诗选（上，下）》（中国青年出版社 1997 年版），《叶慈诗选·I. II》（台湾爱诗社出版 2005 年版），《彭斯诗选·I. II》（台湾爱诗社出版 2006 年版）等。
③ 参见袁可嘉在 2001 年 8 月 27 日于纽约撰写的《关于编辑出版〈袁可嘉文集〉的说明》（打印稿）。
④ 秦中书：《袁可嘉诗歌翻译研究》，硕士学位论文，四川大学，2007 年。
⑤ 彭予：《驶向拜占庭》，载《诗探索》2001 年第 Z2 期。
⑥ 同上。

"linnet'swings"译为"傍晚到处飞舞着红雀的翅膀"准确到位。

《半个世纪的脚印——记袁可嘉先生翻译生涯》的作者蒋洪新也为袁可嘉的入室弟子,该文也既是一篇富含感情的忆人散文,又是一篇富含学术性的学术文章:该文简要地梳理了袁可嘉的译介成就,肯定了袁可嘉在1986年接受香港《明报周刊》的记者采访时所表达的观点——翻译诗歌"并没有特定的原则和标准,简单地说,就是忠实地把原文的精神、风格、内容传达过来。首先要明白是艺术性的翻译,不是技术性的,所以不是逐字逐句地译过来就算。一切要看对象"[①]。

《"文化转向"视域下袁可嘉"十七年"(1949—1966)英诗汉译》重点论述了袁可嘉在"十七年"(1949—1966)的英诗汉译,认为:"十七年"间翻译文学被"委任"为对一个具体社会和国家的颂扬,翻译的价值取向和文化使命基本上都是以满足时代政治的诉求为依归,其艺术价值无形中被弱化;为了使译作可以被本土的大众接受和消化,译者的译介策略倾向要求尽量消除原文的异化痕迹,尽量转译为大众喜闻乐见的诗歌形式和内容。袁可嘉在"十七年"(1949—1966)的英诗汉译从属于"十七年"间翻译文学,具有较强的时代特征,但也有自己的个性——努力保持原诗的风格、神韵、意象、用语和节奏,努力做到"局限中寻完美"[②]。

《袁可嘉译诗观初探》着重探讨了袁可嘉的译诗观,认为袁可嘉的译诗观可以概括为:肯定译诗的艺术性,秉承"宽严有度"的翻译原则,择取"陌生化"的翻译取向,坚持"翻译与研究并举";袁可嘉的译诗观不仅指导了自己的译诗活动,对今天的译诗实践也仍具有指导意义[③]。

《袁可嘉的外国诗歌翻译》着重研究了袁可嘉的外国诗歌翻译,认为它主要具有三个方面的特点,即"具有明确的诗学思想作指导","'原汁原味'、惟妙惟肖","注重让'中国'与'世界'接轨,推进新诗现代化"[④]。

[①] 蒋洪新:《半个世纪的脚印——记袁可嘉先生翻译生涯》,载《中国翻译》1995年第6期。
[②] 参见刘晰《"文化转向"视域下袁可嘉"十七年"(1949—1966)英诗汉译》,载《合肥学院学报》(社会科学版)2012年第4期。
[③] 参见刘晰《袁可嘉译诗观初探》,载《合肥学院学报》(社会科学版)2013年第1期。
[④] 参见廖四平等《袁可嘉的外国诗歌翻译》,载《中国翻译》2007年第2期。

《袁可嘉诗歌翻译研究》除引言和结语外,共分五章;从介绍袁可嘉的生平事迹入手,逐渐深入到他译介的多位欧美诗人的作品,探讨了他的诗学理论、翻译思想与翻译实践三者完美结合的过程,以及他在推动中国新诗发展、译介现代文学方面的卓越成就;在论及袁可嘉的翻译思想时,文章论述了袁可嘉对翻译的性质、原则、语言修辞和翻译中如何看待中外语言等一般翻译问题所提出的一系列见解,以及关于习语翻译、译注、以顿代步来译英诗的格律、汉译英语自由诗应注意的地方、翻译中诗歌语言的要求、神似与形似等问题的观点。在论及袁可嘉的翻译实践时,文章分析了袁可嘉在实践中如何运用翻译策略和技巧,如何传达原文风格、艺术特点以及如何选词等问题。

(四) 关于袁可嘉外国文学研究的研究

袁可嘉一生中的主要职业性工作是研究外国文学,学界对袁可嘉的外国文学研究也展开了研究;大致地说,其成果主要包括两类:综合性研究与专题性研究。

综合性研究的成果不多——能检索到的主要有廖四平等的《论袁可嘉的外国文学研究》,该文一共分三部分:第一部分概述了袁可嘉外国文学研究的主要内容,第二部分归纳了袁可嘉外国文学研究的特点,第三部分阐述了袁可嘉外国文学研究的意义[①];总的来看,该文论及了袁可嘉外国文学研究的方方面面,内容比较全面,但论述并不深入。

此外,安理的《袁可嘉谈西方现代派文学》、黄燎原的《外国文学专家访谈之一》也大致可以归为这一类,前者论及了袁可嘉于1982年12月30日发表在《光明日报》的《我所认识的西方现代派文学》一文,认为该文讲了四个问题,即"西方现代派具有资产阶级的属性,但它既不是垄断资本的卫士,也不是资产阶级革命的先锋,而是中小资产阶级以消极方式表达不满的喉舌"、"西方现代派在反映现实上具有两重性"、"对西方现代派文学观点要剥离其唯心主义,吸收其合理因素"、"对现代派的艺术技巧要作具体分析,加以消化改造,适当运用"[②];后者实际上是以专访

---

① 参见廖四平等《论袁可嘉的外国文学研究》,载《海南师范大学学报》(社会科学版) 2010年第2期。

② 参见安理《袁可嘉谈西方现代派文学》,载《外国文学研究》1983年第1期。

的形式对袁可嘉有关当代英语诗歌的观点进行归纳和集中。①

专题性研究的成果也不多——能检索到的主要有何辉斌的《袁可嘉20世纪60年代的艾略特研究》和李建立的《20世纪80年代"西方现代派"知识形态简论》。

《袁可嘉20世纪60年代的艾略特研究》以袁可嘉的《托·史·艾略特——美英帝国主义的御用文阀》、《"新批评派"述评》、《略论美英"现代派"诗歌》这三篇论文为对象,论述了袁可嘉在20世纪60年代的艾略特研究。文章包括"明显地带有时代的特点"、"对现代主义的间接肯定"、"有意义的批评"等三个部分。第一部分把"袁可嘉20世纪60年代的艾略特研究"放在一个特定的时代环境中进行考察,认为:"袁可嘉的艾略特研究的总体风格当然不可能超越时代的局限性……他不敢轻易超越官方的评价标准,把艾略特的现代主义文学看做没落的、腐朽的、反动的文学……虽然袁可嘉不可能真正避开简单的政治批判,但他的有些批评也显示了一定的学术功力……袁可嘉的……批评并非捕风捉影,原文都有详细的注释和出处,显示了他对艾略特的文本的熟悉。应该说,当时的艾略特也有着明显的冷战思维。袁可嘉凭借自己的现代主义文学的良好基本功,指出了这些问题,不但满足了当时的政治需求,也有一定的学术价值"。第二部分透过袁可嘉否定艾略特的表象分析了袁可嘉肯定艾略特的实质——"袁可嘉虽然写了这些文章对艾略特进行批评,但打心底里他不可能完全否定现代主义文学。他的这种心理往往间接地体现出来。首先他的文章中有不少传神的翻译……他翻译的艾略特的《窗前晨景》……翻译得这么好……是对艾略特的最好赞扬。他虽然说了很多否定的话,但这样的翻译本身就是最有力的反驳……有时袁可嘉能够很好地阐释原文的意思……袁氏虽然还说了一些批判性的话,但这样到位的解释就是对艾略特的最好的赞美……袁可嘉的这几篇论文虽然总体上否定了现代主义,但有时他又隐隐约约地流露出赞同的意思"。第三部分阐述了袁可嘉的艾略特研究的学术价值和意义——"除去政治化的批评之外,袁可嘉也有不少有见地的学术批评。首先他指出了艾略特的诗歌晦涩难懂的特点及

---

① 参见黄燎原《外国文学专家访谈之一》,载《外国文学》1992年第2期。

其原因……批评了艾略特的精英主义思想……批评了艾略特的比较极端的基督教思想……批评了艾略特的形式主义……袁氏的批评很有道理……袁可嘉的这种看法也很有启发意义。"总的来说，袁可嘉的现代主义研究"反映了当时的环境和复杂的心态：国家的政策给学术界提供了一定的自由，但学者还得以否定的姿态出现才可以获得说话的权利，论著中翻译的例子往往忠实地再现了原文的艺术水准，是一种间接肯定，评论中肯定的成分比较隐蔽，往往在转折句的后半部出现。"①

《20世纪80年代"西方现代派"知识形态简论》从20世纪80年代西方现代派知识生产中的重要参与者袁可嘉的译介活动中考察"文化大革命"结束后西方现代派知识的基本形态及其内在逻辑——文章以袁可嘉撰写的《外国现代派作品选·前言》为中心，并参照袁可嘉本人的相关文章，通过分析他回答什么是现代派文学的方式，透视了20世纪80年代有关西方现代派文学常识的生产过程。文章认为：袁可嘉等选编的《外国现代派作品选》是20世纪80年代影响最为深远的"西方现代派"启蒙读物和普及"教材"；在确定"西方现代派"的坐标时，袁可嘉在挑选材料时并不怎么"松软"，而是在不同的说法间不断取舍；20世纪80年代至今概述"西方现代派"时最常见的方式是以袁可嘉的"人与社会、人与人、人与自然（包括大自然、人性和物质世界）和人与自我尖锐矛盾和畸形脱节，以及由之产生的精神创伤和变态心理，悲观绝望的情绪和虚无主义的思想"之说来总结"西方现代派"文学的思想特征；在袁可嘉看来，"西方现代派"和中国文学"结合"的成功经验是："现实主义"出"精神"，"西方现代派"贡献"艺术"；袁可嘉所归纳出的"西方现代派"的基本"艺术观点"正是"现实主义"所反对的。②

（五）关于袁可嘉的综合性研究

这方面的研究成果大致有胡蝶的《难以摆脱的魅影——艾略特对袁可嘉的影响研究》、吴丹的《用心诠释艺术人生》、蒋洪新的《青山绿水，

---

① 参见何辉斌《袁可嘉20世纪60年代的艾略特研究》，载《汉语言文学研究》2011年第2卷第2期。
② 参见李建立《20世纪80年代"西方现代派"知识形态简论》，载《当代文坛》2010年第1期。

皆我故乡》、蒋洪新的《诗人翻译家袁可嘉》、王圣思的《悼念袁可嘉先生的一封信》、张曼仪的《敬悼袁可嘉先生》、汪剑钊的《当生命熟透为尘埃》等。

《难以摆脱的魅影——艾略特对袁可嘉的影响研究》从诗歌理论和诗歌创作两个方面,探讨艾略特对袁可嘉的影响;该文既扩充了国内对袁可嘉的研究之内容,又为"艾略特在中国"研究作了补充,也对探索中国现代诗歌萌芽发展的轨迹、揭示西方诗歌在中国新诗萌芽中的推动作用以及研究中西方诗学交流等具有理论价值和现实意义。①

《用心诠释艺术人生》论及了袁可嘉的诗论、诗歌、翻译、研究等多个方面。②

《青山绿水,皆我故乡》虽然是一篇回忆性文章,但论及了袁可嘉的生平、诗歌、诗歌创作与诗学主张、翻译、外国文学研究等多个方面,而且不乏"真知灼见",如认为《茫茫》一诗对于袁可嘉而言具有谶语的意味,《沉钟》一诗"写得沉郁雄健,初读很难设想这是出自一位二十几岁年轻人之手……抒发青年诗人历史沧桑感,他将自己喻为沉寂的洪钟,置于横穿亘古的时空之中",《外国现代派作品选》"是新中国成立以来第一次系统而又精当地引进西方现代派文学,译文质量较高,切合当时社会需要……为中国作家的创作提供了新的视野",袁可嘉的"译诗自然别有炉锤,他的许多译诗可谓形神兼备……他所选译的作品往往针对中国文坛的实际需要,为我国文学发展提供可资借鉴的经验。"③

《诗人翻译家袁可嘉》虽是一篇人物介绍性文章,但论及了袁可嘉的生平、著译等多个方面,其中,有关袁可嘉翻译的论述颇为精准、全面——"袁可嘉先生的译诗是融翻译家、诗人和评论家三者神韵为一体的神奇结合。首先他的选题有批评家的眼光,他不是仅为翻译搞翻译,而是针对中国文坛的实际与需要,为我国文化建设引进可资借鉴的外国经验……其次他是

---

① 参见胡蝶《难以摆脱的魅影究——艾略特对袁可嘉的影响研究》,载《知识经济》2010年第19期。
② 参见吴丹《用心诠释艺术人生》,载《华人世界》2009年第1期。
③ 参见蒋洪新《青山绿水,皆我故乡——追思诗人翻译家袁可嘉先生》,载《中国诗歌研究动态》2009年第2期。

西方文学研究的大家,他的翻译与研究并举,准确传神。再次他本是位诗人,诗人手下别有炉锤,如他所译彭斯的《新年早晨老农向老马麦琪致辞》,诗中老马的奉献与晚年憔悴形象,以及老农的体贴入微和感恩之情,在中文译诗里同样跃然而出。"①

《悼念袁可嘉先生的一封信》虽然从标题来看是一封信,但从内容来看可谓一篇研究袁可嘉的综合性论文——文章论及了袁可嘉的生平、编著、诗歌、诗论、翻译等多个方面。其中,对袁可嘉的诗歌的论述不少都颇有独到之处,如认为:《母亲》"不作直露的抒情,而是从儿子的角度凸现出母亲的形象,勾画出不识字的母亲见到离别已久又学成归来的儿子时所表现的神情和言谈……既蕴涵颂扬母爱的真挚情感,却又不是直截了当地写出,而是通过母亲的言谈举止神情和自身的领悟,采用感性与知性相结合的方法,将独具个体的母亲与全人类的母亲形象勾连在一起……全诗在形式上为三节四行体,较为整齐,因每行内有适当的停顿,韵脚相对固定,朗读起来自然上口","袁可嘉对诗艺的吸收是多方面的,不仅有我国古典诗词的熏陶,有老师卞之琳的影响,也有对冯至哲思的吸取,更有西方现代派诗艺的采撷,甚至可见17世纪英国玄学派诗艺特点。那些影响的痕迹其实是盐溶于水的表现,可以指出这点那点的相似,但整体却仍是袁可嘉的","《沉钟》既有对中国古典咏物诗的继承,借物咏志,又有现代诗的创意","《上海》《南京》是两首以城市地名为题的十四行诗,前者讽刺上海商界,后者针砭南京政界。采用不太严格的十四行体,尝试如英国现代诗人奥登那样将社会性题材和现代派诗艺糅合在一起加以表现,取得非同寻常的效果。"②

《敬悼袁可嘉先生》虽然是一篇悼文,但论及了袁可嘉的诗歌、诗论、为人、研究等方面;虽然没有深入地展开,但也有"画龙点睛"之处,如文章举作者与一个当年研究20世纪40年代诗歌的学生陪袁可嘉到百货公司为小孙女选购婴儿车以显袁可嘉"对妻子和儿孙浓情挚意"③。

---

① 参见蒋洪新《诗人翻译家袁可嘉》,载《诗歌月刊》2009年第6期。
② 王圣思:《悼念袁可嘉先生的一封信》,载《中国诗歌研究动态》2009年第2期。
③ 张曼仪:《敬悼袁可嘉先生》,载《中国诗歌研究动态》2009年第2期。

《当生命熟透为尘埃》简要地论述了袁可嘉的编译、诗论、诗歌等①。

(六) 关于袁可嘉的生平材料

关于袁可嘉的生平材料，一是袁可嘉自己撰写的《袁可嘉自传》②，二是袁可尚撰写的《袁氏家谱》③，三是袁可嘉的亲友撰写的文章，如袁晓敏、袁琳的《三言两语话父亲》④、童银舫的《英美文学专家袁可嘉》⑤、童银舫的《"让我沉默于时空"——忆袁可嘉先生》⑥、北塔的《斯人可嘉》⑦、《袁可嘉：高擎现代派文学之大旗》⑧、蓝棣之的《我所接触到的袁可嘉先生》⑨、王齐建的《悼念恩师袁可嘉先生》⑩、刘士杰的《走向现代、现实和浪漫的三结合——九叶诗人袁可嘉先生如是说》、李景端的《告慰袁可嘉》⑪、王素蓉的《暮霭里盏盏灯火唤归家》⑫、卢峰的《我见到的袁可嘉伯伯》⑬、李光荣的《录佚诗再寄袁可嘉先生》⑭、刁斗的《向袁可嘉致敬》⑮ 等。

---

① 汪剑钊：《当生命熟透为尘埃》，载《袁可嘉诗歌创作与诗歌理论研讨会论文集》，首都师范大学中国诗歌研究中心 2009 年版，第 89—90 页。
② 《袁可嘉自传》，载袁可嘉《半个世纪的脚印》，人民文学出版社 1994 年版。
③ 袁可尚撰写：《袁氏家谱》，电子稿。
④ 袁晓敏、袁琳：《三言两语话父亲》，载《诗探索》2002 年第 Z1 期。
⑤ 童银舫：《英美文学专家袁可嘉》，载《文化交流》2009 年第 2 期。
⑥ 童银舫：《"让我沉默于时空"——忆袁可嘉先生》，载《文学港》2009 年第 2 期。
⑦ 北塔：《斯人可嘉》，载《中国诗歌研究动态》2009 年第 2 期。
⑧ 《袁可嘉：高擎现代派文学之大旗》，载《诗歌月刊》2009 年第 6 期。
⑨ 蓝棣之：《我所接触到的袁可嘉先生》，载《中国诗歌研究动态》2009 年第 2 期。
⑩ 王齐建：《悼念恩师袁可嘉先生》，载《袁可嘉诗歌创作与诗歌理论研讨会论文集》。
⑪ 刘士杰：《走向现代、现实和浪漫的三结合——九叶诗人袁可嘉先生如是说》、李景端：《告慰袁可嘉》，载《中国诗歌研究动态》2009 年第 2 期。
⑫ 王素蓉：《暮霭里盏盏灯火唤归家》，载《袁可嘉诗歌创作与诗歌理论研讨会论文集》2009 年 10 月。
⑬ 卢峰：《我见到的袁可嘉伯伯》，载《袁可嘉诗歌创作与诗歌理论研讨会论文集》2009 年 10 月。
⑭ 李光荣：《录佚诗再寄袁可嘉先生》，载《袁可嘉诗歌创作与诗歌理论研讨会论文集》2009 年 10 月。
⑮ http://cache.baiducontent.com/c?m=9f65cb4a8c8507ed4fece7631046893b4c4380147d8c8c4668d4e419ce3b4c413037bfa6663f405a8e906b6075a81d56befb3570300123b5999e8f40d7ac925f75ce786a6459db0144dc0edebf5151c137912afed91ff0c9812592dec5a3ab4322c144750b9781fc4d0164dd19f40340e3b1e93f022f16aded41728f5e605d9e3441c65089e4251e02&p=882a904195904ead05a5c3215942&newp=8a769a47ca9600ff57e890644c4092695803ed633fdcd1092a95&user=baidu&fm=sc&query=%CF%F2%D4%AC%BF%C9%BC%CE%D6%C2%BE%B4%A1%A2%B5%F3%B6%B7&qid=&p1=1.

其中,《袁可嘉自传》最为重要——该文一共十五节,叙写了袁可嘉自出生至1991年间亲历的一些事情。第一节所叙写的事情主要有:长兄袁可尚对袁可嘉的帮助,从小学到大学各个阶段的学习情况及所遇到的一些良师益友,文学爱好的转向及其原因,最初的文学及学术活动。第二节所叙写的事情主要有:任北京大学西语系助教,发表新诗20余首和以论新诗现代化为总标题的一系列评论文章,协助杨振声编辑北平《经世日报》的文学副刊和最后半年天津《大公报》的《星期文艺》,参与了"'九叶诗派'的肇始"活动。第三节所叙写的事情主要有:调至中共中央宣传部《毛泽东选集》英译室工作,撰写谈论汉译英问题的文章,翻译杨朔的《三千里江山》、陈其通的《万水千山》;调至外文出版社英文部任翻译,参加全国第一次文学翻译会议,开始翻译彭斯的诗歌,结婚生女,加入中国民主同盟。第四节所叙写的事情主要有:调至中国科学院哲学社会科学部文学研究所西方文学组担任助理研究员及翻译或撰写或编辑了一系列作品或论著,如布莱克的《天真之歌》、《米列诗选》、《彭斯诗抄》、《英国宪章派诗选》等诗歌集,赫兹列特的《泛论诗歌》、德莱顿的《论悲剧批评的基础》、济慈的《书信选》、《马克·吐温——金元帝国的揭露者》、爱德华·杨格的《试论独创性作品》等文论,《马克·吐温——金元帝国的揭露者》、《托·史·艾略特——美英帝国主义的御用文阀》、《新批评派述评》、《略论美英现代派诗歌》、《英美意识流小说述论》、《腐朽的文明,糜烂的诗歌》、《拜伦和拜伦式英雄》等论文。第五节所叙写的事情主要有:参加四清、"文化大革命"、清查"516"等运动;因受命为美籍华人许芥昱提供帮助而被定为犯有"为美国间谍提供情报的反革命罪行";定稿《美国歌谣选》。第六节所叙写的事情主要有:升任副研究员,并兼任中国社科院研究生院外文系副教授,教授西方现代派文学,带硕士研究生;与董衡巽、郑克鲁等主持编译了《外国现代派作品选》,共四册八本;与旧日诗友出诗歌集《九叶集》等。第七节所叙写的事情主要有:应美国旧金山州立大学比较文学系主任许芥昱教授的邀请,前往该校讲学,应爱荷华大学国际创作中心聂华苓之邀参加1980年9月"中国作家周末"活动,应邀去加州大学圣地亚哥分校讲演,陪沈从文、卞之琳、冯亦代在旧金山出席各种会议和宴请,为威斯康星大学陌地生分校东亚语文系师生讲新诗，担任帕登基金会访问教授。第八节所叙写的事情主要有：担任北卡罗来纳州恰普尔市美国全国人文中心的客座研究员，许芥昱遇难，长女袁晓敏到美留学。第九节所叙写的事情主要有：在上海探亲访友，并在上海作协、华东师大和复旦大学作专题演讲，参与国内正展开关于西方现代派文学的讨论；从事一些学术活动，如编订论文集《现代派论·英美诗论》，参加全国文学艺术规划会议，主编《现代主义文学研究》（上下编），《论新诗现代化》一书出版，与胡乔木等谈新诗等。第十节所叙写的事情主要有：次女袁琳结婚；《彭斯诗钞》（增订本）出版；为黎华编的《世界爱情诗选》撰序《略说爱情诗的风格》，参加一些学术活动，如出席中国文联召开的"国内外文学理论信息交流会"，并做了《西方结构主义文论的成就和局限》的发言，参加《红旗》杂志社主办的"现代派问题座谈会"，并做题为《现代主义——一场富有危机意识和变革意识的文化运动》的发言，参加中国译协第一次全国代表大会。第十一节至第十三节所叙写的事情主要有：到英国、香港考察访问了剑桥、牛津、莎士比亚故乡斯特拉福、彭斯乡、圣保罗大教堂、大英博物馆、伦敦塔和塔桥、香港大学等处，会见当时的冠诗人塔特·休斯、爱丁堡大学台维·台契斯教授、当代苏格兰著名诗人诺曼·麦凯格等；回北京以后的一些活动，如赴河南大学外语系讲学，参加《外国文学资料研究丛书》编委会议，会见到中国访问的美国文学教授力斯茂夫妇和萨丁夫妇，为文学研究所高级理论班讲《结构主义文论的理论和实践》，出席中宣部召开的外国文学工作座谈会，参加中国社会科学院外国文学研究所召开的"意识流文学"研讨会，赴河北讲学，赴香港参加三个会议，办退休、续聘手续，参与组织编辑出版纪念穆旦的文集《一个民族已经起来》和"穆旦学术讨论会"，参与筹划编辑《卞之琳与诗艺术》等。第十四节至第十五节所叙写的事情主要有：完稿《欧美现代派文学概论》，编译《欧美现代十大流派诗选》，参加"卞之琳学术研讨会"和《艾青全集》首发式等。

《袁氏家谱》、《三言两语话父亲》等也很重要——前者包括《序言》、《从清末移来的今址说起》、《我族移今大袁村第一代》、《我族移今大袁村第一代》、《移民第一代，第三代》、《瞻望》等部分，从袁家祖籍浙江绍兴写起，一直写到袁可嘉的子辈；后者包括"对亲人，对家乡，对集体的爱"、"尊师重友，克己为人"、"对祖国，对事业的爱"、"敬业精神：活到老，学到老，干到老"等部分，叙写了袁可嘉的一些优秀品质及相关的例证性的事情，如无微不至呵护女儿、给妻子送生日贺卡、关心家乡的文化事业、敬爱卞之琳等师长、友爱穆旦等诗友、主动降自己的工资以成全同事、把长工资的机会让给同事、提携文学青年、为北京申奥成功而由衷地高兴、晚年"为自己提出一个十年计划的三字诀"等。

其他文章均有其独到之处——《我所接触到的袁可嘉先生》叙写了袁可嘉关爱后辈、真诚、谦和等品质及相关生活实例，如袁可嘉请作者为其《论新诗现代化》写序、关心作者的《中国现代诗流派思潮史》的写作进展、接受作者关于西方后结构主义的看法等。《告慰袁可嘉》叙写了作者与袁可嘉相识、相交的一些事情，如"在1979年烟台首届美国文学研究会年会上认识可嘉"，向袁可嘉"请教如何介绍外国文学"、约袁可嘉"为《译林》写几条现代派的'名词解释'"，袁可嘉确定选用穆旦的诗句"一个民族已经起来"作为怀念穆旦的文集的书名等。《悼念恩师袁可嘉先生》叙写了作者做学生聆听袁可嘉授课时所见的袁可嘉的神采，如"袁先生的特点是：他文稿一叠，近视镜一副，有备而来，讲现代派的源流、影响和贡献，鞭辟入里，把现代派'深刻的片面，片面的深刻，'柔声柔气，不疾不徐，娓娓道来"[①]。《斯人可嘉》和《袁可嘉：高擎现代派文学之大旗》叙写了作者与袁可嘉交往的一些事情，如在袁可嘉的提议下，中国现代文学馆建"九叶文库"……《走向现代、现实和浪漫的三结合——九叶诗人袁可嘉先生如是说》叙写了作者对袁可嘉的一次访问及访问的具体内容——作者与袁可嘉谈现代主义。《暮霭里盏盏灯火唤归家》叙写了作者所知道的袁可嘉的一些事情，如袁可嘉多次写信给中国社会科学院外国文学研究所原领导之一王平凡及时任领导以及卞之琳本人，倡导举办庆祝卞之琳从文70周年作品暨90华诞活动；袁可嘉身居海外而心系外国文学研究所等。《录佚诗再寄袁可嘉先生》叙写了作者发现袁可嘉的《夜航机》、《多岛海》、《渡》、《发酵的夜》等佚诗之事以及因

[①] 王齐建：《悼念恩师袁可嘉先生》，载《袁可嘉诗歌创作与诗歌理论研讨会论文集》，首都师范大学中国诗歌研究中心2009年版，第27页。

此事而与袁可嘉及其长女袁晓敏的交往之事。《我见到的袁可嘉伯伯》叙写了作者见到的袁可嘉，写出了袁可嘉重情、"浪漫"的一面，如因恩师卞之琳的去世悲伤不已、"与夫人高举高脚杯，小酌中国红"等。《英美文学专家袁可嘉》叙写了作者自高中时代起与袁可嘉的一些交往，重点叙写了袁可嘉对自己的关爱，如支持作者办"七叶诗社"、办《七叶诗刊》、鼓励作者进修、赠作者书籍、夸赞作者的学术成绩等。《"让我沉默于时空"——忆袁可嘉先生》叙写了作者等文学青年受袁可嘉提携之事，如袁可嘉给作者写鼓励信、支持作者办诗社、评点作者等文学青年的诗歌、与作者等在慈溪文联举行小型的座谈会等。《向袁可嘉致敬》叙写了袁可嘉对作者的影响以及作者对袁可嘉的崇敬。

（七）关于袁可嘉研究之研究

芮逸敏的《袁可嘉研究综述》[①]、龙扬志的《纪念一座沉寂的洪钟》[②] 等。

《袁可嘉研究综述》除引言外，包括"（一）创作"、"（二）译介"、"（三）诗论"、"（四）小结"等部分；其中，"（一）创作"、"（二）译介"、"（三）诗论"分别就有关袁可嘉"创作"、"诗论"、"译介"的研究进行了述评，"（四）小结"对研究现状做了小结。对有关袁可嘉"创作"的研究，文章主要评述了公木主编的《新诗鉴赏辞典》、陈敬容主编的《中外现代抒情名诗鉴赏辞典》、唐祈主编的《中国新诗名篇鉴赏辞典》、辛笛主编的《20世纪中国新诗辞典》、吴奔星主编的《中国新诗鉴赏大辞典》、游友基的《九叶诗派研究》、张同道的《探险的风旗——论20世纪中国现代主义诗潮》等书中有关袁可嘉诗歌的部分以及北塔的《模仿的顺便与超越的艰难》一文，认为："游友基在《九叶诗派研究》中说'袁氏的诗几乎没有对生命欢乐的体验，充溢他心中的是寂寞、苦痛、愤怒'……一语道出袁可嘉新中国成立前作品的整体基调"。对袁可嘉的诗歌，"评论者往往采用新批评的方法对作品进行细读"；有的评论比较精准，如尹在勤对《沉钟》的解读；有的评论则有过度阐释之嫌，如游

[①] 芮逸敏：《袁可嘉研究综述》，载《中国诗歌研究动态》2009年第2期。
[②] 龙扬志：《纪念一座沉寂的洪钟》，载《中国诗歌研究动态》2009年第2期。

友基对《沉钟》的解读;"吴怀斌对《冬夜》、《母亲》、《旅店》三首诗的分析显然倾向于对思想内容做传统社会学的阐释";"相对来说,其他包括袁可嘉本人在内的评论者的阐释要更注重诗歌的艺术表现方式、技巧借鉴等。"北塔在《模仿的顺便与超越的艰难》中将袁可嘉的"第一期的作品定为最高似可商榷";"观袁氏诗作通透又评介含蓄的人应属张同道"。对有关袁可嘉"译介"的研究,文章主要引述了彭予的《驶向拜占庭——袁可嘉和他的诗歌翻译》、蒋洪新的《半个世纪的脚印——记袁可嘉先生翻译生涯》等文章所引的袁可嘉的翻译观以或论文作者对袁可嘉的评价。对有关袁可嘉"诗论"的研究,文章认为:关于袁可嘉诗论方面的研究论文十篇有余,其中很多篇在内容上大同小异,有的几乎完全照搬了袁可嘉在20世纪40年代提出的一系列诸如"新诗现代化"、"新诗戏剧化"等诗学理论……但也并非绝无好文。其中,游友基、张同道、臧棣的文章堪称代表;并提纲挈领地述评了游友基的《九叶诗派研究》、张同道的《探险的风旗——论20世纪中国现代主义诗潮》等书中有关袁可嘉诗论的部分以及臧棣的《袁可嘉:40年代中国诗歌批评的一次现代主义总结》一文,指出:"游友基的专论基本上属于综合归纳性研究";张同道对袁可嘉诗论的研究可用"言简意赅"来概括——他在审视袁可嘉诗论时倾注了鲜明的自我意识;"臧棣的高明在于不但看到袁氏的诗评诗论对当时诗坛的理论贡献,而且能够敏锐地发现诗人自身存在的疑虑并对其进行分析"。"小结"对袁可嘉研究做了小结,认为:"纵观十多年来并非很多的资料,能看出研究者逐渐从诗歌鉴赏转向诗论研究的学术取向……袁可嘉的译介贡献为多数学者所忽视,可谓研究的盲点。诗人、翻译家、批评家、理论家,众多头衔集于一身的袁可嘉确实显得有些气质驳杂。因此对他的研究也就不宜区分得过于纯粹。"[①]

《纪念一座沉寂的洪钟》综述了中国当代文学研究会、首都师范大学中国诗歌研究中心于2009年10月31日联合举办的"袁可嘉诗歌创作与诗歌理论研讨会"与会者的发言要点,实际上是袁可嘉研究者们的一些主要观点的集中"提炼",所"提炼"的多为一些行家里手的观点,如赵敏

[①] 参见芮逸敏《袁可嘉研究综述》,载《中国诗歌研究动态》2009年第2期。

俐认为:"袁可嘉不仅是格高品清、胸怀宽广的诗人,还是著作等身、桃李满天下的翻译家和教育家。在学术研究方面,他致力于介绍西方现代主义文学作品,发表评论,编选译品,为现当代诗歌研究做出了令人瞩目的贡献,对'九叶诗派'的形成和中外诗歌艺术交流产生了广泛而深远的影响。袁可嘉始终关注新诗发展路径和方向,发表了一系列探讨新诗现代化的论文,影响了一批又一批学者、诗论家和诗人,他在新诗的现代性探索领域中,完善了20世纪二三十年代以来中国现代主义诗学体系,为中国现代主义诗学确立了新的品质,更重要的是,为中国新诗现代主义创作尝试了新的方向和发展可能。"张炯认为:"袁可嘉是'九叶诗派'中最有理论修养的诗人之一,也是我国研究现代派的权威学者之一,其诗歌创作和研究成就为文坛所公认"① ……

二

综观袁可嘉研究,可以看出,它大致具有如下特点:

(一) 全方位性

如上所述,已有的袁可嘉研究涵盖了关于袁可嘉的诗论、诗歌、外国文学翻译、外国文学研究、多方面的"综合"、生平材料、袁可嘉研究等方面的内容——这真可谓具有"全方位性"。

同时,各方面的研究视角多种多样、"异彩纷呈"——有关袁可嘉诗论的研究尤其如此:

如上所述,有关袁可嘉诗论的研究主要包括"梳理性研究"、"探究性研究"两类,而一些具体论著又各有其侧重点:

如"梳理性研究"注重梳理归纳——《九叶诗派研究》中的《新诗现代化的诗学体系——袁可嘉的诗论》注重"全面"、"有序化":该文几乎论及了袁可嘉的所有诗论,把袁可嘉的诗论归纳为八个方面——几乎涵盖了诗学的全部问题。但是,袁可嘉的诗论本来主要是针对中国新诗自身发展过程中的一些具体问题而产生的——并不是袁可嘉按照既有的或自己事先设计好的理论撰写的专著或系列论文,彼此之间本不是或本不都是有

---

① 龙扬志:《纪念一座沉寂的洪钟》,载《中国诗歌研究动态》2009年第2期。

内在的逻辑联系的；而该文却将之进行了"有序化"——将袁可嘉原本散见于一些文章中、处在一种无序状态下的观点归纳为一套具有体系性，且逻辑严密的诗论。《中国现代诗论40家》中的《袁可嘉的诗论》主要是述评袁可嘉的诗论——该文将之归纳为"'返回本体'的理论主张"、"中心议题是新诗现代化"、"'表现上的客观性与间接性'"等问题，并逐一予以述评；对各问题的述评，注重紧扣所述评的问题本身、注重述评的全面性。《中国现代诗歌理论批评史》中的《袁可嘉 唐湜》注重按照诗学体系的"要件"对袁可嘉的诗论进行梳理："诗的本体论"与"有机综合论"、"诗的艺术转化原则"、"新诗戏剧化"等实际上即诗学里的"本体论"、"创作论"……

又如"探究性研究"的"综合性研究"侧重综合研究——《袁可嘉：40年代中国诗歌批评的一次现代主义总结》侧重从20世纪40年代中国诗歌批评史的格局中透视袁可嘉的诗学观点；《"新诗现代化"及其中国意义——重温袁可嘉的"新诗现代化"思想》侧重从中国意义的角度研究袁可嘉的"新诗现代化"思想；蒋登科的《论袁可嘉新诗现代化的诗学体系》[①]、邵瑜莲、符杰祥的《论袁可嘉现代诗学体系的文化意义》[②]，邹爱芳的《浅论袁可嘉对中国现代诗学体系的建构》[③]，王芳的《袁可嘉诗学体系的现代性追求》[④]、《论袁可嘉的现代主义诗学理论探索》[⑤]，《论袁可嘉中国式现代主义诗学理论的建构》[⑥] 等注重从诗学体系的角度研究袁可嘉的诗论……"专题性研究"或者注重"探究袁可嘉诗论的渊源"，如《九叶派诗歌批评理论探源》、《袁可嘉新诗批评与艾略特的影响》、《九叶诗派对英美新批评理论的接受与扬弃》，马永波的《袁可嘉诗学思想探源》等，或者注重"探究袁可嘉诗论的某一特点或内容"，如《"复杂性"：观照袁可嘉"新诗现代化"理论的一个视角》、《"民主文化"：袁可

[①] 蒋登科：《论袁可嘉新诗现代化的诗学体系》，载《常熟高专学报》2001年第5期。
[②] 邵瑜莲、符杰祥：《论袁可嘉现代诗学体系的文化意义》，载《东方论坛》2001年第4期。
[③] 邹爱芳：《浅论袁可嘉对中国现代诗学体系的建构》，载《浙江社会科学》2009年第11期。
[④] 王芳：《袁可嘉诗学体系的现代性追求》，《西南大学学报》（人文社会科学版）2011年第5期。
[⑤] 王芳：《论袁可嘉的现代主义诗学理论探索》，载《文艺理论研究》2008年第5期。
[⑥] 王芳：《论袁可嘉中国式现代主义诗学理论的建构》，载《南昌大学学报》（人文社会科学版）2009年第5期。

嘉"新诗现代化"体系的民主国家内涵》、《现代派的"现实"认同——从袁可嘉现代诗理论中的"政治感伤性"谈起》等等。

（二）注重学理性

1. 文字平实

几乎所有研究袁可嘉的文章——无论一些富含情感的文章，如袁晓敏、袁琳的《三言两语话父亲》、王圣思的《悼念袁可嘉先生的一封信》、童银舫的《英美文学专家袁可嘉》、《"让我沉默于时空"——忆袁可嘉先生》、北塔的《斯人可嘉》、蓝棣之的《我所接触到的袁可嘉先生》、李景端的《告慰袁可嘉》、王素蓉的《暮霭里盏盏灯火唤归家》、卢峰的《我见到的袁可嘉伯伯》、刁斗的《向袁可嘉致敬》等，还是一些注重理性分析的文章，如蓝棣之的《九叶派诗歌批评理论探源》、李怡的《"新诗现代化"及其中国意义——重温袁可嘉的"新诗现代化"思想》、臧棣的《袁可嘉：40年代中国诗歌批评的一次现代主义总结》等，文字都很平实——既无因张扬感情而"感伤"之嫌，又无因"为学术"而"诘屈聱牙"之嫌。

2. 学术性强

几乎所有研究袁可嘉的文章都富含学术性——即使是一些文学性很强的文章也如此，如袁晓敏与袁琳合写的《三言两语话父亲》虽是一篇回忆性散文，但又提供了不少研究袁可嘉生平与创作的"信息"或材料；王圣思的《悼念袁可嘉先生的一封信》虽是书信，但又提示了研究袁可嘉及其作品的一些新视角；刁斗的《向袁可嘉致敬》虽是一篇向袁可嘉的"致敬文"，但又表达了作者对袁可嘉及其作品的独特感受和理解……至于那些"纯正"的学术文章，如李怡的《"新诗现代化"及其中国意义——重温袁可嘉的"新诗现代化"思想》、臧棣的《袁可嘉：40年代中国诗歌批评的一次现代主义总结》等，则无论是语言、结构，还是思想、观点，都十分"学术化"——语言平实，结构严谨，立足于问题；既有对对象的深度分析，又有作者自己独到的感悟，且逻辑严密，颇得要领。

（三）"学园"化

其一，研究袁可嘉者多为学园中人——或为大学教师，如蓝棣之、孙玉石、李怡、臧棣、张曼仪、游友基、蒋登科、常文昌、许霆、彭予、蒋洪新、张松建、赵凌河、王芳等；或为专业学术机构或学术性组织或团体的研究人员，如刘士杰、汪剑钊、北塔、童银舫等。其中，既有孙玉石、蓝棣之、张曼仪等资深学者，又有李怡、臧棣等学界"大腕"，还有张松建、王芳等学界新秀……

其二，出现了一些以袁可嘉为研究对象的与学位论文有关的论文或学位论文，如臧棣的《袁可嘉：40年代中国诗歌批评的一次现代主义总结》①、张松建的《文下之文，书中之书：重识袁可嘉"新诗现代化"论述》②、李国兴的《袁可嘉诗论研究》③、秦中书的《袁可嘉诗歌翻译研究》④、徐婧的《袁可嘉新诗戏剧化理论探析》⑤ 等。

（四）"不均衡"性

关于袁可嘉的研究虽然涵盖了关于袁可嘉的诗论、诗歌、外国文学翻译、外国文学研究、多方面的"综合"、生平材料、袁可嘉研究等方面的内容，但是各个方面的研究深度、广度、成果等都是有很大的差异的——诗论研究的深度、广度最大，成果最多且学术含量最大；而其他方面研究的深度、广度均不够大，成果也不够多——甚至对袁可嘉用力甚大、成果卓著的外国文学翻译、外国文学研究等，学界关注的力度也不够大、学术成果也不够多。同时，关于袁可嘉的生平的研究很不够——袁可嘉涉猎了诗歌、诗论、翻译、研究等多个领域，且在各个领域均有耀眼的成绩；但是，袁可嘉最终并没有成为"巨匠"或"完成式"的"大师"，这固然有多方面的原因，但在很大程度上与其"人生坎坷"密切相关，可学界有关这方面的研究却阙如。此外，有些研究也存在着不够"到位"的地方，如北塔在《模仿的顺便与超越的艰难》说袁可嘉收入在《半个世纪的脚印——袁可嘉诗文选》一书的诗歌"正式发表的仅有6首，其余都是手稿"⑥ 与事实不符——《半个世纪的脚印——袁可嘉诗文选》里标明了发表出处的诗歌

---

① 臧棣的《袁可嘉：40年代中国诗歌批评的一次现代主义总结》为其博士论文《40年代中国新诗的现代性》的一部分。
② 张松建的《文下之文，书中之书：重识袁可嘉"新诗现代化"论述》为其博士论文的一部分，该博士论文修订后以《现代诗的再出发》为题由北京大学出版社于2009年出版。
③ 李国兴的《袁可嘉诗论研究》，硕士学位论文，陕西师范大学，2010年。
④ 秦中书：《袁可嘉诗歌翻译研究》，硕士学位论文，四川大学，2007年。
⑤ 徐婧：《袁可嘉新诗戏剧化理论探析》，硕士学位论文，华中师范大学，2009年。
⑥ 北塔：《模仿的顺便与超越的艰难》，载《诗探索》2001年第Z2期。

就有 12 首。

三

　　虽然袁可嘉既不是新文学的先驱或巨匠，又不是现代学术领域和翻译界的先驱或巨匠；但是，无论是从对新文学的贡献来看，还是从袁可嘉对现代学术、翻译的贡献来看，袁可嘉都是可以和一些"先驱"或"巨匠""媲美"的：他的诗论堪称中国现代诗论的一种总结——它几乎论及了中国现代诗论的所有核心问题，并超越了既有的相关论述，从而，完善了中国现代主义诗论，发展了中国现实主义诗论，建立了中国现代诗论的范式；他的诗歌不仅是他本人遵循其诗论，即"新诗现代化"理论创作出来的，而且也是中国现代诗歌发展史上遵循一种诗歌理论创作的最为成功的诗歌；他的外国文学研究尤其是有关西方现代派文学的研究不仅深化和拓展了外国文学研究，而且改变了学界和创作界对西方现代派文学的看法，甚至对 20 世纪后期中国的思想解放运动产生积极的影响；他的翻译尤其是诗歌翻译堪称一种创作，既为翻译提供了一些不堪多得的范本，又为创作提供了学习借鉴的实例。因此，对袁可嘉的研究显然具有多方面的意义——至少对中国现代文学、翻译、外国文学等的研究来说，是具有积极意义。

　　同时，袁可嘉毕业于西南联大，先后在北京大学、中宣部、外文出版社、中国社会科学院外国文学研究所供职，虽然一生坎坷，但在多个领域均有建树，且忠于事业、忠于国家、忠于家庭，实际上是中国一代知识分子优秀代表，因此，关于袁可嘉的研究对研究中国现代知识分子来说显然是具有积极意义的，如能从一个方面揭示中国现代知识分子的优秀品质、学术成就的来之不易……如果能对袁可嘉的坎坷人生展开深入的研究，则能从一个特定方面揭示出中国当代没有出现"巨匠"或"大师"的原因——这将具有文学、学术、社会学等多方面的价值。

后　记

　　20世纪80年代末期，师兄王鸿生把作家张宇请去和我们座谈。在座谈的过程中，张宇谈了他的人生经历和作品。听完张宇津津乐道地讲完他的《活鬼》后，我对"活鬼"的兴趣油然而生，但我同时也以为"活鬼"只不过是一个小说中的人物而已。

　　那次座谈会后不久，我便到北京修一门学位课。在修那门学位课的过程中，我既深度接触至今仍"不可一世"的作家，又和他们一起听了当时文学创作界、评论界、研究界的领军人物开设的课。在对大腕作家有深切的感官印象和听完袁可嘉先生所讲的西方现代派文学课后，我对袁先生的兴趣也油然而生。随后，我阅读了能找到的袁先生的作品和与袁先生有关的文字。读完之后，我觉得张宇的"活鬼"并不只是一个小说中的人物而已，于是，对袁可嘉先生更加感兴趣了——且一直感兴趣；于是，便有了我这"袁可嘉研究"。

　　其实，世上谁也不会愿意做"活鬼"，谁都喜欢使喜儿从"活鬼"（"白毛女"）变成人的八路军！

　　在该书的写作过程中，我得到一些朋友的帮助，特别是余三定、钱振纲、李怡、谢晓霞、彭予、蒋洪新、袁晓敏、童银舫、方向明、王宏斌、王世利、王国春、李茵、宗怡、张鹏、李茜、潘雯、张倩、宋文雅、董湘依、张楠、王文思、闫铭、刘维等给了我无私的帮助；同时，《诗探索》、《海南师范大学学报》、《中国翻译》、《齐鲁学刊》、《新地文学》（台湾）、《中国中外文艺理论研究》等刊物则不惜宝贵的篇幅，刊发了书稿的部分内容；在此深表感谢！不过，也遇到了一些困扰，比如，有人对我指手画脚——其实，第一章我本是想写成"传论"的，整本书也是还可以更加深入地"挖掘"下去的……但"时不我待"，最初写作时的心境、兴趣也变了，于是就这样"罢手"了，也正因为如此，书中需要完善的地方一定很多，恳请愿意原谅我的人原谅！

　　我与三定兄同出于王先霈先生门下，与振纲兄同一天卒业于王富仁先生门下；当年的一切虽然过去这么多年了，但对我来说，至今仍然历历在目；我无限怀念我那不可再得的学生时代，也无限感念我的师友们，便请两位师兄赐序——这既是请两位师兄代我的两位恩师之劳评阅我的一份"课外作业"，又是对我学生生活的一种回忆和纪念："往事并不如烟"！

2014 年 8 月 28 日